语言学前沿丛书

音系复杂性
以白语的语素音节表为中心

COMPLEXITY IN PHONOLOGICAL SYSTEM
CENTER ON THE MORPHEME-SYLLABARIES OF BAI LANGUAGE

杨海潮 著

北京大学出版社
PEKING UNIVERSITY PRESS

图书在版编目(CIP)数据

音系复杂性：以白语的语素音节表为中心 / 杨海潮著. ——北京：北京大学出版社，2024.7. ——ISBN 978-7-301-35283-0

Ⅰ.H252

中国国家版本馆CIP数据核字第2024BS4723号

书　　　名	音系复杂性：以白语的语素音节表为中心 YINXI FUZAXING: YI BAIYU DE YUSUYINJIEBIAO WEI ZHONGXIN
著作责任者	杨海潮　著
责任编辑	杜若明　邓晓霞
标准书号	ISBN 978-7-301-35283-0
出版发行	北京大学出版社
地　　　址	北京市海淀区成府路205号　100871
网　　　址	http://www.pup.cn　新浪微博：@北京大学出版社
电子邮箱	zpup@pup.cn
电　　　话	邮购部 010-62752015　发行部 010-62750672　编辑部 010-62753374
印　刷　者	河北博文科技印务有限公司
经　销　者	新华书店
	720毫米×1020毫米　16开本　32.75印张　600千字 2024年7月第1版　2024年7月第1次印刷
定　　　价	82.00元

未经许可，不得以任何方式复制或抄袭本书之部分或全部内容。
版权所有，侵权必究
举报电话: 010-62752024　电子邮箱: fd@pup.cn
图书如有印装质量问题，请与出版部联系，电话: 010-62756370

本研究得到以下基金的支持：

国家社科基金西部项目"唐宋白蛮语对音研究"（20XYY016）
国家社科基金重大项目"我国民族音乐文化与语言数据集成及其演化研究"（22&ZD218）
北京市社会科学基金重大项目"多语接触与中介语演化机制"（20ZDA20）
教育部人文社会科学重点研究基地重大项目"语言变异和接触机制研究"（19JJD740001）
国家社科基金重大项目"基于中国语言及方言的语言接触类型和演化建模研究"（14ZBD102）
教育部社科基金重大项目"基于严格语音对应的汉语与民族语言关系字专题研究"（13AZD051）

我们所观测的不是自然的本身，而是由我们用来探索问题的方法所揭示的自然。

海森堡（Heisenberg, W., 1958:24）

I think there is a moral to this story, namely that it is more important to have beauty in one's equations than to have them fit experiment…

It seems that if one is working from the point of view of getting beauty in one's equations, and if one has really a sound insight, one is on a sure line of progress. If there is not complete agreement between the results of one's work and experiment, one should not allow oneself to be too discouraged, because the discrepancy may well be due to minor features that are not properly taken into account and that will get cleared up with further developments of the theory.

Dirac, P.A.M. (1963)

序

音系学的实证性：基于音节对立的音节本体论

陈保亚

结构语言学的音系理论以音段（音素或音位）为基本单位，音节的对立可以通过音段推导出来，这种音系理论可以称为音段本体论。生成音系学以特征（语音特征或区别特征）为基本单位，音段、音节可以通过特征推导出来，这种音系理论可以称为特征本体论。后来的生成音系学、非线性音系学、音系优选论等理论开始重视音节的作用，这是因为音节是解释很多音系规则的基础。比如下面的英语单词：

scientific, phonetic, phonmetic, morphemic, symatic

其重音的位置在倒数第2个音节。显然，这条词重音规则首先需要知道什么是音节。

这些容纳音节的音系理论仍然是建立在音段或特征基础上的，其中最重要的思想就是音节的对立可以通过音段或特征推导出来。但是，像下面普通话的两组语素，辅音音段都不对立，元音音段也不对立：

| A | tɕi^{51} 继 | tɕ'i^{51} 气 | ɕi^{51} 细 |
| B | tsɿ^{51} 自 | ts'ɿ^{51} 次 | sɿ^{51} 四 |

但这里的A、B两组音节却是两两对立的。这就是说，这里存在一个音节整体对立原则：直接成分音段不对立的两个音节是可以对立的。从这组例子也可以看出，普通话中舌尖特征和舌面特征是不对立的，但并不能推导出A、B不

对立。

一个音系中有多少对立的单位，是该音系最重要的性质。生成音系学尽管一度抛弃音位的概念，但在确定音系底层的时候仍然依赖了对立。上面例子说明，音系中最根本的对立是音节的对立，一个语言有多少对立的音节，选择的调查词表一旦确定，对立的音节数量是可实证的。有了音节表，通过音节的聚合关系和组合关系，就可以确定对立的音段（音位）和对立的特征（区别特征），由于音位和区别特征的确定要依赖互补相似原则，不同研究者归纳音位和区别特征有一定的相对性，这就是，音位、区别特征的实证程度要弱于音节。

同时，调查者的记音是有宽严的，比如普通话的下面四个音节，音段记录可以有很多种：

	竿	简	官	卷
记录 1	kan^{214}	$tɕian^{214}$	$kuan^{214}$	$tɕyan^{214}$
记录 2	kan^{214}	$tɕiɛn^{214}$	$kuan^{214}$	$tɕyæn^{214}$
记录 3	kan^{214}	$tɕiɛn^{214}$	$kuan^{214}$	$tɕyɛn^{214}$
记录 4	kan^{214}	$tɕiæn^{214}$	$kuan^{214}$	$tɕyæn^{214}$
记录 5	$kɐn^{214}$	$tɕiæn^{214}$	kan^{214}	$tɕyɛn^{214}$
记录 6	$kɐn^{214}$	$tɕiɛn^{214}$	$kuan^{214}$	$tɕyæn^{214}$
记录 7	$kɐn^{214}$	$tɕiɛn^{214}$	$kuan^{214}$	$tɕyɛn^{214}$
记录 8	$kɐn^{214}$	$tɕiæn^{214}$	$kuan^{214}$	$tɕyæn^{214}$
记录 9	$kɐn^{214}$	$tɕiæn^{214}$	kan^{214}	$tɕyɛn^{214}$

但对所有的记录者来说，这里只有四个音节，这是可实证的。

由于k和tɕ不对立，我们也可以把两者分成两个音位，或归并成一个音位，这两种不同的处理方案对计算音位的功能负担、音系的协合度、音位的组合指数等方面，都会有不同的结果，但音节只有四个，这是可实证的。

音节整体对立原则是说，在很多情况下，音节中的音段不同程度地都对音节对立有贡献。比如，我们通常把普通话"船"和"床"的对立分析为鼻音韵尾的对立，但是在下面的连读变调中，鼻音韵尾都被同化成了m韵尾，但发音人仍然能够听出这两句话是不同的：

$tsuo^{51}tʂ'uan^{35}pian^{55}$ → $tsuo^{51}tʂ'uam^{35}pian^{55}$ 坐船边

$tsuo^{51}tʂ'uaŋ^{35}pian^{55}$ → $tsuo^{51}tʂ'uam^{35}pian^{55}$ 坐床边

这里的关键在于，"船"和"床"对立不仅仅是韵尾承担的，元音也承担了对立：

tsuo⁵¹tʂ'uan³⁵pian⁵⁵ → tsuo⁵¹tʂ'uam³⁵pian⁵⁵ 坐船边
tsuo⁵¹tʂ'uaŋ³⁵pian⁵⁵ → tsuo⁵¹tʂ'uɑm³⁵pian⁵⁵ 坐床边

赵元任（1968:37-38）依据音段对立认为下面两句话连读后读音很相似：

tʂɤ⁵¹ʂʅ⁵¹ʂən³⁵mə → tʂɤ⁵¹ʂʅ⁵¹ʂəm³⁵mə 这是什么？
tʂɤ⁵¹ʂʅ⁵¹ʂɤ³⁵mə → tʂɤ⁵¹ʂʅ⁵¹ʂɤm³⁵mə 这是蛇吗？

我们的调查证明这两句话对立很明显，原因就在连读只解释了韵尾的变化，"什"和"蛇"的对立继续通过音节体现出来。

侗台语中广泛存在的元音长短的对立，其实也有元音音质的贡献。英语中bit和beat过去认为是长短的区别，其实也包括了元音音质的区别。有声调的语言中，很多声调的对立往往也依赖了音节中音段嗓音特征的对立。这类实例很多。可见，两个对立的音节，其内部音段或特征都不同程度地在对立上有贡献。结构语言学中所说的最小对立对，比如tsʅ⁵¹和ts'ʅ⁵¹表现为送气特征和不送气特征的对立，只是音节对立的一种情况。音段和特征的提取，在一定程度上是理想化的操作方法，是想通过成分的对立控制结构的对立，音节整体原则说明这种还原方式会遇到一定的困难。音节的对立是自主的，音段、特征的对立有相对性。

由于音节对立的初始性，田野调查中首先获取有对立的音节，是音系描写最基础的工作，遗憾的是由于受到音段本体论的影响，很多语言音系描写的个案往往只给出音位，词汇表也没有反映出音节对立的信息，这是很不充分的。比如，据我们统计，德宏傣语音节数（包括声调）至少在1500个以上，少于1500个词的调查是不能充分获取音节对立数量的。

只有提取到全部对立的音节，才可能通过聚合关系和组合关系充分认识音段对立和特征对立。以汉化程度比较高的德宏傣语中an所组成的音节为例（陈保亚1996）：

	an³⁵	an⁵¹	an³¹	an⁴³	an²¹³	an⁵⁵
p		炒	堵	绊	线/拌	搬
ph	穷			盘、□	生产/祥	麻味/攀
m	有运气	祭/满	村寨	蛮、□	玻璃/慢	缅族/□
f	削	麂子/反		烦	犯	翻
v	甜		带领		碗/万	
t	蜗牛	赊/胆	说		但	摘

续表

	an³⁵	an⁵¹	an³¹	an⁴³	an²¹³	an⁵⁵
th		指滴	马槽		炭	瘫
l	侄、孙	久	秃	**难**	荒废	烂
ts		晒台	讨厌		蘸	沾
tsh		铲		馋		参
s	米仁				散	三
z(j)	离开	坠	霉烂			
k		扁担	茎	硫磺	干(部)	工作
kh					看	刊
x	斧头			懒	焊	锈/憨
ŋ	雄性	工作	柄			
h	勇敢		瘸	阶梯	鹅	
ʔ				数[动词]	感冒/鞍	

这里的空格是可能出现但实际没有出现的音节，斜体字是从汉语借入的音节。有了全部音节，所有的韵母和声母的组配就可以给出，我当时就是根据已经出现的音节和可能出现的音节之比才得到协合度，认识到音系接触的有阶性和音系互协的机制，并看出汉语借入音节对傣语音系的有阶影响。音节如此重要，但现在很多语言的音系描写都没有提取全部音节并做出音节表，这是非常遗憾的。

其实中国的等韵学就是在做音节对立和音节表的工作。仅仅从《切韵》的反切，我们还得不到中古汉语的对立音节数量，因为相同的音节可能用了不同的反切。从《诗经》和谐声字，也得不到上古汉语的对立音节数量。而《韵镜》中的韵图，其实给出了全部音节。比如《韵镜》中的一个韵图（见左图）：

学者们一般已经认识到了韵图通过字母、韵、等、呼、摄等特征对中古音系的音节结果做了比较充分的描写，其实韵图更重要的信息在于给出了全部对立音节的音节表，从音节整体对立原则看，这个信息对于音系研究是至关重要的。从音节本体论的角度看，等韵学中给出韵图的方法说明等韵学的音系理论已经达到了很高的水平。正是有了韵图，中古汉语的音节数量才最后确定，中古音研究走向成熟，韵图的出现是关键。上古音至今争论不休，一个很大原因就在于现在还没有办法给出上古音的全部音节和音节表。赵元任《方音调查表格》（1930），也有韵图的精神，但由于该方法主要从汉字出发，很多无字的音节调查不出来，无法拿到一个方言的全部音节，往往要补充词汇调查。很多民族语言没有文字，更没有现成的"字表"，如果不做语素音形的充分提取，就难以拿到全部音节。

由于音节的可实证性，我长期以来要求学生坚持音节本体论的思想，田野调查首先要充分获取词汇，通过词汇对比提取语素音形，通过同音词对比获取全部语素音节，而不能仅仅列出声母、韵母和声调。海潮的博士论文，就是在音系研究中充分提取语素音形的一项极具音节本体论性质的重要研究。海潮本人是白族，精通白语，他以自己的白语母语为基础，同时展开了多个白语方言点的音节对立研究，充分获取了多个白语点的音节对立表，然后在这个基础上深入展开了协合度、功能负担、音系理论等研究。由于材料基础扎实，在方法论上多有所获，他关于音节的公共性、客观性和语素音形、音系协合度、音系规则、音系量化等问题的分析都很有说服力。海潮对白语音节的充分描写，也为进一步研究并弄清语言复杂系统的"涌现""自组织性"等问题提供了重要的材料。

语言是一个复杂系统，这一点已经被普遍认可，但在讨论何为语言的复杂性（complexity）时，语言学家则往往只是举一些具体的例子。按照盖尔曼（M. Gell-Mann, 1994, 2005）的思想，一个系统的复杂性是对该系统的规律性的最简描述长度，但不同的人对同一个系统的描述可能有不同，那么哪一个人的描述可作为这个"最简描述长度"？海潮以几种语言的音系之间互相度量的方法，来量化其规律性，所获得的正是对其规律性的最简描述长度。这是语言复杂性研究上的一个创新，它将物理学的复杂性理论成功地运用到音系研究之中，而且结论符合母语者的直观经验，这是很值得重视的。

本书设计的音系调查和描写的音节表调查法，也是一个创新，坚持这种方法，有理论上的自觉。海潮自己说这一方法的意义在于使用了最少的理论预设，但能最大限度地获取一种语言的所有音系单位和音系规则，我认为是成立的。海潮按此调查了四种白语方言的语素音节表，这也是目前所见第一次对白语方言进行的音节表调查，它们是本书关于语言的复杂性研究的实证材料。基于成熟的理论前提，在田野调查中收集到了所有的音节，穷尽了数据，这就使得音系研究中为单位赋值等量化分析时的客观性问题和权重问题有了实证基础。

海潮对自己的要求一直比较严，所以，他在北大读博士期间，我放手让他去展开自己的研究。但他在课上报告他的调查和研究时，说他调查的几种白语方言都只有700多个音节，这一点曾经让我怀疑他的工作，因为汉语普通话有1200多个音节，德宏傣语有1500多个音节，白语的音节怎么会少这么多？

　　海潮长时间窝在宿舍里琢磨理论问题，终于在2017年10月确认了自己的理论与方法，此后即严格按此理论与方法进一步展开了对几种白语方言的田野调查和数据分析，在2019年4月用MEGA软件对数据作序列比对，由此生成的系统发育树，符合白语母语者关于几种白语方言之间的相似关系的直观经验。这一检验结果表明，他的理论、方法和调查、研究都是成立的。

　　我曾经在云南大学开语言学和逻辑学课程，海潮是班上最活跃最优秀的学生，后来他又阅读了大量的逻辑实证主义哲学和语言哲学的书籍，逻辑思维能力和分析能力得到了很好的训练。非常遗憾的是，现在很多大学，包括北京大学，逻辑学不是文科学生的必修课，很多学生缺乏严密的思维训练，调查材料很丰富却经常是论证和材料不一致，答非所问，有的甚至盲目到想用经验测量来论证平面几何中三角形内角和为180度，而忽视甚至轻视数学和逻辑证明的方法。海潮的研究得益于逻辑训练不少，往往能够绕过假问题，抓住要害。他的博士论文是基于音节本体论对白语音系研究的一次重要突破，给音节本体论提供了很强的实证案例，也为民族语言的音系研究在方法论上提供了极其有价值的借鉴。

　　据我这些年来在茶马古道上的语言文化调查，白族和纳西族是西南地区汉文化水平最高的两个少数民族，很多白族人、纳西族人的汉学功底甚至超过了许多汉族人。赵藩、方国瑜等都是证明。赵藩为成都武侯祠写的对联"能攻心则反侧自消，从古知兵非好战；不审势即宽严皆误，后来治蜀要深思"，其境界和汉学功力远远超过了同时代的很多汉族学者。特别让人惊奇的是这两个民族还很好地保留着自己的母语，这和满族、土家族、回族等很不相同。

　　海潮出生于白族世家，汉学功底非常深厚，这一点从他为数不多的几篇关于茶马古道和西南历史文化的论文中就可以看出。我认为海潮在逻辑思维、汉学功底、语言学训练方面已经具备了非常有利的条件，这篇基于音节本体论的博士论文是一个重要的起点。白语和汉语的长期深刻接触特别为研究语言接触理论并回答历史语言学的很多难点问题提供了案例典范，希望海潮能够进一步展开茶马古道上以白语和汉语接触为核心的研究，在语言学、西南历史文化方面做出更多的成就。

2022-11-28

自　序

复杂系统有三个方面的性质最让我着迷，一是层级性，二是动态适应性，三是涌现。由于我起初是将语言单位与语言规则设定为博士论文的核心内容，论文的方向以此为基础调整为语言复杂性，主要内容就集中于讨论语言系统的层级性。

我对复杂系统的认识，始于沃尔德罗普（M. Waldrop）的《复杂：诞生于秩序与混沌边缘的科学》（1992）一书。这本书深刻地改变了我的世界观，让我对自己接触到的人、事、物都有了全新的理解。（为此我曾经几次买了这本书送人，可惜他们都一直没有回应，也许是他们都没有认真读过一遍吧。）

那以后还有几次经历也对我产生了类似的影响，一次是汪锋在2003年借给我王明珂老师的《华夏边缘》，这本书让我读到脱胶散页都没还给他，直到王明珂老师给我签送了一本；另一次是2010年由陈保亚老师带队，花了一个月的时间去藏区考察，我因此对于不确定性有了全新的理解；最近一次是阅读洪堡的传记《创造自然》，我这几年对于生态学的兴趣即主要来源于此，希望今后可以基于整体论的观念来对涌现、动态适应性等语言复杂性和其他领域的复杂性作出有意义的讨论。

本书是对我的博士论文作了一些修改而成的。改动的内容主要有两个方面：一是重写了对赵元任（1934）的分析，因为原文的论证似乎不够清楚，可能会引起误解；二是删去了对早期白语（白蛮语）的大部分讨论，这些内容似乎应该单独写成一本书。

博士论文答辩时，有人提出我应该把中外文献分成两块来列，北京大学-香港理工大学汉语语言学研究中心的年度语言学优秀博士论文匿名评审人之一也提到了这个问题，但我没有修改。我的考虑如下：不应该也没有必要对中外学者、中外文献作区别对待。

我在通过博士论文答辩之后，一直琢磨讨论语言的动态适应性和涌现，甚至打算在博士论文的基础上增加有关内容。可是，研究中发现至今所作的田野调查不足以深入讨论这两个问题，最后不得不放弃了。

作为此项研究的基础材料，我所调查的四个白语方言中没有西部白语（白语勒墨话、拉玛话）。这个遗憾当然是我的调查不足造成的。不过，从另一个角度来看，这四个地方的白语母语者往往都没有接触过西部白语，他们因此无从判断西部白语方言与其他白语方言之间"像"与"不像"（及其程度），于是，如何将其纳入母语者对白语方言关系的判断的序列之中就成为一个难以回答的问题，我至今仍然回答不了这个问题，所以，在博士论文之后的研究中也就一直没有做此调查。

这几年我在上课之余，花了很多时间研究茶马古道以及茶史和茶文化，常常以复杂性观念去看这些问题。其间虽然常常反思我的博士论文，也读了一些相关的著述，有一些新的想法，但是没有写进本书，因为基本的思想、方法和结论并没有改变。

有一个问题，我在博士论文中没有提到，这里似乎应该补充说明一下：语言学中的每一个细节，几乎都隐藏着众多而且重大的理论问题，已经有大量的研究文献，例如汉语"家"的读音究竟是 $tɕia^{55}$ 还是 $tɕa^{55}$，k 究竟是舌根音还是软腭音，声调究竟是什么东西，"主语"究竟是什么意思，有的问题究竟是语言本身具有的还是语言学家多事整出来的，我没有能力一一讨论本书涉及的很多问题（应该有不少问题我甚至没有意识到），也就没有注明相应的研究文献，而只是在具体的行文或使用中按自己的理解处理了（例如有的文献直接列入"参考文献"却没有在正文中直接提到）。这么做当然有很多种主观的或客观的不得已的原因，我很惭愧，因此对读者感到很抱歉。

北京大学-香港理工大学汉语语言学研究中心将我的博士论文选入2018-2000年度语言学优秀博士论文，并与北京大学出版社合作资助出版，我对此深感荣幸，谨此致谢。

在为出版所做的校对过程中，我检查了部分调查录音，对书末附录的词表作了一点调整。由于这些调整所占的比例极小，虽然会影响到计算的结果，但不会大到千分位，也就不会影响到分析的结果。因此我没有重做计算，也就没有修改正文的数据。

刘文博士主动帮我校对了一遍正文，我再次感谢他对这项研究的贡献。

2022-10-20

目 录

第一章　白语调查研究综述 / 1
 1.1 白语系属问题 / 1
 1.2 白语语音研究 / 14
 1.3 白语和白族的源流 / 27
 1.4 语言的量化研究 / 47
 1.5 小结 / 56

第二章　问题与方法 / 60
 2.1 语言是一个复杂适应系统 / 60
 2.2 语素音节表与音系调查 / 76
 2.3 音节的公共性与音系的确定性 / 83

第三章　语料：四种白语方言和汉语普通话的音系 / 96
 3.1 调查方法 / 97
 3.2 音系与语素音节表 / 99
 3.3 白语音位分析 / 112

第四章　白语的音系复杂性 / 123
 4.1 音系复杂度的计算方法 / 123
 4.2 音系复杂度比较 / 127
 4.3 音系相似度的计算方法 / 129
 4.4 音系相似度比较 / 134

第五章　总结与讨论 / 137
　　5.1 对研究思路的简要回顾 / 137
　　5.2 结论 / 138
　　5.3 讨论 / 139

致　谢 / 152
后　记 / 154
附　录 / 156
　　大理白语语素音节表 / 156
　　凤羽白语语素音节表 / 209
　　剑川白语语素音节表 / 266
　　因远白语语素音节表 / 353
　　汉语普通话语素音节表 / 442

参考文献 / 486

第一章

白语调查研究综述

白语的系属问题众说纷纭，其中涉及分类的目的、标准、方法、依据等问题。在白语调查和研究中，这些问题及其答案并不总是清晰的，更重要的是，很多研究都对此没有自觉和反思。作为这种研究的基础，对白语的语音的调查和分析，存在同样的倾向。

这种现象在很大程度上是由于基础理论研究不足造成的，而且并非仅见于白语。

1.1 白语系属问题

在白语的研究中，大量文献的兴趣焦点都集中在白语的系属问题上，但至今没有一致的意见。奇怪的是，那么多人谈论、争辩白语的系属究竟为何，却很少有人认真讨论自己判断白语系属的方法以及白语知识的来源。

1.1.1 泰语、孟高棉语

最先讨论白语的系属地位的，大概是Lacouperie (1887:46)：

> The MIN-KIA TZE 民家子, or *Peh-jin* 白人, now intermingled with the other population of the neighbouring region of Tali-fu in C. W. Yunnan and the S.E. of the Province, claim to have come from S. Kiangsu near Nanking. They are much mixed in race, and their language bears the same testimony; we have a vocabulary of 110 words, including numerals, published by Father Desgodins, and another series of numerals by the late Francis Garnier. Chinese, Mosso, Lolo and Tibetan words have been adopted instead of the original vocables, but the Mōn character of the language

is still recognizable in many words, and the positions of the genitive and of the adjective are in accordance with this indication.

Lacouperie的思路是,白族的人种和语言都非常混杂,考虑到这些词已经写成10或12个世纪之久,同时鉴于汉字标音的性质(即汉字标音不准确),而白语中有汉语、纳西语、彝语、藏语和孟高棉语的词汇,从中很容易就可以辨认出孟高棉语词汇,这些词的语言亲属关系表明南诏王室所说的语言是泰语,因此南诏就是泰王国。①

白族最早的确切历史,目前可以追溯到与唐朝、吐蕃并立的唐代云南政权南诏国。Lacouperie (1887:59–60) 使用了语言的材料论证南诏建立者的族属:

The foregoing information, lengthy as it is, was necessary to explain the actual standing of the Ngai-Lao in history, and as an instance of the fate of many other populations who have migrated in full or in part to the south, into the Indo-Chinese peninsula. The two words quoted in the legend which has grown out of them are the sole remnants we possess of their language. They are an attempt by themselves to explain in their own tongue a name of their mythical ruler which he had derived from the region where he was settled. This name was *Kiu-lung*, which, as I have shown elsewhere, is a variant of that of Kuenlun, and was applied by earlier populations to anything lofty. It has travelled far and wide, from Formosa to the Malay Peninsula, with the migration of populations. The parentage of the Ngai-Lao is pretty well shown by all their particulars to be Taïc, and the evidence of their language, so far as exhibited by the two words above quoted, confirms this plainly. *Kiu* 'black' is still existing in the Tsing Miao *kiau kie*, where *kiau* is the class-article; *lung* 'to sit' is the Tchung Miao *lang*, the Siamese *nang*, the Shan *nang*, with the same meaning. Besides this scanty data, we find some more in their later history, as we shall see directly.

Under the heading of NAN TCHAO 南诏, we have a few words casually quoted in the Chinese historical notices of this state of former Yunnan.

yuen, self royal pronoun (cf. Siamese *ku-eng*, I myself).

tchang, the servants as called by the king (cf. Siam. *tam*, humble).

tsing ping, mandarins of the first rank (cf. Siam. *hsong*, to conduct; *p'ou*, army).

---

① 在此之前,Lacouperie (1885) 就已经说南诏是泰人建立的国家,但是其中并没有使用语言材料。另外,这种观点不是Lacouperie (1887) 的首创,而是那个时代的欧美传教士和学者的普遍看法。

shwang, a territorial *division*. (Cf. however Siamese sen, a measure of 20 fathoms or 120 feets; while the shwang would be a measure of 735 yards.)

shwang, land measure = 5 *meu*, Chinese.

to shwang, governor of three provinces (cf. Siam. *tahan*, officer).

tsong-so, chief of 100 families (cf. Siam. *tang-chu*, an honorary title).

tchi jen kuan, chief of 1000 families.

tu to, chief of 10,000 families.

tsia-tu, one of the forty-six governors.

kien, circumscriptin (cf. Siam. *kwen*).

tchao, prince (cf. Siam. *tchao*).

shan p'o to, great peace (cf. Siam. *sangat*, quiet).

piao-sin, title assumed by the king in 800 A.D. (cf. Siam. *p'aya*, governor; *tan*, just; *san*, court of justice).

ta-yong, elder brother.

ta-li, name of a large lake (cf. Siamese *t'a le*, sea) in Weatern Yunnan.

With due allowance for the ten or twelve centuries which have elapsed since these words have been written, and the limitation of the Chinese transcription, the glossarial affinities show the language to be thoroughly Taïc. The two ideological indices visible, 24, point to the same conclusion.①

在第24段（Lacouperie, 1887:16），他讨论了《诗经》等中国古代诗歌中的语序，并将其与孟语和泰语做了比较：

The postposition of the genitive to its noun, which occurs not unfrequently in the popular songs of *the Book of Poetry*, where it cannot possibly be looked upon as a poetic licence, belongs to an influence of different origin, and is common to the Mōn and Taïc languages. The same must be said of the preplacement given to the object, an archaism still preserved occasionally in the S.E. dialects mentioned

---

① 下面是沈静芳（1989）对这些内容的主体部分的翻译：元：表示"国王的"的代词（试比较：暹罗词kueng，意为"我自己"）；昶，国王对他的臣仆的称谓（试比较：暹罗词tam，意为"谦卑的"）；清平：一等官员（试比较：暹罗词hsong，意为"指挥"，p'ou，意为"军队"）；双：领土的划分（试比较：暹罗词sen，20庹或120步的长度）；双：土地丈量单位，相当于中国的5亩；督爽：统治3个省的地方官（试比较：暹罗词tahan，意为"官员"）；总佐：百户长（试比较：暹罗词tangchu，名誉头衔）；治人官：千户长；都督：万户长；节度：46个执政官之一；睑：区域（试比较：暹罗词kwen）；诏：国王（试比较：暹罗词tchao）；山坡陀：大和平（试比较暹罗词sangat，意为"安静的"）；骠信：国王于公元800年获得的称号（试比较：暹罗词p'aya，意为"执政官"；"坦"tan，意为"公正的"或san，意为"法庭"）；大容：兄长；大理：一个大湖的名字（试比较：暹罗词t'a le，意为"海"）。

above. And for the postposition of the object to the verb, and the syntactical order of the VI. standard, in contradistinction to the unadulterated indices of the Ural-Altaic, which it formerly possessed, there is no doubt that the Chinese language was indebted to the native languages of the Mōn, and subsequently of the Taïc-Shan formantions. So that the Ideological indices 1358. III, 1367 IV., 1358 I., 2368 VI., and 1368 VI., permit us to follow the rough lines of the evolution and formation fo the Chinese ideology.

问题在于，Lacouperie的这些工作是将一个个南诏语词直接与泰语比较，并没有全面、系统地讨论关于南诏的记音材料，而且仅仅基于读音上的相似（还误解了好几个词的原意），是否足以作出判断，肯定它们就是泰语？

如果用于比较的语料不属于同一时代的同一种自然语言，其结论就很值得怀疑。例如，樊绰《蛮书》是记录云南最为丰富和细致的唐代文献，其卷八说：

> 言语音白蛮最正，蒙舍蛮次之，诸部落不如也。但名物或与汉不同，及四声讹重。大事多不与面言，必使人往来达其词义，以此取定，谓之行诺（才勺反）。大虫谓之波罗（亦名草罗），犀谓之矣（读如咸），带谓之佉苴，饭谓之喻，盐谓之宾，鹿谓之识，牛谓之舍，川谓之赕，谷谓之浪，山谓之和，山顶谓之葱路，舞谓之伽傍。加，富也。阁，高也。诺，深也。苴，俊也。东爨谓城为弄，谓竹为翦，谓盐为昀，谓地为渫，谓请为数，谓酸为制。言语并与白蛮不同。（向达1962：216）

这段文字研究者颇多，但都只是释读了其中几个词语，凌纯声（1938）、马长寿（1961:133–145）等解读出来的词汇不足一半，就直接判断乌蛮语和彝语、白蛮语和白语的历史继承关系。实际上，这段材料的记音方式有四种，其中前三种见于记录白蛮语，第四种见于记录乌蛮语：

1. A谓之B。如"山谓之和"；
2. A，B也。如"苴，俊也"；
3. 反切注音。如"行诺（才勺反）"；
4. 谓A为B。如"谓城为弄"。

使用三种方法来记录同一种语言，说明这些材料很可能出于多人之手。或者说，《蛮书》中的这些记音材料是作者樊绰从多个来源抄录的[①]。因此，这

[①] 方国瑜（1984:157–160）说，《蛮书》的材料主要来源于袁滋《云南记》，"蛮夷风俗"等章节更是直接转录。

里存在另一种可能,即这些唐宋文献中的白蛮语记音材料记录的并不是一种自然语言。Lacouperie (1887:46) 似乎对此毫无察觉,例如他讨论的"九隆""永昌"等词,其实是出于范晔(398–445)《后汉书·南蛮西南夷列传》,比《蛮书》早了数百年。

此后中国学者对 Lacouperie (1887) 的批评与反驳,一般也都直接选取几个词来作对比与解读,尤其是集中于"诏"字,争论它的目标语言究竟是泰语、傣语还是氐羌语、彝语、白语等①,例如范义田在1944年提出"诏"这个词汇来源于氐族②。只有沈静芳(1989)相对全面地讨论了 Lacouperie (1887)的上述主张,并比较了几种语言的多个材料来分析"诏"字应该属于哪种语言,否定了 Lacouperie (1887)。系统、全面的考察,应该首先收集所有的南诏语材料,至少是收集其中某一类的所有材料,对其作系统研究,例如杨海潮(2010)将唐宋文献记录的所有南诏王号放在一起来讨论,发现除"赞普钟"等几个明显为其他语言的词汇以外,基本上都是白语词汇。③

Davies (1909)发挥了 Lacouperie (1887) 的主张,他从语言上将西南民族划分为孟高棉、掸、藏缅、汉语四大系统,并把白语和苗瑶语、佤-布朗语列为"蒙吉蔑语系"下的三支语群,认为自己所调查的100个白语词汇分别来自汉语(42个)、藏缅语(33个)、孟高棉语(23个)、泰语(2个)。

> 以民家族居地言之,实无口说蒙吉蔑语之部落与之为邻。然以余度之,民家之原始实出于蒙吉蔑,以其所接触者为藏缅族,如么些(Moso),如罗罗等,故其语言因受此等邻族之影响而大变。更以有中国人与此族杂居,故其大部语言,亦自中国族借来矣……
>
> 民家语中,其四分之三字眼与文法之大半,皆假借自他语系,则此种语言,能否视为属于蒙吉蔑语系,自成为问题。此事之终局结论,惟有听各人之自为主张而已。鄙意如民家语难划归于一语系之中,不如听其自成一类,不必有所隶属。至拉克伯里认民家语应属于蒙吉蔑系之意见,亦属可采。此余于下列一表中,所以将民家语与蒙吉蔑中各族语言互为比较也。(戴维斯1909:11–13)

戴维斯(1909)的逻辑是现代白语分布的地域没有孟高棉语,白语不可能

---

① 陈吕范主编的书收录了多篇相关文章:陈吕范主编《泰族起源与南诏国研究文集》,北京:中国书籍出版社,2005年。

② 范义田《云南古代民族之史的分析》,《范义田文集》,昆明:云南民族出版社,2007年,89–91。

③ 这里还涉及所比较语言材料的另一个性质,即所比较的这些语词是基本词还是文化词,因为文化词显然远比基本词容易在不同的语言之间互相借用。为免枝蔓,本书暂不讨论这个问题。

由于接触而借入孟高棉词语，所以这23个词必定是白语的固有词，而它们同时又是孟高棉语的词汇，因此白语和孟高棉语同源。这一推论以白语和孟高棉语之间没有自然接触为前提，且不论这一前提是否成立，至少，语言之间的非自然接触也会造成共享成分，而白语和多种非汉语言之间的这类接触历史并不罕见[①]。

据《蛮书》所说，南诏国各部族的语言，滇东诸族群/民族"三译四译，乃与华通"（《蛮书》卷一）、滇西诸族群/民族"皆三译四译，言语乃与河赕相通"（《蛮书》卷六），乌蛮"其语四译乃与中国通"（《新唐书·南蛮传》）。这些都是站在南诏首都大理的白蛮居民的语言的角度来说的，"三译四译，乃以河赕人为传译耳"（向达1962:161），也就是说，其中的翻译者为白蛮（白族前身）。白族人自南诏以来往往承担当地政府的翻译官，前人曾经注意到了这个现象，例如顾炎武《天下郡国利病书》卷108说，"在其部落，倮倮、仲家、（土）僚是夷人，言语各不相悉，有僰人译之"；李宗昉《黔记》卷三说，"僰人在普安厅各营司，性淳佞佛。凡倮倮、仲家等苗，言语不相谙者，常赖僰人通之"。牧野巽（1992）因此认为，白族是大理国的中心民族，后世大有精通各种语言的人在，这是可以推想的。然则白语应该和很多非

[①] 丁文江较早指出了这种可能，马长寿作了进一步的发挥："达氏分类最为可置疑者为处理民家与蒲蛮之位置问题。达氏决定民家为蒙克语系民族之理由殊不充足。盖语言区域常由人口移动混淆之。而人口移动又有自然移殖与命令移殖两种。前者移殖终点由人民与环境决定，后者移殖终点则由政府与领袖命令决定。民家语言所受外界之影响若属于前者，吾人自可于四周民族中寻其自然移殖之踪迹。影响若属于后者，则影响民家语源之因素，不在四周之民族，而即参伍于民家中间之民族也。丁文江氏于此点曾有解释云：'达氏谓民家语有蒙克语源，而周围无蒙克民族。推其原因，盖在南诏建国时，以瓦拉为兵丁，蒙克语因而传授于民家。'丁氏此论，虽无指明历史证据，然以当时情景言之，实属可能。吾人试披阅南诏历史，即知其时于云南部族，调动极多。设使瓦喇或蒲喇之任何一部族调屯于此民家分布区域，此民家语言即有吸收若干蒙克字源之可能。或该区域之民家系由他处调来，设昔曾偶与操蒙克语民族为邻，后虽屯居于四周无蒙克语族中间，亦可保持曩昔所得之蒙克语源。两种原因，有一于此，即可构成达氏所云民家语源之形成与环境。由斯知达氏立论固甚狭也。"见：马长寿《中国西南民族分类》，中山文化教育馆《民族学研究集刊》第一期，长沙：商务印书馆，1936年，180–199。（《马长寿民族学论集》，北京：人民出版社，2003年，49–82。）此文原注丁文江之说见Ting, V. K. 1921. On the Tribes of Yun-nan. *China Medical Journal*, March. 可是我没有找到此文。

汉语言都有非自然接触。①

　　Lacouperie (1887) 和戴维斯（1909）影响很大，后者因为对云南各民族之间的亲缘关系有一个系统的分类，还广泛影响到了此后的中国学者关于云南民族分类、识别的大量研究。但是，因为其理论、方法、材料都有缺陷，他们的研究招致了很多批评，晚近的研究只有王敬骝（1993）、杨文辉（2009）等少数论著仍然认为唐代白蛮语和泰语、孟高棉语有亲缘关系。

1.1.2 混合语

　　上文所引戴维斯（1909:11—13）的话中，有几句颇可玩味："民家语中，其四分之三字眼与文法之大半，皆假借自他语系，则此种语言，能否视为属于蒙吉蔑语系，自成为问题。此事之终局结论，惟有听各人之自为主张而已。鄙意如民家语难划归于一语系之中，不如听其自成一类，不必有所隶属。至拉克伯里认民家语应属于蒙吉蔑系之意见，亦属可采。"此处所谓"不如听其自成一类，不必有所隶属"，也就是认为也可以将白语单列为一个语支。

　　后来的研究中，高光宇（1957）即主张将白语及其方言视为与汉语、侗台语、苗瑶语、藏缅语并列的独立语族，戴庆厦、刘菊黄、傅爱兰（1989）也把白语单列为一个语支。持同样观点的还有杨品亮（1989）、和即仁（1992）、杨应新（1992）等。

　　李藻（1916）提出白语是混合语，其历史先是本地的"白子国话"在宋元时期和彝语混合形成一种混合语，这种混合语在明代又和汉语混合，形成白语，固有蛮音则从宋元以后与彝语混合，又受到明初吴越一带迁来的汉人语言影响而形成混合语。李藻的讨论屡被提及，但文字多有舛误，因为原文不是太长，我把它抄在下面，以便查找和对照：

> 　　大理在周时为濮地，居民尽属蛮族，自汉诸葛南征，始与中国通。唐之中叶，尝有因辟充清平等官而居留未归去者，汉族尚为少数。泊夫宋

---

① 元初昆明的一家人，可以为证：昆明白族人王昇卒于元顺帝至正三年（1343），他37岁时父亲王惠去世，当时其子王廪约有15岁。王昇"先娶清源县君杨氏，蚤世[逝]，遗一子曰廪，云南行省寸白译史"。事见邓麟《元宣慰副使止庵王公墓志铭》；方国瑜为此碑所作跋语说："碑称昇子廪为云南行省寸白译史，按寸白即爨僰音字。《元史·兵志》：云南行省所辖屯田一十二处，并有爨僰军。《经世大典·叙录·政典·军制》曰：云南之寸白军不成他方，盖乡兵也。姚骢之《元明纪事钞》卷三十二引元《兵法志》亦曰：云南有寸白军，寸白即爨僰音字。《景泰云南志》卷二'曲靖府'曰：罗罗一名爨，讹为寸。而白则白子，即民家也。云南土著之居内地，与汉人交接最繁者，曰寸与白，故每以寸白为云南土人之总名，且以语言不相通而设译史也。"（《新纂云南通志》卷94）王昇的儿子王廪、女婿江彦卿后来都成为"寸白译史"，也就是少数民族语言的翻译官，其职责是翻译白、彝等少数民族语言（方国瑜1984:1091）。（杨海潮2014）

元，其固有之语言仍为蛮音，所谓白子国话是也。嗣有猓族杂居，在苍山西南隅，语言又复混合两族语意，绝不能通中土。逮明初削平段氏总管，迁中土大姓以实云南，而吴越间汉族来者纷纭踵至，于是呼土著者曰民家，外来者曰军家，民家中有自远方屯田移垦或经商卜籍者，其大部分犹是汉族也。汉族优胜则劣者败，渐久至于澌灭。二百年前，西南山隅经载庄、大波箐之猓族，迄今胥同化为汉民，无复毡背椎耳之俗矣。向来吾邑方言虽有隔里不同音之谚，但名词犹近中土，大凡可别为二，曰汉话，多在附城各区；曰民家话，则各乡一律，惟上下弯桥、五里桥、刘官厂则民、汉两参。最奇者，数村相距二三十里，发音则一致焉。今由民家话中细参之，十有二三皆与汉语相符，而土语究十居六七也。城居之纯系官话者，盖当日拓疆之将士、移边之大姓与夫中土官商之流寓斯土者，均于城市卜居焉。今者世界大通，其于五洲言文尚求统一，而此弹丸之地，竟尔语言歧出种种隔阂，由此发生种种窒碍，洵属邑中缺憾，邦人诸友，尚其妥筹良法、善立规约，庸导而丕变之，岂不休哉！

民家口音，如日读泥，月读洼，朝起读车肯，时间读直加，茶读作，糖读夺，花读贺，坡读瓿，水读许，墓读贸，河读角，禾如之，江读冈，姜如之。男老曰皤，女老曰妪，姑母曰阿姑，处女曰郎子，妹曰女弟，新妇曰细巫倪，个人曰个倪，团体曰阿伙，彼人曰薄倪，小子曰细息。头曰笛播，头皮转也；齿曰兹八，齿盘转也；头发曰笛骂，胡曰屋，手曰叟，皆音转也。墨与麦俱音近梅，柜与鬼俱音近古，棍与骨俱音近瓜，官与关俱音近卦。雪梨读序利，沙塘读梭夺（此音直同日本），馒首读麻头，饵块读死馈，鸭读押，羊读油，豹读巴。称草以乌，称柴以薪，称火以灰，称稻以麻，称蝇以蝇，称鸟以佳。读挈为耐，与吴人读挪近；读闲为暇，与吴人摆暇同。读减为港，读不为滤，读轻为倩，读卑为敝，读略为糯，读鲜为朽，读秃驴为拖骡，读猢狲为兀算，读年岁为鲵算，读乡邑为秀衣。卑为文音之重翻，利为厘字之轻转。笑作朦，则腭音移而齿；哭作犰，则腭音兼以喉。有毛曰皮，读卑，仍唇音也；无毛曰革，读给，仍腭音也。凡用咀嚼力者皆曰食，不用咀嚼力者皆曰饮。以东西南北之四方、青白赤黑之四色、一二三四之十数、十廿卅卌之积数，其发音缓急轻重、抑扬高下间略为翻切。暨泥读重舌音，鸡读重喉音，皆属正音。又食菜取用曰挟，而挟读喉音，则义音俱正与吴越仿佛，出入特唇齿喉舌之转，微有小异。先辈传言，民家话似江南，良非虚语。间有难以汉语解者，仍是沿习蛮语，久则难变也。近人邓秋枚曰，滇黔之音或近金陵，则明代应天劲族移屯云南之故也。证诸方言原理，殆确不可易欤。究之近倡普及民国，民国教育仍重语言一致。兹节邓氏《方言志序》一则，用以为吾邑劝。

郑［邓］秋枚曰：志所以重要者，则以中土之民言语不同，多操乡音，不复自知其失。夫辞气鄙悖，曾子所嫉；南蛮鴂舌，孟子所羞。宋高祖未变楚言，则史臣讥其失雅；王丞相偶操吴语，则坐客诮其无才（一见《宋书》，一见《世说》）。孙祥雅音失乖，则学徒因之不至（《梁书》）；李业兴旧音未改，则梁人笑其失词（《北史》）。顾氏亭林有言，五方之语虽各不同，然使友天下之士而操一乡之音，亦君子所不取，况近日瀛海交通、迥异安土闭关之世乎？若音操土语，则应对多乖。故国语一科，亟需教授，然必明于方言与官话之殊、方言某字之音即官话某字之音始也。用官话以证方言，易方言而为官话，此则统一言语之渐也。若不以方言证官话，是由［犹］治训诂者不以今语证古义也。且欲革乡土之音，必自总角之童始，若年龄稍进，则宜教授西文。故国语一科，必以小学植其基，而欲通国语，又必以方言阶梯。则方言一志，岂仅备考古之用哉。（《民国大理县志稿》卷六）①

我们调查了李藻（1916）提到的两个地方（即"弯桥""五里桥"，其他几个地名所指尚不清楚），发现当地人使用的语言实际上有三种，分别是大理白语、大理汉语，以及一种所谓"汉头白尾"的语言，后者夹杂着白语词汇，但主要是使用汉语的词汇、语法，其语音的阴平、阳平、去声都基本和汉语普通话对应，上声则区分为两个降调，古入声字基本自成一个降调。这种"汉头白尾"的语言一般只在家庭内部、村人之间使用，它应该就是李藻所谓的混合语。考虑到云南民间长期流传的有些人来自"南京应天府柳树湾"的说法，这些特征可能来自吴语方言。

此后，范义田在1944年提出"明家语者，古代中国语与土著语之结合"②，徐嘉瑞在1946年说"名家语"为汉语与白蛮语（藏缅系语）混合的产物③，他们所谓的"明家"和"名家"即后世所谓"民家"；罗常培（1943，1944）、Wiersma（1990）等也都认为白语是彝、汉混合语，李绍尼（1992，

---

① 据周宗麟纂《大理县志稿》书前所列这部志书的修撰人名单，李藻为"分修"之一，身份是"前清举人日本宏文学校毕业省立第二中学校教员"；该书卷七"学校部"之"游学"条说，李藻字学海，大理弥渡人，生卒年不详，日本宏文学院速成师范班毕业。《顺宁县志初稿》卷11"人物"："李藻字学海，大理人，清光绪庚子年辛丑科举人，日本宏文学院速成师范毕业。有隽才，博通古今学说。民初任县立中校国文教员。好饮酒，吟诗作文如宿构，具倚马立就之笔。县知事王仲肃重其才、悯其穷，月赠以金。作教数年，造就人材颇多，病酒逝世，郡人多捐金以助发柩回籍。"（张问德、杨香池《民国顺宁县志初稿》（二），南京：凤凰出版社等，2009年，391。）

② 范义田《云南古代民族之史的分析》，《范义田文集》，昆明：云南民族出版社，2007年，118。

③ 徐嘉瑞《民家新诂》，《东方杂志》第四十二卷第十号（1946），40–44。

2002）也认为白语是汉语和彝语的混合语。

这些研究都注意到了白语中含有大量的其他语言的词汇，但据此认为白语是混合语，首先需要明确混合语的定义或性质，否则争论一种语言是不是混合语就没有多少意义。实际上，白语中混杂有大量其他语言（尤其是汉语）的词汇，这既可能是它本来就是一种汉语，也可能是语言接触的结果，或者同时兼具分化与接触两种因素而造成了它的特殊面貌。其次，按照历史比较语言学的原则，语言的系属分类只能以发生学的关系为标准，而提出白语是一个单独的语支或者是一种混合语（包括认为白语属于藏缅语等其他主张），却没有严格论述使用发生学关系之外的分类标准的合理性，由此得出的结论就不会有足够的说服力。

1.1.3 藏缅语族

李方桂（1937）依据形态特征给出了汉藏语系的谱系，其中将白语划归藏缅语族彝语支。但在后来的修订本 Li (1973) 中，他犹豫了一下："Minkia may possibly belong to this group (按：即彝语支), but it shows strong Chinese influence in its vocabulary and word order, and its relationship remains doubtful."

李方桂（1937）的分类在后来的中国语言学家当中影响非常大，在1990年代之前，国内讨论汉藏语系属分类的论著几乎都采用了形态标准[①]，在白语研究中，只有罗常培、傅懋勣（1954），徐琳、赵衍荪（1964，1984），赵衍荪（1982），赵衍荪、徐琳（1996）等在主要使用形态标准的同时提到了同源成分。

闻宥（1940）批评了戴维斯的研究，认为白语中最古的成分是藏缅语，并没有孟高棉语的成分。罗常培（1951）也把白语列入彝语支语言，这就与此前的罗常培（1943，1944）认为白语是彝、汉混合语有不同，但是他没有对此作出任何说明与讨论。

周耀文（1978）使用了形态标准，也认为白语应该是藏缅语族中的一个单一的语支，但不是彝语支语言，因为"它无论在语法、词汇和语音上都已与彝语支语言有着很大的差别"。赵衍荪（1982a）赞同白语属于彝语支。吴安其（2000）批评了以共时特征作为白语系属划分依据的做法，认为应该以语音系统和形态系统作为分类标准，从语音和语序的历史来看，白语应是彝缅语的一支。邓晓华、王士元（2003）依据斯瓦迪士百词表进行同源词的统计分析并画出藏缅语族的树图，认为白语属于藏缅语族。

[①] 与此相对的主要是本尼迪克特（Benedict, 1942）提出的分类，即汉藏语系只包括汉语、藏缅语和加岱语，他把侗台语和苗瑶语划出去了。不过这篇文章没有提及白语。

1.1.4 汉白语族

印欧语系是通过不同语言之间的形态一致和/或音义对应关系建立起来的。在对汉藏语系的研究中，谢飞（Shafer，R.）认为："假如汉藏语系的语言没有类似印欧语的形态的东西，我们自然就不能利用形态上的对应作为确定语言亲属关系的主要标准。"为此他尝试了使用虚词。"然而印欧语的比较语法并不只是以形态为依据。其大部分是在于找出各种语言的语音对等关系。科诺和马伯乐都不曾试着去找出这种对等关系，他们比较的只是一些'看来相似'的东西，其中有许多是错误的。本文作者论汉藏语系语言的著作大部分是在于找出这种对等关系。本文作者只是就普通词、数词、身体的部位、动词、形容词、形态要素等等进行比较，至于表示出明显的语义差异的则不比较。"（谢飞，1974）

张福延（1937）认为白族就是汉族，剑川白语"言语声音，实能保存三代以来之古语古音"，白语是东晋以前的古代汉语。张海秋、秦凤翔（1954）认为白语是汉语的姊妹语。赵式铭（1949）考证了443个剑川白语词汇，认为白语与汉语都可以对应起来，对不上的词汇则是从藏缅语中借入的，因此白语是汉代以前就形成的汉语方言，其词汇中保留了大量的周秦雅言，后来受到其他民族语言的影响而成为现代的白语，白语和汉语是同一系属。基于类似的研究而持同样的主张的，还有徐承俊（1954，1957）等。

Dell (1981)将大理白语与其他白语方言作比较，并将白语与古代汉语、汉语云南方言作比较。本尼迪克特（Benedict, 1982）将白语和汉语划分到汉语族下，Starostin (1994) 根据徐琳、赵衍荪（1984）的词表，第一次从严格的语音对应的角度比较了白语和汉语，发现白语部分词汇反映了上古汉语的一些面貌，结论是白语大约是在公元前10世纪后期从汉语中分化出来的。

此后，郑张尚芳（1995）提出"汉白语族说"。郑张尚芳（1999）考察了白语核心词汇与古汉语的对应关系，认为白语的核心词和汉语完全同源，因此白语是汉白语族中一支独立的语言。郑张尚芳（1999）认为白语的话语几乎都可以用古代汉语写出来，白语和古代汉语的区别主要在于白语使用了汉语的另一套词汇系统。这个有趣的现象不禁让人想起拉波夫对纽约儿化音的研究和他对语言分化的讨论（Labov, 2006, 1973a, 1986），站在白汉同源的立场来说，也许白语人群在从汉语人群中分化出来之前就是一个特定的社会阶层或从事特定的职业。

20世纪的白语系属研究有比较明显的类型学性质，但是类型学在何种意义和程度上能揭示事物内部的性质和关系（而不是事物之间的关系），尚待论证。回到本书的主题上，赵式铭（1949）、郑张尚芳（1999）的白汉比较，不区分同源词和借词、核心词和文化词，使得这种含混的比较成为意向不明的一种试探，得到的结果就可能只是类型上的一致或相似。

与上述研究相比，Starostin（1994）、汪锋（2006/2012，2013）使用历史比较法来研究白汉关系，认为白语和汉语亲缘关系最近，汪锋（2013）还为长期占据主流的白语属于彝语支的说法提供了一个很好的解释：汉、白、彝语都是亲属语言，但彝语分化的时间较早，白语和汉语分化的时间较晚，所以白语和彝语也有一些系统的语音对应关系。对于白语的谱系关系，这是目前为止最为严格的研究。

袁明军（2004，2006b）也持汉白同源之说。袁明军（2004）基于"语义学比较"讨论白语和藏缅语、汉语之间的"深层语义对应"，推断白语和汉语有发生学关系。按照邢公畹（1995）所述："'语义学比较法'应该包含两个内容：一个是两种语言里原始同音异义字对应比较法；一个是三种以上的语言里原始同义、近义字对应比较法；而如果能列出三种以上的语言里同音异义字的对应式来，那就是最上乘的了。"但是语义的客观性低，不同的人对同一个语言片段往往会有不同的理解，难以取得共识。正是基于这样的考虑，蒯因（Quine, 1953/1980:46）建议，"过去所谓意义问题现在可以简述为两个最好不提及意义的问题：一个是使有意思序列的概念为人理解的问题，另一个是使同义性概念为人理解的问题。"为追求语义分析中的客观性，陈保亚（2015:143）推进了蒯因的这一思想，把语义问题分解为三个问题：

1. 有无意义？
2. 意义是否相同？
3. 意义是什么？

不同的人对于同一个问题的答案，其一致程度在这三个问题之间是依次递减的。

不仅如此，由于自然语言是用有限的语音形式去表达无限的语义，而人类思维的普遍性会造成一种语言里的音义匹配现象，使得不同的语义可以拥有同一个语音形式，所以用同音词对应来判断同源词、确认亲属语言，就需要先排除偶然对应的可能。确定同源词是汉藏语系研究中最为困难的工作之一，因此自然不应该以此苛求"语义学比较法"能解决这个问题，但如果在对语义单位还没有一个可靠的理论时就作此比较，比较的结果就会缺乏公共性。

1.1.5 白语方言划分

徐琳、赵衍荪（1984:116）以1957年白语工作队采集的多种白语方言语料为基础，把白语分为三种方言："各地白语的语法基本一致，词汇绝大部分相同，只是语音差别较大。因此，可以根据语音的特征并参考词汇和语法的某些差异情况，将白语划分为中部、南部、北部三个方言，即剑川方言、大理方言和碧江方言。"（碧江即今怒江。）此外还有一些在德宏、红河、楚雄、文山、曲靖、昭通、玉溪、昆明等地聚居或散居的近4万白族人口，"他们属于何种方言土语，现在还很难进行较准确的统计"。

方言		次方言	分布
中部方言	剑川方言	剑川土语	剑川、兰坪、鹤庆、丽江、云龙、洱源、漾濞、宾川、永胜、宁蒗
		鹤庆土语	
南部方言	大理方言	大理土语	下关、大理、洱源、宾川、云龙、漾濞、永平、云县、凤庆、祥云、弥渡、巍山、保山、南华、昆明、元江
		祥云土语	
北部方言	碧江方言	碧江土语	碧江（怒江）、福贡、贡山、维西、中甸、云龙、洱源
		兰坪土语	
分支未定			德宏州的潞西、盈江，红河州的弥勒、绿春，楚雄州的元谋、双柏、禄丰，文山州的邱北、马关，曲靖市的富源、宜良、宣威，昭通市的昭通、镇雄，玉溪市的玉溪、易门，昆明市的市区中心

这种依据共时差异所作的分类，不太好处理过渡区间的方言，因此会暗中依赖语感。例如，卷舌音就在北部方言和很多中部方言、南部方言的一些土语中都有。

汪锋（2006/2012）基于历时关系重新为白语方言分区，把白语方言分为东支和西支，大致是拉玛白语和勒墨白语为西支，其他为东支，具体做法是按照历史语言学的原则，挑选出14项语言特征来划分他所调查的9种白语方言。

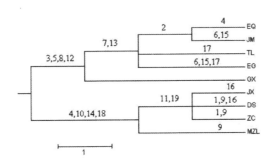

不管何种分类，分类所选择的特征也就是其分类标准，这时候，选择不同的特征就会有不同的结果。那么，究竟什么特征应该被选中，什么特征应该被放弃？另一个问题是，白语方言内部的次级分类问题，至今仍然没有得到很好的解决。

1.2 白语语音研究

关于白语语音的研究主要集中于白语方言的调查与描写，2000年以来出现了一些实验语音学研究。这方面的一些研究（例如李煊、汪锋2016）可能对我们了解语言演变的方式具有特别的价值。

白语的历史研究主要通过白语方言比较和白语同其他语言比较而展开，记录白语的历史文献很少被用于这类研究之中。

1.2.1 发声类型

徐琳、赵衍荪（1964）注意到，白语方言有的有松紧对立，有的紧音只分布在特定的声调；有的声母有清浊之别但没有对立，浊音声母也只分布在特定的声调；此外还有声调带有浊送气成分。在还没有相应的实验语音学技术可以将这些问题分析清楚的条件下，徐琳、赵衍荪（1964，1984）最先发现声调和特殊发声类型的伴随关系，用声调的松紧来区分元音的松紧，这是非常有洞见的高明做法[①]，后来的实验语音学研究多次证明了他们的这种分类。

根据孔江平（2015:24）的研究，发声类型主要指声带的不同振动方式，包括声带振动的快慢以及周期内声带打开和关闭的时间，其中，声带振动的快慢在声学上表现为频率高低，而周期内声带的打开和关闭的状况可由开商和速度商来表征。此前，孔江平（2001）发现基频参数反映声带振动的快慢，可以定义为声带振动周期时长的倒数，而开商和速度商反映声带开闭的状态，开商可以定义为声门开相与整个声带运动周期的比例，速度商可以定义为声门正在打开相（opening phase）与正在关闭相（closing phase）的比例。

在白语的研究中，李绍尼、艾杰瑞（1990）和Edmondson & Shaoni (1994)认为白语音调的升高和紧喉特征有一定的关系，李绍尼、艾杰瑞（1990）通过谐波差值法给白语定义了四种音质类型（紧喉、挤喉、普通、气化），后来又将挤喉修改为声门混合紧擦音（李绍尼1992a；Edmondson & Li, 1994；艾杰瑞等2000）。李绍尼（1992a）认为剑川白语有四种音质类型，即普通音（松元

[①] 这是汪锋教授提醒我的。

音，包括鼻化音）、紧音、气嗓音、"声门混合挤擦音"，他认为从音质分析表明白语的声调并非完全由声带颤动而产生的基频决定，其他发音机制引起的不同的音高与基频往往共同制约着白语声调的高低，而所谓的"声门混合挤擦音"并不是紧音，调值也不是21调，而是42调。此后，艾杰瑞等（2000）和Edmondson et al. (2001)在彝语和白语之间作比较，观察到紧音是声门上部受到制约的结果，具体来说，是喉腔中的会厌前部、勺状肌顶端的后部和侧部协同构成的，但在白语元音中没有发现像彝语那样的舌根作用，说明这两种语言有着不同的发展规律。

与所谓的"声门混合挤擦音"这种相对不自然（母语者都觉得难发出这样的音）的发声类型相比，Wang (2015) 基于自然语言材料的分析，通过开商和速度商值为剑川白语定义了三种发声类型（正常嗓音、刺耳音和紧嗓音），李煊、汪锋（2016）为大理美坝白语的个别发音人的个别调类定义了刺耳音或高音调嗓音。

1.2.2 松紧音

与特殊发声类型紧密相关的是松紧音。马学良最先注意到彝语有松紧对立[①]，他把一般的韵母和所谓的"紧喉韵母"区分开，"紧喉韵母是发音时喉头有点儿紧缩（laryngeal constriction）"，他在这类韵母之下加了一个短横来标注。大概是他的这一做法使后来的研究者把松紧音之间的区别坐实为元音的松紧之别，此后关于松紧音的讨论就主要在这一框架下展开。例如，戴庆厦（1958，1979），胡坦、戴庆厦（1964）等把紧音处理为韵母（元音）的一个特征，称为"紧元音"。胡坦、戴庆厦（1964）认为元音松紧的差别主要在于喉头和声带是否紧缩，在音高、音长以及舌位的高低等方面也还有一些差别。这一问题在晚近才被实验语音学的研究指出来，例如Maddieson & Ladefoged (1985) 分析了景颇、哈尼、彝、佤四种语言，认为松紧音的差异在于元音而不是音调或辅音或整个音节，但它们实际代表的是发声类型的差异。

大理白语有松紧音，但是没有区别意义的作用。艾磊、苏玮雅（1997）在研究大理喜洲白语时发现松紧声调的划分可能与松紧元音的音质区别有关，或与辅音的发音方法（如嗓音开始的时间）有关，不同类音在藏缅语中很常见。他们分析了用声学方法测试得到声谱中元音的音高和音长，认为所谓的42调实际上是一个高降调，白语紧音音节的音调略高于相应的松音音节，而在有标记发音的降调里，紧音是指带挤化嗓音或气嗓音的音节。赵燕珍（2012:20）在

[①] 马学良《俅文作祭献药供牲经译注》，《历史语言所集刊》第二十本上册（1948），577-666。Maddieson & Ladefoged (1985) 说，也许是Jespersen (1889) 最早描写了松紧音。

描写下关赵庄白语的音系时，注意到当地白语在不同的声调上有不同的松紧表现，"但同一个调值上无元音松紧对立，可视为声调的伴随特征"。

如前所说，徐琳、赵衍荪（1964，1984）发现白语的松紧音的分布和不同的调型有一致性，白语中紧音只分布在特定的调型之上，因此他们把紧音标注在相应的声调上。汪锋（2007）在白语方言的比较中发现松紧音的对立或从声母的清浊对立转化而来，或从韵母的舒促对立转化而来，证实了戴庆厦（1979）使用比较语言学的方法研究藏缅语族中的松紧音时发现的类似现象。

此外，汪锋、孔江平（2009）在武定彝语的研究中发现在不同声调中松紧对立会被使用不同的策略来表现，有的使用不同的发声类型，有的使用不同的时长，不同声调松紧音对立的实质并不相同，在1调中主要区别在于发声状态，即紧喉音与普通嗓音的不同；而在3调中，对立的基础主要是时长的差异，即短促调与舒声调的区别。Wang (2015) 提取了剑川白语的声学参数来分析其声调的性质，发现特殊发声类型在不同的发音人中存在变异，甚至在一个音节内发生变化，由于不同的策略可以用来产生特殊嗓音与它们的正常嗓音对应，说明剑川白语使用发声类型来区别不同类型的声调，但不同的发音人可能运用了不同的发声策略来构成（相近）声调的对立。

李煊、汪锋（2016）从发声角度研究了美坝白语的声调，发现白语声调系统的发声基础正处在变异之中：当地白语不同的松紧调对立组的变异速度不一样，不同的人采用不同的策略来区分声调，其主要趋势是从发声类型为基础转换到以基频为基础。这或许反映了美坝白语正处在从嗓音对立上的发声类型范畴转变到以音高对立为主的中间阶段，即正在从调质区分转变为调值区分（孔江平2001），从而证实了Wang (2015) 的推测。杨晓霞、高天俊（2016）对白语内部有无松紧对立的方言做了比较，认为不同的白语方言会使用不同的发声类型来处理这一对立，并形成不同的调型。

戴庆厦（2014）记录的丽江九河白语，使用了徐琳、赵衍荪（1964，1984）把紧音标注在声调上的模式，所以他们归纳的九河白语就只有3个声调（31, 33, 55），由于声调与松紧之间是平行性的关系，这种处理方案相当于把九河白语归纳为6个声调。

1.2.3 送气擦音

张福延（1937）说剑川白语"谓事为史亦呼似采""呼事音在史采二音之间"，由于"史"和"采"在白语或汉语中的发音差别极大，对此唯一合理的解释是，当时剑川（金华镇）白语"事"的声母为送气擦音s^h-，这个音的语音效果既像s-，又像tsʻ-[①]。我在2006年调查剑川县西中南村和东山脚村白语时遇到一件有趣的事：当地五十岁左右及以上年纪的人说"雪、血、岁、孙（子）"等白语词时声母为sʰ-，说"杀、星（星）、心、新、薪、洗"等白语词时声母为ɕʰ-，他们的子女（二十岁左右及以下年纪）则分别说成s-和ɕ-，而且两代人都未发现彼此之间的发音有sʰ-和s-、ɕʰ-和ɕ-的区别，我指出这一区别时他们仍然没听出来，直到我让他们反复说当地的tsʻ-声母白语词"轻、切（菜）、睡（觉）"等和tɕʻ-声母白语词"青、清、请"等来比较，他们才发现这一现象，并对自己此前一直未发现这一现象而感到奇怪。根据我在2018年的调查，剑川金华镇西门的白语也没有送气擦音。剑川白语的以上时空差别，似乎说明金华镇白语在近百年内发生了送气擦音sʰ-声母失去送气成分而演变为s-的过程。

奚星灿、李绍尼（1997）发现鹤庆白语南河话有4个送气擦音fʰ, sʰ, cjʰ, xʰ，通过分析它们在鹤庆白语声母中的分布和声韵调的搭配规律及其在声调上的表现，认为"它反映了古白语与藏语之间早已存在的亲属语言性质的语源关系"。大理州地方志编纂委员会（2000）谈到在鹤庆、剑川西南部、云龙白石等地的语音中清擦音分送气不送气两组，它们是两组不同的音位；同时列出了大理市周城和七里桥、剑川县的龙门和下羊岑、洱源县的西山和凤羽、鹤庆县的金墩、云龙县的白石以及祥云县的禾甸等几个点的白语音位系统，其中鹤庆县的金墩、剑川县的下羊岑和云龙县的白石的声母系统中存在送气擦音。

杨晓霞（2007）注意到，目前仅在剑川方言的鹤庆金墩乡话、鹤庆南河话、剑川县的下羊岑话和怒江方言的云龙白石话、兰坪大华拉玛话中发现送气擦音。她使用实验语音学方法分析了白语云龙白石话的送气擦音，通过比较白语鹤庆南河话、鹤庆金墩乡话、云龙白石话以及其他一些次方言，发现这三种方言中的送气擦音都只是分布于55, 44, 33, 31这四个声调。她将这几种白语与藏文和藏缅语族语言作了比较，来分析送气擦音在几种白语次方言中的分布以及跨语言比较显示的可能的演化，结论是白语的送气擦音经历了由ʃʰ逐渐并入sʰ, ɕʰ和s, ɕ的过程，与藏文中的擦音存在一定的联系。

汪锋（2006/2012）在俄嘎白语和大石白语中都发现了送气擦音。通过原始白语和藏语、汉语古音构拟（李方桂的上古音系统和白一平的中古音系统）的比较，他认为原始白语中送气擦音有三种来源：

[①] 孙宏开、刘璐（1986）描写的怒苏语中，擦音f, s, ʂ, ɕ分别与相应的送气音fʰ, sʰ, ʂʰ, ɕʰ之间存在对立，"擦音送气与不送气有区别词义的作用，送气擦音在听感上与塞擦音相似，但不同的是塞擦音先闭塞，后摩擦，送气擦音则并不闭塞"。这个介绍大致说清楚了送气擦音的音响效果。

C_v-s- → h-s- → s^h-
sK- → s^h-
P^h- → f^h-

因此，汪锋（2006/2012）为原始白语构拟了送气擦音。不过，他构拟的原始白语中只有一个送气擦音*s^h-（也许*s^hr-也可以算上）。

大理白语中，有几个语素音形的声母可以有k'-和x-两读或tɕ'-和ɕ-两读，例如：

k'ɯ³¹ / xɯ³¹ "里面"（表方所）　　　　tɕ'i⁵⁵ɕi²¹ / ɕi⁵⁵ji²¹ "板栗"
k'ɯ⁴⁴ / xɯ⁴⁴ "起"（表方向）①　　　　tɕ'ɛ³⁴ / ɕɛ³³ "先"
k'ɯ⁵⁵ / xɯ⁵⁵ "后"（表完成）　　　　tɕ'i⁴⁴ / ɕi⁴⁴ "出"（表方向向外）

tsɯ³¹ / sɯ³¹ "让"（致使，指使，容许）
sʅ⁴² / uo²¹ "山"（"和"*ɣɑ），sʅ⁴²lo⁴⁴ "山顶"（"葱路"*ts'uŋ lu）

由于k'-和x-的发音部位相同，但是k'-有从成阻到除阻的动程，x-则没有阻塞，而且这两个声母在大理白语中是不同的音位，为什么它们可以两读？古白文中把"里面"这个语义写作"丘"②，但是如果为上述这类词项建立k'- > x-的演变规则，找到其条件却比较困难（例词实在太少）。我因此怀疑它们是从送气擦音x^h-变来的，也就是说，早期的x^h-后来往两个方向变化，一种变成k'-，一种变成x-。但是后者能否推到和前者一致的时间层次，目前尚不确定。后一组例子的性质与此一致③。

与此相关的另一个例子是香料tɯ³¹xɯ³¹"草果"。实验语音学的分析表明（杨海潮、刘文2022），在大理白语的双音节词中，31调作前字时一般都会趋于平调（相当于变成33调），但是"草果"tɯ³¹xɯ³¹不能说成tɯ³³xɯ³¹。白语tɯ³¹xɯ³¹"草果"这个名称应该来源于汉语"豆蔻"təu⁵¹k'əu⁵¹ / *dəu k'əu，现代

---

① 不同于表示k'ɯ⁵⁵ "开（门）"、k'ɯ⁵⁵ "开（瓶盖）"、k'ɯ⁴⁴ "（往外）抠"，也不同于表示推测或祈使的句末语气词xɯ³¹。

② 王锋在介绍古白文写经时说，写经中的白文符号有的在当代白文中仍在使用，如"丘"读为xɯ³¹，意为"里面"。（王锋《白文重要古籍文献介绍之二：国宝级文献〈南诏大理国手写白文佛经〉》，《大理日报》2014年2月5日；王锋《白文重要古籍文献介绍之三：〈仁王护国般若波罗蜜多经〉》（5号卷、6号卷）》，《大理日报》2014年2月12日。）

③ 但"先"这个例子可能有问题，目前我无法判断它是不是晚近的汉语借词ɕan⁵⁵/ɕɛn⁵⁵进入白语之后，出现ɕen⁴⁴和白语之前就有的tɕ'en⁴⁴并存。

汉语和中古音的后一音节的声母都发送气音①，按照现代白语方言和汉语的对应关系，对应的白语音也应该发送气音，作k'ɯ³¹。因此白语tɯ³¹xɯ³¹"草果"的声母x-应该就是从早期的*xʰ-变来的。②

最后一个例子支持汪锋（2006/2012）的构拟：《蛮书》卷八说唐代的白蛮语"山谓之和，山顶谓之葱路"，已知汉语中古音"和"ɣuɑ对应白语"山"uo²¹（汪锋、杨海潮2004；杨海潮2013），但"山"sʅ⁴²/uo²¹同"葱路"的中古音*tsʰuŋ lu之间似无关联，所以存在这样的可能：汉语中古音"葱路"*tsʰuŋ lu记录的是白语"山上"sʅ⁴²lo⁴⁴。如果这一推测不是太离谱，那么"山"的读音可能就有一个从sʰʅ⁴²到sʅ⁴²的演化过程，然则早期白语应有一个送气擦音*sʰ-，但后来它在这个例子中失去了送气特征。

因此，我推测大理白语也有过不同于 *sʰ- 的送气擦音xʰ- 和ɕʰ-。［至于它们能否推到汪锋（2006/2012）所构拟的原始白语的时间层次，目前还无法确定。］

1.2.4 语言接触

白语和汉语是亲属语言（Starotin, 1994；汪锋2006/2012），而且它们之间的亲缘关系要比它们与彝语等汉藏语言之间的关系更近（汪锋2013）。白语在和汉语分化之后，又经过了深度的长期接触：白语在公元前10世纪晚期就已经和汉语分化（Starotin, 1994），但是唐宋史料证明，白语和汉语至晚在唐代开始就有较为密切的接触关系；明太祖洪武十五年（1382）征服云南之后，数百万内地汉族迁移到云南，"到16世纪，汉族人口已增长到西南人口的三分之一左右。至19世纪，人们普遍认为汉族人口在西南人口中所占比例几乎提高了一倍，占近60%，接近现今的民族比例"（李中清 2000:99），白语和汉语的接触就更多了。1950年代以来政府积极推广汉语普通话等活动，以及当代的通信和传媒的迅速发展，又进一步加剧了这种接触。

白语与汉语有长期而且深刻的接触历史，这就使得如果不纳入语言接触的因素和角度，研究结论将只是一面之词。此外，云南各地的白语往往同时还和彝语、傈僳语、纳西语、哈尼语等其他少数民族语言长期接触，也都需要考虑更多语言之间的接触。

语言接触研究需要比较不同的时间断面，为此，如果一种语言有丰富而持续的历史文献，就会为相关研究提供非常有价值的材料。白语并不能满足

---

① 汉语中古音拟音采用郭锡良（1986/2010），其中有些地方使用了雷瑭洵博士的修订；近代音拟音采用杨耐思（1981）。下同。

② 不过这个判断似乎有类型学上的危险：根据陈保亚（1996），德宏傣语"科学"xo⁴⁴so⁵³借自汉语西南官话"科学"kʰo⁴⁴ɕo⁵³，因此可以推断其中的某个状态下kʰ-与x-并存的情形，其发音效果接近xʰ-与x-。

这样的条件，它只有一些零星的汉字记音材料（参见下文"白语和白族的源流"）。在这样的情况下，白语的历时研究需要先对白语方言作全面、细致的调查和描写，然后才能通过历史比较法构拟原始语等程序逐渐展开研究；在此过程中，由于历史比较法所构拟的原始语的时间深度无法确定，所以应该借助历史上的白语对音材料，而且必须严格鉴别对音材料究竟是不是白语，否则会严重影响到研究的结论。

对于"汉白语族"这一理论而言，白语与汉语先分化、再接触，可能是白语系属研究中最为困难的地方。Lee & Sagart (1998) 在白语的借词中鉴别出四个时间层次，"发生学层次是汉藏语，但很清楚不是汉语……后面一层（A层）是在汉代到唐代晚期从汉语借进的词……白语和汉语之间的接触看来在公元第一个千年的上半叶中断了，然后在明代晚期或者清代当官话进入西南地区的时候又重新开始。借自西南官话两个变体的近代借词形成了两个不同的层次：来自剑川官话的层次和来自'地区性'西南官话的层次，这两个层次中几乎都没有基本词汇"。

Starostin (1995a) 主张词汇的借用是有限的，不能借入斯瓦迪士百词表15%以上的词。Lee & Sagart (2008) 认为白语中的汉语词汇是分层的，形成了连续的借用层次，白语从汉语借用了大量的基本词汇，它们都属于早期阶段，在斯瓦迪士的100词表中占47%。Lee & Sagart (2008) 的结论符合陈保亚（1996）关于语言接触中借词"无界有阶"的理论，但他们的很多分析都与文献所见白族与汉族接触的历史有冲突，例如所谓"白语和汉语之间的接触看来在公元第一个千年的上半叶中断了，然后在明代晚期或者清代当官话进入西南地区的时候又重新开始"，其实大理国（其贵族与平民都以白族为主体）与宋朝的接触并不少，元代云南行省与中国内地的接触更多，吴安其（2000）据语音和词汇的分析、傅京起（2008）根据句法的分析，都认为汉语是从唐宋开始大幅度影响白语的。

问题可能与"层次"有关。在区分对应层次时，一般的做法是看两种语言之间的对应的数量关系是一对一还是一对多，根据语音演变的规律性，一对多就表明有不同的条件，所以应该分属不同的层次。[①]

历史材料可供探索古代白语的面貌，但这样的材料实在太少（主要是零星的使用汉语记录的对音材料），不足以呈现某个时期的白语音系的整体面貌，所以关于白语音系演化的研究（尤其是长时段的全面研究）就只能依靠通过方言比较来作原始语构拟和/或跨语言比较。这项工作主要见于汪锋

---

① 这个问题在汉藏语中的表现非常复杂，历史语言学关于层次的研究目前还不成熟，大概正因为如此，陈保亚（1999，2015）没有专门讨论历史语言学中的层次问题。

（2006/2012）。

原始语构拟的性质和意义在于通过亲属语言/方言比较（或内部比较）来建立一个音系（音位及其结构），作为解释亲属语言或方言关系的工具。反过来说，构拟原始语的过程就是倒推亲属语言或方言之间的演化历史。汪锋（2006/2012）运用"还原比较法"（The Distillation Method）来梳理白语和汉语的关系：先通过内部比较（Intra-comparison）排除白语方言从原始白语分化之后的晚近借用和创新，然后通过外部比较（Inter-comparison）过滤掉原始白语中的早期借词，得到相对可靠的材料来探讨白语的亲缘传递，再通过不可释原则（Inexplicability Principle）和词阶法（Rank Theory）来鉴别语源，判断经上述两道程序得到的汉白关系词究竟来自遗传还是借用。在此基础上，汪锋（2006/2012）根据9个白语方言的材料重构了原始白语（包括音韵系统、词句法结构和基本词汇），过程中选择了19项语言创新（包括语音创新、语义创新和词汇替换）作为白语方言分区的特征，并借助一些生物遗传学算法程序绘制了白语方言的谱系树。

1.2.5 语言演化

关于白语语音的历史演变的讨论，目前主要见于汪锋（2006/2012）关于原始白语构拟的研究。此外有一些零散论文，往往集中在某个问题或某类现象之上。下面分别选取关于声母、元音、韵尾、声调的材料，择要讨论几种涉及白语语音史的论著。

声母方面，赵燕珍（2006）观察到剑川白语中中老年多保留浊擦音ɣ，年轻人已变为喉塞音ʔ，山区多保留浊擦音ɣ，坝区多已变为喉塞音ʔ，因此认为剑川白语的ɣ有向喉塞音ʔ发展的趋势。此外，她认为白语中的声母ɣ-除了极少量来自固有词之外，主要是来自中古汉语。她的研究方法是先选择一批白语ɣ-声母字，分析它们与中古汉语声母对应情况，然后再选择一批字来比较韵母，最后再选一批字来比较声调，由此得到的结论是"中古汉语来、疑、影、匣、喻等声纽字，白语借入后的声母都是ɣ，其中以匣母字最为明显，特别是中古汉语匣母的开口字，基本上保留了中古汉语声母的语音性质"。由于她只是分别比较了单项对应（声、韵或调），而每项对应的例词也只有十多个，支持其对应关系的材料略嫌少了一点。

按照赵燕珍（2006）的观察，徐琳、赵衍荪（1964，1984）中带ɣ-声母的白语固有词只有五个：$pɛ^{42}ɣɯ^{31}te^{21}$ "猫头鹰"，$ɣu^{21}lu^{21}pa^{33}la^{33}$ "蓬头垢面"，$ji^{42}ɣa^{42}$ "浮萍"，$ɣa^{35}$ "不"，$ɣɯ^{42}$ "力气、劳动力"。

问题在于，判断固有词或外来词的依据是什么。到目前为止，汉藏语历史语言学中常见的方法是直接使用表征作经验判断：两种语言的两个语义一致的词之间是不是"长得很像"。由于"像"具有相对性，并没有明确的边界，又从陈保亚（1996）可知，即使系统地呈现音义对应关系也未必就是同源词，而汪锋（2006/2012）论证了白语和汉语同源，那么判断白语中更多的ɣ-声母词并非纵向继承而来或晚近时期的借用或同构，而是从中古汉语横向借用而来，就需要给出证明。

同样的研究倾向也见于王锋（2013b）关于韵母的研究。王锋（2013b）认为大理白语中有一个卷舌音，它来源于汉语中古音ɣ，例如中古汉语二等字进入白语后的变化过程大体如下：前元音：ɣa (ɣɛ) > ɣe (ɣE) > rə > e˞；后元音：ɣɑ (ɣɔ) > ɣr > rə > e˞。他比较了不同层次和条件的汉语和白语的关系，推测白语中的这个所谓卷舌元音是受中古以来汉语借词影响而形成的一种系统的语音现象，它的发展反映了白语的语音系统在汉语影响下发生的重要变化。

我以为更重要的问题是：这个音是不是卷舌元音？对此，当然可以使用实验语音学的方法来测定其发音的声学性质，从而看它是否卷舌。目前我更关心的是，如果这个音是卷舌音，那么它将是大理白语中唯一一个带有卷舌特征的音素，我们需要解释这一特征为什么没有扩散到大理白语音系中的其他音位上去。

下面列出几种材料所见各个白语方言的声韵调和所谓卷舌元音的情况：

	声母	韵母	声调	"卷舌元音"	材料来源
大理（大理镇）	21	22	8	+	（本书的调查）
大理（赵庄）	23	20	6	−	赵燕珍（2009）
大理（喜洲）	24	19	8	+	何稳菊（2015）
大理（喜洲）	21	24	8	+	徐琳、赵衍荪（1984）
大理（周城）	24	21	7	−	汪锋（2006）
洱源（凤羽）	22	18	7	−	（本书的调查）
剑川（金华镇）	23	20	6	−	徐琳、赵衍荪（1984）
剑川（金华镇）	25	20	7	−	（本书的调查）
剑川（金星）	23	33	8	−	汪锋（2006）
云龙（槽涧）	21	30	8	−	李贤王（2013）
鹤庆（大石）	30	33	7	+	汪锋（2006）
鹤庆（康福）	37	23	6	+	赵金灿（2011）
怒江（福贡）	23	19	8	+	徐琳、赵衍荪（1984）
维西（妥洛）	35	32	5	+	汪锋（2006）

续表

	声母	韵母	声调	"卷舌元音"	材料来源
兰坪（金满）	37	27	4	+	汪锋（2006）
兰坪（共兴）	42	27	6	+	汪锋（2006）
兰坪（恩棋）	35	23	5	−	汪锋（2006）
泸水（俄嘎）	31	21	5	+	汪锋（2006）
丘北（马者龙）	29	34	5	+	汪锋（2006）
昆明（西山）	23	32	7	−	王锋（2012）
元江（因远）	25	27	6	+	（本书的调查）

如果说大理白语因为和汉语的深度接触而产生了卷舌元音，那么如何解释各方言的不同表现？王锋（2013b）根据徐琳、赵衍荪（1984），把卷舌元音在白语中的空间分布规律总结为"卷舌元音是白语大理、碧江两个方言在语音上与剑川方言的重要区别之一"，但是碧江（怒江）方言中的恩棋、大理方言中的周城都没有这个卷舌元音，而因远和马者龙的白族都说自己的祖先是从剑川迁徙过去的，可是这两个方言都有卷舌元音。可见用白语和汉语接触的程度来解释白语方言有或没有所谓的卷舌元音是不充分的。①

此外，王锋（2013b）所说的卷舌元音空间分布规律，显然以徐琳、赵衍荪（1984）基于表征的白语方言三分格局为基础；如果我们使用汪锋（2006/2012）基于发生学特征的白语方言二分格局，怒江方言是西支白语，而剑川方言和大理方言同属东支方言，即使它们可以再分为南北两支次方言，怒江方言和大理方言都有卷舌元音的现象也不太好解释。

根据特鲁别兹科伊（1939）和Jakobson, Fant & Halle (1952)，区别性特征是最小的语音单位，而且一种语言中的区别性特征的数量是确定的。陈保亚（1996）认为，语言接触中借入目标语言的难易程度在不同层级的语言单位之间有区别（因此形成借用的"阶"），从易到难的顺序依次是音节、音位、区别性特征，"习得一种新的区别性特征比在原有区别性特征中组合音位要难得多"（陈保亚1996:55）。大理白语方言中，除了这个所谓的卷舌元音并没有其他卷舌音，因此大理白语如果把卷舌特征只用在一个音位之上，不符合经济性原则，需要理论解释。实际上，按照我的经验（发音和调查），大理白语的这个音应该是ə/ɤ，并没有卷舌特征。

---

① 这里的比较预设了一个前提：不同调查人的工作足够一致，或不同调查报告的记音足够准确，保证了比较的基础。自然"一致"和"准确"都有相对性，而一个白语方言中有无卷舌元音、是否卷舌元音却是绝对的。

当然，这个音的音质究竟是 ə˞ / ɚ 还是 ə / ɤ，可以使用实验语音学方法测定，不论如何，关键在于解释为什么它像是有（或实际上已经有）卷舌的特征。

韵尾方面，在前人的研究中，无论白语现代方言还是原始白语，例如，徐琳、赵衍荪（1984）、汪锋（2006/2012）中的韵母系统都没有塞音韵尾，Dell (1981) 根据自己在1966年调查的白语大理方言，通过白语方言的比较以及白语与古代汉语、汉语云南方言的比较，力图证明古代白语有浊塞音和辅音韵尾，它们在后来演变为声调。①

根据《蛮书》《新唐书》等文献中的对音材料，唐代的白蛮语是白语的早期形式（汪锋、杨海潮2004），进一步的研究倾向于支持白蛮语有-p, -t, -k这一组塞音韵尾（杨海潮2013）。

白语的鼻音韵尾大概在大理国（宋代）时期就已经弱化了，到了元代则在白语的中心区大理、昆明等地完全脱落了，今天的白语方言中，剑川等地白语有鼻化韵，大理白语则没有鼻音或鼻化音的韵尾，可能正是这一演化历史的反映。从历史材料看，大理国时期的"信苴"（王子）在元代碑文《大胜寺修造记》（立于元成宗大德三年，1299）即写作"昔苴"（《新纂云南通志》卷92，方国瑜1984:1048），从宋代的"信"变为元代的"昔"，徐琳（1996）认为反映了白语鼻音韵尾弱化的演变历史，明代大理白语的鼻音韵尾已经丢失了；此外，徐琳（1984）根据大理喜洲的明代白文碑《故善士杨宗墓志》（立于明代宗景泰四年，1453）以"书、菱"和"宗、通、功、房、冬、中"押韵，推断当时大理白语的后鼻音韵尾也已经消失。这个推断可以得到其他材料支持：唐代《南诏图传》和宋代张胜温《张胜温画卷》等材料都将南诏国开创者细奴逻的妻子记为"浔弥脚"，元代张道宗《记古滇说集》则记为"细密觉"，其指称对象为同一个人，中古汉语"细"*siei、"浔"*ziĕn、"信"*sin的目标语言为白语"祖先"ɕi³⁵的早期形式。（杨海潮2010）

不仅如此，由于晚唐时期昆明城的名字"善阐"*zịɛn tɕʻɛn到了元初变成"押赤、鸭池"（白语si³¹tsʻɛ⁴⁴ / zi³¹tsʻɛ⁴⁴），可见白语的鼻音韵尾在元初就已经变了。"善阐"作为一个地名尚且如此，那么"信苴"写成"昔苴"的现象大概也不会晚于明代，可能大理国末期就有吧。

声调方面，白语各方言之间的声调数量有一些差别（材料见前），这一现象，除了受制于各方言内部的声韵调相互关系之外，可能还与白语的声调正在

---

① 此外，我和刘文博士在做大理下鸡邑白语的声学分析时，在部分开音节词的语图末尾发现有冲直条，例如fə³³ "翻转"、va³⁵ "袜子"、jua³⁵ "月份"、jo³⁵ "邀约"等，这些音节的结尾像塞音，尽管这一特征在听感上并不明显，也不具备区别意义的功能。不过，目前发现的语音材料和用来分析的数据还比较少，因此就有偶然的可能，需要进一步验证。

合并有关。

F. Dell在1966年调查了大理白语，Dell (1981)第二章"大理白语的语音系统"在第四部分讨论大理白语的声调时说，从历时的观点来看，可以说31调和33调的对立正处在消失过程中，而共时地解释，应当说白语大理方言在其后不是停顿或较大的句法分界的音节末尾就只能读33调。（Dell只使用了一个发音人G.K.C.的白语发音，而且没有给出具体的调查地点。）

此后，艾磊、苏玮雅（1997）发现了大理喜洲白语有混用31调和42调的现象，但他们只是报道了这个现象。奚寿鼎（2001）也注意到大理白语中42调的变调情况，不过不是向44调变，而是向53调变[①]，可惜他没有讲清楚具体的方言点，而只是泛泛而言"年轻一代或年纪比较小的白族少年"。何稳菊（2015）注意到了喜洲白语中更多的声调混用现象，发现44和41、33和31分别混用，41、31和33也会混用，尤其42调和其他调容易产生混用。她认为混用的主要原因是不区别意义，然而她把混用的声调区分为不同的几个声调就违背了音位归纳的对立原则了。刘文、汪锋、孔江平（2019）在研究大理北五里桥白语时也发现了当地白语的声调正在发生调类合流，过程中不同发音人区分声调的策略和合流的速度有不同。

最近我们使用实验语音学的方法重新研究了这个问题，发现基频曲线图间接显示下鸡邑白语双音节词中的31调作为前字调时有趋于平调的现象。结合此前关于大理白语的田野报告（如：张清常1946；徐琳、赵衍荪1964；Dell, 1981），初步的结论是上述现象表明大理白语的31调作为前字调时正在与33调合流。（杨海潮、刘文2022）

1.2.6 白文

根据唐初梁建方《西洱河风土记》、元初李京《云南志略·诸夷风俗》、明代杨慎《书〈滇载记〉后》、清代薛承教《滇略序》和《白国因由》等文献所说，白族在历史上曾经使用过一种非汉文字，即所谓白文。1940—1950年代的调查和研究，一般也认为白族有过文字（石钟健1942，1957）。徐琳、赵衍荪（1984:128–129）说，"很早以前南诏国、大理国等包括白族在内的地方政权早已采用汉文，并利用汉字的音读、训读、自造新字和汉语借词等方法，来表达白语"。

根据石刻、抄本和零星的文献记录，所谓白文，就是模仿和使用汉字的符号系统而创制的一些文字。这种文字是用来记录白语语音的，它们在书写上或

[①] 这里所写调类是按我的标准所定的调，即53调和42调相当于奚寿鼎（2001）的42调、32调，而31调和21调相当于奚寿鼎（2001）的41调、21调。

直接使用汉字书写，或使用汉字的构造符号写成新字，虽然有汉字的面貌，但在语音上则或读为白语（音读），或读如汉语（训读），一般都只有理解为白语才能解读其语义。

目前发现的白文材料主要有以下这么几类：

    1. 南诏有字瓦；①
    2. 唐宋以来的白文碑铭，如《段信苴宝摩崖》《山花碑》等传世石刻；②
    3. 大理国写经注疏；③
    4. 清末以来的民间白文曲本。④

由于白族长期使用汉字，而这种所谓的白文并不成系统，也没有广泛流传，因此并不具有公共性，明代以后就几乎只以私人记录等形式使用了。

如同前文所论文献中的对音材料一样，这些碑刻等史料以及地名中的古代白语，对于研究白语和白族的历史很有价值，因此已经有很多研究涉及，或为专论，或散见于相关著述之中，例如：Lacouperie (1887)，伯希和（Pelliot, 1904），凌纯声（1938），范义田（1944），赵式铭（1949），徐嘉瑞（1949），向达（1962），方国瑜（1984），徐琳（1984, 1986），方国瑜（1987），王敬骝（1993），木芹（1995），徐琳（1995, 1996），段炳昌（1997），徐琳、傅京起（2004），汪锋、杨海潮（2004），杨海潮（2013）等；还有一些材料，则一直少有人解读，例如丽江白沙北岳庙卦辞碑立于明世宗嘉靖十四年（1535），但一直不见著录，石钟健（1957）报道之后，也只有

---

① 曾昭燏《点苍山下所出古代有字残瓦》，吴金鼎等《云南苍洱境考古报告》乙编，中研院史语所专刊（1942），李庄。

② 周祜《杨黼和他的〈山花碑〉》，《下关师专学报》1981年增刊；赵橹《白文〈山花碑〉译释》，昆明：云南民族出版社，1988年；段伶《白文古碑"山花词"格律研究》，林超民主编《西南古籍研究（2004）》，昆明：云南大学出版社，2005年。

③ 例如，周泳先《凤仪县北汤天南诏大理国以来古本经卷整理记》，李家瑞等《大理白族自治州历史文物调查资料》，昆明：云南人民出版社，1958年；李孝友《南诏大理的写本佛经》，《文物》1979年第12期；赵衍荪《白文》，中国民族古文字研究会编《中国民族古文字》，北京，1982年；赵衍荪《浅论白族文字》，《云南民族语文》1989年第3期。侯冲、杨延福则认为这些写经上的文字并非白文。（侯冲《大理国写经〈护国司南抄〉及其学术价值》，《云南社会科学》1999年第4期；侯冲《白族白文新论》，《中央民族大学学报》2000年第4期；杨延福《凤仪北汤天古经卷清理杂忆》，杨延福《南诏大理白族史论集》，昆明：云南民族出版社，2004年。）

④ 王锋《方块白文的历史发展和现状》，《中国民族古文字研究》第四辑（1994）；王锋《从书写符号系统看"古白文"的文字属性》，《大理学院学报》2004年第4期。

和在瑞等寥寥无几的材料①。总之，这类研究基本上都限于关于白族历史文化的研究中，较少被充分纳入关于白语的语言学研究的视野。

1.3 白语和白族的源流

辨析白语的性质，一个简单的办法是先分析清楚白语的源流。

一般将白语视为白族人说的语言，这种表达问题不少，至少它在历时和共时的同一性上都很难满足：一方面，很多地区的白族人都是白语和汉语双语者，一些民族杂居地区的白族人还会说傈僳语、纳西语、彝语等语言；另一方面，正如其他语言和民族一样，白语和白族一定不是从来就有的，而白语和白族的源头至今还不清楚，从溯源角度回答什么是白语也就成为难题。本书因此沿用通俗的"白语就是白族人说的（非汉）语言"这一说法，从相对确定的历史线索入手来讨论白语。

1.3.1 白族的认同：从"贵族"到"民家"②

白族主要分布于云南省大理州各县市，此外在云南省的昆明市西山区团结乡和沙朗乡、安宁市太平镇、玉溪市元江县因远镇以及文山州丘北县、保山市施甸县、怒江州福贡县、迪庆州维西县等地也有少量分布；湖南省桑植县、贵州省毕节市有数量不一的白族聚居村落，但当地人已经不使用白语了。白族在地理上分布相对较广的原因，主要是在大理国时期，白族随着王室对白蛮贵族的分封、派遣而扩散到云南各地以及四川西昌、贵州大部和广西西部。

"白族"是1956年新取的名称③，之前白族被称为"民家"，而"民家"则是在明朝征服云南之后才出现的称呼。一般以为"白族"之名源于白族的自称$pə^{53}tsi^{44}$ "白子"、$pə^{53}tsi^{44}pə^{53}nv^{33}$ "白子白女"、$pə^{53}ŋv^{42}tsi^{44}$ "白语子"（说白语的人）、$pə^{53}ɲi^{21}$ "白人"，而这些自称源于白族尚白，服饰、居所都喜欢使用白色（张旭1990:44-46；张锡禄1991:253-260；段炳昌2001）。说白族尚白，我以为更好的证据是相对抽象的价值观：白语说某人善良为$ɕi^{35}k'uo^{44}$

---

① 和在瑞《北岳卜卦碑（部分）》、和在瑞《唐代纳西族的古建筑——北岳庙》，丽江县政协文史组编《丽江文史资料》第二辑，1986年。和在瑞在后一文中说，丽江木氏土司"还把白族、藏族、纳西族之语言混编为'北岳经'、'北岳卦'。有意使人无法通晓，蒙昧愚民，归依大帝，以显身世"，即指这些卦辞碑而言。

② 汪锋教授建议我写一本书专论白族和白语的历史，这是他建议的书名，我把它先用在这里。

③ 方国瑜《关于白族的名称问题》，杨堃等（1957:12-17）；马雪峰《语言、差异政治与"民族"建构："白族"与"白文"的近代历史》，王铭铭主编《中国人类学评论》第19辑（2011），北京：世界图书出版公司；梁永佳《制造共同命运：以"白族"族称的协商座谈会为例》，《开放时代》2012年第11期。

(/ɔ⁴⁴)pə⁵³ "心白"、pə⁵³ɕi³⁵pə⁵³ka³⁵ "白心白肝",说某人不善言辞而心无恶意为 tɕy³³tsʼɯ⁴⁴ɕi³⁵pə⁵³ "嘴丑心白",区别于心红(为人热情、热心)、心黑(为人恶毒、贪婪)。不过,据说藏族也尚白,而且不仅服饰、建筑喜欢使用白色,"在藏民眼里,白色是纯洁、吉祥、慈悲、平和的象征,藏民在强调自己诚实可信时,通常这样表白:'我的心是白色的。'"①由于藏族与白族在这一点上有何联系目前还不清楚,这种习尚的排他性并不充分,所以白族自称中的 pə⁵³ / pɛ⁵³ 更大的可能是指白语,相对于 xɑ³¹ / xɑ̃³¹ "汉语"。②西南民间以语言作为民族区别的最重要标准,在田野调查中并不罕见。

Fitzgerald (1941:11-12) 较早注意到了这个问题:

> They therefor called them the "Min Chia", the "plebeians", the "common people", a term less of contempt than to distinguish the indigenous populations with its strang language, from the Chinese officials, soldiers and merchants who settled in Ta Li city and before long inter-married with the people of the soil. The name Min Chia is thus Chinese, and not that used by the people themselves when speaking thire own language. They call themselves, according to district, by several names generically related. Those of the Ta Li plain use mostly the term "Shua Bër Ni" meaning "speakers of the white (language)", (Original note: In Min Chia "white" Bër, does not have the meaning "plain" "intelligible" that the Chinese Pai carries. Therefore Shua Bër Ni does not mean "plain speakers" as opposed to unitelliglble speech, as the Chinese Pai Hua, literally "white language", does mean.) elsewhere Bër Dser, "White People", or in the western ditrict of Yun Lung, "Bër Wa Dser", probably the oldest term, meaning "People of the White King". None of these names refer to the colour of the skin, for the Min Chia, like the Chinese, are unacquainted with the use "white" as a descriptive term for one of the races of mankind. To them people of all the races of eastern Asia and of Europe are the same in colour, only Indians (and presumably Negroes if they were ever to see one), being described as "black men". This attitude is not incorrect. Among the light skinned mountain peoples of western China it is not the colour of the skin, but the black hair and Mongolian features of the face, which differentiate them from Europeans.

① 格勒、海帆《康巴:拉萨人眼中的荒凉边地》,北京:三联书店,1985年,224–226。
② 1944年夏天,郑天挺等西南联大师生访问大理,他在8月10日的日记中说:"前闻人言,民家人有特征:说民家话,不缠足,以黑布裹髻是也,并闻喜洲均民家人。"(郑天挺《大理访古日记》,《大理文化》1991年第2、3期。)这个例子也说明白族人以是否说白语为民族区别的一项主要依据。所以赵式铭(1949)说:"凡滇西人相接,一操白文,辄曰'我白子一家',则皆喜若故交者,其远而益亲如此。"

The origin of the use of the term "white" in connection with the Min Chia is not known to the people themselves. Some suggest that it is in fact derived from that mysterious ruler, the "White King", concerning whom there arecertain legends. The name, like the current Chinese term for the Shans, "Pai I" meaning "white clothes" may have referred to an earlier fashion for dressing in white. The Min Chia do not now do so, but nor for that matter do the Shans either. In comman parlance the imprecision of these names does not matter, for it is not so much race as language which is present as the differentiating fator in the minds of the people – does a man "Speak White" i.e. Min Chia, or "Speak Han" i.e. Chinese. The situation is the exact converse of that found, in say, Wales. Whether a man speaks Weles or not he is "Welsh", if born of stock long resident in Wales. In Ta Li if a man speaks Min Chia, he is Min Chia, if he does not he is "Chinese" – even though his mother is well known to be Min Chia both by descent and by language.

其中所说的情况大致不错，只是大理白语对白族人的称呼应该是 $\varepsilon ua^{44}pə^{53}ŋi^{21}$，$pə^{53}tsi^{44}$，而云龙白语则是 $pə^{53}\tilde{v}^{42}tsi^{44}$，其中的 $\tilde{v}^{42}$ 不是"王"，而是语言、话语，大理白语作 $ŋv^{42}$。①

关于白族的源头，历来众说纷纭，从氐羌到楚人（庄蹻及其部众）、蜀人、川南和滇池区域的僰人、东南亚的泰人或傣族、孟高棉语民族、洱海区域的"昆明人"等等，都有人主张，但各自都有很多历史缺环，或者材料与论证都不尽可靠；或主张白族是多民族融合的结果，但融合之说往往放之四海皆准，还需要作具体而微的论证。目前比较确定的白族族源，最早可以追溯到南诏时期的"白蛮"。

南诏（737—902）是云南人在唐代建立的一个王国，其辖境大约有现代云南的两倍。南诏之后，是三个前后相继的白族王朝大长和国（903—927）、大天兴国（928—929）和大义宁国（929—937），最后兴起了白族王朝大理国（937—1253）。唐宋文献说南诏国的王室是"乌蛮"，大理国的王室是"白蛮"。目前所见，"白蛮"一词始见于《蛮书》②，与之相对的是"乌蛮"，始见于《隋书·周法尚传》③，这两个词都指云南的非汉民族。

南诏王族究竟是哪个民族、乌蛮与白蛮为谁及其后人为谁，历来争论较多，一般认为乌蛮是彝族、白蛮是白族（如：凌纯声1938），另一种观点则认

---

① 张旭《从白族的自称和他称看其族源》一文（张旭1990）也提到了这个现象。
② 龚自知《关于白族形成问题的一些意见》，杨堃等（1957:36-43）。
③ 何耀华《武定凤氏本末笺证》，昆明：云南民族出版社，1986年，7。

为洱海区域的"乌蛮"与"白蛮"为汉化程度之分①。白蛮的汉文化水平远高于云南各族群的文化，受其影响，到了南诏晚期，洱海区域的主流文化已经是内部同质性很高的白蛮文化，马长寿（1961:73–75）将这一过程称为"乌蛮白蛮化"。

这些争论，主要是针对《蛮书》对乌蛮和白蛮的区分，例如《蛮书》卷三所说"六诏并乌蛮，又称八诏"这句话，其中的"并"字是动词（"都是"）还是连词（"和"）？因为民族是一种主观的认同，而非外在的体质或文化特征（Barth, 1967），解决这些争端的最简单可靠的方法，当然是看乌蛮和白蛮分别自认为是哪个民族，以及他们是否互相认同为一个民族，可惜目前还没有直接的史料支持这一工作。另外，胡本《南诏野史》说，唐昭宗天复二年（902年），南诏清平官郑买嗣"遽起兵杀蒙氏亲族八百人于五华楼下"，南诏至此灭亡，南诏王室从此不再见于文献②，也就无法从此上溯来确定南诏王室的族属了。

值得注意的是，《南诏图传》表明南诏曾自称"大封民""大封民国"，《新唐书》卷222、《资治通鉴》卷253也都说南诏王隆舜（"法"）于唐僖宗乾符四年（877）即位，"自号大封人"。同样性质的说法也见于唐朝文书，如白居易（722–846）《与南诏清平官书》"段忠倚至，知异牟寻丧逝……又知阁劝继业抚人，输诚奉教，蒸蒸咸义，封部获安"（《全唐文》卷665），崔致远（857–?）《贺通和南蛮表》则说"则彼骠信实狗封之族，尚革昏迷；贼巢乃蚁聚之群，何难扑灭"，崔致远《西川罗城图记》也说"蠢彼狗封，恣其狼戾"，都称南诏为"狗封"，明显是辱骂之辞，似乎都表明唐朝人知道这是南诏自己的称号。由于宗教信仰是族群区别的一种重要方式，而南诏王室长期有浓厚的佛教信仰，并且历代文献都显示白族信仰佛教，云南非汉民族中以白族信仰佛教为最早，彝族则到明初才开始信仰佛教（杨海潮2012），而《南诏图传》主要是宣称南诏王室的统治权利来自阿嵯耶观音的神授和南诏的佛教信仰之久远，因此，南诏自称"大封民""大封民国"可能即以此彰显自己的

---

① 例如，周泳先《有关白族历史的几个问题》，杨堃等（1957:51-56）；方国瑜《关于"乌蛮"、"白蛮"的解释》，杨堃等（1957:115-119）。方国瑜此文还提出，唐代洱海区域的"乌蛮"与"白蛮"并非民族之分，而主要是当时的汉族士人心目中同一民族内部的文化高低之分、受汉文化影响深浅之分。（并见：方国瑜1984:67）

② 木芹《南诏野史会证》，昆明：云南人民出版社1990年，222。

信仰、区别于不信仰佛教的族群，白族形成的时间应该不晚于南诏晚期。①

《蛮书》将洱海区域的族群/民族分别为"乌蛮""乌蛮苗裔""白蛮苗裔""白蛮"，四者之间是一种文化上的过渡关系，汉化程度依次逐渐提高，《蛮书》其实是从居住地域的角度来命名各个族群，再以文化标准作细分②，而区分民族重在其所持文化之别，而不在其种族，正是魏晋隋唐时代汉文化的常见观念与方法③。唐代以后，汉文献主要使用"生"与"熟"区别少数民族的汉化程度，尤其是区别同一个少数民族内部的汉化程度差异④，也许后人即因此而把"乌蛮"与"白蛮"理解为专名。

在南诏之前，洱海地区已经有说汉语的人，唐太宗贞观二十三年（649），梁建方《西洱河风土记》记录了当时洱海区域的情况："无大君长，有数十姓，以杨、李、赵、董为名家。各据山川，不相役属。自云其先本汉人，有城郭村邑，弓矢矛铍。言语虽小讹舛，大略与中夏同。"（《通典》卷187）其中所谓"名家"，范义田（1944：103-104）认为就是后代的"民家"，而《新唐书·南蛮传》在引述这些材料时则说"凡数十姓，赵、杨、李、董为贵族，皆擅山川，不能相君长"，称为"贵族"。徐嘉瑞（1949：201-202）认为，"'民家'二字，乃'明家'之误写，《新唐书》所称'贵族'，即《太平寰宇记》之'名家'"，"民家乃贵族之意，其文见于《通典》、《唐书》"。⑤

这些史料，以及明代的大理白族文人李元阳（1497-1580）《嘉靖大理府志》把白族人称为"郡人"，以区别于汉族、其他非汉民族，都是在表明白族、白语近于汉族、汉语的现象，而从"贵族"到"民家"，正是白族的历史过程。

---

① 方国瑜说"所谓大封人国，是以洱海区域的族名来做国名。封字古音读如帮，读双唇音，与白的辅音相同，封人国就是白人国，白人即洱海区域民族集团的名称"（方国瑜《关于白族的名称问题》，杨堃等1957:12-17），进而说"'封'字当读如'僰'或'白'"、"'封民'即'僰民'同音异写，而'封民'即'白子'也"，因此这个称号说明白族形成于南诏晚期，认为白族源于《史记》所说的四川宜宾一带的僰人（方国瑜《略论白族的形成》，杨堃等1957:44-50）。不过，"封""邦""僰""白"四字的上古音分别是*piwoŋ, *peoŋ, *bǒk, *beǎk，中古音分别是*pīwoŋ, *poŋ, *bək, *bɐk，读音差别不小。

② 此外，《蛮书》卷一还使用了"生蛮"一词，显然相对于"熟蛮"而言，这也是以汉化程度作为分类标准。又，《隋书·梁睿传》所记梁睿上疏中已有"熟蛮"之称："其宁州、朱提、云南、西爨，并置总管州镇。计彼熟蛮租调，足供城防食储。"

③ 陈寅恪说，魏晋隋唐时代对于民族的区分，重在对其所持文化的区别，而不在其种族。（陈寅恪1943:200-201；陈寅恪1944:46,78-79,120；陈寅恪1950:317）

④ 例如马端临《文献通考》卷331、卷328引《桂海虞衡志》，有"生黎""熟黎""生蛮"等分类。

⑤ 关于"民家"，释同揆在"康熙戊辰"（清圣祖康熙二十七年，1688）所撰《洱海丛谈》说："其人多姓李姓杨，谓之民家，流寓者谓之军家，其语音同中土，民家皆操蛮语。"（方国瑜主编1999(11):363）对此，方国瑜（1984:635）评论说："所解甚确。盖明初设卫所，民籍军籍有别，民多土著，而卫军则自远省移戍也。自卫所废，军家之名已不存，而至今称白子（白族）为民家人，即由于此。"

1.3.2 白族的遗传多样性[①]

为了研究白语人口的祖源，我们在2018年8月和11月，在大理、因远、剑川、丽江、凤羽等地分别采集了数十名白族男子的基因，提取其Y染色体数据，用来观察大理、凤羽、剑川、因远这四个白语方言的白族母语者的遗传多样性，以及这四个白语人群之间的亲缘关系。

分析结果表明，整体来看，云南白族的Y染色体种类非常丰富，主要的Y染色体大的支系类型均与汉族共享，且相对比例也与汉族相仿。在通过Y染色体类型所作主成分分析图中，云南白族总是落在汉族分布范围内部，与汉族无法区分，较为接近华北汉族、广东汉族及华北回族。这一现象支持Starostin(1994)、汪锋（2006/2012）等关于白语和汉语同源的研究结论。

但其中也有很少数男性带有F2、J等支系的Y染色体，表明受到了彝缅语支及中西亚来源（可能通过元代以来的色目人/回族）的影响。这一现象可能是白族的非族内婚制度造成的。

近汉族群主成分分析（PCA）

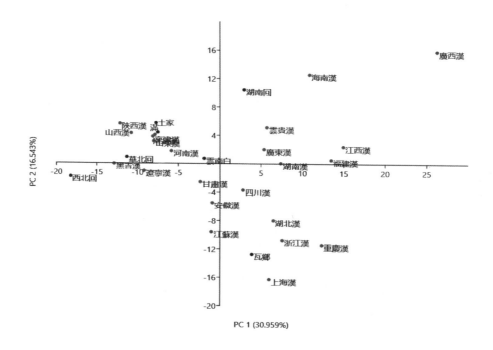

[①] 此项研究涉及多项工作，其中的基因测序工作，委托上海美吉医学检验有限公司完成，http://www.yoogene.com；对测序所得数据的分析，由复旦大学现代人类学教育部重点实验室的严实博士完成。

全国族群聚类树（UPGMA，欧氏距离）

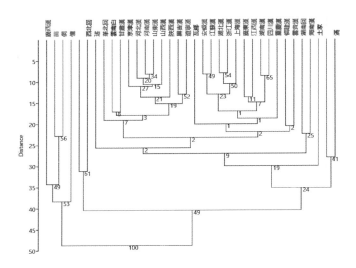

白族的父系多样性极高。即使以村为单位的统计，同村的Y染色体同宗度（任意抽取两人属于同宗的概率）也都低于0.1，即使是同村同姓也往往Y染色体不同，没有主要类型。这一结果说明白族的姓氏与Y染色体对应性很差，可能说明白族在家族传承中对遵循父系的要求低于汉族、苗族等族群（实际上，非同宗过继、收养、入赘等现象在白族社会中并不罕见），也可能是因为白族的Y染色体类型远多于姓氏的种类数；此外，一个村子的各同姓家庭可能不是由一个祖先逐渐繁衍而来，而是由多个祖先搬迁而来形成的。

以村为单位来计算所测试各人为同宗（即源于晚近的同一父系）的比率，结果如下：

	大理白族	凤羽白族	剑川白族	因远白族
?	8			
C2a	6	1		2
D1a	1	1		
F2	1	2		1
J		2		
L			1	
N	15	2	2	2
O1a	2			4
O1b*	1		1	

续表

		大理白族	凤羽白族	剑川白族	因远白族
	O1b1a	2			
	O2a1*			1	1
	O2a1b	1	3	4	
	O2a2a*				
	O2a2a1b	6	1		
	O2a2b*				3
	O2a2b1*		5	3	8
	O2a2b1a1	4	2	7	1
	O2b			2	
	Q*				
	Q1a1a	2		1	2
	R1a				
	R1b	1			
小类	样本数	50	17	22	24
	同宗度	0.055336	0.004329	0.0391156	0.0409357
大类	样本数	96	17	24	27
	同宗度	0.105701754	0.088235294	0.123188406	0.065527066

这四个方言点白语母语者的同宗度大小，依次是：大理＞因远＞剑川＞凤羽。相对于以上数据，严实博士调用此前他积累的一些数据，提供了一个按大类计算的同宗度：剑川＞大理＞凤羽＞因远。

由于同宗度相当于遗传多样性的反面，同宗度越高就意味着遗传多样性越低，两者之间大致有如下关系：遗传多样性 = 1 - 同宗度。按此，四个白语方言点的遗传多样性，按大类计算都高于85%，按小类计算则高达99%以上。虽然云南号称在多种自然的和人文的多样性方面都很突出，由于各地白族都没有族内婚制度，这么高的遗传多样性仍然值得怀疑。

造成这一现象的原因可能有三个方面。首先，我们的调查是以村为单位展开的，而且在调查之前就先要求接受测试者之间至少在四代之内不是男性亲缘关系。虽然不好具体衡量这一设定在多大程度上提高了（被试之间的）遗传多样性（也就是降低了同宗度），但可以肯定它对最终获得的数据是有很大影响的。其次，调查的样本数都比较小（大理50、凤羽19、剑川22、因远24），在多大程度上覆盖了本地（本村，甚至本县）的白族基因类型，这一点是不清楚的，因此由此获得的同宗度或遗传多样性的价值也就难以确定。最后，这次实验只提取了Y染色体数据，但只有分析到21对常染色体，才能获得四个方言点的人群间的血缘关系。

1.3.3 白族族源：殷商后裔假设[①]

基于白语和汉语同源的理论，下面我尝试给出白语起源的另一种可能，试图说明汉语在商代就已经传播到云南，而白语就从它发展而来。

商朝（约前1600—约前1046）是中国历史上的第二个朝代（在夏朝和周朝之间），它的首都在中原地区的河南。商朝有非常发达的青铜器文化，其青铜原料大量来自云南，但是在商代以后逐渐减少，到东周时接近消失[②]。更多的证据也间接支持这些研究，例如，包括商朝的龟甲、龟甲上的棉纤维、殷墟出土的棉布碎片等证据，都显示出商代就有从中原通向东南亚的道路[③]。最近的考古发掘在大理剑川县的海门口遗址中发现了商代的粟和麦[④]，也支持当地与中原地区有文化传播关系。

目前我们对云南的铜矿在当时如何运到中原一带的细节几乎一无所知[⑤]。由于青铜在当时是非常重要的物资，我们也许可以假设，当时曾经有一些人从中国北方来到西南，负责运输或监督运输这些铜矿到中原[⑥]。这些来到西南的商人，可能就是当地最先说汉语的人。

郑张尚芳（1999）说白语使用的是和汉语不同的一套词汇系统，似乎支持这一假设。从社会语言学的角度看，这些负责运输铜矿的人是以特定的职业组

[①] 本节主要根据Yang（2019）的有关内容改写而成。
[②] 金正耀《晚商中原青铜的矿料来源研究》，方励之主编《科学史论集》，合肥：中国科技大学出版社，1987年，365–386；李晓岑《商周中原青铜器矿料来源的再研究》，《自然科学史研究》1993年第12期，264–267；李晓岑《从铅同位素比值试析商周时期青铜器的矿料来源》，《考古与文物》2002年第2期，61–67。
[③] 李学勤《商代通向东南亚的道路》，王元化主编《学术集林》卷一，上海：上海远东出版社，1994年，132–141。
[④] 云南省考古文物研究所等《云南剑川县海门口遗址》，《考古》2009年第7期，18–23。
[⑤] 李晓岑结合对甲骨文和古代文献的已有研究，认为这些铜矿是直接从云南运到中原的，而不是辗转交通贸易的结果。（李晓岑《从铅同位素比值试析商周时期青铜器的矿料来源》，《考古与文物》2002年第2期，61–67。）
[⑥] 根据对云南洱海岩芯的实验室研究以观察保存在湖泊沉积环境档案中洱海周边地区的熔炼历史，发现古代冶炼大气排放物中的铜含量开始增加的年代始于公元公前1500年，来自洱海的年代久远的沉积物岩芯的地球化学测量被用来确定云南4500多年来金属浓度变化的时间，研究结果认为公元前1500年铜的增加是由于与冶金相关的大气排放所致。见：A.L. Hillman, M.B. Abbott, JunQing Yu, D.J. Bain, TzeHuey Chiou-Peng. 2015. Environmental Legacy of Copper Metallurgy and Mongol Silver Smelting Recorded in Yunnan Lake Sediments. *nviron. Sci. Technol.*, 49(6): 3349–3357. (https://doi.org/10.1021/es504934r.)

成一个特定的阶层①，所以他们说的是汉语的某种特定的社会方言，和其他商人不同。另一方面，商和周使用不同的汉语方言，周、秦、汉的语言有直接继承关系，而白语则与商的语言有直接继承关系，也许正因为如此，白语和汉语就使用了不同的词汇系统。

    到了商朝晚期，四川三星堆文化崛起②，其主人为"纵目人"，从出土文物看，即直眼人。这种特别的眼睛造型引发了不少研究③。有意思的是，三星堆遗址和与其时空都接近的金沙遗址的青铜矿料也来自云南④，而云南少数民族的创世神话中说直眼人为异类、是良心不好的人等等⑤，联系《尚书·牧誓》《史记·周本纪》所说西南的"庸、蜀、羌、髳、微、卢、彭、濮人"参与了武王伐纣（常璩《华阳国志·巴志》说"周武王伐纣，实得巴蜀之师"），推测西南地区三星堆文化崛起、中原地区商周鼎革等事件可能阻隔了云南与中原之间的南北交通，《华阳国志·蜀志》所谓"周失纪纲，蜀先称王。有蜀侯蚕丛，其目纵，始称王"，约略可见其历史（不过常璩可能把古代的几件大事拼合在一起了）。于是，远道西南取铜的商人的一支（或几支）即因此被与北方阻隔，留在了云南，另有一支（或几支）则成为汉代文献所说的

---

① 殷墟妇好墓碳14年代的测定结果为3155±140（前1205±140），树轮校正年代为3350±190（前1400±190）。（李伯谦《安阳殷墟五号墓的年代问题》，《考古》1979年2期，165-170；中国社会科学院考古研究所《殷虚妇好墓》，北京：文物出版社1980年；郑振香、陈志达《论妇好墓对殷墟文化和卜辞断代的意义》，《考古》1981年第6期，511-518；中国社会科学院考古研究所编《中国考古学碳十四年代数据集（1965-1981）》，北京：文物出版社1983年。）武王伐纣的牧野之战的时间暂取公元前1044年，它与妇好墓建造时间间隔超过150年，如此长的时间足以使一个社会的某一职业形成其特定的文化和传统。

② 四川省文物管理委员会等《广汉三星堆遗址一号祭祀坑发掘简报》，《文物》1987年第10期，1-15；四川省文物管理委员会等《广汉三星堆遗址二号祭祀坑发掘简报》，《文物》1989年第5期，1-20；赵殿增《三星堆考古发现与巴蜀古史研究》，《四川文物》1992年"三星堆古蜀文化研究专辑"，3-12。

③ 例如，范小平《广汉商代纵目青铜面像研究》，《四川文物》1989年"广汉三星堆遗址研究专辑"，58-62；巴家云《三星堆遗址所反映的蜀人一些宗教问题的研究》，《四川文物》1989年"广汉三星堆遗址研究专辑"，53-58；巴家云《三星堆遗址青铜"纵目"人面像研究——兼与范小平同志商榷》，《四川文物》1991年第2期，49-55；Wu Hung. 1997. All About the Eyes: Two Groups of Sculptures from the Sanxingdui Culture. *Orientations*, 28(8): 58-66.（巫鸿《一切都牵涉到眼睛——三星堆的两组雕像》，王艺译，罗泰主编《奇异的凸目——外国学者看三星堆》，成都：巴蜀书社2003年，290-305。）黄永林《三星堆青铜直目人面像的历史文化意义研究》，《武汉大学学报》2004年第5期，715-720；姜生《蜀字源于瞽瞍考》，《山东大学学报》2008年第6期，24-31。

④ 金正耀等《广汉三星堆遗物坑青铜器的铅同位素比值研究》，《文物》1995年第2期，80-85；金正耀《成都金沙遗址铜器研究》，《文物》2004年第7期，76-88。

⑤ 伊藤清司（Seiji Ito）《眼睛的象征——中国西南少数民族创世神话的研究》，马孝初、李子贤译，《民族译丛》1982年第6期，39-44；傅光宇、张福三《创世神话中"眼睛的象征"与"史前各文化阶段"》，《民族文学研究》1985年第1期，32-42；鹿忆鹿《眼睛的神话——从彝族的一目神话、直目神话谈起》，《民俗研究》2003年第2期，99-114；鹿忆鹿《百年来洪水神话研究回顾》，陈泳超主编《中国民间文化的学术史观照》，哈尔滨：黑龙江人民出版社2004年，73-105。

四川南部宜宾一带的僰人。

所谓"僰人",《说文解字》"人部"说"僰,犍为蛮夷也,从人棘声","羊部"说"西南僰人、僬侥,从人,盖在坤地,颇有顺理之性",《水经注·江水》引《地理风俗记》也说"僰于夷中最仁,有人道,故字从人"。所谓"最仁"、"有人道"、"颇有顺理之性",实际上是以汉文化为标准作出的评价:僰人的汉化程度较高、汉文化水平较高,在当时的非汉族群中最接近汉人。《史记·西南夷列传》说"巴蜀民或窃出商贾,取其笮马、僰僮、髦牛,以此巴蜀殷富",司马贞《史记索隐》引服虔说"旧京师有僰婢",都说明僰人能充当汉人的奴仆,不过他们可能会说汉语。(但僰人自己的语言如何,则文献无征。)① 如果这些分析成立,与僰人一起因铜而到西南、留在云南的其他商人,应该也会说汉语。

在汉藏语系中,白语是和汉语亲缘关系最近的语言(Starostin, 1994;郑张尚芳1999;汪锋2006/2012),如果上文对于僰人与商人之间的关系的推测不误,我们可以进而推测白语就是那个时候和商朝的汉语分化开来的,而这一时间正好与Starostin (1994) 推测白语和汉语分化的时间在公元前第一个千年的晚期基本一致。

我们可以从另一个角度来讨论这个推测:白族的文化中有不少和商朝的文化一致的现象。梁建方《西洱河风土记》:"无大君长,有数十姓,以杨、李、赵、董为名家。各据山川,不相役属。自云其先本汉人。有城郭村邑,弓矢矛钑。言语虽小讹舛,大略与中夏同。有文字,颇解阴阳历数。自夜郎、滇池以西皆云庄蹻之余种也。其土有稻麦粟豆,种获亦与中夏同,而以十二月为岁首。"(《通典》卷187)其中所记当地人的文化,至少有几点很重要:

1. 有汉姓,其他很多文化特征也和汉族一致;
2. 自称本来是汉人,并说他们是庄蹻的后代②;
3. 语言与汉语基本一致,但是文字与汉字不同;
4. 历法以十二月为一年的开始。

---

① 僰道的僰人在东汉以来的文献中消失了,有人说他们去到了滇池区域的滇国,东汉时代到了云南南部,现代的白族就是他们的后代。然而,没有任何可靠的证据表明川南的僰人在汉代进入云南。(杨海潮《"滇僰"释义》,林超民主编《木芹教授从事学术活动五十五周年纪念文集》,昆明:云南民族出版社2012年,671–681。)

② 也许有人注意到了本书对白族族源的解释模式非常像"庄蹻王滇"故事,这一故事最先见于《史记·西南夷列传》,其中问题不少,魏晋以来不断有人质疑甚至改写以合理化这个故事。另外,庄蹻为楚人,他和部属是否(以及在多大程度上)认同华夏(或汉族),他们的语言在多大程度上和汉语一致,都需要论证。目前我认为可能的相关历史大致如下:西南民间长期流传着某个族群源于内地移民的历史记忆,但其祖源等细节到西汉(或更早)的时候已经不清楚,司马迁将其解读为"庄蹻王滇"故事。

这些都和商朝的文化非常一致。例如，殷以建丑之月为正①，而南诏之前的洱海区域即以十二月为岁首，进入南诏时期后改成夏历，即《蛮书》所说"改年即用建寅之月。其余节日，粗与汉同，唯不知有寒食清明耳"，《新唐书·南蛮传》所说"俗以寅为正，四时大抵与中国小差"②，而寒食、清明似乎是周以来才形成的节日③。此外，《礼记》等上古文献多说夏尚黑、殷尚白、周尚赤（《史记·殷本纪》：商汤"易服色，尚白"），也与上面推测白语和白族源于商人一致。④

1.3.4 对音材料：白蛮语和白人语

古代文献以汉字记录的白语词汇是一种对音材料，其实质是用一种语言作工具语言（汉语或汉字）为目标语言（白蛮语或白语）记音。由于这些记音绝非游戏之作，而要满足不在场的读者的理解、使用，记音人因此会追求所用工具语言尽可能与目标语言具有一致的语音效果，从而使两种语言之间具有"匹配"关系，即"通过一种对应关系用母语的音来发目标语言的音"，"目标语言相同的音类在相同的语音条件下必然受到相同的匹配"（陈保亚 1996:16,21），这就为我们研究所谓"白蛮语""白人语"是哪一种语言提供了条件。

目前所见，对白语的调查最早可以推到唐代中期（当时称白语为"白蛮语"），唐朝中央政府为了了解边疆区域，一些内地文人则可能是出于猎奇，调查和记录了一些南诏的白语词汇，这些材料主要见于《蛮书》、《旧唐书》、《新唐书》、《酉阳杂俎》、《教坊记》等汉文文献，以及藏文文献《敦煌吐蕃历史文书》和阿拉伯文献《中国印度见闻录》等史料。⑤

---

① 《尚书大传》："夏以孟春月为正，殷以季冬月为正，周以仲冬月为正。"《春秋·元苞命》："周人以十一月为正，殷人以十二月为正，夏人以十三月为正。"《春秋左传正义》："言'王正月'者，王者革前代，驭天下，必改正朔，易服色，以变人视听。夏以建寅之月为正，殷以建丑之月为正，周以建子之月为正，三代异制，正朔不同，故《礼记·檀弓》云：夏后氏尚黑，殷人尚白，周人尚赤。"方国瑜跋《孟孝琚碑》："新莽以十二月为岁首，《嘉量铭》曰'改正建丑'，即以丑为月名。"（《新纂云南通志》卷81"金石考一"）不过新莽对云南文化的影响似不显著。

② 龚自知《关于白族形成问题的一些意见》，杨堃等（1957:36-43）。

③ 裘锡圭《寒食与改火——介子推焚死传说研究》，《中国文化》1990年第2期，66-77；杨琳《清明节考源》，《寻根》1996年第2期，42-44；陈连山《清明节源流考》，《中国艺术报》2018年4月18日，007版。庞朴则似乎倾向于寒食习俗是商以前崇拜恒星"大火"（心宿二）而改火的遗风。（庞朴《寒食考》，《民俗研究》1990年第4期，32-37。）

④ 又：李京《云南志略》说元代白族风俗有"人死，浴尸，束缚令坐，棺如方柜"，不知与《礼记·礼器》所谓"夏立尸而卒祭，殷坐尸，周坐尸"有无关系。

⑤ 本书所引古籍，都是通行的版本，如非必要，不再一一详细注明。

下面来看唐宋文献记载的白蛮语是哪一种语言,思路是唐代的白蛮语和元代的白人语就是白语的早期形式,而且南诏王室说的就是白蛮语。

南诏所用语言为何,这个问题自 Lacouperie(1887)、伯希和(Pelliot, 1904)以来,凡论及南诏历史文化者几乎都有所发挥,而持论纷繁、莫衷一是。我以为南诏王室说白蛮语,有几个笼统的证据:

1.《蛮书》卷四:"阁罗凤遣昆川城使杨牟利以兵围胁西爨,徙二十余万户于永昌城。乌蛮以言语不通,多散林谷,故得不徙。"

2.《新唐书·南蛮传》:"开元末(唐玄宗开元二十六年,738),皮逻阁逐河蛮,取大和城,又袭大厘城守之,因城龙口,夷语山陂陀为和,故谓大和,以处阁罗凤。"可见"大和"是南诏命名的,这里的"夷语"就是南诏的语言,而《蛮书》卷八说白蛮语"山谓之和"。

3. 唐代宗永泰元年(阁罗凤赞普钟十四年,765),阁罗凤遣子凤伽异筑柘东城,凤伽异"居二诏、佐镇抚"(《南诏德化碑》),柘东城(昆明)被命名为"善阐",也是白蛮语。元明文献说白语把昆明城称为"益城"、"押赤"、"鸭池"等,这几个名称也可以用白语释读,其含义与"善阐"一致。

具体来说,唐宋文献对南诏的语言有三段比较集中的记录,分别是:

1.《蛮书》卷八记录了十多个白蛮语词汇(原文见前),现代以来研究的人很多(如:凌纯声1938、马长寿1961),但解读出来的材料不足一半。我们完全解读了所有的词汇,结论表明,它们与现代白语具有对应关系,唐代白蛮语就是现代白语方言的早期形式,南诏王室所说的非汉语言就是白蛮语(汪锋、杨海潮2004;杨海潮2013)。至于其中的六个"东爨"(乌蛮)词汇,晚近的研究中,朱文旭(2001)认为是彝语,可以参考。

2.《新唐书·南蛮传》记录了南诏的一批职官名称,目前我还解释不了这些对音,抄在这里,向博雅之士请教:"王坐东向,其臣有所陈,以状言而不称臣。王自称曰元,犹朕也;谓其下曰昶,犹卿、尔也。官曰坦绰、曰布燮、曰久赞,谓之清平官,所以决国事轻重,犹唐宰相也;曰酋望、曰正酋望、曰员外酋望、曰大军将、曰员外,犹试官也。幕爽主兵,琮爽主户籍,慈爽主礼,罚爽主刑,劝爽主官人,厥爽主工作,万爽主财用,引爽主客,禾爽主商贾,皆清平官、酋望、大军将兼之。爽,犹言省也。督爽,总三省也。乞托主马,禄托主牛,巨托主仓廪,亦清平官、酋望、大军将兼之。曰爽酋、曰弥勤、曰勤齐,掌赋税。曰兵獳司,掌机密。大府主将曰演习,副曰演览;中府主将曰缮裔,副曰缮览;下府主将曰澹酋,副曰澹览;小府主将曰幕挖,副曰幕览。府有陀酋,若管记;有陀西,若判官。大抵如此。"目前只有马学良、朱崇先（1990）系统释读过这些对音，认为它们与现代彝语方言之间有对应关系。不过，上述记音字有不少都是闭音节、复元音，但彝语方言没有闭音节、早期彝语没有复元音，而且他们是用现代汉语而非中古汉语的读音分析这些职官名称，本书因此对其结论存疑。另外，陈寅恪（1950:210）说："樊绰蛮书为现存研究南诏史实之最要资料。今新唐书贰贰贰上中南蛮传南诏传，即根据蛮书。"但这段职官名称大都不见于《蛮书》，其来源需要再研究。

3. 五代的金利用《玉溪编事》记载了南诏君臣的两首诗，其中有几个南诏语言的词汇："南诏以十二月十六日谓之星回节，游于避风台，命清平官赋诗。骠信诗曰：'避风善阐台，极目见藤越（邻国之名也）。悲哉古于今，依然烟与月。自我居震旦（谓天子为震旦），翊卫类夔契。伊昔经皇运，艰难仰忠烈。不觉岁云暮，感极星回节。元昶（谓朕曰元，谓卿曰昶）同一心，子孙堪贻厥。'清平官赵叔达曰（谓词臣为清平官）：'法驾避星回，波罗毗勇猜（波罗，虎也；毗勇，野马也。骠信昔年幸此曾射野马并虎）。河阔冰难合，地暖梅先开。下令俚柔洽（俚柔，百姓也），献琛弄栋（国名）来。愿将不才质，千载侍游台。'"（《太平广记》卷483"南诏"条引）①其中的对音也可证明记录的是白蛮语，而且它们与现代白语方言有对应关系。

零散的对音材料，例如见于《蛮书》、《旧唐书》、《新唐书》、《资治通鉴》等唐宋文献中的南诏封号或南诏自称，"南诏、大封民、江西卑贱（担界谦贱）、骠信（嫖信）、骠信苴、震旦、元"等，以及地名"诏、赕、赕、阳瓜江"等，也几乎都与现代白语方言有对应关系（杨海潮2010）。至于其他几个特殊的名字，"赞普钟"为藏语，"摩诃罗嵯"是大理国以梵语maharajia自封为"大王"，"乌底巴"utibwa则是白语 $ŋv^{21}(/ŋou^{21})te^{33}po^{35}$ "皇帝（皇帝公公）"的缅语对音（段炳昌1997）。

元初，李京《云南志略》记录了当时的白语："白人语：着衣曰衣衣，吃饭曰咽羹茹，樵采曰拆薪，帛曰幂，酒曰尊，鞍鞯曰悼，泥墙曰砖垣，如此之类甚多"，"少年子弟号曰妙子"，"市井谓之街子，午前聚集，抵暮而罢。交易用贝子，俗呼为贩，以一为庄，四庄为手，四手为苗，五苗为索"，"多水田，谓五亩为一双"，"其称呼国王曰缥信，太子曰坦绰，诸王曰信苴，相国为布燮，知文字之职曰清平官"。这些对音和现代白语也可以建立起继承关系。

此外，唐代宗永泰元年（765），南诏王阁罗凤派其子凤伽异修筑柘东城（今天的昆明城的前身），在南诏晚期叫"善阐"，意思是"第二个首都"（"别都"），元代汉文史料称为"押赤、鸭赤、鸭池"，并说当时的白语称

---

① 并见《全唐诗》第732卷、日本津田文库所藏《玉溪编事》"震旦"条，文字略有不同。

为"益城",而同时期的意大利语记为jaci,波斯语记为jachi。"善阐"的中古音、"押赤、鸭赤、鸭池"和"益城"的近代音,与现代白语方言中昆明的名称$si^{31}ts\text{'}\varepsilon^{44}/zi^{31}ts\text{'}\varepsilon^{44}$"第二城"之间,也有历史继承关系。(杨海潮2014)结合以上的语言证据和《元史·信苴日传》等文献,可以肯定李京《云南志略》所谓"白人"与今天的白族之间具有明显的继承关系。

总之,除了《新唐书》所记的大段南诏官职名称有待进一步研究之外,从"白蛮语"到"白人语"再到现代白语方言,三者之间有继承关系,而三者的空间都以大理为主,时间则为唐宋、元、现代,因此"白蛮语"和"白人语"就是现代白语的早期形式。[1]

遗憾的是,虽然《南诏图传》表明南诏有《巍山起因》、《铁柱记》、《西洱河记》等文献记载南诏自身的历史,南诏国和大理国多次向中央王朝贡献地图等地方资料,但是这些史料只是散见于汉文献中,其原本都没有流传下来。当地的典籍则在明初被焚毁,师范(1751—1811)《滇系·典故系》"沐英传书后":

> 按:滇于夏、商、周已入版图,沿袭及唐,咸为置吏。虽蒙、段窃壤,时通中国。迨元世祖三路并进,取大理为伐宋先声。旋命梁、段分治,开辟之广,迥越前代。特设南选以待士,王子充寓滇,逆旅主人亦知向学,其规模尚有可想者。自傅、蓝、沐三将军临之以武,胥元之遗黎而荡涤之,不以为光复旧物,而以为手破天荒,在官之典册、在野之简编,全付之一烬。既奏迁富民以实滇,于是滇中土著皆曰"我来自江南"、"我来自南京"。考公孙述时,牂牁大姓龙、傅、尹、董与功曹谢暹保境,由番禺江贡世祖于河北;武侯定南中,配焦、雍、娄、爨、孟、量、毛、李为五都尉,南人有四姓五子之称;皮逻阁建十睑,以张、王、李、赵、杨、周、高、段、何、苏、龚、尹十二姓居之;袁滋过河东州(即今赵州),谓村邑连薨,沟塍弥望,大族有王、杨、赵、李四姓。乃遥遥华胄,半失本源,而甘以它产为词,是皆沐氏之余威有以慑之也。

---

[1] 牧野巽(1990)依据前引Dell(1981)所列清末以来欧洲人所记白语材料,分析南诏的白蛮语、元代的白人语和现代的白语方言之间的联系,多属猜测而且多处猜错,不过他推断它们之间有渊源,"《云南志略》上所能见到的元代云南话(引按,指所谓"白人语"),一方面它同现代民家话、那马话相联系,同时,还另一方面又同唐代南诏话相联系。可以说,它成了联结其中的最重要的一环……《云南志略》的元代云南话,可以承认它同现代民家话、那马话,唐代的南诏语是有联系的吧",则是有道理的。所以牧野巽(1992)说得更肯定:"南诏话、大理话是现代民家话的前身,是同一种语言。"

这段话写于清宣宗嘉庆十五年（1810），师范没有给出材料来源，但以大理历代碑刻等史料对照，应该所言不虚。例如，佚名《崇恩寺常住记》说"……洪武壬戌，天兵南伐而火于军前，僧流俱失其所，田庄俱绝于其缘，佛国法器，寂然荡尽"，董贤《赵州南山大法藏寺碑》说"今之法藏，乃赵州知州段信苴祥请平老比丘并杨善等前来钱唐[塘]印造三乘大藏之经文，置于本州大华藏寺。至大明盛世洪武壬戌春，天兵入境，经藏毁之，余等俭岁之中，救得二千卷许，安于石洞"，陈元《重修遍知寺记》说"大明洪武壬戌，天兵平云南，癸亥取大理，寺址蓬墟"（大理市文化丛书编委会1996:72,83,415）。①

明清滇黔地方志中也有一些白语对音材料，它们与白语方言的关系相对清楚（参见：段伶、张杏莲2008；王锋2011），这里不再讨论。

1.3.5 近现代的白语调查

史上的这些所谓调查往往和猎奇性质的简单记录差不多，虽然珍贵，但是并不是科学的调查和记录。清末以来进入中国的欧洲传教士、探险家中，也有人调查和记录过白语，Dell (1981:12–18)所列较为丰富，看来都只是记录一些词汇（我只读到了7和10、11这三种），摘录如下备考：

1. A. Desgodins，《澜沧江、loutze江和伊洛瓦底江周边若干部族语言的基本词汇》，《地理学会通报》，série 6, 1873(5).

包含约100个词汇的记录，但没有说明材料收集的具体地点。

2. F. Garnier，《印度支那探险之旅》， vol. II, Paris, 1873.

包括12个采集自大理的数词。

3. Lefèvre-Pontalis, P.,《印度支那北部的几个民族》，《民族学报》，série 8, 1892(19): 692–702.

包括24个词，采集自靠近老挝边境的湄公河畔的景洪。

---

① 袁嘉谷（1872−1937）《卧雪堂文集》卷13"征刻《云南丛书》启"更说云南图书曾遭四厄："呜呼，滇书之厄，岂仅在回纥变哉！一厄于蒙诏徙民，不保两爨之文章，而专重侵略之武事；（详《滇绎》。）再厄于沐英一烬，不以为光复旧物，而以为手破天荒；（见《滇系》'典故'。）三厄于李湖奉诏搜书，不以入四库，而以归藏其私室。（袁陶村曰：石屏陈海楼自南昌携来《石淙类稿》，有《凤池集》、《潭江集》、《省墓集》、《西巡》、《北行》、《容台》、《行台》、《归田》、《自讼》、《制府》、《吏部》、《玉堂》、《归田后》、《督府》等卷，云得之南昌李又川中丞家。）中丞抚滇，四库征求遗书，何以不上之册府，而以滇皆蛮夷、并无著述复奏也？（见《滇诗略续集》。）俾三千里地、二千年人，仅寥寥数纸书，痛心孰甚。"而《徐霞客游记》记载大理多处山脉的"龙脉"被挖断，似乎也可以作为旁证。

4. G. Clark,《贵州省和云南省》, printed at the Shanghai Mercury office, 1894.

包括220个词,但没有任何关于采集地点的说明。

5. H. d'Orléan,《从越南到印度》, Paris, 1898.

包括70词的两个词表。第一个表(第19号,民家话)采集地点为江滨,在邓川以西不远;第二个表(第22号,拉马话)采集地点为大小川,在湄公河西岸。

6. C. Madrolle,《几个倮倮族部落》, série 2, 1908, IX：529-576.

其中与有Liétard在宾川记录的共150词的词表。

7. Davies,《云南:连接印度和扬子江的链环》, Cambridge, 1909.

包含70个记于云龙的词。

8. H. d'Ollone,《中国非汉族的语言》, Paris, 1912.

包含Liétard在宾川采集到的两种方言共约300词左右的一个词表:(1) le P. Emile Monbeig记录的小维西的拉马话;(2) Liétard在宾川记录的民家话。文末并有记录于太和村、邓川和洱源的三个小词表。

9. C. Liétard,《云南的民家人和拉马人》,《人类》, VII 2, 1912(9).

包括一个约350词的词表,来自两种白语方言:其一,Emile Monbeig在小维西(在湄公河畔,距离维西三十来公里)调查的拉马话;其二,Liétard本人在宾川乡村调查的民家话。(Liétard还在其文章末尾处给了三个小词表,分别来自太和村、邓川和洱源。)

10. 闻宥,《民家语中同义字之研究》, 1940年。

其中有五个土语的三十多个词。

11. C. Fitzgrald,《五华楼》, Tower of Five Glories, Londres, 1941.

附有语法摘要和大理话约1200词的词表。

这一时期的工作中对后来的学术影响较大的是Lacouperie(1885)、伯希和(1904)和戴维斯(Davies, 1909),这三份研究并不具有多高的语言学价值,而赞同或批评它们的论著也主要是从历史、文化、民族、地理等材料的角度出发,因此也甚少语言学价值。

值得期望的是此后的语言学家的研究,可惜的是即使像闻宥(1940,1944),对元音和辅音的记录很精确,可是记录的词汇数量只有几十个,而且没有标出声调。根据罗常培(1943),西南联大迁移到云南后,罗常培先生在1942年曾经调查过9种白语方言,袁家骅先生在当年记录过剑川白族故事①；比较徐琳、赵衍荪（1984）所记1950年代的材料，可见白语在这60年的时间里已经有较大的变化（见下），所以1940年代的这些调查很珍贵，因此下面抄录罗常培（1943）第四部分"民家语研究"所记这些调查的情况，期望有助于今后找到原稿：

关于民家的系属，有的说属孟吉蔑族，有的说属摆夷，有的说属猓猡，有的说属卡伦。照我看是夷汉混合语，所羼杂的成分以藏缅语属占多数，不过有百分之七十已经汉化了。我到大理旅行，主要目的是为调查民家话。

在喜洲华中大学住了两个礼拜，得了不少材料，可惜几年来被旁的事纠缠还没能整理就绪。现在先列举其目如下：

（三十一）兰坪拉马语调查，罗常培，1942年，未发表。

余庆远《维西见闻录》夷人章云："那马本民家，即僰人也。浪沧弓笼皆有之。地界兰洲，民家流入，已莫能考其时代，亦多不能自记其姓氏，么些谓之那马，遂以那马名之。语言实与民家无异。"照这样说来，拉马就是民家了。1942年2月，我在大理师范学校找到一个拉马学生杨银钰记了许多词汇，并且问了语法要点。他说汉语时虽然自认为拉马人，但用土语说时却是"白子人"。所以，照我看，拉马是没汉化的白子，民家是已汉化的白子，实际是同源的。

（三十二）大理民家语调查，罗常培，1942年，未发表。

关于大理民家话，我一共记了三个单位：（1）喜洲，发音人董学隆、杨国栋、张师祖；（2）上旬中，发音人洪汉清；（3）上马脚邑，发音人赵延寿。其中以喜洲的材料为多，除去词汇外还记了许多民歌和故事。

（三十三）宾川民家语调查，罗常培，1942年，未发表。

这部分材料的发音人名叫杨文彬，是五台中学的学生，他的籍贯虽属宾川，但只住在喜洲对岸的康廊乡，所以和喜洲话没有什么大不同的地方。

（三十四）邓川民家语调查，罗常培，1942年，未发表。

---

① 这些材料都没有发表，罗常培先生的文集中也没有收录这些调查报告。据说罗常培先生的手稿都藏于中国社会科学院民族所，但王锋曾经在该所多方查询，都没有发现任何线索；王洪君教授为我询问了罗常培先生的女儿，也不知下落。此外，梅祖麟先生的书中有一幅图片，据说是李方桂先生调查白语的手稿（梅祖麟《汉藏比较暨历史方言论集》，上海：中西书局2014年，54），虽然李方桂先生也曾经调查过白语，但李方桂先生的全集中没有白语的调查报告；李壬癸先生为我询问了梅祖麟等几位学者，结果也是无人了解。参见：罗常培《罗常培文集》，济南：山东教育出版社2008年；李方桂《李方桂全集》，北京：清华大学出版社2012年。

这部分材料的发音人叫杨金镛,也是五台中学的学生。

(三十五)洱源民家语调查,罗常培,1942年,未发表。

发音人李月超,五台中学学生。洱源和邓川都有浊塞音声母,和大理、宾川不同。

(三十六)鹤庆民家语调查,罗常培,1942年,未发表。

发音人陈增培,五台中学学生。

(三十七)剑川民家语调查,罗常培,1942年,未发表。

在我到大理去以前,曾经找到一位云南大学注册组织员杨绩彦和一位中法大学学生王光间。他们都会讲剑川民家话,我只调查了几次便到大理去了。到大理后,我又请了大理师范学校的学生赵衍孙[荪]做发音人,他是《白文考》著者赵式铭的孙子。

(三十八)剑川民家故事记音,袁家骅,1942年,未发表。

我第一次在昆明调查剑川话时,袁先生也颇感兴趣,参加记音。后来我到大理,他便请王光间君继续发音,一共记了十几则故事,后来又请了一位云南大学学生张纪域复核一次。袁先生的治学态度很谨严,他所得的结果一定很精确。

(三十九)云龙民家语调查,罗常培,1942年,未发表。

发音人杨绍侯,大理师范学校学生,后来在云南大学读书。

(四十)泸水民家语调查,罗常培,1942年,未发表。

发音人段隽中,大理师范学校学生。

当时参与大理的语言及历史、文化、民族调查的西南联大师生不少,按此线索,可以找到一点痕迹,例如张清常(1946),实际上给出了大理白语的音系,我将其归纳如下:①

声母				韵母							声调			
p	pʻ	m	f	a	ε	o	au	ɯ	(v)	ɿ	55	53		
t	tʻ	n/l		u	ua	uε	uo						44	42
k	kʻ	ŋ	x	i	ia	iε	iau	iɯ					33	31
tɕ	tɕʻ		ɕ	y	yε								35	22
ts	tsʻ		s	(ɣ)	aɣ				vɚ					

---

① 此外,张清常先生还有两篇文章,《大理民家情歌之韵律》(《边疆人文》第二卷第五、六期合刊,1945年)和《大理民家唱曲子的唱法》(《边疆人文》第三卷第五、六期合刊,1946年),应该也涉及白语,可惜我没有找到原文。

他所说的 γə 大致相当于本书的 v，例如他记的"五"ŋγə³³ 或 u⁵³、"东"tγə³⁵，今天的发音是"五"ŋγ³³ 或 u⁵³、"东"tγ³⁵。

除此之外，1950年代之前留下来的就只有 Fitzgerald (1941)，即作者于1936–1938年在大理所做的调查，书末的附录"民家话语法"（Fitzgerald, 1941:197–208）只是一种举例性的归纳，另一个附录"民家话词汇表"（Fitzgerald, 1941:209–258）收录了1440个词，记音不准确，而且不标明声调。这本书只是泛泛地谈论到白语（Fitzgerald, 1941:13–19），因此招致罗常培（1947:150）严厉批评"和读一本旅行记差不多"。

从1957年开始，中国科学院少数民族语言调查第三工作队白语小组和由中央民族大学、云南省民族语言委员会及大理州、怒江州组成的白语调查小组，分三次（1959年和1960年又进行了两次补充调查）详细调查了大理、迪庆、怒江的白语方言，搜集了43个方言点的语料，归纳了近20个方言点的音系。徐琳、赵衍荪（1964）总结了这些调查成果，首次系统地描写了白语，徐琳、赵衍荪（1984）推进了这项工作，内容比较全面，其中的一些思考现在看来仍然很有洞察力。1966年，F. Dell 在北京大学学习期间调查了一个25岁的白族人G.K.C.的大理白语，可惜以此写成的 Dell (1981) 没有提供关于方言点的更多信息，不适合做追踪调查。

新的调查热潮要到1978年以后。杨应新（1996）有大理喜洲方言和剑川金华方言的词汇各2000个词，段伶（2000）选录了4个方言点的700多个词，并全面介绍了白语的语音、词汇、语法、诗歌格律及白文。2003年至2005年，段伶、张杏莲调查了云南、贵州、湖南的多个白语方言（段伶、张杏莲2008），但是从中找不到几例和云南白语方言有音义对应关系的词，例如以下是在其中的550词表和长篇语料中仅见的疑似材料：

湖南桑植白语例词（段伶、张杏莲2008）

	水塘	臭虫	芽	动物分娩	亲(疏)	听
桑植	ʂ̩⁵⁴tã⁴⁴	tʂ'u⁵⁵tʂu⁴⁴	ŋa⁵⁴ŋər⁴⁴	ha⁴⁴	tɕ'ə⁴²	t'ə⁴²
大理	puɯ⁴⁴	tsʮ⁴⁴ɕɛ⁴⁴	pi²¹	xa⁵⁵	tɕ'i⁵⁵	tɕ'ə⁵⁵
剑川	ɕy³³t'ã⁵⁵/pũ⁴⁴	pi⁵⁵si⁴⁴tsi⁴⁴	fɛ⁴⁴(/tsʻuɯ⁴⁴)γe²¹	mɯ³¹	tɕ'ĩ⁵⁵	tɕ'ẽ⁵⁵
凤羽	puɯ³³	tsʮ⁴⁴ɕi⁴⁴	ŋe³¹	ɔ⁵³	tɕ'i⁵⁵	tɕ'ɛ⁵⁵
因远	(om⁵⁵)t'ã⁵⁵(鱼塘)		tĩ⁵⁵		tɕ'ĩ⁵⁵	tɕ'ə⁵⁵
备注	桑植ʂue⁴⁴"水"，y⁵⁴"鱼"			汉语"下"(崽、蛋)?		桑植t'-为tɕ'-之误?

桑植白语和云南各白语方言之间是否有亲属关系，当然有待语音对应关系

的系统考察，但直观来看只能找到数例形式相近的材料，桑植白族所用语言就很可能不是白语。

2000年之后的白语调查，以汪锋的博士论文最为丰富。汪锋的博士论文完成于2004年，后来修订、翻译为Wang (2006)、汪锋（2012），其中包括9个白语方言点，在方言点的选择上兼顾了白语人群的代表性、语言的地理分布、语言系统的差异等因素。与汪锋的工作大致同期，艾磊（Allen, 2004）也调查了9个方言点，分别归纳了它们的音系，列出了9个方言点的500个核心词汇。

对单个白语方言的调查和描写的论著则比较多，代表性的有王锋（2001），赵燕珍（2006，2009），赵金灿（2011），王锋（2012），黄冬琴（2013），李娟（2013），李贤王（2013），龚希劼、李煊、汪锋（2017），刘文、汪锋（2018）等，其中赵燕珍（2009）和赵金灿（2011）主要是关于语法的描写。

这些调查都没有给出包含声韵调的组合的音节表，在多大程度上能够保证提供了所调查方言的所有音节无从得知。（是否调查到所有的音节，对于音系分析具有特别的意义，下文将反复涉及这个问题。）徐琳、赵衍荪（1984）已经指出了三大白语方言的一些声调分布规律或倾向，后来的研究中，Dell (1981) 调查了大理白语，Wiersma (1990) 调查了剑川白语，赵金灿（2011）调查了鹤庆白语，他们都给出了声母和韵母的组合表，但是都没有给出完整的音节表。

1.4 语言的量化研究

语言研究中的另一种取向是量化研究，结合本书的论题，这里简要综述如下。

关于白语的量化研究，目前只见到邱文军（2012）相对集中于这一方面。不过，他的研究其实是类型学性质的：他选取WALS (The World Atlas of Language Structures Online) 中的80个语言性质参项，对白语的音系、形态、名词语法、动词范畴、语序、单句、复句、词汇、次序作了类型学的分析，主要以汉语和英语为参照对象。他所做音系分析中的数量关系对白语的历史研究或有启发。

1.4.1 词汇和句法的统计分析

根据冯志伟的介绍[①]，十九世纪就已经有人使用数学方法做语言的量化

[①] 冯志伟的博客，http://blog.sina.com.cn/s/blog_72d083c70102e6cj.html。

研究，1838年，英国学者皮特曼统计了常用英语词频表，可能是最早使用数学方法研究词频的文献。进入20世纪，随着马尔科夫（Markov, 1913）、图灵（Turing, 1936）、香农（Shannon, 1948）、齐普夫（Zipf, 1949）、乔姆斯基（Chomsky, 1956）等著作的积累，产生了数理语言学（mathematical linguistics），哈佛大学在1955年创办了数理语言学讨论班，1957年正式开设了数理语言学课程。1964年，英国统计学家赫丹（Gustav Herdan）首次使用了"计量语言学"（quantitative linguistics）这个术语，1966年又在《语言作为选择和机会的理论》（*Advanced Theory of Language as Choice and Chance*）一书中系统地总结了语言统计的研究成果，从词汇统计的角度提出"词型"（type）和"词例"（token）的概念。当代计量语言学的主要代表人物来自德国和东欧地区，目前有两本计量语言学的国际学术刊物 *Journal of Quantitative Linguistics* 和 *Glottometrics*。

冯志伟（2011）认为，数理语言学的研究应该从语言的内部结构和语言的交际活动两方面来进行，对作为符号系统的语言的数学性质的研究是"代数语言学"（algebraic linguistics），对作为交际活动的过程及结果的言语的数学性质的研究是"统计语言学"（Quantitative Linguistics）。代数语言学以乔姆斯基的形式语言理论为代表，一般采用代数、集合、逻辑等方法对语言的结构特征进行描述，是一种对语言的定性描述；计量语言学以齐普夫定律为代表，关注语言的定量特征以描述和理解语言系统及其组成成分的发展和运作。[①]

这些关于语言的量化研究主要集中在词汇和句法层面的统计分析问题，通常所见的计量语言学著作或对语言的量化研究论著，大都以词汇或句法为研究对象，或只是主要介绍一些统计理论与方法（虽然也结合语言材料），几乎都不涉及音系层面的问题[②]，Cheng (1982)提出"词涯八千"假说，以及王士元、沈钟伟（1992），郑锦全（1994），秦绿叶、邵慧君（2016）关于汉语方言关系的计量研究也如此。

1.4.2 功能负担量

关于语音层面的量化研究，主要集中在关于功能负担（functional load）的计算。这项研究是由布拉格学派开始的，马泰休斯（Mathesius, V.）最早用统计方法研究了这个问题，布拉格学派1931年的《方案》把功能负担定义为"利用音位对立来区分语言中词的意义的程度"，也就是说，一种语言中音位的组

[①] 参考：冯志伟的博客，http://blog.sina.com.cn/zwfengde2011。
[②] 例如，Woods, et al. (1986)，李绍山（2001），许迎军（2012），曹晖、于洪志、祁坤钰（2013），周榕主编（2015），刘海涛主编（2018）。

合能力并不相等，会表现出有的音位对立使用的数量会比别的音位对立的数量多或少。1950年代，霍凯特（1955，1961）、Greenberg (1959) 也讨论了音位功能负担问题。不过，对功能负担量的可操作的计算方法到王士元（1967）才实现。

在后续的相关研究之中，Martinet (1955) 认为功能负担量是造成音位合并的一个可能性因素，预测感知相似而功能负担量低的音位对立将会合并①，Hoenigswald (1960) 也提出，"在一种语言里，如果一种对立用得很少，它的消失对系统造成的危害要小于功能负担大的对立"。在主张语言渐变的人看来，这就意味着使用频率较低的对立会早于使用频率较高对立发生变化。但Surendran & Niyogi (2008) 得到了与Martinet (1955) 相反的结论，例如，在20世纪后期，广东话的声母n-与l-合并了，然而，在与n-构成二元对立的所有辅音中，只有n-与m-的对立比n-与l-的对立具有更高的功能负担量，而King (1965,1967) 等研究表明，日耳曼语中功能负担和历史音变的关系不大。此后，Ingram (1989)、So & Dodd (1995) 也研究了这个问题，Surendran & Niyogi (2003) 提出了一系列关于多种音位对立的功能负担的计算方法，并介绍了其应用领域。

以往的这些研究都是统计和计算较大规模的文本中的音位或音位对立的功能负担量，孔江平教授根据结构语言学的音位对立理论提出了音位负担量的计算方法，提出"音位功能负担恒定假说"，例如，孔江平（2011）计算了藏缅语言中50种不同语言和方言的单音节音位结构功能负担量，Kong (2012) 通过计算藏语方言的同音词，从信息量的角度对藏语声调起源的本质进行了探讨和诠释。此外，方华萍（2013）计算了北京话和温州话的音位负担量，李永宏（2016）计算了北京话的声母、韵母和声调以及音位组合等不同对立方式的负担量。

但这些研究中的功能负担的意义和价值究竟是什么，还需要解释。在功能负担研究中，最小对立对长期被作为具体计算对象，King (1965, 1967)等即认为功能负担是对最小对立对的量的计算，他对音位功能和语音音变的关系的研究表明，日耳曼语中功能负担和历史音变的关系不大。特鲁别茨科伊（1939）关注音位的二元对立，以对立关系为原则来研究语音单位的功能。然而，特鲁别茨科伊（1939）论述的功能负担量是音位的功能负荷量，而不是《方案》所说的音位对立的功能负担量，并且他强调这种功能负担量可以用统计数字来表

---

① Martinet, A. 1955. Économie des changements phonétiques: Traité de phonologie diachronique. Berne: A. Francke S. A., 396.（《语音变化的经济学：历时音韵论》）（因为我不懂法语，这里的述评是转述"维基百科"：https://en.wikipedia.org/wiki/Functional_load.）

示①。（钱军1998:169）而赵元任（1959:63）则根据音位的组合能力来看音位的负担："看音位的负担，可以把许多音合起来，看在这个语言里，有些什么音凑合起来的确是成实在的词的，把他列成个表，再看这个表满不满；要是满呐，这些音位的负担就重；要是不满呐，这个音位的负担就轻。像中国人研究中国语言，向来都常常列成声韵表，像古时候的《韵镜》咧，《切韵指掌图》咧，总是把某某某某声母、某某某某韵母都列得很满很满的。你要用英文来做，想要弄一个声韵表啊，结果就会弄得很空很空，有好些格儿都是空的。所以在一般的情形，在中国语言用的音位，它的负担重，在英语里头它的负担就轻。"

关于语言的量化研究中的这两大传统之外，也有其他一些取向的研究，往往别开生面。例如，Swadesh(1952)的语言年代学（glottochronology）研究，通过语言的词汇统计，来测定语言存在的年代或亲属语言从共同原始语分化的年代；尹斌庸（1984）第一次对汉语语素进行了定量研究，他分析了累积出现频率占99.94%以上的4200多个汉字，统计出现代汉语共有4871个单音节语素②。

1.4.3 语言中的幂律

语言的量化研究中影响最大的是齐普夫（Zipf, 1929, 1935, 1949），他提出了"齐普夫定律"：在给定的一个足够长的文本中，每个词的出现频率f与其排列顺序r成反比，即$fr=C$，C为常数。这个现象在很多领域中都被观察到了，因此长期引人注目，最近仍然有不少研究。在对汉语的研究中，齐普夫早在1930年代就检测过汉语（Zipf, 1935），结论符合齐普夫定律。我们随机检测了几种汉语文献，结果显示它们都基本符合齐普夫定律，尤其是符合于水源等（2018）总结的修正后的齐普夫定律（尤其是其所谓词频分布的三段式结构）。

齐普夫定律讨论的词频的量化关系，其实就是在一个封闭的文本内部，各个词对于此文本的贡献程度，或者说各个词的效率。对于词频分布规律的成因，目前有两种较重要的假说，一个是"最小用力原则"（principle of least effort，或称"省力原则"）假说。齐普夫认为，在语言交流过程中，说话人希望组成语言的词少，而且一词多义，以节省其精力；听话人则认为最好是一词一义，每一个词分别与一个确切的语义匹配，减少听者用于理解的精力。这两种节省精力的倾向最后平衡的结果，便是词频的那种双曲线型分布。另一个

---

① Trubetzkoy, N. 1939. Grundzüge der Phonologie. *Travaux du Cercle Linguistique de Prague*, 7: 46–52.

② 尹斌庸（1984）还统计分析了现代汉语中的这些单音节语素的自由程度、组合能力，以及汉字、音节、语素之间的对应关系，这些都很有趣，例如它们和"字本位"理论之间的关系就很值得关注。

是"成功产生成功"假说,以西蒙(Simon,1955)的研究最为著名:"在文献中,一词使用的次数越多,则再次使用的可能性越大。"该模型最后导出的分布与齐普夫分布相当接近。普赖斯(Price,1976)后来建立了一个类似的模型,明确提出了"成功产生成功"的假说。

在齐普夫之前,语言学家已经注意到省力原则在语言中的作用[①]。例如,库尔德内(Baudouin de Courtenay)注意到语言发展中的普遍规律就是追求更加简单化和更加抽象化,语言变化的基本原因之一就是"追求省力原则",自然语言交流过程中,"在发音阶段的变化表现为追求减少肌肉的运动","在博杜恩-德-库尔德内看来,语言中之所以有简化的语言形式,之所以同样的类型、形式和内容,之所以有词语和思维完全或者部分吻合,并不是人们追求实现已制定目标的结果,而是追求减少多余的工作,追求省力的结果","博杜恩-德-库尔德内甚至将省力原则看作19世纪语言学的主要特征之一,把这一原则看作唯一可以解释语言变化的力量或者原因"。(杨衍春2010:55–58)

索绪尔(1996:207)也承认省力原则的作用,不过他似乎并不认为它有多么重要:"省力律似乎可以揭示某些情况……它在某种程度上可以说明现象的原因,或者至少指出应该从哪个方向去探讨这种原因……不过我们也可以举出一样多的恰恰相反的情况。"在《语言符号的非对称二元性》这篇文章里[②],索绪尔的学生卡尔采夫斯基(Karcevskij, S.I.)认为,语言变化是由语言符号的性质决定的,同一个符号可以有几个意义(同音异义词,homonym),而同一个意义又可以用几个符号表达(同义词,synonym),符号由这两个系列的交叉构成,能指趋向于获得另外的意义,所指趋向于能够被原有能指之外的其他能指表达。两者处于不对称状态、不稳定的平衡状态,正是语言符号结构的这种非对称二元性才使得语言有可能发展。(钱军1998:115)齐普夫定律提出的最小用力原则和"统一化力量与多样化力量"(forces of unification and diversification)的原理,即自然语言交流中的说者策略和听者策略,其研究思路与理论精神,正与卡尔采夫斯基所说的符号和意义之间的映射关系一致。

马丁内(Martinet, A.)以语言经济性(linguistic economy)的思想知名,马丁内《相关关系在历时音位学中的作用》(1939)首次发表经济原则的思

---

① 齐普夫并未宣称省力原则为其原创,"The law is named after the American linguist George Kingsley Zipf (1902–1950), who popularized it and sought to explain it (Zipf 1935, 1949), though he did not claim to have originated it. The French stenographer Jean-Baptiste Estoup (1868–1950) appears to have noticed the regularity before Zipf. It was also noted in 1913 by German physicist Felix Auerbach (1856–1933)."(https://en.m.wikipedia.org/wiki/Zipf%27s_law.)

② Karcevskij, S.I. 1929. Du dualism asymetrique de sign linguistique. *Travaux du Cercle Linguistique de Prague*, 1: 88–92.

想[1],这篇论文已经包括了《语音变化的经济》(1955)一书的基本思想。马丁内对齐普夫(1949)极感兴趣,但认为齐普夫并不是音位学者,"马丁内之前的学者(比如特鲁别茨柯伊)谈论的不是经济,而是和谐。他们认为,所有的系统变得越来越和谐,这是一种趋势或倾向。"(钱军1998:116–117)

所谓"最省力""经济""和谐",其含义或性质究竟是什么?"在阐述'经济'这一术语的时候,马丁内指出,在他的理论体系里,'经济'这一术语和'政治经济'(political economy)这一术语当中的'经济'意思差不多。'经济'意味着语言的运作取决于人的交际需要。说话者常常不自觉地把所花费的精力和追求的交际目标联系在一起"(钱军1998:116–117),还是只限于定性的讨论,没有把问题说清楚。陈保亚(1988)观察音位的聚合矩阵,发现有的音位的聚合协和度最低,而语音的演变往往就是从这样的音位开始。反过来说,这似乎表明这一个音位对于这个系统的贡献最低。陈保亚(1988)及其后续研究陈保亚(1989a,1989b)所提出的"协和度"概念,以量化关系表明自然语言对于自身结构的整齐一律的偏好,即"系统演变的目的性"。

那么,一种语言或方言的音位单位也会符合此规律吗?检测结果表明,统计《现代汉语词典》(第六版)的材料,汉语普通话的音节辖字数基本符合齐普夫定律,音类(声母和韵母)的频率与辖字数也都基本接近齐普夫定律,不过有明显的偏离[2],但是再往下一级单位音位,就离齐普夫定律比较远了:

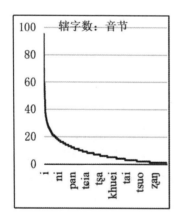
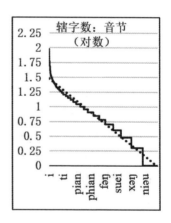

---

① 陈满华(2013)指出,语言经济思想既非始于齐普夫,也不是始于马丁内,而是始于惠特尼,见 Whitney, W. D. 1971. The Principle of Economy as a Phonetic Force. In Silerstein, M. (ed.) 1971. Whitney on Language: Selected Writings of William Dwight Whitney. Cambridge, MA: MIT Press, 249–260.

② 汉语普通话的声调大概是因为最多也只有5个单位(有的学者使用生成语言学理论把214调分析为21+14),由此形成的序列太短,不适于用此方法观察。

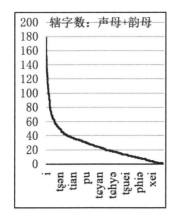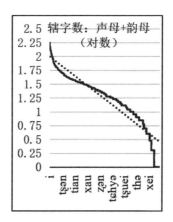

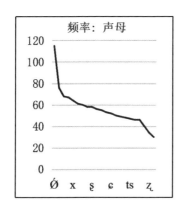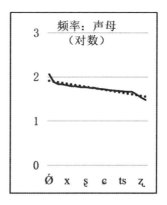

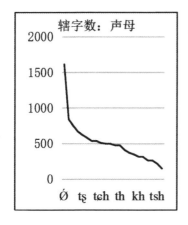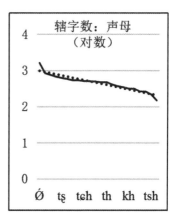

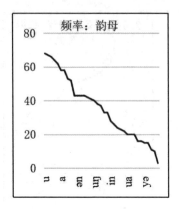
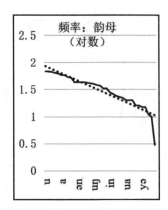
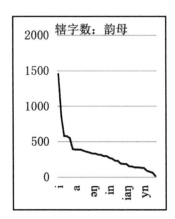
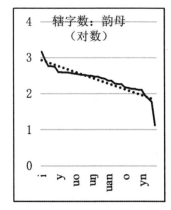
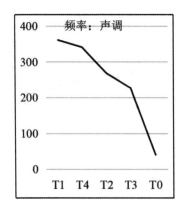
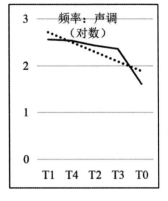

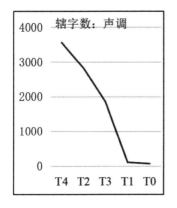 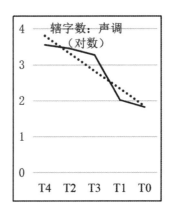

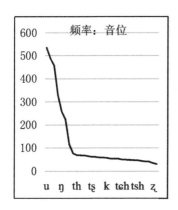 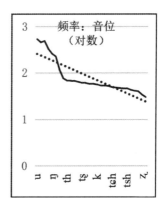

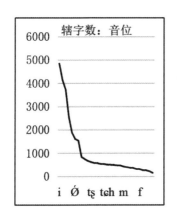 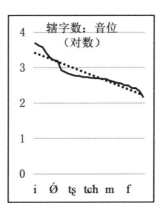

汉语普通话的音节、音类（声母和韵母）、音位的频率、辖字数离齐普夫定律越来越远，其原因还不清楚，考虑到它们分属三个不同的语音层级，也许这正是汉语普通话的语音作为一个复杂适应系统（complex adaptive system）的

表现，因为复杂系统的不同子系统会有不同的性质。

齐普夫定律的内涵是人们倾向于使用最小的代价获得最大的价值，或者反过来说，在给定条件下发挥最大的效率。Clements（2003）认为语音系统有"特征经济性原则"，即语言倾向于最大化语音与特征之比。这种现象在人类社会中有普遍性，从微观经济学的两条基本假设（人是自利的，人是有理性的）推论出来的第一个定理就是"人会使自己的利益最大化"①，就与齐普夫定律的结论一致。这一现象在自然界中也很常见，我们并且可以使用数学方法来证明它，例如，给定长度作为周长，由此构成的（平面）几何图形中，圆的面积最大，我们由此可以理解为何植物茎干的横截面是圆形而非方形。

由于语言在某种意义上是人的一种机能，自然语言中的这些现象可能反映了人的大脑的运作方式和人类的认知能力。"……我们有理由将语言视为一种由人驱动的符号系统。换言之，人类语言规律可能只是人类认知规律的一种反映。我们不能无视人类认知的约束与限制，抽象地谈人类语言的某种超人的属性。否则，这些讨论即使再高深，再抽象，可能也不是人类语言的规律，而只是脱离现实的数学演算。"（刘海涛主编2018:5）山石、邱红（2008）认为，齐普夫定律中的长尾分布是由选择来源的丰富性（如网络上大量供下载的歌曲曲目）造成的，一旦多样性选择需求不再因为来源匮乏而受到限制，长尾现象便会自然发生②。

1.5 小结

讨论一种语言的系属为何，首先需要弄清楚两个问题：一是何为亲属语言，二是鉴别亲属语言的标准究竟是什么。由于存在偶然的相似以及语言普遍性和类型学性质造成的相似，一般来说，判定两种语言是否具有亲属关系的科学方法，是看它们是否具有系统的音义对应关系，包括核心词根对应和形态对应（王洪君2014:13–21）。同时，接触也会造成系统的音义对应关系（陈保亚1996，1999），赵式铭（1949）列举了数百个白语词都和古代汉语读音一致、相通，郑张尚芳（1999）说几乎所有的白语核心词都可以用古代汉语写出来，但这些现象未必只能解释为白汉同源（例如也有可能是长期的深

---

① 一些研究认为齐普夫定律和帕累托定律与幂律分布具有统计等价性，是对同一种统计规律的不同描述方式。参见：龚小庆、王展（2008）；山石、邱红（2008）；Adamic, L.A. Zipf, power-law, and Pareto - a ranking tutorial. http://www.hpl.hp.com/research/idl/papers/ranking/ranking.html.

② 更一般地说，齐普夫定律要求作为统计对象的文本要足够长，齐普夫（1949）提到了这个问题，但是没有对于这一长度的具体规模给出确定的答案。山石、邱红（2008）对于资源的丰富性也没有提供一个标准。

层接触造成的对应匹配）。说到数量，似乎还应该对历史语言学再提一个问题：在建立两种语言之间的对应规则时，一条对应规则至少应该有几组对应的例词？毕竟，"系统的音义对应关系"是一种概率关系，而不是因果关系。

在关于白语系属问题的研究中，只有很少数的文章讨论其中的方法论问题，偶有涉及也没有深入下去。例如，秦凤翔（1957b）说，"……方（国瑜）先生以为在'古白语'的系属未查明之前便不能认明'今白语'的系属，这是违反语言现象的一般通则的。要知道每种语言系属得到认定一般都是根据其'现代语'与'现代其他活语言'的亲密程度而排比出来的，并不依赖古语言。"周耀文（1957）直接从理论上讨论语言的系属划分，在那个时代研究白语系属的国内学者中比较罕见，不过，他明确提出借词与施借语言有语音对应关系，而"源出本语的基本语词，则与另一种语言词义相当的语词的语音必无对应的关系"，认为"我们要考究一种语言的亲属关系，在比较语词时，必须拿本语的基本语词来做比较"，同时又主张使用形态标准来划分语言系属："语言的本质是语法结构和基本词汇，而不是语音，所以类分语言系属，主要是根据语法结构特征和基本词汇来源，而决不能把语音的异同放在首要地位。"

几乎所有的研究者都认为白语在发展中受到了其他语言的强烈影响，各家之间的主要区别在于认为白语受到了哪种或哪些语言的什么影响，以及造成了什么结果。例如，戴庆厦等（1989）说，语言的亲属分类应该考虑语言影响、语言融合的问题，因为语言影响很可能导致语言结构的变化，甚至改变该语言在系属分类中原来的地位。这一主张似乎有在发生学分类和类型学分类之间摇摆的嫌疑，需要给出理论证明。

一方面，白语和汉语之间有着长期的深度接触，因此，不论这两种语言之间是否具有发生学关系，在研究白语自身的历史时不能不同时考虑接触因素；另一方面，基于汉白同源之说，白语和汉语之间是先分化后接触的关系，那么梳理清楚这一关系对于调查和描写白语方言的音系就具有非常重要的价值[①]。不仅如此，白语和汉语在云南还同时和更多的语言接触，使得白汉接触的机制要复杂得多，如何控制其中错综复杂的变量以厘清白汉接触的过程与机制，将会是非常困难然而非常重要的课题。

更为根本的问题是，这些研究都使用了白语语音材料，但这些材料是否可靠，则往往都没有经过检查。例如，郑张尚芳（1999）主要利用赵衍荪、徐琳（1996）收录的词汇来与古代汉语文献作比较，但赵衍荪、徐琳（1996）是以

[①] 在这个问题上，陈保亚（1996）通过研究傣语和汉语的接触而建立的"词阶法"，为研究两种并非同源的语言之间的接触模式提供了案例。

剑川白语为主，又综合了多种白语方言，这就使得郑张尚芳（1999）的比较基础成为问题。此外，赵衍荪、徐琳（1996）使用的是徐琳、赵衍荪（1964，1984）的音系，根据我的调查，其音系方案的部分细节也有待检覆，除非白语在这几十年内发生了非常显著的变化，但如果这一假设成立，则我们又如何得知白语在历史上并没有历经类似的快速变化而变得面貌难辨呢？又如注重研究材料如罗常培先生，头一年说白语（民家语）"有70%已经汉化了"（罗常培1943），第二年却说"民家语当为藏缅语与汉语之混合语，且其中百分之六十以上为汉语成分"（罗常培1944），两个数据显然都只是粗略的估计，说明语言学界当时对白语的汉化程度或白语和汉语接触的深度还没有一个准确的观察和描写。

这些问题当然不只存在于白语研究之中。基于历史比较语言学的语言谱系分类至少需要满足三个前提：1. 音义结合具有任意性；2. 语言的演化具有规律性；3. 语言之间的接触具有边界性。目前看来，这三个前提似乎还不能得到彻底的肯定，而需要对它们作出若干限定：

1. 语言的历史可以分为涌现状态和稳定状态（迪克森1997；王士元2006b），至少在稳定状态，类推等现象会造成音义结合的理据性，使用这样的材料就无法论证语言之间的谱系关系。此外，Youn, H. et al. (2016) 使用统计方法发现的世界语言的音义匹配一致性现象也需要作出理论解释；

2. 语言是一个复杂系统，但至今所观察到的演化规律都只是语言的某一层面或局部的现象，而非语言整体的演变。对于一个复杂系统来说，整体大于部分之和，因此如何从关于一种语言的部分的结论推出这种语言的整体的性质，需要理论上的论证；

3. 王士元（1985）认为，从基本词汇到词素的构成（构词法）和句法的次序、语音的系统，"可以说任何一种语言的特点都是能外借的"，陈保亚（1996）证明傣语和汉语之间的接触并无边界，任何语言特征都可以借用。

白语和汉语之间的关系长期众说纷纭，戴维斯（1909）甚至说"民家语为云南语言分类中最困难之问题"，因此，认识清楚白语的性质，有助于厘清汉藏语的源流，解释语言间的关系，也有助于检验文化传播、族群迁徙等领域的理论[①]。白语的微观研究，可以为有关研究提供可实证的材料与结论。

---

① 例如，我们关于西南各民族之间的关系的认识，很大程度上来源于1949年之前的民族分类，而当时的民族分类知识则在很大程度上借助了相关的语言研究，语言分类与民族分类有一定程度的循环论证性质。例如芮逸夫（1943）说，"有不少研究民族学的可是很想凭借语系来作为分辨族类的参考"，甚至愿意在各族语言调查清楚之前，借助西方人研究东南亚语系的成果中与中国西南各族语言有关的内容，以为"虽不尽可靠，然未尝不可供我们的参考，也可使我们对于西南民族的语系得到一个初步的认识。至于进一步的认识，则又不妨等到以后逐步的修正"。而陶云逵（1948）在确定傈僳族在云南少数民族中的类属（"即是说他属于哪一个系统"）时，则明明说"这里我们要借语言上的结果来帮助的"。

白语研究中存在上述的种种问题，值得对它们作出一番研究。同时，本书选择白语作为语料，也因为白语是我的母语，我很熟悉白语。对一种语言的音系、形态或句法的研究，都必须对这种语言的语素有较深的掌握，后者需要建立在对这种语言的全面的理解之上。对我来说，以四年的博士研究时限去学习一种新语言作为研究对象，不如直接使用我的母语，以及我早已经非常熟练的汉语。（因此，本书分析白语时所用语料，主要是大理市大理镇下鸡邑村 ɔ³³ke³⁵juɯ⁴⁴ 的白语，用到其他白语方言或其他语言时随文注明。）[①]

[①] 有一个故事说，一个在晚上回家的人在路上丢了钥匙，他只在路灯下找他的钥匙，理由是即使丢在其他地方他也看不见。往好处说，这个找钥匙的人具有深刻的理性精神；往坏处说，他过度依赖条件了。本书选择白语作语料，当然也有点这个意思。

第二章

问题与方法

我们经常听到有人说某种语言比另一种语言复杂（或简单），或者说某种语言和另一种语言像（或不像）。有时候，这样的说法在语言学家当中也能听到。

分析这样的说法有没有道理，首先需要回答其中所谓的"复杂""像"是什么意思。语言是一个复杂适应系统（complex adaptive system, CAS），不过这里的"复杂"一词和我们通常的理解不同，复杂性（complexity）的关键在于，它是对于规律性的研究。

2.1 语言是一个复杂适应系统

所谓复杂适应系统，简而言之，是指一个系统会通过与环境的互动来改进自己的行为方式，"适应性造就复杂性"。以白语为例，《蛮书》卷八说白蛮语"四声讹重"，说明唐代的白语有四个声调，而如今的白语方言有6—8个声调，声调的数量增加了。与此相应，唐代的白蛮语有两组辅音韵尾（杨海潮 2013），而现代白语方言都已经没有这些韵尾了。这应该是白语作为一个复杂适应系统的表现。

2.1.1 语言复杂性的含义

王力（1957/1980：342-346，475-484）总结了汉语的演化历史：1. 语音方面，上古汉语声母和韵母都比较复杂，但是没有声调，词汇以单音词为主；中古汉语的声母和韵母都相对简单了一些，同时声调已经很确定，出现了四声，而双音词已经非常丰富；近现代汉语的声母和韵母更为简单了；2. 词汇方面，复音化占压倒性优势，从八世纪开始，语音的简化使得实际语音比《切韵》系统简化了一倍，到了《中原音韵》时代（十四世纪）又比八世纪的实际语音简化一倍以上，单音词的情况如果不改变，同音词大量增加，势必大大妨碍语言作为交际工具的作用。汉语的词的复音化正是语音简化的逻辑结果；3. 句法方面，从甲骨文时代到金文时代再到战国以后，句子的平均字数变长，结构更严密了。到了唐代，汉语的句子组织的严密性又有明显的发展，五四之后又在严密性上有了很大的变化。齐佩瑢（1943：84）专讲了其中的音义匹配问题："汉语因同音的单词太多，耳治易生误会，所以除了用后起的四声别义的方法加以补救外，较古一点的区别方法就是把单音词化为复音词，变化的方式：有的附加区别之词，有的就原词重叠，有的利用双声叠韵的同义转语词并合一起，有的取同类的或相对的词以为衬托，原则上都是一种陪衬烘托及加重听感的作用。汉语词类虽有单音双音多音之分，但事实上是以双音词为孳乳分化的主干，而且不仅把单音变为双音，有时还把多音省略为双音。这种演变与意义的分化是并行的。"

　　汉语史中的这些现象，并不是简单的并行不悖的演化，它们之间有着内在联系。例如，对于词汇的复音化现象，徐通锵（2001）从语言作为自组织系统的角度讨论了汉语编码机制的变化，认为汉语早期的编码以"声"义为核心组成字族，一类事物一个字，分类细，字数多，简直到了记忆无法承担的地步，交际的需要迫使语言对编码机制进行调整，汉语编码机制的主流因此在后来从造字转化为组字，减少字数，使得双字编码格局成为汉语语汇的主流。王士元（2006a）在讨论语言演化中的复杂适应性时，也涉及了同样的问题：上古汉语变为中古汉语时，声母从复辅音变为单辅音（如从kl-到k-"监、京"和l-"蓝、凉"），同时声调开始起作用，利用声调来区别词以弥补消失的辅音串；中古之后，塞音韵尾消失，为减少同音词的混淆而双音节化，以降低两个双音节的词完全同音的概率。王士元（2013）推测，由于汉语复辅音声母简化的时候正是声调开始起作用的时候，声母简化意味着音节种类减少，因此这可能是语言作为一个适应性复杂系统作出的自我调整。

　　这些论述，都着眼于语言作为一个复杂系统的自组织适应性这一性质。索绪尔（1916:156）已经涉及这个问题："在像语言这样的符号系统中，各个要素是按照一定规则互相保持平衡的。"索绪尔（1916: 170-171, 183）把语言符号之间的关系分为聚合关系和组合关系（"联想关系"和"句段关系"），在讨论任意性时（1916:177以下）区分了绝对任意性和相对任意性，"不可论证性达到最高点的语言是比较着重于词汇的，降低到最低点的语言是比较着重于语法的……这好像是两个极端，整个系统就在它们之间移动；又好像是两股相对的潮流，分别推动着语言的运动：一方面是倾向于采用词汇的工具——不能论证的符号；另一方面是偏重于采用语法的工具，即结构的规则"，"在一种语言内部，整个演化运动的标志可能就是不断地由论证性过渡到任意性和由任意性过渡到论证性；这种往返变化的结果往往会使这两类符号的比例发生很大的变动"。（索绪尔1916:184,185）

1984年，美国的圣塔菲研究所（Santa Fe Institute）成立，以"适应性造就复杂性"为中心，研究复杂适应系统（CAS），其理论核心在于认为CAS由大量适应性主体（agent）构成，主体之间以及主体和环境之间存在着复杂的非线性相互作用。所谓适应，就是主体之间的竞争和合作，在没有中央指挥的情况下，通过彼此相互作用和相互适应也能形成系统的有序状态，造成系统对于环境的适应性，"整体大于部分之和"。（沃尔德罗普1992）霍兰（Holland,1995）围绕适应性主体这一概念，提出了在CAS模型中应具备的七个基本特性，其中前四个（聚集、非线性、流、多样性）是CAS的通用特性，它们在适应和进化中发挥作用，后三个（标志、内部模型、积木）是主体与环境进行交流时的机制。

按照这一思想，以往的研究所说的语言作为CAS的复杂性特征，涉及数十项性质，有人着重于其中的"复杂性"，有人着重于其中的"适应性"，有人着重于其中的"系统性"。本书主要使用圣塔菲研究所的观念来看待复杂性问题，以霍兰（1995，1998）、Gell-Mann（1994）、韦斯特（2017）的研究为主，尤其是Gell-Mann（1994）。

从这一角度出发，CAS的一个基本问题是为什么一个系统会具有复杂性，或者更进一步，什么是复杂性？

不同的学者对复杂性的理解往往有很大的不同，把范围限制在语言学之中，复杂性到底意味着什么也并不是十分清楚的（Gong & Coupé, 2011），例如，Andersson认为，"The terms simple and complex rather refer to structural aspects of the language: a simple language has fewer nules, paradigms and grammatical forms than a complex one. Furthermore, a simple language (in this structural sense) is easier to learn (in terms of time and effort) than a complex language."[①] 对于其中所说的语言单位与语言规则的数量问题，参见下文"从节表看语言单位与语言规则"；至于学习难度的问题，因为不同的人可能会有不同的评价标准，所以这个定义也问题不少。

同样是讨论系统的复杂性，普里戈金（Prigogine, I.）比较看重系统演化的

---

① Andersson, L.G. 2005. Some languages are harder than others. In L. Bauer and P. Trugill (eds.) *Language Myths*. London: Penguin, 50-57. (quoted in: Trudgill, P. 2011. *Sociolinguitic Typology: Social Determinants of Linguistic Complexity*. New York: Oxford University Press, 41.)

不可逆性（普里戈金、斯唐热1979）。有的研究认为语言接触一般会降低复杂度，接触程度越高的语言变体的简单化程度越高，但也有人认为密集的语言接触也能引起语言的复杂化，这些变化往往被视为补偿，通常认为语言可能通过其他地方的简单性"补偿"一个子系统中的复杂性，语法的某一子系统的复杂性由另一子系统的简单性所补偿。基于这一假说，霍凯特（1958）认为所有语言及语言变体都有相似的复杂性，Parkvall (2008) 却认为"所有语言都具有相似的复杂性"其实是"所有语言都具有相等的表达能力"，因为简单的语言使用更少的成本就能做相同的事情，因此简单的语言更高效。

与这些讨论中所谓的复杂性含义较为多样相比，一般所谓的复杂，可以有相对于简单、容易（easiness）的困难（difficulty），或相对于简洁、简明（simplicity）的复杂（complexity）。据Gell-Mann（1994:27-28）考察，"简单性是指缺少（或几乎缺少）复杂性，原意为'只包含了一层'（once folded）的意思；而'复杂性'一词则来源于'束在一起'的意思。"与简单性相对的复杂性具有"非只一层"的含义，即复杂性具有多层次性，因此，对于把多样性或多个层次束缚在一起而形成的所谓系统，"系统"一词的含义隐含了复杂性源于层次结构的观念。

Gell-Mann（1994:32）使用描述长度（the length of its description）来定义复杂性，认为"互补的模式之间有着近乎相同的复杂性"。它大致可以用关于"半杯水"的表达来讨论：对于作为观察对象的半杯水，有人表达为"杯子里还有半杯水"，有人表达为"杯里只有半杯水"，这两种表达（主要区别于"还有"和"只有"）具有不同的情感色彩（一般理解为前者乐观、后者悲观），但它们陈述的是同一个事实。"……任何关于复杂性的定义都不可避免地与特定背景有关，它甚至是主观的。当然，系统描述的精细度本身就已经有几分主观性了——它依赖于观察者或观察设备。那么，实际上，我们正在讨论一个或多个依赖于一个系统对另一个系统的描述的复杂性的定义，这里，施行描述的系统假定为一个复杂系统，它可以是一个人类观察者。"

Gell-Mann所谓的"作为观察者的复杂适应系统"，就是信息收集和利用系统（information gathering and utilizing system），"一个系统的有效复杂性，与正在观察该系统的复杂适应性系统所作规律性描述有关"。（Gell-Mann 1994:155）引入这一限定十分重要，因为没有给出观察者及其使用的参照系，任何观察结果的意义或性质都是不确定的，甚至在被视为研究纯粹客观世界的物理学中也同样如此：1927年，海森堡（Heisenberg, W.K.）《量子论中运动学和动力学的可观测内容》提出"测不准原理"（uncertainty principle），认为微观粒子的位置和动量不能同时被精确测定，玻尔（Bohr, N.）在1929年的评论中说，"作用量子的有限量值，使我们完全无法在现象和观察现象所用的器械之间划一明确分界线"（玻尔1999:13），海森堡自己的表达是："我们所观测的不是自然的本身，而是由我们用来探索问题的方法所揭示的自然。"（海森堡1958:24）

根据Gell-Mann的研究，复杂性可以区分为"原始复杂性"和"有效复杂性"，真正值得考虑的是内部有效复杂性（internal effective complexity），"有效复杂性，大致可以用对该系统或数串的规律性的简要描述长度来表示"，"我们将一个系统相对于正在对它进行观察的复杂适应系统的有效复杂性，定义为用来描述其规律性的图式的长度"。（Gell-Mann 1994:49,55）十年之后，他重申了这个定义："…we can define the effective complexity (EC) of an entity as the length of a highly compressed description of its regularities." (Gell-Mann & Lloyd, 2004) "The kind of complexity that best captures what is meant in ordinary conversation, and in most scientific discourse as well, can be termed effective complexity. Effective complexity is often defined, rather crudely, as the length of a very concise description of the regularities of the entity in question, not the features treated as random or incidental, because complexity does not mean randomness." (Gell-Mann, 2005)

与Gell-Mann不同，克拉默（Cramer, F.）认为，由于复杂度与我们描述系统的能力有一定的关系，"当完整描述一个系统所需的参数数目增加时，它的复杂性也相应增加"，因此，借用信息论（information theory）思想，"复杂性可以定义为系统表明自身的方式数目的对数，或是系统可能状态数目的对数：$K = \log N$，式中K是复杂性，N是不同的可能状态数。"以此推论，"系统越复杂，它所携带的信息越多。如果两个系统各自有M和N个可能状态，那么组合系统的状态数目是两者之积$M \times N = \log M + \log N$。"（克拉默1988:274）因此，"简单的非复杂系统产生的指令很简短，通常很明显，例如，所有部分相加即为和。这样复杂性可以操作性地定义为：寻找最小的程序或指令集来描述给定'结构'——比如一个数字序列。用比特计算的话，这个微型程序的大小相对于数字序列的大小就是就是其复杂性的量度。"（克拉默1988:275）

然而，按照Gell-Mann（1994）的理论，克拉默如上所说的复杂性只是"原始复杂性"或"算法信息量"（AIC），"原始复杂性与AIC不能表示我们通常所理解的'复杂性'，因为它们指的是对整个系统或数串的简要描述长度，其中包括它所有的随机特征，而不只是其规律性。"（Gell-Mann 1994:49）按此，Gell-Mann所说的一个系统的"有效复杂性"就是这个系统的规律性，只有从这个系统的"原始复杂性"或"算法信息量"之中除去随机性，得到的才是这个系统的"（有效）复杂性"。

Gell-Mann（1994:365）在最后的总结中说：

当一个复杂适应系统描述另一个系统（或其自身）时，它要建构一个图式，即从所有数据中提炼出表观规律性，并用简要的形式将它们表述出来。这样一个对系统规律性的简要描述（比如由一个人类观察者作出的）长度，是我所称作的系统的有效复杂性。它相当于我们通常所理解的复杂性的含义，不管是科学惯例还是日常谈话。有效复杂性不是系统所固有的，而是依赖于粗粒化的程度及观察系统所使用的语言与编码方式……

应该将一个系统或一个数据流的有效复杂性与其算法信息量（AIC）区分开来，后者与整个系统或数据流的简要描述的长度有关，不仅包括它的规律性，还包括它的随机特征。当AIC很小或接近最大值时，有效复杂性趋近于零。只有当AIC为中等大小的时候，有效复杂性才可能具有很大的值。因此，重要的行为同样也是有序与无序之间的那种中间状态。①

本书因此主要使用Gell-Mann（1994）的理论，从音节表出发来观察几种语言或方言的音系复杂性。②

2.1.2 从音节表看语言单位与语言规则

柏拉图（Plato）《智者篇》认为，对记号系统的研究以几个有限的条件为前提：

1. 确定最小的单位；
2. 最小单位的数目是有限的；
3. 这些最小单位是可以组合的；

---

① 这两段的原文如下，可供比较："When a complex adaptive system describes another system (or itself), it constructs a schema, abstracting from all the data the perceived regularities and expressing those in concise form. The length of such a concise description of the regurities of a system, for instance by a human observer, is what I call the effective complexity of the system. It corresponds to what we usually mean by complexity, whether in scientific usage or in everyday discourse. Effective complexity is not intrinsic but depends on the coarse graining and on the language or coding employed by the observing system. //…// Effective complexity of a system or a data stream should be contrasted with algorithmic information content (AIC), which is related to the length of a concise description of the whole system or stream, not just its regularities but its random features as well. When AIC is either very small or near its maximum, effective complexity is near zero. Effetive complexity can be large only in the region of intermediate AIC. Again the régime of interest is that intermediate between order and disorder." (Gell-Mann, 1994: 370.)

② 但在不同类型的系统之间作比较时，仅仅使用有效复杂性来衡量一个系统的复杂性是有缺陷的，因为像人及其社会的语言、思想、文化等等系统中主体的细微变化会产生很大的新型有效复杂性，即文化复杂性（Gell-Mann 1994:94），此外还需要考虑深度（depth，衡量一个信息串的产生所需时间的粗略尺度）和隐蔽性（crypticit，一个标准计算机从该信息串开始到找出能致使计算机打印出该串然后停机的一个较短程序所需要的最少时间），"对这两个量的研究进一步说明，一个系统虽然很明显十分复杂，但由于其描述可以通过一个简短的程序得出，因而具有很低的算法信息量与有效复杂性。"（Gell-Mann 1994:101-105）将观察对象限定在音系这个同类的系统之中，就不必考虑"潜在复杂性"和相关的"深度"与"隐蔽性"问题。

4. 并非所有的组合都是可行的。①

自然语言正是这样一个符号系统：自然语言的一个根本特性，就是按照有限的规则重复使用有限的单位，最终得到无限的句子、语篇。

洪堡特（W. Humboldt）指出，语言不是僵死的制成品，而是一种创造或创造活动，"一种通过一定手段来达到一定目的的运作过程"，"语言面对着一个无限的、无边无际的领域，即一切可思维对象的总和，因此，语言必须无限地运用有限的手段"（洪堡特1836：55-56，57，116-117），语言学界一般将此思想概括为语言是"有限手段的无限运用"。乔姆斯基（Chomsky, N.）进一步讨论了这个问题："说语言是有限手段的无限运用究竟是什么意思呢？一个人的语言知识是以某种方式体现在人脑这个有限的机体之中的，因此语言知识就是一个由某种规则和原则构成的有限系统。但是一个会说话的人却能讲出并理解他从未听到过的句子及和我们听到的不十分相似的句子。而且，这种能力是无限的。如果不受时间和注意力的限制，那么由一个人所获得的知识系统规定了特定形式、结构和意义的句子的数目也将是无限的。不难看到这种能力在正常的人类生活中得到自由的运用。我们在日常生活中所使用和理解的句子范围是极大的，无论就其实际情况而言还是为了理论描写上的需要，我们完全有理由认为人们使用和理解的句子范围都是无限的。这些关于人类语言的关键性事实在洪堡德的名言中得到了正确的表达。"②

乔姆斯基在此是就句法而言。在语音中，由于人脑所能记忆的单位数量有限，能瞬时处理的单位长度也有限，自然语言的解决方案也是重复使用有限的规则来重复使用有限的单位，以生成足够数量、足够多样的表达单位。这也就是索绪尔（1916：156，169）所说的，"在像语言这样的符号系统中，各个要素是按照一定规则互相保持平衡的"，"如果语言符号是由差别以外的什么东西构成的，那么，单位和语法事实就不会相合。但语言的实际情况使我们无论从哪一方面去进行研究，都找不到简单的东西；随时随地都是这种相互制约的各项要素的复杂平衡。换句话说，语言是形式而不是实质。"

---

① 柏拉图《泰阿泰德、智术之师》，严群译，北京：商务印书馆1963年。多斯（Dosse, F.）的表达是："对共相的追求，使得结构主义更加野心勃勃。这野心来自柏拉图在《智者篇》（*Le Sophiste*, 262, a-c）中提出的一般原理，提供了'结构语言学的物质基础'。柏拉图认为，对记号系统的研究是以几个有限的条件为前提的：确定最小的单位，最小单位的数目是有限的，也是可以组合的。此外，并非所有的组合都是可行的。"（多斯《从结构到解构：法国20世纪思想主潮》下册，季广茂译，北京：中央编译出版社2004年，6。）

② 黑龙江大学外语学刊编辑部编《乔姆斯基语言理论介绍》，赵欣而译，哈尔滨：黑龙江大学出版社1982年，1-2。

让我们再次回到索绪尔：索绪尔（1916：170–171，183）把语言符号之间的关系分为聚合关系和组合关系，他在讨论任意性时（177页以下）区分了绝对任意性和相对任意性，认为"不可论证性达到最高点的语言是比较着重于词汇的，降低到最低点的语言是比较着重于语法的……这好像是两个极端，整个系统就在它们之间移动；又好像是两股相对的潮流，分别推动着语言的运动：一方面是倾向于采用词汇的工具——不能论证的符号；另一方面是偏重于采用语法的工具，即结构的规则"，"在一种语言内部，整个演化运动的标志可能就是不断地由论证性过渡到任意性和由任意性过渡到论证性；这种往返变化的结果往往会使这两类符号的比例发生很大的变动"。（索绪尔1916：184，185）[1]

我们可以用一个例子来看这个问题。目前来看，使用的单位最少的"语言"可能是摩尔斯电码（Morse code）和二进制代码（binary code），前者只使用了3个单位（圆点，短横，空格），后者只使用了2个单位（0，1）。但是单位少了，规则就要增加，而且句子会变得很长。例如，"我爱你"这个语义，可以用英语、摩尔斯电码、汉语普通话、二进制代码转写如下：

I love you

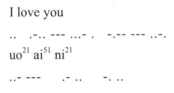

uo^{21} ai^{51} ni^{21}

..- ---   .- ..   -. ...

I love you
01001001001000000110110001101111011101100110010100100000011110010110111101110101001011 10
uo^{21} ai^{51} ni^{21}
01010111011011110011001100100000011000010110100100110100001000000110111001101001001100 11001100101110

当然，摩尔斯电码和二进制代码都是人工语言，不过其中的单位和规则的量化关系却和自然语言是一样的。

更为重要的是，在二进制语言中，这么长的句子，其中的单位之间差别细微，并不是人的听觉和/或视觉所能即时分辨得清楚的。这一点对自然语言有特别重要的意义：由于任何系统都是由一定数量的单位构成的，单位的数量多、类型丰富，并不足以造成一个系统的复杂，原因在于单位与规则一体两

---

[1] 索绪尔在这里所谈的问题主要是针对作为语言单位的词汇和和作为语言规则的句法而言的，但是他没有对单位和句法之间的关系作出更多的论述。

面：在系统已经确定的前提下，单位越多，规则越少；单位越少，规则越多。在汉藏语言中，音节一般都是语言感知中自然的基本单位，也是最具客观性的单位，以句法为例，"如果两个语素的组合是规则组合，就是两个句法单位，如果是不规则组合，就是一个句法单位，可见单位和规则的判定是同一个问题"（陈保亚2009:32）。因此，如果组成一个系统的所有单位都符合同一个规则，大概不会有人认为这个系统复杂。

在中国的汉语和非汉语中，有大量的声调语言，它们一般都是单音节为主导的语言，中国语言学界通常使用声母、韵母、声调来描写其音节结构。在这些语言的音节及其组成单位（声母、韵母和声调）之间，似乎有某种量化规律。

先来看汉语。从区别性特征到句子，汉语的各层单位之间大致有如下的数量关系：

分类	特征层	语音层		（跨层）		符号层		
		区别意义的单位				表达意义的单位		
单位	(区别性特征)	音位	音类 (声韵调)	音节	语素	词 (词组)		句子
统计	21	34	55	1265	4871	41180	?	(无限)

数据来源：卢偓（2001）、尹斌庸（1984，1986）等。
（说明：各层单位的面积大小不代表它们之间的数量关系。）

包括区别性特征到句子的各级单位，区别性特征组成音位，音位组成声韵调，声韵调组成音节，音节组成或等于语素，语素组成或等于词，词组成句子或通过组成词组来组成句子。

上面的图表是否完全正确地呈现了汉语普通话的事实（例如具体的数量是否准确），当然可以再研究；比较引人注目的是，音类（声、韵、调）、音节、语素、词、句子这几级单位之间迅速增大的量化关系（可以和上文"语言中的幂律"讨论的齐普夫定律作比较），以及音节和语素的跨层现象：

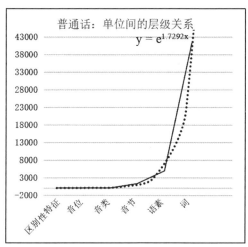 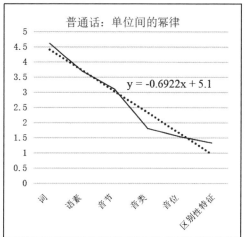

再来看非汉语。统计黄布凡主编（1992）的藏缅语的声韵调，可以发现，不论不同语言的声母和韵母的数量有多大的区别，声调总是保持在一个相对固定的标准：

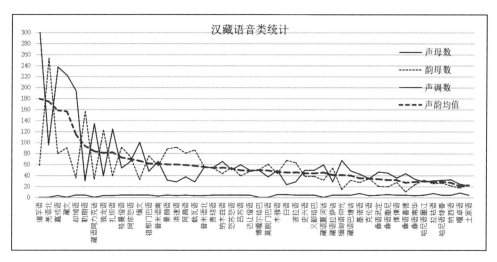

资料来源：黄布凡主编（1992）

这一现象也见于侗台语中：

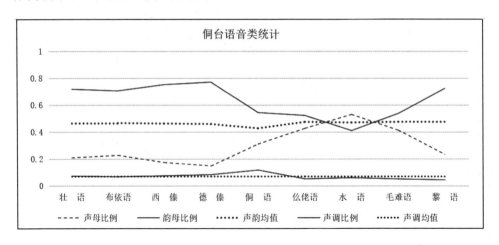

资料来源：王均等（1984）

姑且不论藏缅语和侗台语之间是否具有亲缘关系，几十种语言之间都有如此一致的表现，就至少说明东亚的这些语言都在所使用的声、韵、调之间具有数量上的相关性。白语是这些语言之一，其中的量化关系自然也因此值得去探索。

马丁内《语音变化的经济》（1955）把这种性质理解为经济性，"人们倾向于尽可能有效地使用语音手段。有些语言在其音位系统中存在一些空位（cases vides）。这些语言会通过产生新的音位来填补这些空位，从而引起音位系统的变化。"（钱军1998:116-117）如果马丁内的这一思想成立，由此可以得到一个推论：一种语言经过足够长的时间之后，音节表中的空格就会很少（甚至完全消失），因为音位及其规则的规律性会变得越来越强。然而，汉语虽然已经有几千年历史，汉语普通话的音节表却并非如此，其空格数甚至要比非空格数多出很多。事实上，语言是一个复杂适应系统，语言的某一方面的因素都会牵涉大量的其他方面的因素，甚至牵涉语言之外的社会因素，语言演化是非线性的。

非线性正是CAS的基本性质之一。Gell-Mann（1994:115,244）认为，"复杂适应系统的运作需要有介于有序与无序之间的条件"，"复杂适应系统在有序与无序之间的一种中间状态下运作得最好"。我们期望能够通过对音节表的考察看到语言的内在性质。

2.1.3 音系复杂度与音系相似度

一般人往往（不自觉地）以自己的母语为参照，根据某种语言与它的差别的大小，或者根据学习某种语言的困难程度，来判断那种语言是否复杂或有多复杂。

语言学家则通常使用普通句子的长短来区别一种语言的复杂性与简单性,语音方面,往往以一种语言的音位数量多少作为评判其复杂程度的标准。例如,Maddieson (2005a) 把音系复杂性分为五个相对简单的变量(音节复杂性、辅音总量、基本元音音质、完全元音以及声调系统复杂性),通过检查600多种语言中的一组基本音韵的几个子系统,来呈现反对"补偿假说"的证据,这些语言被选择用于表示遗传和区域多样性。他研究了音节单位库存的大小和音调系统的复杂性之间的关系等问题,把语言的音节复杂度分为三个类型,结论是音节类型的复杂性与辅音库存的大小之间存在显著的正相关,但音节复杂度与总元音或元音质量库存的大小之间没有相关性。王汐、杨炳钧(2013)也认为,"按照复杂性的程度或水平,复杂性标准有以下五个等级:(1)成分的数量;(2)成分的成分的数量,即成分复杂性;(3)成分类型的数量;(4)成分间可能相互作用的数量;(5)决定这些相互作用的规则的数量。"王汐、杨炳钧(2013)从绝对复杂性与相对复杂性、显性复杂性与隐性复杂性、总体复杂性与局部复杂性三个角度概述了定义语言复杂性的研究,绝对复杂性与对该事物进行最短完整描述的长度有关(Dahl, 2009),一个系统拥有的组成成分越多越复杂;相对复杂性是承认在二语习得中所付出的成本即所遭遇的困难(Juola, 2008);显性复杂性是指范畴区别或规则的数量(McWhoter, 2001),或句法特征的递归应用(Hauser et al, 2002);总体复杂性认为"所有的语言的复杂性都相等"。这些定义也主要是从语言的单位与规则的数量多少来立论的。一些社会语言学的研究在讨论语言多样性时,也间接涉及音系复杂程度问题,主要是何为一种语言,以及方言之间的差异大小如何衡量①。

大理各地的白语母语者通常认为大理白语和洱源白语最像,剑川白语和鹤庆白语最像,而洱源白语又和剑川白语最像。进一步询问他们所谓的像的意思,一般的答案几乎都相同,即主要是说两个地方的人之间说白语时彼此能听得懂的程度。至于因远白语,大理人一般都不知道元江县因远镇也有白族,也没有听过因远白语,不知道听得懂多少;而我调查过的有些因远白语母语者去过大理,接触过大理、剑川、鹤庆等地的白语,他们认为因远白语和剑川白语、鹤庆白语最像,彼此能听得懂六七成,而且他们认为自己之所以能听得懂五六成的大理白语,可能是因为大理白语中夹杂了比较多的汉语借词,其实因

---

① 例如,Nettle, D. 2000. Linguistic Fragmentation and the Wealth of Nations: The Fishman-Pool Hypothesis Reexamined. *Economic Development and Cultural Change*, University of Chicago Press. 48(2): 335–348. Nettle, D., Grace, J., Choisy, M., Cornell, H., Guégan, J., Hochberg, M. 2007. Cultural Diversity, Economic Development and Societal Instability. *Plos One*, 2(9): e929. 王春辉《论语言因素在脱贫攻坚中的作用》,《江汉学术》2018年第5期,92-100。

远白语和大理白语不太像。

白语母语者根据直观经验判断两种白语方言之间像或不像、复杂或简单的方式与其结论，在民间已经有比较长的历史。方国瑜《洱海民族的语言与文字》说：

> 白语中汉语成分之多寡，可认为古白语与今白语之不同。有一显著的例子：现在住居在维西、兰坪、碧江的白族支系，傈僳族称之为勒墨，纳西族称之为那马（一作拉玛）。余庆远《维西闻见录》说："那马，本民家，即僰人也。浪沧、弓笼皆有文［之］，地界兰州，民家流入，已莫能考其时代，亦多不能自记其姓氏，语言实与民家无异。"乾隆《丽江府志》也说"刺毛，居澜沧江边，喜近水，语类僰人"。那马是白族的一支，但住居在澜沧江两岸，可能从明初以前，与剑川、大理的白族隔绝，所以语言有着差别。据住在碧江县第四区的那马族和仪干说：初到剑川听白子话，只能懂一半。若能说汉话的那马族到剑川听白子话，可以全懂。这是由于剑川白子语中的汉语比较多，以及说话的腔调和语音有些距离。从两种方言的比较，可知明初以后汉语渗入白族语中的数量相当多，成为今白语，而那马语中的汉语成分也不少，那是古白语，待深入细腻的研究，对于白语的发展与白族社会经济文化的发展，可得更进一步的了解。
> （木芹1995:170-171）

在方言分类中，由于不同的研究者所选择的比较特征不同，会导致比较的结果之间出现很大的差异。徐琳、赵衍荪（1984）根据共时特征把白语分为西、北、南三支，汪锋（2012）根据谱系特征把白语分为东、西两支。和他们的分类不同，白语母语者根据经验判断两种白语方言之间像或不像，这种直观的分类虽然未必成系统，但在民间却有比较一致的认识，说明其中有值得思考的地方。

Simon & Barenfeld (1969)、Chase & Simon (1973)、Simon & Chase (1973) 等拓展了 De Groot (1956)、De Groot (1965) 的一项研究：在很短的时间内（2～10秒）向被试展示高手之间比赛的一盘棋，然后要求被试根据记忆复原看到的棋盘。结果，不同象棋水平等级的被试复原棋盘（即将相应的棋子放到对应于他所看到的那盘棋中的位置）的能力，依次是大师和高手约93%，被归类为专家的棋手约72%，优秀的业余爱好者约50%，新手约33%。但是如果让他们复原一盘随意摆放的棋，则高手并不比新手做得有多好，所以这个结果不能归因为高手有出色的记忆能力。那么象棋大师在看象棋的位置时"看到"了什么？通过分析其眼球运动等研究发现，高手主要是在看棋子之间如何相互攻防，也就是棋子之间的位置关系显示的战斗。高水平棋手的这种做法是通过长期经验获得的一种模块化感知习惯，它将棋子的位置编码为更大的感知模块，每个感知模块由熟悉的构成部件组成。

这项研究为我们思考两种语言之间的共时关系提供了一种巧妙的思路：根据这两种语言的音节表中所有音节的分布关系，可以量化表达这两种语言之间的相似程度，就像一盘棋和另外一盘棋有多像一样。

在世界上的多种语言中都发现了元音大转移的语言演化现象（徐通锵 1991:201-221），它说明音位的结构关系比具体的音位或音值本身要稳定：具体的音位在变，但音位之间的结构关系不变。原因在于，元音是通过最大化它在元音三角中的感知距离而确认其位置，因为在感知层面上声音距离最大的词更容易区分（Lindblom et al., 1983）。进一步来说，语言的组织具有特征经济性原则，倾向于最大化语音与特征之比（Clements, 2003）。利用"特征放大"和"特征经济"这两个理论，王士元（2006b）讨论了语言的演化现象：为了使语言对于说话人和听话人更为有效，选择的力量显然一直都在各种语言的语音系统的形成过程中发挥作用，因此音段的选择趋向于相互之间具有最大的听感距离，所以几乎所有的语言在每个主要类别里都采用很少的语音，辅音方面选择不同类别的辅音，元音首选共振峰最高或最低的i, u, a，以一个标准的音段清单为基础，建立起自己的复杂性。从演化的角度看，语音区别性变化的数量非常少，并且几乎所有的语音变化都是单向的。

自然语言用一套离散的单位（词和/或语素）去范畴化一个连续的世界，由于音节承担语义、表达语义（至少白语所属的当代东亚语言中的大多数是这样），音节之间的分布模式也就是这种语言使用语音手段范畴化意义世界的模式，我们因此同样有理由认为音节之间的结构关系（分布模式）也是相对比较稳定的，可以用音节的分布模式来比较语言之间的关系。

因此，几种语言的音节分布模式之间的异同，就反映了这几种语言使用语音手段范畴化意义世界的不同方式。这是从音节表之间的关系来互相度量其音系，我将其命名为"音系相似度"，它的意义在于用一种语言或方言的音节表（作为观察者的一个复杂系统）来衡量另一种语言的音节表（作为被观察者的另一个复杂系统）。用Gell-Mann（1994:32）话来说，这就是"依赖于一个系统对另一个系统的描述"。

郑锦全（1994）认为，"相似性或相关性只能表现语言成分在方言间的出现情形，而没有触及方言间的实际沟通。方言相似性的衡量，是以语言成分如词汇或同源词的声韵调的有无及其出现情形为变数，算出每一对方言之间共有的成分相对于所有的成分的关系。成分的出现有四种情形：'双有'（两个方言都有）、'有无'（一有一无）、'无有'（一无一有）、'双无'（两者皆无）。相似性可以说是'双有'对所有（双有、有无、无有、双无）的比率。我个人这十多年来主要是以这样的比率从词汇和音韵上探讨汉语方言的相似性和相关性（Cheng, 1982, 1987, 1991; 郑锦全1988）。这种比率只能说明语言成分在方言间的出现情形，并没有涉及语言成分对方言沟通的促进或干扰，我因此提出了一种不同于相似性比率的计量方法（Cheng, 1990, 1992, 1993）。"

与此不同，音系相似度观察的是音节单位（声、韵、调）的组合所造成的音节分布，或者说是音节之间的关系，而不是郑锦全（1994）在此处所说的"语言成分如词汇或同源词的声韵调的有无及其出现情形"。毕竟，一般系统与CAS的根本差异在于，在一个CAS内部，元素（CAS所谓的主体，或这里所谓的要素）之间的关系对于这个CAS的根本性质（即复杂适应性），要比元素的数量更重要。①

此外，在音节的对立之中还蕴藏着更深层的关系：一种语言中音节单位（声、韵、调）的组合的规则性越强，音节表上的空格就越少，因此音节的数量就与这种语言或方言利用其音节单位与音节规则的效率有关。

这一效率有特别的语言学意义。索绪尔（1916:169）指出，语言学好比一个几何系统，可以归结为一些特征的定理，"语言可以说是一种只有复杂项的代数"。对本书的论题而言，由于音节表包含了一种语言或方言的所有音节，而且这些音节还包含组成音节的单位（声、韵、调）之间的各种组合型式，因而也就包含这种语言的组成音节的单位（声、韵、调）的规则，所以音节表同时包含音节单位和音节规则。我们因此可以量化表达这种语言的音节的规律性，以及音节单位（声、韵、调）的规律性。如赵元任（1955）所说，一个语言中所有的音位的数目，实际上一般只在10到80个之间，如果任何一个音位都能和任意一个音位按照任意的次序组合，就会产生大约几百万个词，但实际的音位排列方式总是要符合某些特征模式，因此词汇总量常常只占这可能数目的一个极小的部分。换句话说，按照信息论的观点，一种语言在音位的实际使用上存在着巨大的冗余。

表现在音节表上，有些音节单位（声、韵、调）的组合落空了，这就说明音节单位（声、韵、调）的组合受到一定的制约，这个制约因素就是这种语言

---

① 罗素（1919:53,54）基于一一对应关系所定义的两个关系P和Q"相似"或者有"相仿关系"，并不适合本书的考察。又如，周美立（1993:195-196）主要着眼于两个系统的元素之间的关系，认为"系统相似度是相似要素的数量，相似元数值的大小以及每相似元给于相似度影响权重因素的函数"，他所说的系统，应该只是一种线性的系统，似乎看不出与CAS的关系，周美立（1993:2）引用维纳（Wiener）《控制论》（1948）与贝塔朗菲（Bertalanffy）《一般系统论》（1973）讨论系统之间的相似性，即已透露出其端倪。参见：周美立《相似学》，北京：中国科学技术出版社1993年。

的音系规则（或至少是音节规则）。

因此，如果把音节表看作一个由声母（initial）、韵母（final）、声调（tone）构成的声韵配列清单，那么它其实就是这些声、韵、调组合而成的一个包括了可能的音节形式的矩阵（matrix），其规模M为声、韵、调的数量的乘积，即：

（1）M = I × F × T

由于声、韵、调的组合会受到音系规则的限制，使得音节表上有些位置有实际的音节，有的位置则成为空格。把这样的音系规则假设为一个未知数x，则声、韵、调的乘积再和这个未知数x相乘，所得结果即为实际的音节总数S，即：

（2）S = (I × F × T) × x

比较（1）式和（2）式，可以得到

（3）x = S / (I × F × T) = S / M

由前面的讨论可知，（3）式就是一个音节表的不同层级（即音节与其单位）之间以及音节单位与其规则之间的规律性的量化表达，根据Gell-Mann（1994）关于复杂性的讨论，它就是一个音系的复杂性的度量，我将其命名为"音系复杂度"。[①]

语言的复杂性因此可以用音系的复杂性来观察，其中，音系复杂度是从一个音节表的内部出发作出的对其规律性的观察与表达，而音系相似度则是在两个音节表之间互相度量其音系的性质。音系复杂性可以定义如下：

音系复杂度是一个音系的所有音节及音节单位之间的规律性，它可以量化表达为一种语言的音节单位按一定的组合规则所形成的实际音节数和理论音节数之间的比值。

音系相似度是两种语言中由相同音类（声韵调）组合而成的所有音节在各自的音节表中的分布之间的一致程度，它可以量化表达为以两种语言的音节表之间相互度量的值。

[①] 根据对一次语言复杂性会议的综述（Gong & Coupé, 2011），本书所研究的音系复杂性接近Salikoko S. Mufwene所说的"交互复杂性"（interactional complexity, which refers to the interactions of units and rules within their respective modules and of latter with one another），区别在于本书的音系复杂性的讨论范围同时还包含了音节及其单位（声、韵、调）这两层系统之间的关系。

这两个定义都是着眼于音节之间的分布关系而言的。由于语素音节表包含了一种语言或方言的所有音节，而且这些音节还包含了音节单位（声、韵、调）的各种组合形式，因而也就包含它们的组织规律，所以语素音节表同时包含音节及其单位与规则，上述定义就是通过观察音节表上的音节层面与音节的单位层面之间以及音节的单位与规则之间的关系，来研究音系的复杂性。

2.2 语素音节表与音系调查

上文讨论从音系复杂度和音系相似度来分析音系复杂性，下面讨论语素音节表的性质，以及如何得到一个语素音基本表。

2.2.1 汉语语言学传统中的音节表

目前在汉语音系调查中最常见的做法是使用《方言调查字表》，李荣（1957）说："这个《汉语方言调查手册》是为全国汉语方言普查作参考用的……这次普查以语音为重点，主要在求出方音和北京音的对应关系，为推广以北京音为标准音的普通话服务。所以手册里讨论语音的章节最多，词汇语法等说得很简单。书里说的不能包括汉语方言调查的各方面，就是为这次普查用，也一定有许多情况是我们没有估计到的。"李荣（1957:79）用了一页纸的篇幅讲述具体的调查方法，即该书第六章"记音和整理的步骤"，简而言之，《方言调查字表》的做法是先调查若干数量词条的词表（"字表"），然后从中归纳出声、韵、调。

这种调查方法，始于高本汉（Karlgren, B.），他在此基础上发表的研究，尤其是高本汉（1915–1926），对中国语言学产生了非常大的影响。该书中译本的"译者提纲"中（18页）转述了高本汉的调查方法："他所汇集的方言，除零星纪录偶尔引作例证不计外，正式用三千多字的例字表来记音的有三十三种，其中亲自调查的有二十四种，从书本上得到材料的有十种（其中一部分后来又加以证实或修改）。三千多乘三十三是十万，所以一共纪录的有十来万个字音（formes）。据高氏说（通信中），字音的调查法不是叫人一个字一个字读，乃是问他什么叫什么。例如，'帆'字也许被问的人不认识它，也许把它读作别字，所以最好问他：借风力行船用布做的那个东西叫什么；如果他说是'船篷'，那么再问他还叫什么，直到问出可认为'帆'字读音为止。这当然是最保险的问法，不过字表中有些字如'咨、瞥、愆'等文言字大概都是就字问字所得的读音了。"而对于他的字表的选字标准，高本汉（1915–1926:13）说："要得到可靠的结果，我以为得要把我的研究放在一个很宽广的基础上。

每一条语音定律只有少数的几个例是不行的，因为少数的例不能作充分的保障。所以我拿来作基本材料的就有三千一百上下语言中常用的字（不过有些很常用的字倒是没有收，因为未能确定考出他们在古音中的地位）。这么多材料我觉得已经够把我要找的结论确定到相当的重要地位了。"

赵元任（1930）的思想即来源于高本汉（1915—1926）[①]，而当代中国语言学界广泛使用的《方言调查字表》的语言调查方法又源于赵元任（1930）。对此，张清常（1993）有细致的介绍：

> 刚才提到赵先生编纂的《方言调查字表》，这是按照语音科学系统重新整编的新型"韵图"。它在中国现代语言学里面方言调查研究和音韵学研究所起到的作用是十分深远的。赵先生同时还编制了《方言调查简表》，它除了在音韵系统方面简明扼要之外，又涉及语法要点和部分词汇问题。音韵的主要部分可以由赵先生等《湖北方言调查报告》（1948年）第14至25页看出个大概模样，尽管排列法不同。《简表》最新鲜的材料是三页"声调""声母""韵母"典型例字，便于调查时迅速方便抓住方音的重要特点，这是《方言调查字表》所未提供的。

然而，高本汉调查汉语方言的目的并不在于获得所调查方言的音系，而是为了研究汉语中古音，梳理汉语方言与汉语中古音之间的历史关系。也许正因为如此，赵元任（1930）以来的汉语方言调查的方法一开始就有一些比较特殊的理论预设，主要是比较突出的历史主义倾向。罗杰瑞（2007）在讨论国内常见的汉语方言调查方法时，认为高本汉（1915—1926）从一开始就把汉语方言田野调查和汉语中古音重构密切地结合起来，但田野调查只是他研究古音的手段，是次要的，音韵历史才是他研究的重心。赵元任（1928）、罗常培（1931）、赵元任等（1948）和后来的云南、四川方言调查，都是（或相当于）请发音合作人念同音字表上列出的汉字，明显地倾向于历史方面的研究，偏重于音韵的分析，轻视词汇、句法。这样做的缺点是把方言调查的焦点转移到汉字上，过分注意字表上汉字的读音，把焦点放在各方言间的最近似之处，而不是各方言间的差异。反复比较赵元任（1930）和高本汉（1915—1926），罗杰瑞（2007）的批评是有道理的。

自然语言虽然一定包含大量的历史因素、受历史规律影响，发音人却未必了解、也不必了解汉语的历史知识，他们是否认识《方言调查字表》上的那

[①] 这一点可以从赵元任和高本汉关于臻栉韵的讨论中（《关于臻栉韵的讨论》，《中央研究院历史语言研究所集刊》第一本第四分）见出端倪：大概是在1930年，赵元任在写给高本汉的信中说："我现在正修改方言调查例字表，排成一种声韵纵横的表式，里头加入您考定的音值作参考。"（赵元任2002:359）

么多汉字也是个问题。另一方面，由于一种语言中早期曾经有的要素如果在发展中消失了，就无法利用其现代语言或方言资料重建出来（徐通锵1991:99-100,130-131），反过来说，同一种语言在不同时期的语音对立之间未必会一一对应，那么按照这种调查方法得到的音系，就难以保证能够覆盖所调查方言中的所有音位，也就不能保证其音系规则的全面、可靠。总之，这种调查追求的不是全面而充分的共时描写，它甚至并不要求得到所有的音位，也不要求给出所有符合规则的音位组合及其组合规则。《方言调查字表》在多大程度上能覆盖一种方言的所有音位，需要论证。

在罗杰瑞（2007）之前，贺登崧（Grootaers, W.A., 1948）较早提出了类似的批评："虽然，文字在一个固定的区域里具有统一性，但是，一种仅以文字为对象的方言调查，不会有什么结果。过去中国方言调查，所以不能够有很大的收获，就是这个原因。我们认为必需在活语言里，才能够得到语言的实际真相。""再说到现代的中国语言学者，他们要追随高本汉去研究古音，这完全是遵循西方的新派语法学家（Neo-grammarian）的路线。然而这种研究也是一条偏路。"①

特定的调查方法以相应的理论假设或研究观念作为前提，不同的田野调查方法有不同的理论预设，因此会得到不同的调查材料，并且最终将分析出不同的音系。赵元任（1951）后来对于赵元任（1930）的这种调查方法作过一个解释：

> 在方法的内容方面，孟真先生向来主张他所谓"摩登训练"，说考古注重发掘，说审音必道I.P.A.，可是我们有时候还是脱不了"研究前人所研究或前人所创造之系统"的习惯。所以我们从头起总还是以切韵系韵书作为一切方言研究的出发点。因此方言学家如比国的贸[贺]登嵩神父（在《华裔学志》八卷，一九四三，十卷，一九四五）称我们为"新文法学家"，意思是说我们像十九世纪的欧洲"新文法学家"偏重音律而忽略语调。这个批评也有相对的道理。不过在全国几千方言当中要得他一个大概的观念，那么惟一的以简御繁的方法就是拿《切韵》系统之下的单字音作起点。[,]以后再慢慢给某种某种方言的语词做详细的长篇记录。后来我见着贺神父，那时正值《湖北方言调查报告》新出版，谈起这方法问题来，他也承认说，倘若全照他给晋北方言那么详细的记录起来，那么我们

---

① 当然，贺登崧（1948）批评，"从前中国中央研究院历史语言研究所，也曾印制过一种调查表，但是，从现代方言地理学的观点看来，这可以说是毫无价值可言"，似乎没有理解赵元任（1930）的合理之处及其特定价值。

湖北那六十几处的方言不知要做到哪个世纪才能做得成了。①

这里的最后一句话表明，赵元任对于自己的调查方法的遗憾，在当时即与贺登崧有共识，贺登崧（1948）也说："研究中国语言的新方法，必需将方言的调查工作，历史的研究，以及人口的移动情形，同时加以研究。但是，要把这种方法应用到幅员广大的中国，恐怕还得要等待一个相当长的时期，同时也需要相当多的人的合作。"

对于赵元任（1930）所作"方音调查表格"的排列方式，杨时逢（1969a）对南昌音系有一个说明，大意是：把南昌方言的声母、韵母、声调三个方面的单位组织起来，排成一个单音字表（语素音节表），排列方法是以四呼、韵类、声调为经，以声母为纬。照这种方法排列得到的音节表，凡同一横行的都是双声，凡同一直行的都是叠韵。

可能是由于纸张尺寸的实际限制，这种做法要将各个韵分开处理，也就是说，有多少个音类就要分列多少个页码。这样一来，得到的其实是一组"同音字表"，声母之间、韵母之间以及声韵组合之间的有些关系就不容易看出来；即使把这若干个"同音字表"组织成一个完整的表格，得到的也未必是一个完整的音节表，因为"方言调查表格"上的所有字未必等于这种方言中的所有的"字"，方言中的有些音节可能并未包含于其中。

汉语的一大特点是其语素大都是单音节的（Li, 1951；赵元任1968, 1976；徐通锵1991a，1999；丁邦新2002），虽然也有不少双音节甚至多音节语素，但是实际上它们在汉语语素中的比例很低（赵元任1968, 1976），其中有不少是联绵字，它们可能是原始汉语经过调整而在语言中留下的痕迹（徐通锵1991a），这一调整过程可以解释为"一生二"的语音构词法（王洪君1994, 1999），孙景涛（2005）最近提出汉语存在"一音一义定律"，认为汉语的语素在本质上是单音节的，一个语素义只能被一个音节表示，一个音节必定可以负载一个语素义；小于一个音节的语音片段，例如北京话中的儿化，它们所表达的不是词汇意义、概念意义，而是语法意义、附加意义，而且可以通过共时层面的语音规则解释为两个音节融合的结果，因此不足以作为否定汉语的单音节性的证据。

汉语音节的直接成分是声、韵、调，音节结构是：$[(C)+(M)+V+(E)]T$，

---

① 我没有找到赵元任（1951）所说的贺登崧的这两篇文章。据说这两篇文章是《中国的语言地理学：中国语言科学采用新方法的必要性，第1部分：语言地理学的方法》，《华裔学志》第八期（1943年，103-166）和《中国的语言地理学，第2部分：晋东北的一条方言边界》，《华裔学志》第十期（1945年，389-426）；这两篇文章的主旨即贺登崧（1994）。（石汝杰《汉语方言地理学的优良教科书——评介贺登崧〈论中国方言地理学〉》，《国外语言学》1997年第1期，26-31.）

即：[（声母）+（介音）+韵腹+（韵尾）]声调。汉语语言学中，大概是因为受到随着佛教而传入的梵文的影响[①]，《切韵》系韵书以声母为序做成音节表[②]，《切韵指掌图》系韵图则以声调为序做成音节表，都是基于对汉语的音节结构的深刻认识而总结出来的有效方法。

从下文的材料中可以看到，这种方法或模式同样适用来描写白语。

2.2.2 语素音节表调查方法

白语是一种单音节语言，它的押韵习惯与汉语普通话一致，要求尾韵的韵腹和韵尾都分别相同，也就是说，押韵可以不考虑声母、韵头（介音）、声调等差异，所以在音节表调查中，以韵母为中心作调查，其实就是基于白语母语者关于押韵等语言现象的母语知识来调查，并力求在音节层面上完整地呈现出母语者关于音节的语感。

在具体的调查方法上，由于白语与汉语在亲缘关系上最近（Starostin, 1994；汪锋2006/2012），又有长期的深度接触，以至于"有百分之七十已经汉化了"（罗常培1943），"音系虽互有参差之处，尚难一概而论，然就其大要观之，民家语当为藏缅语与汉语之混合语，且其中百分之六十以上为汉语成分"（罗常培1944）[③]，因此，以汉语音系为参照来调查、记录、描写白语音系，就是理所当然之事。另一方面，在汉藏语中，汉语是其音系研究得最深入和透彻的一种语言，而且汉语因为使用者数量巨大而最具公共性，以汉语音系为参照来观察白语音系也就更容易说清楚问题，也更容易被人理解。

音系报告中的常见做法，是在声母表、韵母表、声调表之后分别以"说明"的方式简单列出几条规则。例如，Wiersma (1990:373-395) 附录了剑川（金华镇）白语的声韵调配合表，她的做法是先区分单元音和双元音分别列表，再区分不同的声母，然后观察它们与不同的韵母和声调的组配情况；赵金灿（2011）调查了鹤庆白语，给出了部分声母和韵母的组合表。目前我们还没有见到对任何白语方言的所有音节的系统调查，甚至在汉语音系的材料中也没有见到哪一份报告宣称自己覆盖了所调查方言的所有音位组合。白语是声调语

---

① 赵荫棠（1941:1,4）引述魏建功先生的说法，把等韵图称为"练音表"（魏建功先生此说的出处待查），所谓"练音表"，就是悉昙（siddham），"何谓悉昙？在现在说，就是印度的梵文的字书"。但俞敏（1984）说"这不是字典"，"这东西是一种练音表，是小学生刚识字的时候用的"，制作的原则是把元音逐个排好队，再用辅音逐个与它们相拼。

② 例如，邢公畹（1982:64）说："《切韵》并不能代表六世纪的某一个具体的地点方言的音系，而是一种统计出来的方言调查字表，更明确地说，是一个有关晋隋间汉语音类的分韵同音字总表，它比较完整地储存了汉语中古音音位的信息。"

③ 白语究竟是否已经有百分之六七十被汉化，以及白语中所谓被汉化的东西是什么，当然都还可以再讨论；白语和汉语的面貌非常相似，则是很多白语母语者和语言学家的共识。

言，给出包含声、韵、调的组合的音节表，对于保证调查和描写的充分性以及归纳或呈现其音系规律是非常必要的。

按照音节表调查方法，我以韵母为中心调查了大理市大理镇下鸡邑村、洱源县凤羽镇正生村、剑川县金华镇西门街和元江县因远镇安仁村的白语语素音节表，获得了这四种方言所有的音节。（不过，限于时间等因素，我在这几个方言都只是调查了几个母语者，此外也受到发音人的母语知识的影响，还不敢保证得到了各方言的所有的语素。）

我使用音节表调查的方法调查白语并归纳音系，基本程序如下：

1. 随机调查大约1000词和若干语篇，根据发音人的判断归纳其中的同音、同义、双声、叠韵、押韵等现象，尽可能细致地区分所有的音素和音段。

这一步是调查的起点，对所使用的词表和语篇不作特别限定，只要求尽可能选择母语者日常生活中的语料。在记音的初始阶段，分类比准确更重要①，为此，可以通过比较相近的音节（例如寻找最小对立，进行语音单位的对比替换），适当引导发音人利用其语感来"分析"其母语，把一个音节切分为声母、韵母和声调。

2. 在上一步的工作成果中，寻找a, i, u和p, t, m, n这几个音以及它们的组合，据此确认每一个音素（或它们的类）。

雅可布森关于儿童语言和失语症等研究证明，p : t // m : n和a : i : u是儿童语言中最先形成的对立，这几个音是儿童最先习得的音也是失语症者最后失去的音，它们几乎在人类所有语言中都存在（Jakobson, 1941），我们因此可以假设自己所调查的语言中也有这几个音素或音位，并将其作为调查的出发点。

由于声调在大多数汉藏语中具有区别意义的作用，因此同时注意可能的音高模式的对立，归纳出声调。

3. 将上一步工作的成果与国际音标表作比较，得到新的音素清单，根据音素的组合类型列出初步的音节表。

国际音标表是包含了最多的常见语音的清单，一般情况下，我们自然可以预先假设自己所要调查的目标语言的音素都已经包括于其中。至少，这一清单为我们比较所听到的每一个音素都提供了参照，如果目标语言的某一个或几个音素不见于其中，也可以通过这样的比较而得到确认。例如，对于上一步工作中可能会出现的Jakobson (1941) 的反例，即可因此得到解决。

在此基础上，根据目标语言的双声、叠韵等材料梳理音素的组合类型，为

---

① 据汪锋说，"孙（天心）教授告诉我，田野调查的记音衡量标准就是你用国际音标记下来，让另外一个语言学家念出来，然后发音人认可才算是准确的。"（汪锋《王门求学之城大三年》，沈钟伟、孔江平、汪锋主编《王门求学记》，昆明：云南大学出版社2018年，120-141。）

已调查的音节排列位置，通过比较它们之间的最小对立，做出一个假设的声韵调配合表。

4. 逐一核对已调查的每个音节在假设的声韵调配合表中的位置，再根据国际音标表所见音位的双向聚合关系组合出所有可能的音节，以此逐一核对目标语言中有无国际音标表中的每一个音素，再将新得到的音节填入这个假设的声韵调配合表中，在此基础上调整这个配合表。

工作至此，我们就已经基本上得到了目标语言的所有的元音、辅音、声调及其组合方式，并得到了一个已经基本成形的音节表。

5. 使用上一步工作得到的基本成形的音节表，逐一调查所有的声韵调组合而成的可能音节（也就是音节表上的每一个空格），列出包括所有可能的声韵调组合的音节表，将已经调查过的音节填入此表中相应的空格。

6. 核对上一步工作的成果，以此为基础，逐一调查上述音节表的每一个空格（即每一个可能的声韵调组合，或者说每一个可能的音节），归纳声、韵、调。

在执行这一步的过程中，要尽可能多地调查出每一个音节所辖的同音语素，得到一个完整的语素音节表。此外，如果时间允许，改变音节表的排序方式，然后逐一核查新得到的音节表上的每一个空格（即可能的音节）。

音节表可以按声、韵组合之后再和声调组合的方式排列（即以声调为序），也可以按韵、调组合之后再和声母组合的方式排列（即以声母为序）。重新排序之后再做一遍核查，既是核对每一个已调查的音节是否放在了正确的位置（因此也就检查了记音是否正确），也是核对对于同音音节的判断和对音节之间的最小对立的判断是否正确，还能检查所调查的音节、语素是否有遗漏。

这一步的工作完成之后，我们就得到了目标语言的（尽可能）完备的音节表，或者，至少是我们所调查的发音人的（尽可能）完备的音节表。

7. 根据上一步得到的音节表归纳音位，与发音人逐一核对，得到最终的音位清单、音位结构图和音节表。

按照以上调查方式得到的音节表，包含了目标语言中的所有的音节，因此也就包含了所有的音位以及所有的音位的所有的组合规则。

这种调查方法，只有一个理论预设：母语者认为两个音段的语义和/或语音不同，则它们是不同的音段。和词表调查法相比，语素音节表调查法的理论预设明显要少。

语素音节表调查强调单位与规则之间的关系，要求所获材料能够覆盖所有的音位、呈现所有的规则。这种设计的原因之一在于，音系调查最基本的目标是找到一种语言或方言中所有的语音单位，并给出这些单位的结构关系以及组合规则。调查中以得到单音节语素为常态，但是并不以其作为最终标准，因为"句子才是最小的语言单位，因为在交际行为中，句子是最小的用语法组织起来的意义片段"[①]，所以往往还要看这个音节、语素的发音在语流中的实际表现，尤其是在面对一些有疑问的或两可的材料时候。这时候，当然要充分考虑一个音节或语素在具体的语流中上下文等环境对它的可能的影响，但是在排除这些可能的影响之后，就应该注意，孤立的音节或语素只是一些"标本"，人们在自然条件下是不会只发出一个音节或语素来的，而会把它放在一个具体的句子之中，当然有时候会直接以一个音节构成一个句子。

这一方法与词表调查法的区别还在于，在已知完整的音系之前，调查多少个词（如果不是所有的词的话）都不足以保证这些词已经包含了这个音系的所有音位。是否获得所有单位的意义在于，一个全称判断和一个特称判断的性质是截然不同的，如果研究方法成立，基于所有材料得出的结论要比基于部分材料得出的结论可靠。

2.3 音节的公共性与音系的确定性

赵元任（1934）提出了著名的音位归纳相对性理论，但在具体的分析过程中，因为没有区分单位与规则、工具与对象之间的关系而造成了一些误解与问题。王洪君教授对此有如下评价："标音符号之选择的多能性与语音系统音位化的多能性不是一回事。前者指的是标音符号的选择有多种可能，后者指的是语音系统的音位化有多种可能（比如归纳出的音位数目不同，在某些具体位置上出现的音归入哪些音位的不同等）。而赵文所举实例包括以上两种情况，未加区分，或者说没有注意应该统一从后一种角度来论证……赵文在这方面的混淆相当普遍。"[②]

对音系复杂性做量化分析（而非只是举例），需要先确定音系单位的数量，下文因此先讨论赵元任（1934），重点放在音位的归纳方法及其结果的问题（如非必要不涉及音位的标示方法）。我认为，由于音节具有公共性和客观性，如果一种语言的音节是确定的，那么由此分析出来的音系也应该是确定的。

[①] 伊萨琴科（Isačenko, A.V.）《共时语言学的内容和局限》，《语言和文学》（Slovo a slovesonost, SaS）第十卷，1948年。（钱军1998:23-24）

[②] 王洪君、麦耘《中西学术名篇解读：赵元任、李方桂卷》，上海：中西书局2014年，53。

2.3.1 音位归纳相对性问题

赵元任（1934）的题目是"音位标音法的多能性"，一般认为它提出了"音位归纳相对性"理论，即一种语言的音位系统可以有不止一种。但这种简单的概括还是有些含混。这就像写作或讲述任何一段历史的书籍、话语可以有多种，但是，作为过去发生的事实，历史只有一个；或者说，外在于我们的世界是同一个世界，而不同的人对于这个世界的经历、认知则可能多种多样。那么，"一种语言的音位系统可以有不止一种"，是指一种语言本身固有的音位系统只有一种，还是指一种语言的音位系统可以写作几种？

不论如何，实际上，赵元任（1934）并没有说过一种语言自身所具有的音位系统有多种，而只是说，"任何特定的语言都无所谓唯一的正确的音位标音；在单位的大小、归并音位的方法、符号的选择这些方面，强调某个因素就导致某种形式的音位答案。"（赵元任1934:787）

语言是一种社会事实，在同一个语言社团中，人们用于日常交流的那种语言具有公共性。用索绪尔的话来说，"语言是一种社会制度"，"语言是一种表达观念的符号系统"（索绪尔1916:37），而"符号在本质上是社会的"，"符号在某种程度上总要逃避个人的或社会的意志，这就是它的主要特征"（索绪尔1916:39）。由于这一根本性质，作为研究对象的物质性和客观性，在语言中就表现为公共性，也就是说，如果某一个语言现象在同一种语言的绝大多数母语者的使用中都一致，那么这个语言现象对于这个语言社团就具有客观性。① 当然，所谓某一个语言现象在同一种语言的绝大多数母语者的使用中都一致，这里的"一致"在很多时候允许有程度差别，即：只要满足在共时系统中具有同一性，那么同一语言社团的两个人或同一个人在两个时刻所说的两个形式（两个语音）之间，不论是毫无差别，还是在物理上有多大的不同，只要母语者普遍认为这两个形式是一致的，那么它们就是同一个形式，而其间（可能具有的）差异就只是同一个形式的不同变体之间的差异。

汉语是单音节语言，音节是汉语的自然感知的基本单位，也是最具客观性的单位。陈保亚（2002）指出，"音节是汉语音系中最现实、最可实证的单位"，"每个汉语方言点的音节数目是相同的"②，"这反映了音节在汉语中是更现实的单位"。音节是公共的，因而也是客观的，既然如此，音节表也必

---

① 这一观念得自陈保亚教授给北京大学研究生讲课的内容，他多次讲过（未在其他场合发表过）：一个语言现象如果为同一个语言社团（的绝大部分成员）所共享，那么它就是这种语言的客观事实。这一思想与一般表述的"客观性"、"物质性"等观念不同，可能需要系统查证从古希腊哲学到近现代哲学的原典中"不以人的意志为转移"之类说法中的"人"究竟是复数的人还是单数的人。

② 但陈保亚（2002）在这里紧接着说，"音位数目却因为调查者的不同而有所不同"。此句可能与他坚持赵元任（1934）"音位归纳相对性"的理论有关。

定是公共和客观的，从音节表中分析出来的音位系统也因此应该具有公共性和客观性。

赵元任（1934）的主张其实包括三个方面：（1）为一种语言归纳其音位系统的方法不止一种；（2）使用不同的标准会使得归纳出来的音位系统不止一种；（3）为音位标音的符号不止一种。赵元任（1934:752）在开篇就说过："这篇文章的主要目的是要证明，把一种语言里的音化成音位系统，通常不止一种可能的方法，得出的不同的系统或答案不是简单的对错问题，而可以只看成适用于各种目的的好坏问题。"在这篇文章的结论部分，赵元任（1934:793）说："我们提出了音位的新定义，努力证明了把一种语言的音归并成单位不一定只有一种答案。"（We have proposed a new definition of a phoneme and have endeavored to show that given a language, there is not necessarily one unique solution for the problem of reducing its sounds into elements.）①

赵元任（1934）在后来受到了一些挑战。Jakobson, Fant & Halle (1952)对赵元任（1934）的相对性理论提出了解决方案："连续地排除一切多余特征（它不能传达什么新的信息），把语音分析为若干区别性特征，这样就能克服'音位问题解决中的不一致性'。赵元任指出，只要音位被看做是最后的分析单位，而不再分解为组成部分，这种多样性就会干扰语音分析。我们的这个研究就是要为一定的解决方案建立简单性的准则，因为，两种解决办法如果有分歧，其中一种往往不够简明，包含有较多的多余的东西。"

赵元任先生回应了Jakobson, Fant & Halle (1952)，认为将音位分析为其区别性特征肯定是向降低"解决方案"的模糊性前进了一大步，但比较不同的归纳方法需要先量化界定简单性或简洁性。他暗示，以区别性特征作为标准，需要先了解当前所有的人类语言所使用的可能的和不可能的区别性特征。（Chao, 1954）考虑到物理学等自然科学研究都不需要对自己的研究对象拥有完全知识或完全信息，赵元任先生的这一回应不能成立。②

与赵元任（1934）认为不同的音位归纳方案之间各有其成立的理由不同，后来的研究一般都认为各种方案之间有优劣之分。薛凤生（1986:115）认为，"我们对任何一个语言做最严密的音位分析时，只能有一个最妥当的结论，

---

① 误解也许来自中译：汉语"把一种语言的音归并成单位不一定只有一种答案"，既可以是指归并的方法不止一种，也可以是指归并得到的结果不止一种；但赵元任（1934:793）原文说的是**solution** (for the problem of reducing its sounds into elements)，译为"答案"，而不是"方法"，可能是一个重要的致误原因。

② 这里涉及实在论与反实在论之间的关系，此处不容展开，也许我应该去研读赵元任先生的博士论文。至少，按照霍金（Hawking, S.）的"基于模型的实在论"（model-dependent realism, 霍金、蒙洛迪诺2010），如果不同的语言学家采用同样的语言观，而且工作程序符合逻辑，那么他们从同一种语言得到的音系应该就是一致的。

这个结论就是该语言所独具的音韵结构,而这个音韵结构所表现的也就是说这种语言的'原乡人'对于语音的感受(native speakers' feeling of, or reaction to, phonetic sounds)。"薛凤生(1986:4-5, 115-116)强调,音系研究的目标在于一种语言特有的音韵系统,具体地解释母语者的语感,而中国传统音韵学把字音分为声母、韵头、韵腹、韵尾,把音节分为开、合、齐、撮四类,民歌民谣里的押韵现象,以及双声现象,可以作为衡量和检验这种分析结果是否符合母语者的语感的标准。

母语者的语感是音位分析的重要依据,但是否能作为最终依据?萨丕尔在介绍自己的田野经验时说,印第安人能够"自然而又准确"地从句子中切分出词,但对于学会把一个词拆成它借以组成的语音感到困难,"常会拒绝把根本成分或语法成分孤立起来,因为这'没有意义'"。(萨丕尔1921:29-30)这个例子大概可以说明母语者对于词这一层语言单位的自然感知。但关于句法结构的切分就没有这么简单,布龙菲尔德(1933:161)说母语者必然能够把母语中的句法的层次划分出来:"任何一个说英语的人,如果他来分析语言形式,都会肯定告诉我们:Poor John ran away的直接成分是Poor John和ran away这两个形式,而ran away的直接成分又是ran和away。"然而范继淹(1964)表明,在汉语句法调查中发现未必如此:拟出汉语中15个常见的格式,请6位没有学过语法的汉语母语者凭直觉把它们都分为两半,结果表明语感不足以成为划分句法层次的标准,"退一步说,即使大家的语感相同,它也只是本地人对自己母语的一种感性认识,没有经过理性分析,不能成为科学的标准"。

音位分析必须依据母语者的语感,但必须超越母语者的语感这种直观的印象。从语音学的角度看,孔江平(2007)认为,"在语音学的初级研究中,主要是进行语音性质的生理和声学描写,目前国内的大部分语音学研究都处于这个阶段。在较为高级的研究阶段,应该根据生理和声学研究的基础研究语音感知的基本性质。在高级阶段因[应]该研究语音的认知过程,它包括我们语言学家最关心的音位的心理实体,在这个阶段,一种语言或方言的音位系统应该只有一种是最合理的,而不是多种人为处理形式"。音节是自然感知的最小的语言单位,它们是音系分析的出发点。没有音节和特征的概念,音位分析往往有多种答案,而将音节和区别性特征带入音位分析,则不仅能够大大减少可行的答案数量,Yi & Duanmu (2017)的分析表明,五元音方案比六元音方案更适合描写兰州汉语方言的音系,特别是可以解释哪些音节会出现、哪些音节不会出现;Duanmu (2017)和端木三(2019)认为不同的音位归纳方案之间有好坏之分,好的方案应该能够对押韵、音节结构、音节空档等现象作出更好的解释,这两篇文章分别通过对成都话和普通话的分析,提出了跟音系有关的音位分析标准，并以此衡量了不同的音位分析方法，认为可以选出最佳答案。不同的音系方案有价值高低的区别，这种讨论不禁令人想到乔姆斯基（1957:48-50）关于语法研究的发现程序、决定程序、评价程序的讨论。

赵元任始终坚持音位归纳方案的相对性。分析其原因，赵元任（1934，1959）所谓音位归纳方案的相对性与其他人所说的确定性之间的差异，可能主要在于他所理解的音位，与后来通行的概念有所不同。

2.3.2 赵元任的音位概念与音位归纳方法

赵元任（1934:756）给出的音位的定义是："音位是一种语言里全部音类中的一类，语言中的任何词都能体现为一个或苦[若]干个这些类的序列，被认为具有不同发音的两个词，其构成词的音类或音类的次序是不同的。"（A phoneme is one of an exhaustive list of classes of sounds in a language, such that every word in the language can be given as an order series of one or more of these classes and such that two different words which are not considered as having the same pronunciation differ in the order or in the constituency of the classes which make up the word.）

赵元任（1934:756-757）随即对此定义作了"几点说明"：

（1）这个定义的前提是我们能够穷尽地列举任何语言的音位总数。（This definition presupposes that it is possible to enumerate exhaustively the total number of phonemes for any given language.）

（2）定义并不排斥同一个音有可能属于一个以上的类（参看第二章第二节的（f），（g））。（It does not exclude the possibility of the same sound belonging to more than one class.）

（3）定义没有说明，将某个语言中的音归并成音位时只有一种方法还是另有别的可能的方法。（It is non-conmmitettal as to whether givin a languge, there is one unique way for grouping its sounds into phonemes or there are other possible ways.）

（4）定义并未指明"音"这个词在大小和种类方面的范围，亦即并未指明分析成连续要素和区别为不同种类时所要达到的程度。

（5）定义包括两种情况：第一，已知一个词里的音位和该词的语音环境，这个词的实际发音就能通过一套"发音规则"确定出来（也就是知道实际使用的是有关音类的那些成员音）；第二，一定语音环境中的一定的词仍可包含这个或那个成员都能使用的音位。前一种情况涉及接触音位或动力音元，后一种情况涉及自由音位。（如果我们不承认描写语音学及其严式标音的效力，这条说明就是多余的了。）

（6）说每个词都是"类"的序列，听起来可能有点奇怪。但是，如果我们为了方便语言研究起见，说可识别的词是由可识别的音位构成，那么这样的音位通常就是耳朵受过训练的人能够听出区别的音的类。以上说法跟我们说1、2、3、4是类的系列没有两样，须知数学家就是把数定义为类。

（7）如果每个音位都用一个固定的符号标写，那么每个词都将有一个固定的标音形式。同音词的标音相同。但是同音词和意义有变异的词之间的界限常常不容易划定。

（8）音位标音不必参照语法或词汇的考虑就能发音。比方中国的注音符号和国语罗马字就是音位标音。在这个意义上，英语乃至德语的拼写法就不是。

赵元任（1934）发表之时，正是音位学理论逐渐成形的时期，其中关于音位的认识与同时代的人有关。按瓦海克（1966:4,109）所说，索绪尔（1916）的思想在1922年新版问世之后才被更多的语言学家所了解："Although Saussure's Course was published in 1916, its theses could not become more widely known until after the war when, in 1922, a new edition of the book appeared." 库尔德内（Baudouin de Courtenay）认为，音位是"语音的心理意象"（lautvostellung），把体现某一音位的语音的种种心理意象合并在一起就产生了音位。这种认识有非常强的心理主义性质，索绪尔（1916）关于音位的认识与此相似。在布拉格学派《提交第一届斯拉夫语文学会议的论纲》（《布拉格语言小组论文集》第一卷，《献给第一届斯拉夫语文学会议的语言学论文集》，1929年）中，音位被认为是"某一语言中具有一定意义的最小的听觉-原动意象"（des images acoustic-motrices），但直到布拉格学派《音位学术语标准化方案》（1931年），音位定义中的心理主义色彩才基本被消除："音位是音位学的一个单位，它不能分解成更小、更简单的音位学单位。根据《方案》，音位学单位（phonological unit）指任何一组音位对立中的成员。音位对立（phonological opposition）指语言中能够区别认知意义的语音差异。"此后，瓦海克《音位和音位学的单位》（1936年）对《方案》的上述定义提出质疑，而把音位对立分为简单对立和复杂对立，把音位看作复杂音位对立中一个成员的一部分，"音位学的单位是简单音位对立的成员，它是区分认知意义的最小的语音差异"。特鲁别茨柯依（1939:34-35）与瓦海克意见相同，认为音位是与音位学相关的语音特征之合。（钱军1998:159-161）今天通行的音位定义，一种语言或方言中区别意义的最小的（线性）语音单位，大概就出自瓦海克。

布龙菲尔德（1933:92）把音位理解为"区别性语音特征的最小单位"，而关于"区别性"，布龙菲尔德（1933:90）是这样定义的："任何一段话语里的语音特征，如同实验室里记录下来的那样，乃是它的总声响特征（the gross acoustic features）。其中一部分特征是无关紧要的（非区别性的），只有一部分跟意义相联系，因而对于交际才是必要的（区别性的）。"在此之前，雅可布森（1932/1962:231-233）就指出，音位是一组并存的语音特征，用以在语言中区分意义不同的词。①但晚至1940年前后，雅可布森的很多思想还没有被美国的语言学界承认：布莱特（Bright, 1980）在《语言》编辑部的档案材料里发现的一份有关雅可布森的材料，1940年12月17日，编辑部收到雅可布森的文章《儿童语言的语音规则及其在普通语言学中的位置》，B. Bloch, G.L. Trager和E.H. Stuertevant对它的评价是"完全是胡说八道"、"胡言乱语"、文章不符合美国公众的兴趣。而这篇文章大概就是名著Jakobson (1941)的简本。（钱军1998:84）

基于其音位定义，赵元任（1934）的第二部分"影响音系的音位答案的因素"列举并分析了"单位在时间上的大小"、"把音归入音位"、"符号的选择"等三个方面。赵元任（1934:775）说："只考虑keep（保存）、call（呼唤）、cool（凉的）之类普通的例子，建立音位系统是并不麻烦的。我们只消不管通常被认作'同一个音'的微小的变异，把它叫做一个音位就行了。但是在一种语言里，对于音的同一性，在许多问题上，大家并没有一致的看法……强调的主旨不同，要素组织成音位的系统也就各异。我们可以要求：（a）语音准确，或者音位的范围小；（b）整个语言的语音模式简单或者对称；（c）节省音位的总数；（d）照顾本地人的感觉；（e）照顾词源；（f）音节之间互相排斥；（g）符号的可逆性。这些考虑常常是互相冲突的。"

后来，赵元任（1959）讲述分析音位的原则与方法时，基本延续了这几个标准：他先讲了"三个主要的条件"，接下来是"三个附属的条件"（赵元任1959:33-37），可以依次概括如下：1. 相似原则：单位内部音值相似；2. 互补原则：单位内部分布互补；3. 系统原则：单位之间整齐、简单；4. 经济原则：单位数量以少为贵；5. 语感原则：合乎母语者的判断；6. 历史原则：合乎历史上的系统。

其中，相似原则也就是我们今天说的对立原则，互补原则也就是我们今天说的互补相似原则。系统原则其实就是结构和/或审美的原则：使音位之间符合整齐的结构关系。这个标准在科学研究中早已广为流传，正如狄拉克（Dirac, 1963）所说，"…it is more important to have beauty in one's equations than

---

① 钱军（1998:159-161）认为这是音位是一组区别性特征的最早阐述。

to have them fit experiment。"经济原则涉及音位的数量问题,在音节数量一定的前提下,这个问题就转换成了音节单位与音节规则的数量问题,上文"从音节表看语言单位与语言规则"已有讨论,此处不赘。

语感原则,我不知道赵元任(1959)何以将其放在附属的位置。由于调查语言、归纳其音位的目的是为了求得目标语言的音系单位与音系规则,获得母语者头脑中的音位系统,所以判断两个音素是否对立,当然只能取决于母语者判断它们是否区别意义,因此母语者的判断应该是最重要的条件。不过这里所说的母语者是复数,应该是目标语言的语言社团,而不仅仅一个发音人,而赵元任(1959)所指的更多的是作为发音人的具体的个人,就和我们对音位的性质的理解有所不同,在具体的操作上,用"最小的区别意义的线性语音单位"来定义音位好处之一,在于最小程度地使用语义这个模糊不清的对象,同时能和区别性特征分开来。

历史原则是最可深究的原则。赵元任(1959)将其放在附属条件的最后位置,应该是并不强求音位归纳一定要满足这个原则,所以赵元任(1959:37)补充说:"分音位这个问题是描写现在的状态,不是历史的工作。"可是在实际操作中,例如赵元任(1930),是按照历史关系来处理某一个方言中的音位关系,对于没有丰富的历史文献的语言(如白语)来说,这几乎就是不可能满足的条件。赵元任(1934)的修正标准是历史标准,也就是看这样的归纳是否以及在多大程度上有助于解释语言的演化历史,从赵元任(1934)到赵元任(1959),音系分析的目标(主要)是为了建立语言的历史演化脉络,而不是找出整个音系的单位、结构及其组合规则。

至此,如果我们同意,1.音位是最小的区别意义的线性语音单位[①];2.音位调查和分析可以不兼顾历史;3.音位分析是为了得到母语者头脑中的音系,那么,对于音位归纳的相对性,剩下的问题就是音系中所见的互补问题。

[①] 叶蜚声、徐通锵(2010:67)所作更严格的音位定义是:"音位是具体语言中有区别词的作用的最小语音单位。"叶蜚声、徐通锵(2010:64,69)并说:"音素是从音质角度划分出来的最小的线性语音单位。同样一个音素,就其自然属性来说,对各个语言来说都是一样的,但在不同语言中所起的作用却可以很不一样。""语言里的音位彼此对立,所以能够区别词的语音形式,从而区别意义。音质音位是时间维向上线性切分的最小音系单位。如果不限于线性切分,则音位还可以进一步分析为一个或几个发音特征的区别。"参考傅懋勣(1956)的定义:"音位是在一种话里区别词和词的形态的最小的语音单位。"

2.3.3 从音节表看互补

赵元任（1934）在讨论将具体的某些音素归并为一个或几个音位时，多次以汉语普通话（"官话"）的声母tɕ-, tɕʻ-, ɕ-与k-, kʻ-, x-, ts-, tsʻ-, s和tʂ-, tʂʻ-, ʂ的关系为例，例如，"在汉语的许多方言里，声母[k]总是出现在前低元音或者央元音或者后元音的前面，而[tɕ]型声母总是出现在前高元音的前面，因此，虽然[tɕ]是塞擦音，它和[k]可以看成同一个音位。"这个问题其实就是音系归纳中的互补问题。

汉语语言学传统中的韵书、韵图的编辑原则之一是把同音字放在同一个位置，由于每个汉字的读音都是一个音节，这一工作的结果就是一个（以韵母为序的）语素音节表，在这个音节表上，同一行或同一列上的任何两个音节之间都是对立关系；而既不处于同一行也不处于同一列上的任何两个音之间则具有互补关系：这两个音节不同音，而且它们既非双声也非叠韵。因此，互补的音节之间在（音节表中的）空间上对立，而且至少可以通过分别与它们具有最小对立关系的其他音节（间接）形成对立关系。

按照音位的定义（最小的区别意义或区别词的语音形式的线性语音单位）和语素的定义（最小的有意义的语言单位），切分语素音形而得到的语音片段就没有意义了，也就是说，从语素音形中提取到的是区别单位，但未必就是音位。如果从大于语素的语音片段来分析音系，比如从词、结构或更大的语音片段入手，就不能保证分析出来的最小语音片段没有意义。

由于音节表呈现了所有的最小对立，按照音节表归纳出来的音位系统就是最严格的。例如，根据中国社会科学院语言研究所词典编辑室编《现代汉语词典》（第6版）做成的语素音节表，汉语普通话a^{55}下辖"阿啊呵腌"等6字，tsa^{55}下辖"扎匝咂拶臜"等5字，这两组之间，a^{55}"阿啊呵腌"和tsu^{214}"诅阻组俎祖"没有直接的最小对立关系；但是，i^{55}"一衣依铱医揖壹"和tsi^{55}"孜龇咨姿资兹孳滋淄辎"之间构成最小对立关系，而tsi^{55}"孜龇咨姿资兹孳滋淄辎"和tsu^{55}"租"之间有最小对立关系，tsu^{55}"租"又和tsu^{214}"诅阻组俎祖"之间有最小对立关系。于是，通过i^{55}与tsi^{55}的对立可以分析出零声母ø和塞擦音声母ts这2个类，通过tsi^{55}和tsu^{55}的对立可以分析出前高元音i和后高元音u这2个类，通过tsu^{55}和tsu^{214}的对立可以分析出声调高平调55调和曲折调214调这2个类。（当然，我们还可以通过a^{55}"阿啊呵腌"和u^{55}"乌鸲圬污巫诬屋"的对立，分析出低元音a和高元音u这2个类。）

上述分析可以表示如下：（以下分组标音，为方便计，一组声母只写出一个例子。）

音系复杂性：以白语的语素音节表为中心

音节对立		音类对立	最小对立
a⁵⁵阿啊呵腌	tsa⁵⁵扎匝咂拶臜	声母ø, ts	音位ø, ts
tsa⁵⁵扎匝咂拶臜	tsu⁵⁵租	韵母a, u	音位a, u
tsu⁵⁵租	tsu²¹⁴诅阻组俎祖	声调55, 214	音位55, 214

这里的关键在于a^{55}, tsa^{55}, tsu^{55}, tsu^{214}在母语者看来是不同的音节（因此记为"音节1，音节2，音节3"等或"石头，剪子，布"等还是"a^{55}, tsa^{55}, tsu^{55}"等并无实质区别），所以需要先把它们放在音节表中的不同位置（即将其归属于不同的类），接下来才是如何分析它们之间的一致与差异、如何归纳出其中的音类、音位以及标注其读音。

同样，汉语普通话中的所谓tɕ-, ts-, tʂ-互补和/或-i, -ɿ, -ʅ互补，也属于同样的性质：既然母语者认为tɕi^{55}"鸡"、tsɿ^{55}"资"、tʂʅ^{55}"知"对立（音节不同、词义不同），那么不管其中的语音上的对立究竟应该落实在哪里，它们都应该是对立的：

语素音形	例字	对立音节	最小对立	
			确定	存疑
ji⁵⁵	一衣依铱医揖壹	pi⁵⁵, ti⁵⁵, tɕi⁵⁵, tʂi⁵⁵, tsi⁵⁵	j-, p-, t-, tɕ-	tʂ-, ts-
pi⁵⁵	逼	ji⁵⁵, ti⁵⁵, tɕi⁵⁵, tʂi⁵⁵, tsi⁵⁵	j-, p-, t-, tɕ-	tʂ-, ts-
ti⁵⁵ (ki⁵⁵)	低堤滴	ji⁵⁵, pi⁵⁵, tɕi⁵⁵, tʂi⁵⁵, tsi⁵⁵	j-, p-, t-, tɕ-	tʂ-, ts-
tɕi⁵⁵	几讥饥机肌击鸡奇基激	ji⁵⁵, pi⁵⁵, ti⁵⁵, tʂi⁵⁵, tsi⁵⁵	j-, p-, t-, tɕ-	tʂ-, ts-
tʂi⁵⁵	之芝支枝肢只织汁知脂	ji⁵⁵, pi⁵⁵, ti⁵⁵, tɕi⁵⁵, tsi⁵⁵	j-, p-, t-, tɕ-	tʂ-, ts-
tsi⁵⁵	孜龇咨姿资兹孳滋淄辎	ji⁵⁵, pi⁵⁵, ti⁵⁵, tɕi⁵⁵, tʂi⁵⁵	j-, p-, t-, tɕ-	tʂ-, ts-

也就是说，在不考虑声调的条件下，在第一行中（以下各行可以类推），ji^{55}和pi^{55}、ti^{55}、tɕi^{55}、tʂi^{55}、tsi^{55}都有音节上的对立，因此可以切分出j-, p-, t-, tɕ-, tʂ-, ts-，但是j-, p-, t-, tɕ-和tʂ-, ts-之间的最小对立关系还有疑问：ji^{55}"一衣依铱医揖壹"、pi^{55}"逼"、ti^{55}"低堤滴"、tɕi^{55}"几讥饥机肌击鸡奇基激"这四组字的韵母相同，声母不同；但是，tʂi^{55}"之芝支枝肢只织汁知脂"和tsi^{55}"孜龇咨姿资兹孳滋淄辎"这两组字，不仅声母不同，韵母似乎也不同，而且它们和前四组字的声母和韵母都不同。那么，根据以上材料就不能确定tʂ-, ts-和j-, p-, t-, tɕ-之间具有最小对立关系。

下面引入更多的材料，来消除这一疑问：

语素音形	例字	对立音节	最小对立	
			确定	存疑
a⁵⁵	阿啊呵腌	pa⁵⁵, ta⁵⁵, ka⁵⁵, tɕa⁵⁵, tʂa⁵⁵, tsa⁵⁵	ø-, p-, t-, k-, tɕ-, tʂ-, ts-	
pa⁵⁵	八巴扒叭芭吧疤	a⁵⁵, ta⁵⁵, ka⁵⁵, tɕa⁵⁵, tʂa⁵⁵, tsa⁵⁵	ø-, p-, t-, k-, tɕ-, tʂ-, ts-	
ta⁵⁵	耷搭答	a⁵⁵, pa⁵⁵, ka⁵⁵, tɕa⁵⁵, tʂa⁵⁵, tsa⁵⁵	ø-, p-, t-, k-, tɕ-, tʂ-, ts-	
ka⁵⁵	夹旮咖胳夏嘎	a⁵⁵, pa⁵⁵, ta⁵⁵, tɕa⁵⁵, tʂa⁵⁵, tsa⁵⁵	ø-, p-, t-, k-, tɕ-, tʂ-, ts-	
tɕa⁵⁵	加家佳葭嘉枷痂	a⁵⁵, pa⁵⁵, ta⁵⁵, ka⁵⁵, tʂa⁵⁵, tsa⁵⁵		
tʂa⁵⁵	扎吒咋查喳渣楂	a⁵⁵, pa⁵⁵, ta⁵⁵, ka⁵⁵, tɕa⁵⁵, tsa⁵⁵	ø-, p-, t-, k-, tɕ-, tʂ-, ts-	
tsa⁵⁵	扎匝咂拶臜	a⁵⁵, pa⁵⁵, ta⁵⁵, ka⁵⁵, tɕa⁵⁵, tʂa⁵⁵	ø-, p-, t-, k-, tɕ-, tʂ-, ts-	

这些材料中并无存疑的情况，也就是说，根据这些材料可以确定ø, p, t, k, tɕ, tʂ, ts这几个音位。

因此，从整个语音系统来看，汉语普通话中存在ø, p, t, k, tɕ, tʂ, ts这几个音位。那么，前述存疑的对立中，tʂ和ts的音位地位就可以得到确认。

至此，剩下的问题就是如何理解和解释j-, p-, t-, tɕ-与tʂ-, ts-之间的关系。

民国前期的北京俗曲《王婆骂鸡》（殷凯编1928:281–303）共有八段，其押韵方式是在双数句子的尾字押韵（有时某一段的第一句也押韵）。下面是其所有双数句子的韵脚字（尾字）：

第一段：七吃鸡思里知

第二段：鸡吃食吃鸡余里知知吃

第三段：里吃鸡的里提鸡吃只

第四段：提鸡鸡只急吃你移鸡你食息题婿逼居妻驴知的里劈去急迷衣失皮知子里栖里驴迟子里的盂劈西撕哩的哩失的去息鱼吃吃劈的急㾂的皮湿去里吃急的里的指的你逼礼吸

第五段：提里吃里底洒哩食蹄吃死

第六段：里啼语里西吃低你听吃提里知死踢鸡

第七段：里鸡鸡去急的知气耻知死鸡

第八段：七只鸡里里湿依鸡基知死去子耻你余余知收时知鸡你依提理侬吃鱼子何依揝里吃

这些韵脚字的韵母，可以分为五组：

-i组：七鸡里吃的提急你移息题逼妻劈迷衣皮栖西哩沏皮礼吸底蹄啼低踢气依基揝

-ʅ组：思子撕死

-ʅ组：吃知食只失迟湿指耻时
-y组：余婿居去驴盂语鱼
其他：洒听收何

前四组字之间，至少在唐代以来的大量汉语韵文中都押韵。①其中，前三组字的韵母-i, -ɿ, -ʅ两两之间都不区别意义，但都和-y区别意义。除此之外，其他字押韵，说明前三组字的韵母在（当时的北京话的）母语者的语言中具有同一性，-i, -ɿ, -ʅ属于同一个音位。也就是说，在押韵的两个音节之间，如果它们的韵母不区别意义，而且不能再切分为更小的音段，那么这两个韵母属于同一个音位。②

结合上面关于tɕ-, tʂ-, ts-的分析，既然tɕ, tʂ, ts是不同的音位，而且i, ɿ, ʅ属同一个音位，那么tɕi, tʂʅ, tsɿ这三种音节之间的区别就是声母tɕ-, tʂ-, ts-分别和音位/i/组合之后i受前头的声母影响而造成的。

这个例子，就像Jakobson, Fant & Halle (1952) 所说，英语的coo（低声说话）和key "钥匙"、法语的coup "打击"和qui "谁"，其中的/k/的两种变体只代表一个音位，"两个k音之间的分别，都是后面元音所造成，它是一种环境的变异。一种k音的发音部位靠后，频率较低，另一种k音的发音部位靠前，频率较高，这不是区别性特征，而是多余的特征，因为担负区别的是后面的元音"。

其次，布洛赫、特雷杰（1942）分析互补关系时，要求"把彼此从不对立而在语音上相似的音归在一起作为同一个音位的音位变体"（布洛赫、特雷杰1942:66），具体来说，"如果两个或两个以上的语音分布在一种语言的形式中，其中没有一个音跟任何其他一个音出现在完全相同的位置上，而且所有这些音都具有任何其他音所没有的发音特征，因而在语音上是相似的，那么这些音就作为同一个音位的音位变体而归在一起。位置的相同不仅意味着就形式的头尾（开头、中间、末尾）来说的地位上的相同，而且还意味着由前面接的音和后面跟的音、音渡条件以及重音所决定的环境上不同。"（布洛赫、特雷杰

---

① 偶读鲁迅传记，看到他抄送日本学者的南宋末期诗人郑所南《残锦余笑》中的一首诗："生来好苦吟，与天争意气。自谓李杜生，当趋下风闭。而今吾老矣，无力收鼻涕。非惟不成文，抑且写错字。"（增田涉《鲁迅的回忆》，钟敬文译，长沙：湖南人民出版社1980年，96。）其中的韵脚字"气、闭、涕、字"，不论在现代汉语中是否押韵，至少它们在郑所南及其默认的这首诗的读音看来是押韵的，也就是说，它们的韵母属于同一个类。在唐宋以来的汉语诗歌里，这样的例子不少。

② 最后一组的四个字，分别是第五段的"洒"（泪洒洒），第六段的"听"（你请听），第八段的"收"（你必收）和"何"（如何）。sa "洒"、tʰiŋ "听"、ʂəu "收"、xə "何"这四个字之间，以及它们和其他四组字之间，韵母差别很大，大概当时并不押韵，它们为何出现在押韵位置，目前我还解释不了。

1942:67-68）按照这样的标准，汉语普通话tɕy²¹⁴"举"和ku²¹⁴"古"既然意义不同，而tɕ-和k-都出现于音节开头，-y和-u都出现在音节末尾，也就是分布的环境一致，而且tɕ-和k-之间一致的塞音特征也见于p-, t-等，那么说tɕ-和k-之间互补相似，就不符合布洛赫、特雷杰（1942:67-68）的互补相似条件。

最后，需要补充讨论一下tɕ, tʂ, ts分别是一个音位还是两个音位组成的复辅音问题。以tɕ为例，在实际的发音中，tɕ-不是先发出t-，然后紧接着发出ɕ-，由此造成tɕ-，而是同时发出t-和ɕ-，因此tɕ-在语音学上可以分析为线性的t- + ɕ-，tɕ作为一个音位就不是线性的t-之后加上ɕ-。实际上，汉语母语者感知的tɕi⁵⁵（几讥饥机肌击鸡奇基激）、ɕi⁵⁵（西吸溪膝稀昔惜息悉析锡希犀）、ti⁵⁵（低堤滴）这个三音节的不同，并不是tɕi⁵⁵的前头比ɕi⁵⁵多出一个什么东西（即多出一个塞音t），或者ti⁵⁵的后头比tɕi⁵⁵少了一个什么东西（即少了一个擦音ɕ），而是声母tɕ-（作为一个整体）与ɕ-, t-都不同。此外，这里也涉及音素或音位的标示方法（"写法"）问题，不能因为把tɕ写作t之后加上ɕ而认为tɕ是辅音t和辅音ɕ组合成的复辅音，汉藏语中的复辅音是两个或两个以上的音位组合而成的，而tɕ不是。

总之，音节是母语者可以直接感知的语言单位，在同一个语言社团中具有公共性，在音节表上，两个音节之间只有在既不是双声也不是叠韵的条件下（零声母的情况可以依此类推），才具有互补的关系。赵元任（1934）开篇就说谈论的是一种语言的"一个音系"（a system of phonemes），结论却是一种语言的"几种音系"（systems），原因就在于音位分析的方法，而不在于音系本身：如果一个语言社团使用的是同一种语言，这种语言的音系就只能是同一个，而不可能是两个或更多个，否则，要么这个社团中的语言交流不能有效达成，要么所得到的"音位"并不是最小的区别意义的语言单位；如果研究的结果有问题，问题不可能出在作为事实本身的语言这一研究对象之上，而只可能出在我们的理论和方法之上。

如前所说，赵元任（1934）其实并没有说过一种语言本身具有的音位系统有多种。所以，音位归纳中的相对性是方法或理论的问题，而非语言本身的问题。通常所谓的音位归纳的相对性（即：一种语言不止一个音系），不是语言本身固有的性质。

第三章

语料：四种白语方言和汉语普通话的音系

　　本书调查了大理市大理镇下鸡邑村、洱源县凤羽镇正生村、剑川县金华镇西门街、元江县因远镇安仁村的白语方言。按照徐琳、赵衍荪（1984）的白语方言分区方案，剑川方言和凤羽方言属于中部方言，大理方言和因远方言属于南部方言。汪锋（2006/2012）将白语分为东部方言和西部方言，本书调查和研究的这四个白语方言点都属于东部方言。

　　选取这四种白语方言作为研究对象的主要原因在于，大理下鸡邑白语是我的母语，是我最熟悉的白语方言，我因此将其作为研究的基础；剑川金华镇白语是白语的标准语，也是研究最多的白语方言，最适合作为其他研究者理解和检验此项研究的依据；凤羽位于大理、剑川、云龙的交界区域，当地白语方言被各地的很多白语母语者认为既像大理白语、又像剑川白语，因此我选择了凤羽正生村的白语方言；至于因远白语，之前调查和研究的人很少，而且这个方言点被哈尼语、彝语、汉语等语言包围，白语人口较少，又远离大理州这一白族与白语的核心区，可以作为边缘白语的代表[①]。

　　下面逐一择要介绍这四个方言点及其音系，以及作为参照的汉语普通话音系（音系规则从略）。

　　[①] 有的语言据说是白语，还有待确认。例如，蔡家话分布在贵州西部的毕节地区赫章、威宁及水城地区和云南的东北部，母语者自称为"蔡家"，大部分蔡家人现在都使用汉语作交际工具，还有一些人则使用自己的语言，即所谓"蔡家话"。郑张尚芳（2010）认为蔡家话属于汉白语族白语支的一支独立语言，而薄文泽（2004）注意到"蔡家话与汉语不同的词语一部分与侗台语似乎有关系"，胡鸿雁（2013）推测"蔡家话很可能是一种带有少数民族语言底层的汉语方言"，余舒（2015）对威宁蔡家人的研究中没有显示出他们与白族、大理等因素有关的认同。

第三章 语料：四种白语方言和汉语普通话的音系

3.1 调查方法

本书对这四个白语方言的调查，都是在2016—2019年之间完成的（大理白语的一些细节则在此期间做了核对），每个方言点都尽可能选择历史较为久远的村子，发音人尽可能选择父系和母系都是本村的白语母语者。（需要说明的是，下面列出的各个方言点的发音人只是我所调查的主要发音人，实际上我在各方言点都请了若干位母语者来核对材料，不过只是做了抽样核对，限于工作时间等因素，发音人的数量并不算多。）

调查中涉及一些边缘音节，例如合音音节，有时候难以区分，就暂且不剔除出去。例如，汉语普通话中的"俩"和"仨"，赵元任（1927）说，"俩仨是等于两字或三字后加一个个体性的副名词的意思，而在语气很随便的时候用的。反之，凡是不能用两字或三字后加一个个体性的副名词的地方，也就不能用俩字或仨字。"可见这两个字是合音字，然则lia^{214}就应该视为边缘音节（sa^{55}因为同时下辖"撒（娇）"，不是边缘音节）。但是母语者未必将这样的合音视为边缘音节（即认为可以说），就只好保留。例如大理白语"睾丸"kua^{31}应该是西南官话kau^{44}uan^{53}的合音：

	白语	西南官话	普通话
"睾丸"	kua^{31}	kau^{44} uan^{53}	kau^{55} uan^{35}
"公安局"	kua^{55} tɕu^{35}	kon^{44} an^{44} tɕu^{53}	kuŋ^{55} an^{55} tɕy^{35}

这个例子可能进入白语的时间比较长，我没有听到过大理白语母语者中有人把"睾丸"kua^{31}说成两个音节的实例，可见它在大理白语中已经成为一个一般的音节了，自然就不宜剔除。

有的例子则好办得多，如凤羽白语"（液体）溢出来"pʻiɛ^{55}ɕɯ^{35}的后一个音节ɕɯ^{35}是ɕi^{35}和jɯ^{35}的合音。比较：pʻiɛ^{55}ɕɯ^{35}"（液体）溢出来"，tɕʻi^{44}jɯ^{35}"出来"，pe^{44}tɕʻi^{44}jɯ^{35}"走出来"（中年人有时会说pe^{44}ɕɯ^{35}jɯ^{35}）。实际上，我在调查中也没有听过当地人把这个ɕɯ^{35}当作一个音节。

另外一个问题是，由于白语和汉语长期深度接触，造成白语方言中有大量的汉语借词，那么调查中是否应该记录白语使用的所有的词？对此，有两种相反的做法，Dell（1981）第六章说：

> 每一个想要研究某种少数民族语言中汉语借词的音系的作者都会面对同一个问题，这就是一些词汇的词源有不止一种语言系属的可能。在研究壮语的汉语借词时，李方桂（1940:20）和吴宗济（1958:25）都选择不考虑那些来源可疑的词汇，高华年（1958:129）在他的na-su语汉语借词研

究中也做了类似的决定。相反，《布依语调查报告》的作者们在研究布依语的汉语借词的章节中（中国科学院少数民族研究所，1959:115–126），却包括了甚至是来源可疑的词语（他们在115–116页对此有解释）。我们采取同样的态度。他们的决定在我们看来更为明智，因为只要我们清楚这里的研究并不意味着需要知道究竟哪些词语是来自汉语的而哪些不是，这样的选择对于后续研究而言就更加有利，因为这样研究者就可以使用所有在汉语和所研究的少数民族语言之间能找出的语音对应，而不是像李方桂、吴宗济和高华年在我们前面提到的那些作品中用一个先验的假定就将范围缩小了。

根据我的调查经验，白语母语者往往会把那些与汉语有比较一致的音义匹配形式判定为汉语（他们的判断往往很准确），当我问到这样的音节、语素或词时，他们会说"那是汉语"、"那个不是白语"而拒绝为我发这样的音，即使应我的请求说出来，也非常勉强。在这种情形下，即使母语者在自然语言交流中实际上也使用了这样的语素音形，我仍然倾向于不将其录入音表之中。也就是说，当我问到音节表上的某个声韵调组合时，对于它是不是白语，我不作判断，而使用发音人判断的结果，因为我的调查目的在于得到母语者心目中的他所使用着的那种语言的系统，某个声韵调组合是否成立（在音节表上是否实现为一个具体的音节），自然要以母语者的判断为准。

调查中使用录音笔记录了所有的调查过程，并用专业录音设备记录了母语者的白语发音，录音软件为Cooledit 2.1，采样频率为22050H_z，使用电容式麦克风（SONY ECM-44B）录制双通道语音信号（Sound Pressure），两路信号通过调音台（XENYX 302 USB）和声卡（SBX）进入电脑。大理白语都在下鸡邑村的村委会办公室内录制，凤羽白语主要在主要发音人家中录制，剑川白语和因远白语都主要在离主要发音人家较近的宾馆内录制。

录音完成之后，先使用Praat软件剪出要分析的材料，按照听感将各个发音人所发例词按调值组合归类，再尽可能选择各个发音人都有的例词来提取语音数据。提取语音数据时，每个例词的每个音节分别提取20个F0（基频）值。最后，将每个例词的数据作平均，再将同一调类下辖所有样本的数据作平均，对数据作归一化处理，得到所有被选例词的规一化了的基频数据，最后使用excel软件得出每个音节的基频曲线图[①]。

[①] 声调是一种非音质音位，虽然基频不等于声调，但一个声调的基频数值显示了该声调与其他声调之间的相对关系，所以本书没有将其转换为半音。

3.2 音系与语素音节表

按照以上方法得到了四种白语方言的语素音节表和相关的语音数据；同时，作为对照，我根据《现代汉语词典》（第六版）做成了汉语普通话的语素音节表。（为避免影响阅读，我把四种白语方言和汉语普通话的语素音节表都放在书末的附录之中。）

下面是根据以上材料分析得到的四种白语方言的音系单位。（音系规则从略。）

3.2.1 大理白语

大理市大理镇下鸡邑村是一个传统的白族村庄，村民有660多户、3950多人（2018年数据）。村民之间通行白语，但大多数人也能使用汉语，在与非白语人口交流时就往往使用汉语，村中几乎找不到幼儿之外不会说汉语的人。

大理民间传说大理坝子本来是一片水域，由一个魔鬼罗刹统治，观音来此，和他立约，借得这片地区，开河泄水，成为乐土。大理国时期，云南白族有史书《僰古通》流传，到元朝时仍有不少人见过此书，后人演绎形成《僰古通纪》及《僰古通记浅述》。《僰古通记浅述》开篇"云南国记"中说："时有十二精兵自西天来、杨波求、无言和尚、神明天子领天兵万人，皆助梵僧，在鸡邑村会集天神众船，入洱河之洲写契。回至国中，僧以袈裟一展，遍周国界；令犬四跳，达乎四境。"其中提到了"鸡邑村"。

清圣祖康熙四十五年（1706）刊刻的《白国因由》一书，其第三部分《观音乞罗刹立券第三》说："于是观音即延罗刹父子，请主人张敬并张乐进求、无姓和尚、董、尹、赵等十七人、十二青兵，同至上鸡邑村合会寺，料理石砚、石笔、石桌，至海东将券书于石壁上。今存其迹。"从中可见有"上鸡邑"这个村名，就应有与之相对的下鸡邑村。实际上，故事中传说的石砚、石墨、石笔就在下鸡邑村，这个材料说明下鸡邑村至少已经有三百年的历史了。［樊绰《蛮书》所录《云南诏蒙异牟寻与中国誓文》提到，南诏与唐朝双方于唐德宗贞元十年（794）盟誓时，"请西洱河、点苍山神祠监盟"，"其誓文一本请剑南节度随表进献，一本藏于神室，一本投西洱河，一本牟寻留诏城内府库"，似乎说明当时已经有洱海神祠，它就是今天的龙凤村的本主庙。故老相传，平时守护、管理这座庙的人是从龙凤村周围的才村、上鸡邑村、下鸡邑村分别派出的，如今龙凤村本主庙的建筑有几间即分别归属于这三个村，而且这些历史和制度为这四个村共同承认。按此，下鸡邑村似乎在这次盟誓前后就有了。］

下鸡邑村白语是我的母语，所以本书所用的大理白语方言就以我的发

音系复杂性：以白语的语素音节表为中心

音为主，此外也使用了本村的Yang Mengsong（男，51岁，初中肄业）、Li Tiansheng（男，57岁，初中毕业）、Li Deyu（女，53岁，高中毕业）、Li Zhenghong（女，40岁，高中毕业）等人的发音，下文的语音分析用的就是他们的发音材料。

大理白语声母表

p	pʻ	m	f	v
t	tʻ	n/l		
k	kʻ	ŋ	x	ɣ
tɕ	tɕʻ	ȵ	ɕ	j
ts	tsʻ		s	z

大理白语声母例词

pa⁴⁴大碗	pʻa⁴⁴挑(刺)	ma⁴⁴稻草	fa³¹tsɯ⁵⁵反正	va³⁵tsi³¹袜子
ta³⁵挑,抬	tʻa⁴⁴盖(被子)	na⁴⁴(腊肉)变质		
ka⁴⁴硌(脚)	kʻa⁴⁴渴	ŋa⁴⁴咬	xa⁴⁴用筷子扒(吃)	
tɕa⁴⁴节日	tɕʻa⁴⁴张贴	ȵa⁵⁵咱们	ɕa⁴⁴杀	ja⁴⁴压
tsa⁴⁴胀(v.a.)	tsʻa⁴⁴插		sa⁴⁴撒	za³¹避让

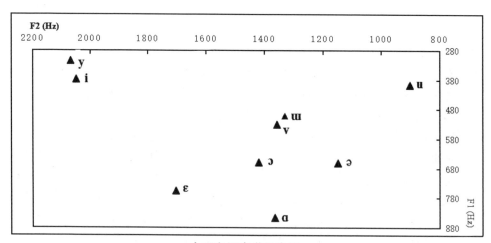

大理白语声学元音图

第三章 语料：四种白语方言和汉语普通话的音系

大理白语韵母表

	ɑ	ɛ	ə	(o)	ɔ	ɯ	v
u	uɑ	uɛ	uə		ou		
i	iɑ	ie	iə		iou	iɔ	iɯ
y							

大理白语韵母例词

	ɑ⁴⁴鸭子	ɛ⁵³吐	ə⁴⁴腌制		ɔ³⁵喂	ɣɯ⁴⁴骂	v⁴⁴泥鳅
u⁴⁴浇水	uɑ⁵³核	uɛ⁵³佛像	uə⁵³写	kuo³⁵锅	ou³⁵馊		
ji⁴⁴医治	piɑ⁴⁴抬	tie⁴⁴垫	piə⁵³淡		tiou⁴⁴丢	piɔ³³不是	liɯ³¹烧
y⁴⁴相遇							

大理白语声调表

55		53	
	44		42
35		33	31
			21

大理白语声调例词

	55	tsʅ⁵⁵带子	pɑ⁵⁵他们
平调	44	tsʅ⁴⁴竹子	pɑ⁴⁴大碗
	33	tsʅ³³种子	pɑ³³泡沫
	53	tsʅ⁵³浑浊	pɑ⁵³乳汁
降调	42	tsʅ⁴²栽种	pɑ⁴²倒塌
	31	tsʅ³¹筷子	pɑ³¹搅拌
	21	tsʅ²¹虫子	pɑ²¹盆
升调	35	tsʅ³⁵杯子	pɑ³⁵(一)群

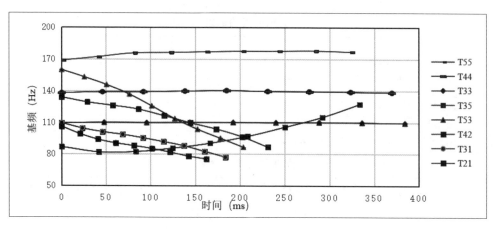

大理白语声调的基频曲线图

3.2.2 凤羽白语

洱源县凤羽镇 v³¹xɯ³¹（或称 v³¹ji³⁵ɕɔ³⁵ / v³¹juɯ³⁵ɕɔ³⁵ "凤羽乡"）位于大理、剑川、云龙之间，凤羽这个地名在元明文献中被追溯到南诏大理国时期，而凤羽坝子西边的鸟吊山 dzɔ³³tuɯ²¹nɔ⁴⁴ 则在魏晋文献中就有记载。

我的田野点在 ɕɛ⁵⁵pɔ³¹ "正生村"，主要发音人 Li Yuzhang，1964 年生，白族，男性，初二辍学。发音人的父亲 Li Hanqing（1930 年生，初中毕业）也参与了调查，他的发音比 Li Yuzhang 更接近大理白语。

凤羽有 18 个村，本地人认为各村的白语之间听得出差别，而 v²¹xɯ²¹ "街上"（凤羽镇）的白语又和村子里的白语都不同。村民之间通行白语，但大多数人也能使用汉语，在与非白语人口交流时就往往使用汉语，村中几乎找不到除幼儿之外不会说汉语的人。

正生村的村民说本村是凤羽当地最早的村子，Li Yuzhang 家最早到本村定居。Li Yuzhang 说他家祖居的北房是 730 年前建的（后经重建、修补），这个时间是一代一代传下来的。当地人说正生村的村名 ɕɛ⁵⁵pɔ²¹ 的意思是 "新生旁"，得名原因可能是邻近另一个村子 ɕɛ⁵⁵juɯ⁴⁴ "新生邑"。此外，当地人介绍，凤羽白族称洱源西山白族为 luɯ²¹v²¹ "主人家"，原因是凤羽白族是从南京应天府迁来的（不知道是什么时候），这些人厉害，把原先住在这里的主人家赶到西山那边去了。西山白族是这里的主人，他们才是正宗的白族，凤羽白族是客人，所以他们称凤羽白族为 k'ɛ⁴⁴ "客人"（因为他们是后来的人），把凤羽坝子称为 k'ɛ⁴⁴muɯ⁵⁵ "客人那里"，把去凤羽叫 pɛ⁴⁴k'ɛ⁴⁴muɯ⁵⁵ "去客人那里"。

南京应天府迁居之说且不论，我觉得上述这两点与所谓正生村为当地最早的村子的说法有矛盾，不知何解？从正生村的田地广阔、坟地位置靠近村子、村中戏台建筑精致等等来看，这个村应该有几百年的历史，的确比附近的村子

第三章 语料：四种白语方言和汉语普通话的音系

要早得多。

凤羽白语声母表

p	p'	m	f	v
t	t'	n/l		
k	k'	ŋ	x	ɣ
tɕ	tɕ'	ɲ	ɕ	j
ts	ts'		s	z

凤羽白语声母例词

pɑ⁴⁴大碗	p'ɑ⁴⁴菜(vs.汤)	mɑ⁴⁴稻草	fɑ³³tsɯ⁵⁵反正	vɑ³⁵tsi³¹袜子
tɑ⁵⁵姐姐	t'ɑ⁴⁴盖(被子)	nɑ⁴⁴(腊肉)变质		
kɑ⁴⁴硌(脚)	k'ɑ⁴⁴渴	ŋɑ⁴⁴咬	xɑ⁴⁴用筷子扒(吃)	ɣɯ⁴⁴骂
tɕɑ⁴⁴节日	tɕ'ɑ⁴⁴张贴	ɲɑ⁵⁵咱们	ɕɑ⁴⁴杀	jɑ⁴⁴回(家)
tsɑ⁴⁴胀(v.a.)	ts'ɑ⁴⁴插		sɑ⁴⁴撒	zɑ³¹盏(c.,灯)

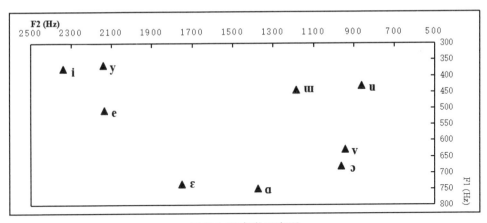

凤羽白语声学元音图

凤羽白语韵母表

	ɑ	ɔ	(o)	e	ɛ	ɯ	v
u	uɑ		uo	ou	ue	uɯ	
i	iɑ	iɔ			iɛ	iɯ	
y							

凤羽白语韵母例词

a⁴⁴鸭子	ɔ⁴⁴浇水			e⁴⁴呕吐	ɛ⁴⁴辣	ɯ⁴⁴骂	v⁴⁴泥鳅
u⁴⁴气恼	uɑ⁵³挖	uo⁴⁴suɛ³¹莴笋	ou⁴⁴tɕ'i⁴⁴怄气	ue³⁵暖和	uɛ³⁵弯		
ji³⁵衣裳	piɑ⁵⁵不好	piɔ³³不是		piɛ⁴⁴问		tiɯ⁵⁵订	
y⁴⁴遇							

凤羽白语声调表

55		53	
	44		
35		33	31
			21

凤羽白语声调例词

平调	55	pɑ⁵⁵他们	pɯ⁵⁵他的
	44	pɑ⁴⁴大碗	pɯ⁴⁴北
	33	bɑ³³泡沫	bɯ³³水塘
降调	53	pɑ⁵³奶	pɯ⁵³涂抹
	31	bɑ³¹搅拌	bɯ³¹寄
	21	pɑ²¹盆	pɯ²¹浮
升调	35	pɑ³⁵升子	pɯ³⁵扳

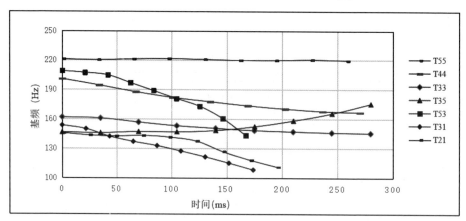

凤羽白语声调的基频曲线图

3.2.3 剑川白语

剑川 tɕĩ⁴²tsʻuẽ⁵⁵ / tɕe⁴²tsʻuĩ⁵⁵ 在南诏国时期就已经记录于文献。明太祖洪武二十三年（1390）在今剑川县城筑城，剑川县城成为当地的行政和文化中心。剑川县城及周边以白语为日常用语的人非常多，甚至往往超过汉语。大理州各地流传的一个故事说，直到1990年代初，剑川县委开常委会还是用白语讲话，搞得外地干部非常痛苦。

发音人 Kou Runzhong，男，72岁，白族，家住剑川金华镇西门街，1961年小学毕业后放牛放羊，做些杂事，再后来到剑川木器社劳动（半工半农），17岁去作木匠学徒，1969年参加大理州建筑公司，一直到退休。他的父母都是金华镇白族，但外公是四川人。

另一名主要发音人 Li Shugen，1953年生，白族，男，2011年从剑川县金华中学退休。Li Shugen 也住在剑川金华镇西门街，不过他的父母家是在剑川三河村（这其实是三个自然村 kṽ⁵⁵nã²¹ "河南"，kṽ⁵⁵puɯ⁴⁴ "河北"，kṽ⁵⁵tṽ⁵⁵ "河东"，三个村与丽江河源村相接），大概正因为他小时候在那里长大，他的一些发音和金华镇的发音不一样，例如有松紧对立、ɯ和i在很多时候都可以自由替换。

金华镇西门街通行白语，但大多数人也能使用汉语，在与非白语人口交流时就往往使用汉语，村中几乎找不到不会说汉语的人（幼儿除外）。有一天傍晚，我因为天冷而去街上的一家体育用品商店，看看有没有合适的外衣可买，一位年轻的导购员对我说了一句话，我没有听清楚，她解释说：我以为你是本地人，所以说了一句白族话，意思是你可以试试合不合身。

剑川白语声母表

p	pʻ	m	f	v
t	tʻ	n/l		
k	kʻ	ŋ	x	ɣ
tɕ	tɕʻ		ɕ	j
ts	tsʻ		s	

剑川白语声母例词

pɯ³¹寄(信)	pʻɯ³¹盖子	mɯ³¹梦	fɯ³¹粉刷	vɯ³¹平稳
tɯ³¹豆子	tʻɯ³¹成熟	lɯ³¹这(近指)		
kɯ³¹tsʻɯ³¹韭菜	kʻɯ³¹fv⁴⁴里边	ŋɯ⁵⁵我的	xɯ³³线	ɣɯ³¹后(前)

续表

| tɕĩ⁵⁵(tɛ³¹)熊 | tɛ'ĩ⁵⁵辣 | | ɕĩ⁵⁵心 | jĩ⁵⁵您 |
| tsɯ³¹树 | ts'ɯ³¹菜,蔬菜 | | sɯ³³手 | |

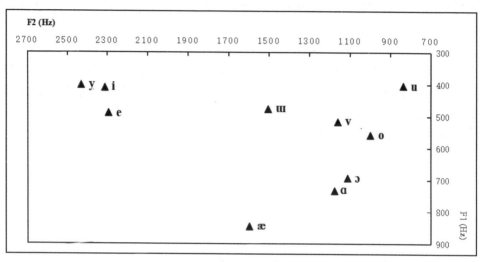

剑川白语声学元音图

剑川白语韵母表

	ɑ	æ	e	(o)	ɔ	ɯ	v
	ɑ̃	ẽ		õ		ɯ̃	ṽ
u	uɑ		ue		ou		
	uɑ̃		uẽ				
i	iɑ		ie		iu	iɔ	
ĩ			iẽ				
y							

剑川白语韵母例词

	ɑ⁴⁴鸭子	æ⁴⁴哑巴	e⁴⁴喜欢	po³¹他	p'ɔ⁴⁴黄瓜	ɯ⁴⁴骂	v⁴⁴泥鳅
	ɑ̃⁴⁴咬	ẽ⁴⁴牛轭		õ⁵⁵蔫(花)		kɯ̃⁴⁴厚	ṽ⁵⁵鱼
u²¹胡子	uɑ⁵³核儿		kue³³蜘蛛		ou⁴⁴浇水		
	uɑ̃⁴⁴月		uẽ⁴⁴眼睛				

第三章 语料：四种白语方言和汉语普通话的音系

续表

ji⁴⁴治疗	piɑ⁴⁴八	pie⁴⁴问	p'iu⁵⁵瓢	tɕio⁴⁴吊		
jĩ⁵⁵您		piẽ⁵³(盐)淡				
y⁴⁴遇						

剑川白语声调表

55		53
	44	
35	33	31
		21

剑川白语声调例词

平调	55	tɕi⁵⁵多	kã⁵⁵高
	44	tɕi⁴⁴蚂蟥	kã⁴⁴硌(脚)
	33	tɕi³³拉,拖	kã³³减
降调	53	tɕi⁵³侄子	kã⁵³敲
	31	tɕi³¹田	kã³¹告诉
	21	tɕi²¹棋	kã²¹冷(寒冷)
升调	35	tɕi³⁵tɕĩ³⁵积极	kã³⁵tɕĩ⁴²干净

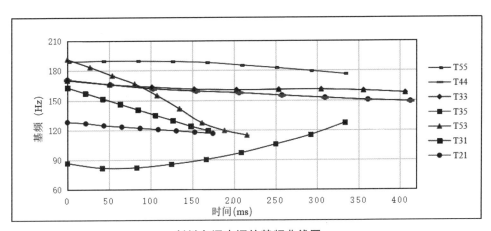

剑川白语声调的基频曲线图

3.2.4 因远白语

元江县因远镇一共有9个白族村落,各村的白语能通话,彼此之间大同小异,我的调查地点是安仁村。

安仁村在因远镇政府(在因远村)以西约500米,有248户、827人,村民几乎都是白族,一般都会说白语和汉语(但年纪较大的女性往往汉语水平较低),很少的人同时会说其他语言。近20年内有外面嫁入的彝族3人、傣族5人、哈尼族约30人,如今都已会说白语。入赘的有8人,都是四川汉族(因远镇有138个自然村,都有四川人),大半听得懂白语,但他们都不说白语(不知会不会说)。除了这一小部分人之外,村民之间通行白语,但在与非白语人口交流时一般都使用汉语,村中几乎找不到不会说汉语的人(幼儿除外)。

安仁村是因远坝子上最大的一个村,不仅村子面积大,而且这个村子的田地也远远比其他村子多。这个现象似乎说明安仁村在因远镇的社会经济地位一直都高于其他村,而且历史也早于其他村(所以占了较好、较多的田地)。

因远的历史并不算短。李元阳(1497—1580)《万历云南通志》"元江路"说:"旧名惠笼甸,又名因远部。唐时南诏蒙氏以属银生节度,徙白蛮苏、张、周、段等十姓戍之。又开威远等处,置威远睑。后和泥蛮侵据其地,宋时侬智高之党窜于此,和泥开罗槃甸居之。后为些摩徒蛮阿棘诸部所有。"师范(1751—1811)《滇系·疆域系》基本沿袭了这一说法:"元江直隶州古西南夷地,州名惠笼甸,又名因远部,蒙时属银生节度,徙白蛮苏、张、周、段等十姓蛮戍之。"胡蔚本《南诏野史》"南诏三十七部蛮"说:"因远部:威远睑治,其地总名和泥,今元江州是。"(木芹1990:30)从这些材料大致可以肯定因远的历史比较早,但因远白族的历史是否能早到南诏时期,这一点已经难以从文献上考证。①值得参考的是,当地文化人根据墓志、宗祠功德碑、族谱等材料,将因远李氏可考的祖先推至明初,称李氏原籍江苏江宁府,于洪武年间随明军入滇,后落籍剑川,相传八九代,万历年间传至始祖李相一代,经洱源、大理、凤仪、楚雄、昆明、玉溪、石屏(或凤仪、南涧、景东、镇源)到因远。当时有敌自九龙江(今澜沧江南段)入侵,李相以斩象御敌之功获明朝"忠勇御敌"称号,后娶安仁村何氏,于是落籍该村,至今共435年、历20代。②

主要发音人Bai Shucai,白族,男性,1946年生,中专文化水平(1966—1969,四年农校),后在生产队上任科技辅导员,2000年起在家务农。他从

---

① 李家瑞说,明清人因为不知道明以前云南的地区,他们所辖三十七部都有一个共同的错误,即不完全是彝族,也不完全是在大理的东方。他认为,因远并非大理国三十七部之一。(李家瑞《大理国与大理国与三十七部会盟碑》,《考古》1962年第6期,330-332。)

② http://blog.sina.com.cn/s/blog_13a0a9e640102vaeq.html。

第三章 语料：四种白语方言和汉语普通话的音系

1982年起积极参加村里的歌舞活动，2004年被玉溪市评为市级非物质文化遗产（洞经音乐）传承人，专长为白族曲艺中的乐器演奏、词曲编写、乐曲演唱以及编舞。他的父母、祖父母等都是安仁村的村民，他的妻子亦然。白家据说祖上是南京迁来的，先祖白世芳是晚清的举人、拔贡，曾经主持重修因远的天子庙，他的弟弟白世爵的墓碑还在。

因远白语声母表

p	p'	m	f	v
t	t'	n/l		
k	k'	ŋ	x	ɣ
tɕ	tɕ'	ȵ	ɕ	j
tʂ	tʂ'		ʂ	ʐ
ts	ts'		s	

因远白语声母例词

pi⁵⁵fv⁴⁴左边	p'i⁵⁵慢	mi⁵⁵tsou⁵³勺子	(sɛ⁴⁴)fi⁵⁵是非	vi⁵³佛像
ti³¹田地	t'i⁵⁵tsi⁴⁴蹄子	ni⁵⁵捏		
ki⁵⁵鸡	k'i⁵⁵牵(牛)	ŋa⁵⁵我们	xa³¹ti⁴⁴后边	ɣa³¹盒子
tɕi⁵⁵多	tɕ'i⁵⁵肥料	ȵi⁴⁴太阳	ɕi⁵⁵串(珠子)	ji⁵⁵衣裳
tʂi⁴⁴舔	tʂ'i⁵⁵休(妻)		ʂi³¹khɔ⁴⁴几个	ʐɔ⁴⁴缠绕
tsi⁵⁵芽儿	ts'i⁴⁴尺子		si⁵⁵撕	

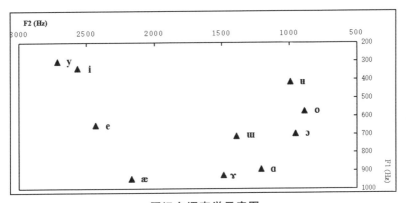

因远白语声学元音图

因远白语韵母表

		a	æ	e	ə/ɤ	ɔ	(o)	ɯ
		ã		ẽ	ɤ̃		õ	
u		ua	uæ	ue	uə			
		uã		uẽ	uɤ̃		om	
i		ia			iə	iɔ		iɯ
ĩ				iẽ	iɤ̃			
y								

因远白语韵母例词

	a⁴⁴鸭子	æ⁵³吐	pe⁵⁵他的	ə⁴⁴辣	ɔ⁴⁴倒水	po³¹他	pɯ³¹寄
	ã⁵⁵鞍		ẽ⁵⁵呼唤	ɤ̃⁴⁴pa³¹瘪袋		õ⁵⁵傻	
u⁵⁵枯萎	kua⁴⁴蕨菜		uɛ²¹³圆	uə⁵⁵歪			
	uã²¹³木头		tuẽ⁵⁵直	kuɤ̃⁴⁴闲逛		om⁵⁵鱼	
ji⁵⁵衣裳	pia⁴⁴八			piə⁴⁴问	piɔ⁴⁴方向		tiɯ⁴⁴丢
pĩ⁵⁵风			piẽ⁴⁴编造	piɤ̃⁵³抬			
y⁴⁴孵化							

因远白语声调表

55		53		
	44			
				31
		213		21

因远白语声调例词

平调	55	ji⁵⁵衣裳	tɔ⁵⁵粘
	44	ji⁴⁴一	tɔ⁴⁴(tʂɯ⁴⁴)靠
降调	53	ji⁵³穿(衣裳)	tɔ⁵³剁
	31	ji³¹tsw²¹³裤子	tɔ³¹大
	21	ji²¹锋利	tɔ²¹(光线)照射
（升调）	213	ji²¹³遇	tɔ²¹³(女人)性格疯癫

第三章 语料：四种白语方言和汉语普通话的音系

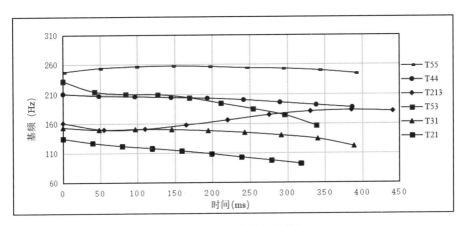

因远白语声调的基频曲线图

3.2.5 汉语普通话

根据汉语拼音方案和王洪君（1999/2008:32,42,50），中国社会科学院语言研究所词典编辑室编（1978）的音系可以归纳如下：

汉语普通话声母表

p	pʻ	m	f	
t	tʻ	n		l
k	kʻ	x		
tɕ	tɕʻ	ɕ	j	
tʂ	tʂʻ	ʂ	ʐ	
ts	tsʻ	s		

汉语普通话元音表

i	y		u
			o
		ə	
		a	

111

汉语普通话韵母表

	a	(o)	ə	ai	ei	au	əu	an	ən	aŋ	əŋ
i			iə			iau	iəu	ian	iən	iaŋ	iəŋ
u	ua	uo		uai	uei			uan	uən	uaŋ	uəŋ
y			yə								

汉语普通话声调表

55		53
35		
	214	

3.3 白语音位分析

本书所调查的四个白语方言都只有单辅音声母，因此对于声母的分析也就是对于辅音的分析。韵母则有不同，有的韵母是几个元音组合而成的，因此分析韵母就不完全等于分析元音。

3.3.1 声母

1. 鼻音，以及n-和l-、j-和ȵ-、ŋ-和ɣ-

声母为鼻音时，鼻音会贯穿整个音节；反过来说，韵母如果是鼻化韵，则声母要么是鼻音，要么是浊音。所以，当其声母为鼻音时，其韵母究竟是否为鼻化韵就几乎无从判断，这时候其韵母记为鼻化韵或相应的非鼻化韵就没有区别。

n-和l-是自由变体，但已经出现倾向性，主要表现为对应于汉语普通话的语素时，如果汉语普通话为鼻音声母，白语也往往发为n-而不是l-。这应该是在汉语的影响下出现的新变化。

j-在声母表上占据的位置，从音理上说应该是重擦音z-，不过我所调查的白语方言以及汉语普通话的相应擦音其实是个浊音性质的轻擦音，符合这个条件的音位是带有擦音性质的通音j-。

剑川白语的ȵ-和j-、ŋ-和ɣ-不对立，条件是后面的韵母鼻化。由于声母为鼻音时整个音节都会鼻化，因此ȵ-就是不必要的，只需在j-后的韵母为鼻化即可。另外，ŋ-的鼻化成分比较轻，有点接近ɣ-，比如"牛"ŋɯ²¹，就很接近

ɣɯ²¹，"鱼" ŋv⁵⁵则接近ṽ⁵⁵。

凤羽白语的部分音节、例词有年龄差别，如老人的ɣ-，中年人发为相应的零声母。

2. 擦音和塞擦音

x-和h-是自由变体，大理白语和凤羽白语的x-包括x-和h-两个变体，h-只和-ə相拼。

在凤羽白语中h-更常见，x-只和-i, -e相拼，所以凤羽的这个音位似乎应该记为h-。

在凤羽调查时，问到za³¹的意思，Li Yuzhang的第一个反应是"灯" tɯ³⁵za³¹，但在核对时又说是tɯ³⁵dza³¹。我问这里是不是都可以说，他说可以、是一样的。然则中年人已经有z-和dz-的竞争了。更多的例子也说明这一点：例如Li Yuzhang的侄女婿Li Hui（白族，30多岁，在凤羽镇长大，来本村上门）说dzi³³ "酒"，村里一位27岁的女子则说zi³³；村里的Li Yingchun（男，白族，20岁，云南机电学校三年级）把dz-声母都发成z-，例如zi³³ "酒、纸、集市、舔、把（刀）"。所以，凤羽正生村村里的年轻人和小孩子往往把dz-发成z-（年龄区别大致在40岁），似乎表明dz-正在向z-转化。

白语中的z-可能是晚近才产生的音，以匹配汉语的z-。不过剑川白语没有z-，所以当地的白语母语者说西南官话"热情接待" zə⁵³tɕʻũ⁵³tɕə⁵³tɕɛ²¹⁴，会说成sə⁵³tɕʻũ⁵³tɕə⁵³tɕɛ²¹⁴，听着就像"色情接待"。因远白语则有ʐ-而没有z-。

在因远白语的不同发音人中，有人倾向于f声母的音节，在别的发音人那里却倾向于发为v声母，其中的规律还不清楚。徐琳、赵衍荪（1984:5）说："白语中辅音f是由于受汉语语音的影响而产生的。这个辅音音位已经吸收到白语的绝大多数方言、土语里，只有少数土语没有这个音位。"原文举了5组例子，我把汪锋（2006/2012）和我调查的材料放在一起来比较：

	徐琳、赵衍荪（1984:5）			汪锋（2006/2012）		（本书的调查）			
	保山旧寨	洱源腊坪	其他各地	共兴	马者龙	大理	凤羽	剑川	因远
飞	pɣ⁵⁵	kɣ⁵⁵	fɣ⁵⁵	pfu⁵⁵	pi⁵⁵	fv³⁵	fv³⁵	fv⁵⁵	pu⁵⁵
分	pɣ⁵⁵	kɣ⁵⁵	fɣ⁵⁵(fv⁵⁵)	pfũ⁵⁵	pien⁵⁵	fv³⁵	fv³⁵	fv⁵⁵	pĩ⁵⁵
肚子	pɣ⁵⁵	kɣ⁵⁵	fɣ⁴⁴	(zi²¹)	pəɯ⁴⁴	fv⁴⁴	fv⁴⁴	fv⁴⁴	pu⁴⁴tɔ⁴⁴
蜂	pʻɣ⁵⁵	kʻɣ⁵⁵	fɣ⁵⁵	pfuŋ⁵⁵	pʻen⁵⁵	fv⁵⁵	fv⁵⁵	fṽ⁵⁵	pʻom⁵⁵
笔	pv⁵⁵	kɣ⁵⁵	fɣ⁵⁵			fv⁴⁴	fv⁴⁴	fv³³	pi³¹

在因远白语中，这一组材料的声母都发双唇音，而被因远白族认为其祖源地的剑川的白语却都发f-。也许这个材料可以对讨论因远白语的分化时间提供一点

依据。

汪锋（2006/2012:66–67）推测这一组词在原始白语中的声母是pj-, pjh-，各自独立发生了轻唇化的演变。根据他的词表，这一组词在兰坪县河西乡共兴村和丘北县马者龙村的白语都发双唇音，而我调查的因远白语也发双唇音。其他材料且不说，因远白语受汉语影响很大，但是这一组声母却发唇音，看来徐琳、赵衍荪（1984）推断的变化还需要再研究。

4. 双唇颤音

p-在和-u相拼时，有时候会发成双唇颤音，但是因为与一般的p-之间不区别意义，而且各方言的母语者几乎都不能自由地发出这个双唇颤音，所以这只是一个偶然现象。

5. tʂ-, tʂʻ-, ʂ-, ʐ-

因远白语有倾向性地区分tʂ-, tʂʻ-, ʂ-与ts-, tsʻ-, s-（另一个特点是有-m尾，见下文）。

和其他三种白语方言相比，因远白语有ʐ-而没有z-，但是ʐ-的组合能力很弱（只有很少的几个音节以其为声母），说明因远白语目前正在向汉语普通话靠拢。

6. 清浊

除了擦音之外，声母没有清浊之别。但是在凤羽白语31调和33调中，不送气的塞音和塞擦音声母发为浊音，发音人为了强调这一点，在单念时甚至有鼻冠音色彩。

张福延（1930）论述剑川白语时说，"对于教轿，比婢，董动，桐铜，唐糖，呈澄，井静，箭贱等音，俱清浊异呼。可以纠正前人等韵多混次清之下平（即阳平）为浊平，及取消敷母语诸浊声母之失"。列表比较这几组字的汉语中古音，可以看出其实分三种情况：声母有清浊对立（1, 2, 3, 4组），声母有清浊之别且韵母不同（5, 6组），声母和韵母都没有对立（7, 8组）。因此剑川白语的声母曾经有过清浊对立的时期。

	例字	上古音	中古音		例字	上古音	中古音
1	教	keau	kau	5	比	pǐei	pi
	轿	gǐau	gǐɛu		婢	bǐe	bie
2	董	toŋ	tuŋ	6	呈	dǐeŋ	ḑǐəŋ
	动	doŋ	duŋ		澄	dǐəŋ	ḑǐəŋ
3	井	tsǐeŋ	tsǐɛŋ	7	桐	doŋ	duŋ
	静	dzǐeŋ	dzǐɛŋ		铜	doŋ	duŋ
4	箭	tsǐan	tsǐɛn	8	唐	daŋ	daŋ
	贱	dzǐan	dzǐɛn		糖(餹)	daŋ	daŋ

3.3.2 韵母

1. a

白语中的a，除了用于亲属称谓、动物名称起首音节等少数情况之外，都是舌位靠后的ɑ，鼻化韵中则没有靠后的倾向。（所以，如非必要，本书不专门注明白语中这两种写法的区别。）有意思的是，大理位于云南西部，这一带的其他少数民族语言中也有类似现象，我不知道这会不会是各种语言之间互相影响的结果。

各地白语方言中的a一般都有轻微的鼻化现象（但未必作为区别意义的手段）。大概正是出于这一原因，白语母语者说汉语普通话时往往都带有鼻音。

凤羽白语的ε舌位很低，剑川白语也如此。从这一表现来看，凤羽白语和剑川白语的ε其实是æ。

e与ε在大理白语中没有对立，其他三种方言中则有对立。在因远白语中，i, e, ε构成开口度从小到大的三个前元音。

2. o

白语各方言的ou和au在语流中一般没有动程，所以它们实际上就是ʊ和ɔ。在受过较长普通话教育的年轻人中，前一个音已经有发为ou的倾向，但是在语流中动程尚不明显。

把ou和au与其他复元音放在音节表中观察，也可以看出这两个复元音的表现与其他复元音极为不同。

除了在拟声词中，o不单独作韵母，而要和其他元音组成复元音韵母uo, ou, iou。不过，在实际的语流中，韵母uo往往发为o，ou往往发为ʊ，iou自然也就发为iʊ。（剑川白语中尤为明显。）

3. u和ɯ

凤羽白语和因远白语的u是松音，接近ou。因远白语的u位置很靠前（甚至要到ə前），而且低于o和ɔ，这可能有两方面的原因：1，因远白语受到了当地汉语的强烈影响，而当地汉语的u是一个松音，发音部位相对靠前；2，因远白语没有成音节的v，所以这个v其实是u和v的中和。

u与ɯ之间的关系，一般说ɯ这个音就是与圆唇的u相对的展唇音。罗常培（1947:150）在评论Fitzgerald (1941) 时也说，"大理民家话有一个和u同部位的不圆唇的舌后元音，国际音标用倒m（ɯ）来代表它，在中国汕头泉州和河南西部也有这个类似的音。著者既然捉摸不住它的音值，又没有适当的符号来记它，于是有时候写作（er），有时候写作（ur）"。

白语中的这个ɯ带有轻微的鼻音。从白语母语者说汉语时的匹配策略而言，白语母语者在说汉语的鼻音韵母时往往使用ɯ，可以看出白语中ɯ这个音的鼻音性质，例如(ɣ)ɯ⁴⁴tɕ'ɯ⁵³ "恩情"、zɯ⁵³miɯ⁵³ "人民"、t'iɛ⁴⁴a⁴⁴mɯ⁵³ "天安门"、jɯ³¹ɕa³¹ "影响"、kɯ⁴⁴ɕɯ⁴⁴ "更新"、ɕou⁴⁴hɯ³¹ "凶狠"、tɕ'ou⁵³zɯ⁵³ "穷人"。从这个特征来看，如果罗常培先生所言不误，就说明白语中的这个音在这数十年里发生了显著改变。

凤羽白语的例子似乎支持这一推测：Li Yuzhang所发元音有时有鼻化，但是他说的ɔ̃其实还是ɯ韵母，他重复他父亲的发音时也是说这个ɯ韵母而不是鼻化韵，因此大致可以肯定他发的ɔ̃其实是ɯ的变体。此外，Li Yuzhang有两次出现鼻化倾向（gẽ²¹ "卖"、gẽ⁴⁴ "厚"），但是换个时间让他再说时就没有鼻化现象，而都发为ɯ，这有可能是语言接触中造成的向汉语靠拢的倾向。实际上，凤羽的白语母语者中，40岁左右以下的人中已经出现鼻化韵，而20岁左右的人中ɯ已经往往被ɔ̃替代。

ɯ自成音节时，前头有一个轻微的擦音，接近ɣɯ，但是这一声韵组合在大理白语中只有如下几个音节：ɣɯ⁴⁴ "骂"、ɣɯ³³ "后面"、ɣɯ³³ "喝"、ɣɯ³⁵ "称谓，呼唤"、ɣɯ⁵³ "学"、ɣɯ⁵³tsi⁴⁴ "雇工"、ɣɯ³¹ "漏（水）"、sɯ⁵⁵ɣɯ³¹ "柳树"、ɣɯ²¹ "搓揉"。这些词例，大理城以南的土语倾向于发为ŋ-，或发为零声母（如凤仪话）。在凤羽白语中，这几个词老人发ɣ-，中年人发为零声母，也间接说明ɯ这个音的靠后的特征：ɣ是软腭擦音，发音位置自然就靠后，所以它和同样靠后的ɯ可以相拼。

4. i与y

i在单念时，一般人会将其发为ji，大概是受《汉语拼音方案》的影响，汉语和非汉语的很多音系方案都把这个音标注为ji了。

一般理解为由i和其他元音直接组合、再和声调组合而得到的零声母的音节，即所谓的ia, iɛ, io, iu, iɯ加上声调，本书认为其实都是通音j-和相应的元音、声调拼读而成的，如ji⁴⁴ "医治"、ja⁵³ "劝（架）"、jɛ⁴⁴ "叔叔"、jo³¹ "脓疮"、jə⁴² "背负"、ju⁴⁴ "药"、jɯ⁴⁴ "吃"。从下文给出的几种音节表可见，i和ia, iɛ, io, iu, iɯ加上声调之后都不直接成为音节。

在很多时候，i和e没有对立，例如大理白语、凤羽白语和因远白语都是ui或ue与uɛ构成对立，而没有ui和ue之间的对立，剑川白语则只有ue和uẽ，i, e, ɛ在u之后中和了。另外，因远白语中的下面一组词，ʂe⁴⁴ "试"、ʂe⁴⁴ "屎"、tse⁴⁴ "掐"、se⁴⁴ "四"、se⁴⁴ "涩"、se³¹ "死"、se³¹ "灭（火）"，其中的e也和i没有对立。

i在ts-组后变为ɿ、在tʂ-组后变为ʅ，为方便考虑，如非必要，本书都标注为i。

白语中i和y押韵，云南各地的汉语方言也如此。徐琳、赵衍荪（1964）、徐琳、赵衍荪（1984）和赵衍荪、徐琳（1996）所记剑川白语中都没有y，徐琳、赵衍荪（1984）把大理、剑川、怒江三个白语方言的"水"记为ɕui³³。我所调查的四种白语方言中，y和yi没有对立，而且yi可以解释为发y这个音之后突出的双唇自然回复原位的过程中出现i这个羡余的音。这样一来，ɕ-和-u相拼得不到ɕy这个音，可见把"水"记为ɕui³³的前提是韵母必须以韵尾i收声，但是凤羽白语和剑川白语在说一个以y独立作韵母的语素或词时，发音人往往把韵母发为yi / ye，韵尾i或e是发y之后撮口动作回复至双唇闭合时的过程所造成的结果，音段末尾的这个i / e并非母语者所要发出的语音。

实际上，在大理白语中tɕ-, tɕ'-, ɕ-既可以和-y相拼，也可以和-u相拼，两组之间有对立，例如ɕu⁵⁵"烧"、ɕy⁵⁵li⁵⁵"梨"、tɕu⁴⁴"跳"、tɕy⁴⁴"醉"、tɕ'u⁴⁴"草、炒"、tɕ'y⁴⁴"熏"、tɕu³⁵tsi⁴⁴"橘子"、tɕy³⁵tsi³⁵"客气"、ɕu³⁵"精液"、ɕy³⁵"心虚"、tɕu³¹"早"、tɕy³¹"嘴"、tɕ'u³¹"臭，搜"、tɕ'y³¹"一些"、ɕu³¹"扫"、ɕy³³"水"。

5. ə

大理白语和因远白语有ə这个元音，凤羽白语和剑川白语没有。

白语中的这个ə，罗常培（1947:150）评论Fitzgerald (1941) 时说，"大理民家话的e音应该分作侈弇两个音位，他没有法子分别，就只好一律写作（ai）"。王锋（2013b）认为大理白语中有一个卷舌音，它来源于汉语中古音ɤ，不过他只给出了这个音和汉语中古音ɤ的对应，并没有来源的证明。

发白语的这个音时，即使用手指压住舌尖和舌面，也能准确地发出白语中的这个ə，说明它不是卷舌的。从发音生理来看，一个非常实证的例子是，西南官话的昆明话"钱"tɕ'ə⁵³其实是"钱儿"的单音节化、"弯"uə⁵⁵是"弯儿"的单音节化，类似的例子不少，都不被视为卷舌音，而大理白语中的ə与其发音完全相同，也就不应该被视为卷舌音。

我们现在还可以听到，大理的四十岁以上的白语母语者，即使接受过几年汉语拼音教育，他们在说当地的汉语方言时把"吓（唬）"说成hə⁵³，把"革命"说成qə⁵³miu³⁵，把"客人"说成q'ə⁵³zu⁴⁴，唱歌时把汉语"河流"唱成hə liou。吴积才主编（1989:28-29）说大理汉语方言能区分普通话读ɚ韵、ei韵（北、黑）的字，但无卷舌元音韵，把普通话ɚ韵字读作ɐ韵，如"儿、二、耳"等；把"蛇、革、德、北、黑"等字读作e韵，其舌位高低前后区分得很清楚。这一点说明现代的大理白语不可能从当地的汉语方言中习得一个卷舌的特征，把这个ə发为卷舌音。

汉语普通话的ɚ，可以理解为、也可以发为从平舌的ə翘舌到ɚ的结果，即舌尖抬升，从一个持续元音变化为辅音。由于舌尖抬升会在舌下形成一个腔体，共鸣腔因此改变，导致ɚ的F3下降。

下面来看大理白语和因远白语中这个音的第三共振峰（F3）数据：

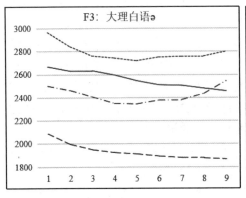
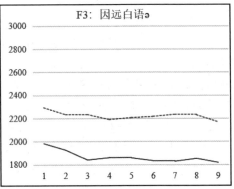

在大理白语中，四位发音人（两男两女）的F3在整体上的趋势都是下降的，所以我们从听感上觉得这个音有卷舌。但是具体来看，两位男性发音人是先降后升，第一位女性发音人是先降、后升、再降，第二位女性发音人则是持续下降，所以是男性发音人有相对确定的卷舌，而女性发音人不是典型的卷舌。而在因远白语中，两位发音人的F3都总体下降的趋势，但过程中起伏了几次。这些都和汉语中卷舌音ɚ的表现不同。

总之，和汉语普通话中的ɤ韵字（"阿讹娥鹅额恶扼饿遏噩"等）相比，白语的ə开口度稍大一点，发音时舌面向后，而汉语普通话中的ɤ则是舌面向前。大理白语的这个音在声学元音图上几乎和ɔ处于同样的开口度，但其位置却比ɔ要靠后，说明它是ɤ。

赵元任（1929）分析南京音系时说，"[ə]是一个很前的[ə]，也可以算是一个很后的[e]。这大概就是Kühnert所谓的eï音。[ɚ]是卷舌韵，只有白话用它，如'一条"蛇"，不要"惹"他'。Kühnert'惹'字不注韵母的写法大概是从这个韵音来的。但这三种区别不是字的不同（，）是读法的不同，所以同是一个字看地方去许有两三种读法的可能。"白语中的这个ə和赵元任先生此处所说非常相似，区别在于白语中的ə不是靠前而是靠后；至于南京音系中的"蛇"和"惹"的卷舌音ɚ，则似乎可以解释为它们受到了其声母ʂ-、ʐ-的影响，才具有卷舌的效果。

从理论上来说，如果大理白语的这个ə有卷舌，那么它就是大理白语中唯一一个有卷舌特征的音。一个区别性特征在某种语言中只用于一个音位，是非常不经济的现象，需要解释。

6. v

v是辅音，但是可以作韵母，应该记为ɣ，本书为了方便都记为v（来自别人的材料则直接抄录原文）。

v作韵母，和p-组、t-组、k-组声母相拼时，读为唇齿音v，零声母时与此相同；和ts-组声母相拼时，读为ɥ。v和ɥ的区别在于唇形的圆展，以及发v时舌头向后、发ɥ时舌头向前，除此之外，v的发音方法和音响效果都和当地汉语方言的ts-组声母和u相拼时一致。这个性质使我们有理由怀疑它究竟是v的变体还是u的变体，实际上，v和u作韵母时的分布也有互补的性质，使得这一怀疑不为无据；不过，因为白语中的-ɥ和-v押韵，而不是和-u押韵，所以这个ɥ应该是v的变体。

7. 鼻化元音和韵尾-m

除了因远白语的-m以外，本书研究的四种白语方言都没有鼻音韵尾，但是大理白语和凤羽白语都没有鼻化元音，而剑川白语和因远白语都有一套鼻化元音。

因远白语中的-m尾可分为两组，一组对应于汉语普通话的韵母-uəŋ，另一组应该是从ŋv变来的，而且在大理白语和剑川白语中就已经有痕迹：大理白语的ŋv^{44}kuə^{35} / mu^{44}kuə^{35} / m^{44}kuə^{35} "木瓜"之中（这三种读音似乎发音人的年纪有从大到小的规律），已经有m-和ŋ-交替的现象，如果说这是声母，不足以说明因远白语的-m韵尾的性质。剑川白语中，如果一个音节的声母是鼻音，则鼻音会贯穿整个音节（我接触过的鹤庆白语，与此完全相同），而剑川白语"鱼"mv^{35}中的-v有省略的现象（在语流中常常看到只有一个先从m-的双唇迅速过渡到-v的唇齿，整个音节mv^{35}都有清化的现象），由于鼻音m和v都是浊音，它们都清化了，也就是v不发音的证据吧？

3.3.3 声调

1. 松紧

因远白语的很多21调其实都是213调的变调，不能解释为213调的变调的例词极少，（好像没有超过20个？）这个调似乎正在中和，区别意义的功能变得越来越弱。

21调和31调很接近，这两个调之间主要是发声类型的差别，区别在于21调是紧调。

凤羽白语和因远白语的44调也是紧调。

因远白语的53调和31调几乎听不出区别，但是母语者认为两者对立，这两个声调所辖的词汇分别和大理白语等方言的53调和31调对应。

可以想见，从徐琳、赵衍荪等调查白语的1950年代，到现在已经过去60多年，剑川白语发生了较大变化。松紧音问题如此（参见下文"系统演化的空间与策略"），甚至地名都有了差别：徐琳、赵衍荪（1984）说剑川坝子的墨斗山为tɕi⁵⁵o²¹kʻui⁵⁵，而我的调查中反复确认的发音则为"墨斗山"tɕõ⁵³kʻui⁵⁵ / tɕõ⁵³ṽ⁵⁵，不同的发音人并向我解释：它可能是忽必烈的点将台，"工匠"的"匠"和"大将"的"将"同音，都是tɕõ⁵³。

四种白语方言中的21调都有紧的色彩，但是都没有松紧对立。

2. 清浊

凤羽白语的塞音声母在31调和33调中不送气时为浊音。

3. 调值

因远白语的53调和42调的收尾位置很接近，但53调的起始位置明显高于42调，因此它们之间应该是音高的差别。

4. 调型

大理、凤羽、剑川的35调起始位置很低，但收尾时并不太高，因此似乎应该标注为24调。此外，这个调在起始部分有一个下降的趋势[①]，所以整体上应该是214[②]，这样一来就和因远白语的曲折调213调有一致的表现了（主要的区别是因远白语的213调在多音节词中位于前字的位置时变为21调）；不过母语者的感知不认为有起伏，因此我沿用传统标注法，写作35调。

徐琳、赵衍荪（1964，1984）把剑川金华镇白语的高降调标注为42调，本书标注为53调，原因是这个调和大理白语的53调对应，而且基频曲线图也显示这个调的起始位置高到和高平调55调一致。

5. 借词

白语在借入汉语词汇时，声调会有两种表现，一种是"模仿"普通话的声调，另一种是"模仿"西南官话的声调，和云南少数民族语言的汉语借词几乎都是"模仿"西南官话不同：

[①] 这是刘文博士提醒我的。

[②] 刘文、汪锋、孔江平（2019）认为大理白语（五里桥话）中的升调35其实是一个曲折调（可标注为325）。有意思的是白语母语者把它听成一个升调，之前的白语研究也都把这个调处理为升调，而且它与其他白语方言的升调对应。五里桥村和下鸡邑村相隔仅三公里，而且这两个村的白语母语者彼此认为对方所发的这个调和自己发的是一样的。

第三章　语料：四种白语方言和汉语普通话的音系

	白语（大理方言）	普通话	西南官话（昆明话）
干部	ka^{55}pu^{55}	kan^{53}pu^{53}	kan^{35}pu^{35}
国家	kuə^{35}tɕa^{44}	kuo^{35}tɕia^{55}	kuə^{31}tɕia^{44}
好事	xɔ^{31}sɿ^{55}	xau^{21}ʂʅ^{53}	xau^{53}sʅ^{35}
安排	a^{44}p'ɛ^{42}	an^{55}p'ai^{35}	an^{44}p'ai^{53}
准备	tɕue^{31}pi^{55}	tʂuən^{21}pei^{53}	tɕuẽ^{53}pi^{35}

6. 声调的合并

大理白语的各地土语（尤其是靠南部的土语），都有不同程度的31调和33调合流的倾向，例如：tv$^{33/31}$"动"，tsʅ$^{33/31}$"重"，ɕy$^{33/31}$"水"，xue$^{33/31}$"火"，tɕɯ$^{33/31}$"紧"，tue$^{33/31}$"远"。

使用基频数据分析大理白语双音词的64种声调组合的表现，发现31调作为前字时声调趋于平调。由于在（31+31，31+21）之中，前字的声调也表现出趋平的特征，而在（21+）的8种组合中却都没有表现出同样的特征，所以这不是受到后字声调影响的结果。同时，张清常（1946），徐琳、赵衍荪（1964，1984）表明1940年代和1950年代的大理白语还有31调和33调的对立，而Dell (1981) 则表明1966年调查时大理白语的这两个调已经有混同的现象，我们最近在田野调查中也多次发现了这一点，因此大理白语的31调位于双音节词的前一音节时正处于向33调合流的过程中。

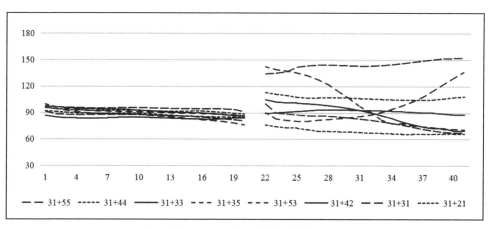

大理白语：31调（双音节词的前字）

音系复杂性：以白语的语素音节表为中心

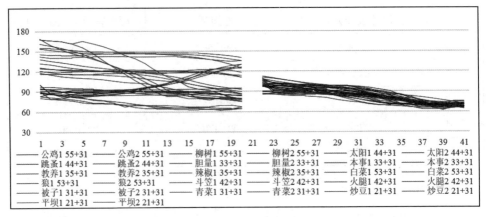

大理白语：31调（双音节词的后字）

但是"火把"可以有 xue³³tɕue³³ / xue³¹tɕue³¹ / xue³³tɕue³¹ 这三种形式，而倾向于不说 xue³¹tɕue³³，似乎表明白语不接受 LH 这样的变调格式。晚近借入的两个上声连读的汉语词汇，在大理白语中位于后字时也读为31调，例如：

"选举" ɕuɛ³¹tɕy³¹ / ɕuɛ³³tɕy³¹   "准许" tɕuɛ³¹ɕy³¹ / tɕuɛ³³ɕy³¹
"老虎" lɔ³¹xu³¹ / lɔ³³xu³¹   "本领" pɯ³¹liɯ³¹ / pɯ³³liɯ³¹
"理想" li³¹ɕã³¹ / li³³ɕã³¹   "总理" tsõ³¹li³¹ / tsõ³³li³¹

这些词第一个音节可以发成33调，但是第二个音节却只能读为31调。

但是对于汉语普通话中的214调借词，大理白语明显地将其发为31调，而且倾向于不能发为33调。（然而其他方言中的33调和31调的对立很明显。）

刘文、汪锋、孔江平（2019）讨论了大理北五里桥白语声调的变异，也发现31调和33调在合流，不同的母语者在使用不同的方式造成对立。

大理白语似乎还有44调和42调合流的倾向（这个现象没有得到语音实验的支持），不过程度没有33调和31调的合流那么明显。以下是一些例子：

pa⁴⁴ / pa⁴² "大碗、钵"   v⁴⁴ / v⁴² "（烟）熏、呛"
pɯ⁴⁴ / pɯ⁴² "涂抹（胭脂、药等）"   fv⁴⁴ / fv⁴² "笔"
tsi⁴⁴ / tsi⁴² "放"   tv⁴⁴ / tv⁴² "洞"
mu⁴⁴ / mu⁴² "细"   kv⁴⁴ / kv⁴² "坐"

第四章

白语的音系复杂性

根据上文的理论分析，下面计算四种白语方言的音系复杂性（并以汉语普通话作为参照），从音系复杂度（degree of complexity）和音系相似度（degree of similarity）两个角度来作比较。

把音节表中的音系复杂性视为语言的一种表征，我们可以看到语言中的一些有趣现象。

4.1 音系复杂度的计算方法

如前（2.1.3）所述，一种语言或方言的音节表（syllabary）由特定的声韵调按照一定的规律组合而成，表现为若干音节（syllable）按一定秩序排列而成的一个矩阵（matrix）。其中，这个音节表的大小$S_{logical}$即为声母（initial）、韵母（final）和声调（tone）的乘积，这个音节表的规律（假设为x）使得声韵调的组合实现了（表现为音节表上的实际音节，即S_{fact}）或没有实现（表现为音节表上的空格）。上述内容可以表达如下：

(1) $I \times F \times T = S_{logical}$ （理论音节数，音节表中的所有方格）
(2) $(I \times F \times T) \times x = S_{fact}$ （实际音节数，音节表中实现了的方格）

由于这个音节表的大小就是声韵调的乘积所得的矩阵M，因此 $S_{logical} = M$。下面为便于讨论和分别，我用M来指称理论音节数$S_{logical}$，而用S来指称实际音节数S_{fact}，于是，从式（1）和式（2）可以得到式（3）：

(3) $x = S / (I \times F \times T) = S / M$

根据上文的定义，在一个给定的音节表中，式（3）就是一个给定的音节表的有效复杂性，它的语言学意义为：一个音系的音节单位之间的组合规律性就是这种语言的音节之间的规则程度，它可以量化表达为其实际音节数与所有音节单位数之积的比值，并可以化约为实际音节数S与理论音节数M的比值（S/M）。因此，用C来代表有效复杂性，则有 $C = S/M$。

我们以此尝试观察几个极端现象，希望从中得到一般的模式，建立起对于系统的复杂性的数学表达形式。下面为一种语言的所有音节在其音节表中的分布想象三种极端的可能。

可能1：音节表上的所有空格都有实际的音节分布，也就是说，所有的音节单位之间都可以互相组合，以至于音节表被完全填满了。

在这种条件下，实际音节数S和音节表的规模M的值是相等的，即 $S = M$，因此这个音系的复杂性 $C = S/M = 1$。

可能2：音节表上没有任何一个位置有实际的音节分布，也就是说，这种语言只用了一个音节就表达了所有的语义。

只有一个音节就意味着不能切分出它的任何直接成分（组合单位），因此这时候音节表的行与列都只有一个单位（而且它们是同一个单位），即 $S = 1$ 且 $M = 1 \times 1$，$C = S/M = 1$。

我们因此看到，填满音节表的方式实际上可以有两种，一种是音节表有很多空格但都被填满了（即可能1），另一种是音节表只有一个空格但被填满了（即可能2），Gell-Mann（1994:32）把它们称为互补（complement），"互补的模式之间有着近乎相同的复杂性"。举例来说，对于给定的几个点，可以有两种极端的情形，一种是任意两个点之间都没有连线，另一种是任意两个点之间都有连线，这是两种互补的模式，其复杂性程度相同（Gell-Mann 1994:31–33）。也就是说，我们既可以从"有"音节分布着眼，也可以从"无"音节分布着眼，来描述一个音节表上的音节分布，相当于对于给定的半杯水，"还有半杯水"和"只有半杯水"这两句话描述的是同一个事实。

可能3：音节表上没有任何两个音节之间是有规律的，也就是说，音节的分布是随机的。

在这种条件下，音系的复杂性接近于零，为方便讨论，我们将其定义为 $C = 0$。理由如下：

如果一个比特串是随机分布的，"没有任何规则、算法及理论能够进一步简化这种比特串的描述，从而使之能被用一更短的信息来描述。这样的比特串被称为'随机'串,因为它没有规律可循,因此不能被压缩。"(Gell-Mann 1994: 39)"The shortest description of an incompressible string is just to state the string itself. An incompressible string has largest possible algorithmic information content for its length. However, the effective complexity is again very small because there are no regularities except the length." (Gell-Mann, 2005)

按照"无限猴子定理",把一只猴子关在一个放有打印机和打印纸的房间里,在足够长的时间条件下,这只猴子会"打"出足够长的一个文本,那么这个文本有多大的概率正好是一部《莎士比亚全集》?"假定所描述的系统根本没有规律性(比如那只著名的猴子所打出来的一段文字,通常就是——但并非都是——这种情形),一个正常运作的复杂适应系统也就不能发现什么图式,因为图式是对规律性的概述,而这里没有任何规律可言。换句话说,它的图式的长度是零,复杂适应系统将认为它所研究的系统是一堆乱七八糟的废物,其有效复杂性是零。"(Gell-Mann 1994:58)

回到对音节表的考察上来,如果任何两个音节之间都没有规律,那么任何两个音节不仅都没有使用相同的声母,而且也没有使用相同的韵母[①],因此,这个音节表上有多少个音节就意味着有多少个声母,并且同时有多少个韵母,音节数量、声母数量、韵母数量三者是相等的,则 $C = S / M = S / S^2 = 1 / S$,也就是说,完全无序的系统的复杂度是其单位数的倒数,其单位数越多则其有序性越低。

以直观经验来看,如果系统A和系统B都是完全无序的系统,而且系统A比系统B更为杂乱无章,则系统A的单位数量比系统B更多,因此对系统A的最简描述就需要使用比系统B更长的句子。由于复杂性是对一个系统的规律性(而非无序性)的度量,系统A的复杂度低于系统B。

克拉默(1988)关于复杂性的认识与Gell-Mann(1994)完全相反。上面的第3种可能意味着这种语言的音节单位之间的组合完全没有任何规律可言,描述这个音节表的方法就只有一种,即把所有的音节及其分布逐一列示出来。正如上引Gell-Mann(1994:39)所说,这时候,这个音节表完全没有规律,"它的图式的长度是零"。然而,在克拉默(1988)看来,在此条件下,描述这个音节表所需要的文字的长度就不会少于这个音节表(转换为描述它本身的文字)的长度,无法预测其中的任一空格上是否会有音节分布,更无法预测能实现的音节会具有何种面貌或性质,因此这个音节表具有最大的复杂性,也就是克拉默所谓"根本复杂性":"一旦程序的大小变得与试图描述的系统可以

[①] 为方便讨论,这里不谈声调,或者说将声调处理为韵母的一部分。

相提并论，系统就不再是可编程的。当结构不再是可描述的——即当描述它的最小算法具有的信息比特数，可与系统本身进行比较时——我称之为根本复杂系统。"（克拉默1988:275）

克拉默的定义是不可取的。特例之一是，音节表上的任何一个音节都没有和它形成最小对立的另一个音节，也就是说，这个音节所在的横行和纵列都没有其他的音节。这时候，音节表上的每一个横行和每一个纵列都有且仅有一个音节分布，因此实际音节总数是音节表的行数或列数（取大值）。例如，所有的音节都只分布一条对角线上，此时，对于这个音节表的最短描述长度是，在如此这般的单位构成的音节表上，"音节只分布在一条对角线上"（分两种情况），由于这句话本身很短，因此所谓的复杂度就很低，与克拉默关于"根本复杂性"的定义矛盾。

总结上述三种极端的可能，可以得到如下推论：

1. 任何一种自然语言的音系复杂度都只能在完全无序和完全有序这两种极端状态之间，因此一种自然语言的音系复杂度的区间是（0，1）。

2. "完全无序"和"完全有序"作为最简描述的长度是一致的，因此它们具有对称关系（symmetry），对称点为0.5，因此一种自然语言的音系复杂度的最高值为0.5。

3. 一种自然语言的音系复杂度越接近0.5（即音系复杂度的具体值与0.5之间的差额的绝对值 |C–0.5|）时越大，其音节表中音节单位的组合规律性越高，音系更有序。

表面上看，用 $C = S / M$ 来计算音系复杂度，与计算音节实现的概率似乎一致，因为它直接计算的是音节的实现形式和可能形式的比值[①]；问题在于，音系复杂度公式（$C = S / M$）计算的其实是音节与音节单位（声、韵、调）的数量及其规则的组织规律性，这和抛硬币来算有几次正面与反面的概率不同，后者是求事件的概率。陈保亚（1988）从聚合关系和组合关系两个角度考察"协和度"，将其分为三种聚合协和度（矩阵协和度、矩阵中某一聚合群的协和度、矩阵中某一单位的协和度）和两种组合协和度（聚合群的组合协和度、某一单位的组合协和度），其定义都是聚合单位或组合群的"实际数和可能数的比"，认为一个系统的协和度越高则其组织性就越高，但南昌话声母系统完全协和（即组织性达到极限水平），似乎说明所谓协和度的语言学意义还值得研

[①] 拉普拉斯（1814:5）："机会的理论在于将同一类的事件简化为一定数目的等可能情形，也就是说，我们可以同等地不确定它们的存在，并确定对所求概率的事件有利的情形的个数。该个数与全体可能情形的个数的比值就是这个可能性的度量——概率，简言之，概率就是一个分数，其分子是有利情形的个数，而其分母是所有可能情形的个数。"

究。音系复杂度计算的是音节与音节单位这两级系统之间及其单位数量与单位规则之间的规律性，由于任何自然语言都不可能出现音系复杂度为1或0的情形，所以音系复杂度的性质与协和度并不相同。

4.2 音系复杂度比较

下面按照以上所述方法，根据四个白语方言的语素音节表，来计算它们的音系复杂度。由于关于汉语普通话音系的研究相对丰富和成熟，所以我以《现代汉语词典》（第六版）为代表，将其做成语素音节表，并提取其中的相关数据来作为对照。

在具体的计算中，由于零声母可以视为一种"特别的"声母（或声母为空位），因此声母总数应该计入这种情况，即声母总数要加1。

	声母	韵母	声调	矩阵规模	音节总数	复杂度
大理白语	22	20	8	3680	876	0.2380
凤羽白语	21	18	7	2772	812	0.2929
剑川白语	20	24	7	3528	730	0.2069
因远白语	25	27	6	4212	696	0.1652
汉语普通话	22	29	4	2668	1197	0.4487

以上五种语言或方言的音系复杂度[①]，按从高到低的顺序排列，依次是：

汉语普通话 > 凤羽白语 > 大理白语 > 剑川白语 > 因远白语

由于音节数量是一定的，从音表中还可以计算出音节单位声韵调作为主体（agent）之间的互动关系（合作与竞争）。

对于一个以声调为经、以声韵组合为纬做成的音节表，假设声母I、韵母F、声调T的组合指数为x, y, z，则一个语素音节表中的以上几个参数有如下关系：$Ix × Fy × Tz = S$。对此式作变换，得到 $IFT × xyz = S$，因此，

[①] 有意思的是，端木三（2021）统计的汉语音节为1914个，声母为50个（包括零声母），韵母为112个（包括声调），因此汉语的音节使用率为34%；英语实际音节数为2904个，实际声母数为55个（包括零声母），实际韵母数为243个，因此英语的音节使用率为22%。按照实际分析，端木三（2021）的"音节使用率"相当于本书的音系复杂度，那么按其数据所得汉语普通话的音系复杂度0.34和英语的音系复杂度0.22，其数值落在本书分析的四种白语方言以及汉语普通话的音系复杂度数值之内。

(1) z = S / (IFT × xy)

在一个实际的音节表上,实现了的声韵组合数量(也就是和声调组合而得到至少一个实际音节的声韵组合的数量)是确定的,因此xy的值也是确定的,所以,

(2) xy = 声韵组合数 / (I × F)

把式(2)的值代入式(1),即可得到z的值。

由于一种语言的实际音节是确定的,因此,可以分别做出以声母为经、以韵母和声调的组合为纬的音节表,以及以韵母为经、以声母和声调的组合为纬的音节表,然后按照上述求取声调的复杂度的方法,分别求出声母和韵母的复杂度。

	声母	韵母	声调	矩阵规模	音节总数	声+韵	韵+调	声+调
大理白语	22	20	8	3680	876	199	142	159
凤羽白语	21	18	7	2772	812	188	118	145
剑川白语	20	24	7	3969	730	180	141	123
因远白语	25	27	6	4212	696	340	124	128
汉语普通话	22	29	4	2668	1197	393	115	92

	声母	韵母	声调		音系
大理白语	0.2282	0.2574	0.5503	0.4497	0.2380
凤羽白语	0.2976	0.3111	0.6170	0.3830	0.2929
剑川白语	0.2465	0.2473	0.5794	0.4206	0.2069
因远白语	0.2106	0.2013	0.3411	0.3411	0.1652
汉语普通话	0.4526	0.4487	0.7615	0.2385	0.4487

其中,汉语普通话的韵母的复杂度等于整个音系的复杂度,原因是在以韵母为经、声母和声调为纬做成的音节表中,每一行都至少有一个实际的音节,而没有空行,因此声母和声调的实际组合数(也就是各个声母依次和同一韵母组合之后再分别与各个声调组合的分行排列的行数)等于理论上可以有的行数,导致韵母的复杂度和整个音系的复杂度数值相等。

此外,由于大理白语、凤羽白语、剑川白语和汉语普通话的声调的复杂度

都高于0.5，为便于直观理解，我将它们转换成了小于0.5的数值来观察。

上述数据显示，这五种语言或方言的韵母的复杂度的大小顺序，与它们的整个音系的复杂度大小顺序一致，都是

汉语普通话 > 凤羽白语 > 大理白语 > 剑川白语 > 因远白语

声母的复杂度则只是其中的大理白语和剑川白语互换位次。
但是，声调的复杂度有明显的不同，主要是

大理白语 > 剑川白语 > 凤羽白语 > 因远白语 > 汉语普通话

目前我还不知道这些数据和位次关系说明什么问题，或者说有何语言学意义。

4.3 音系相似度的计算方法

比较不同方言的音节表，首先需要找到共同的比较基础，因为不同语言的声韵调的数量不尽相同，使得音节表的规模不同，而且同一个音位（符号）在不同语言或方言里的价值也未必相同，未必可以直接比较。因此，音节表之间的比较需要先解决两个问题：1. 不同语言或方言之间所比较的音位之间的一致性问题（相当于语言之间的对应关系问题）；在此基础上，2. 不同语言或方言之间所比较的各个声韵调的组合的顺序问题。

第一个问题，音位并不是某个具体的音，而是一组相近的音，一个音位其实是一组相近的音素所形成的一个集合，这个集合里的音素是这个音位的变体。① 因此，两个音素被母语者感知为一致或相似，可以找到发音部位和/或发音方法上的原因，按此可以在不同语言或方言的音位之间作比较，例如，先区别元音音位、辅音音位和超音质音位（声调）等不同的类，再在同一类音位中作进一步的区别，如此逐渐深入，直至找出两种语言或方言中可以配对、对应的音位。

第二个问题，我们可以按照母语者的判断，列出两种语言或方言的音素之间的差异度，将其以此为序分组排列，再按顺序把声韵调依次相拼，就得到作为比较基础的音节表，它相当于各个语言或方言的音节表之间的"最小公倍数"。

---

① 这一点非常像数学家对数的定义"数是类的类"（弗雷格1884；罗素1919:23），赵元任（1934）也说"须知数学家就是把数定义为类"。

其中，为所比较的音位和音位组合择对，需要同时满足三个条件：择对列为比较对象的音位和音位组合在各自的语言或方言中的结构关系一致，符合音理，符合母语者的语感。这一步工作的可行性主要在于白语母语者对于本书所比较语言的这三个条件都有直接或间接的一致性认同，例如，大理州各地的人都喜欢开一个语言玩笑，说洱源人说汉语像唱歌一样，他们介绍自己时会说 to^{31}sɔ^{55}to^{31}sɔ^{55}mi^{44}, uo^{31}si^{55}ə^{31}jue^{55}ni^{44}（"哚嗦哚嗦咪，我是洱源呢"）。其实，即使70岁以上的白语母语者，他们没有学过汉语拼音（但是往往听过儿童按照汉语拼音方案来念诵汉语拼音），但在我的语言调查中仍然一次又一次按照p-, p'-, m-, f-, t-, t'-, n-, l- 和 -a, -o, -ə, -i, -u, -y的顺序主动寻找语素音形，而这一顺序正是上文的声母矩阵和韵母矩阵的顺序。

总之，比较之前需要在不同语言或方言的声韵调矩阵之间建构一致的基础，因为只有在同类的事物之间作比较，而且基于相同的条件或标准作比较，所得的比较结果才是有意义的。（否则，例如，"我走过的路比你吃过的饭还多"，这种比较就是无意义的，因为路的多和饭的多并不同类。）然而，各个白语方言之间声韵调的数量不尽相同，于是得到的音节表的规模也就有差异，因此需要先把它们化约为同等规模的矩阵，找到所比较语言或方言之间一致的比较项目，再在此基础上统计和计算。

建构语言或方言之间的音节表的比较基础的具体方法如下：

（1）将各个语言或方言中的所有声韵调视为三种音类，列出所比较语言或方言的所有声韵调；

（2）为各语言或方言的三种音类中的性质或功能一致的声韵调归类，并标注相同的编号；

（3）列出包含了所有的不同声韵调的清单，以此为基础，制作一个假想的音节表，作为音节表比较的"最小公倍数"；

（4）分别将各个语言或方言的音节表中的音节分别填入上表中的对应位置，得到各个语言或方言的用于比较的音节表；

（5）替换上一步所得各个比较表中原来的记音符号和空格，为实现了的音节赋值为1，为没有实现的音节赋值为0；

（6）两两比较上列各个比较表，逐一检查所有声韵调组合在两个比较表之间的异同，统计出所有的一致分布（都是1或都是0），得到一组数据，这组数据就呈现了所比较语言或方言之间的相似度。

下面是为比较音系相似度而为大理白语、凤羽白语、剑川白语、因远白语和汉语普通话所作的音类归类：

序号	公共项	大理	凤羽	剑川	因远	汉语
1	ø	ø	ø	ø	ø	ø
2	p	p	p	p	p	p
3	pʻ	pʻ	pʻ	pʻ	pʻ	pʻ
4	m	m	m	m	m	m
5	f	f	f	f	f	f
6	v	v	v	v	v	
7	t	t	t	t	t	t
8	tʻ	tʻ	tʻ	tʻ	tʻ	tʻ
9	n	n	n	n	n	n
10	l					l
11	k	k	k	k	k	k
12	kʻ	kʻ	kʻ	kʻ	kʻ	kʻ
13	ŋ	ŋ	ŋ	ŋ	ŋ	
14	x	x	x	x	x	x
15	ɣ	ɣ	ɣ	ɣ	ɣ	
16	tɕ	tɕ	tɕ	tɕ	tɕ	tɕ
17	tɕʻ	tɕʻ	tɕʻ	tɕʻ	tɕʻ	tɕʻ
18	ȵ	ȵ	ȵ		ȵ	
19	ɕ	ɕ	ɕ	ɕ	ɕ	ɕ
20	j	j	j	j	j	j
21	tʂ				tʂ	tʂ
22	tʂʻ				tʂʻ	tʂʻ
23	ʂ				ʂ	ʂ
24	ʐ				ʐ	ʐ
25	ts	ts	ts	ts	ts	ts
26	tsʻ	tsʻ	tsʻ	tsʻ	tsʻ	tsʻ

音系复杂性：以白语的语素音节表为中心

续表

序号	公共项	大理	凤羽	剑川	因远	汉语
27	s	s	s	s	s	s
28	z	z	z			

序号	公共项	大理	凤羽	剑川	因远	汉语
1	a	ɑ	ɑ	ɑ	ɑ	a
2	uo	uo	uo	o		uo
3	ə	ə/ɤ			ə/ɤ	ə
4	i	i	i	i	i	i
5	u	u	u	u	u	u
6	y	y	y	y	y	y
7	ɯ	ɯ	ɯ	ɯ	ɯ	
8	v	v	v	v		
9	ai		ɛ	æ	æ	ai
10	ei	ɛ	e	e	e	ei
11	au	ɔ	ɔ	ɔ	ɔ	au
12	əu	ou	ou	ou		əu
13	ia	iɑ	iɑ	iɑ	iɑ	
14	iə	iə			iə	iə
15	yə					yə
16	ie	ie	iɛ	iɛ		
17	iɯ	iɯ	iɯ		iɯ	
18	iau	iɔ	iɔ		iɔ	iau
19	iəu	iou		iou		iəu
20	ua	uɑ	uɑ	uɑ	uɑ	ua
21	uə	uə			uə	
22	uai		uɛ			uai

续表

序号	公共项	大理	凤羽	剑川	因远	汉语
23	uei	ue	ue	ue	ue	uei
24	an			ã	ã	an
25	ən			ɯ̃	ə̃	ən
26	iən			ĩ	ĩ	iən
27	ẽ			ẽ	ẽ	
28	õ			õ	õ	
29	ṽ			ṽ		
30	iã				iã	
31	iɔ̃				iɔ̃	
32	ian			iɛ̃	iẽ	ian
33	uan			uã	uã	uan
34	uẽ			uẽ	uẽ	
35	uən				uə̃	uən
36	om				om	
37	aŋ					aŋ
38	əŋ					əŋ
39	iaŋ					iaŋ
40	iəŋ					iəŋ
41	uaŋ					uaŋ
42	uəŋ					uəŋ

序号	公共项	大理	凤羽	剑川	因远	汉语
1	55	55	55	55	55	51
2	44	44	44	44	44	55
3	33	33	33	33		
4	35	35	35	35	213	35

续表

序号	公共项	大理	凤羽	剑川	因远	汉语
5	53	53	53	53	53	
6	42	42				
7	31	31	31	31	31	214
8	21	21	21	21	21	

这种比较方式把音节表上的实际音节之间的相互关系作为比较的对象，避免了特征选择的取舍问题。同时，实现了的音节赋值为1、未实现的音节赋值为0，实际上就是以是与否、真与假这样的最简单的二项对立作判断依据，避免了确定赋值标准的困难。

4.4 音系相似度比较

按照以上方法构造出来的比较表，有28 × 42 × 8 = 9,408个空格，将这个数作为四种白语方言之间以及它们分别与汉语普通话之间比较的基数，各个语言或方言之间的比较结果如下：

	大理白语	凤羽白语	剑川白语	因远白语	汉语普通话
大理白语	9408				
凤羽白语	8634	9408			
剑川白语	8366	8478	9408		
因远白语	8278	8384	8415	9408	
汉语普通话	8256	7853	7926	8095	9408

对角线上的数值取为9,408，意即同一种语言或方言内部一致，或至少可以忽略其差别。这也就是赵元任（1934）所说的"一种语言"。[①]

[①] 当然，这一点未必没有再考虑的余地：同一个语言社团内部的任何差异，真的就会小于语言社团之间的差异吗？不过这里的要点不在于此，所以本书使用赵元任（1934:756）关于"一种语言"的同质性假设，他把一种语言"理解为一个同质的语言集团的发音，在这个集团里，人人都认为别人的说话一点儿都没有'口音'"。（Taken in the sense of the pronunciation of a homogeneous speech community, such that members of the same community will find absolutely no "accent" in one another's speech.）本书按此意义理解和使用"一种语言"这个概念。

差异的反面就是相似，因此五种语言或方言之间的音节分布相似度如下：

	大理白语	凤羽白语	剑川白语	因远白语	汉语普通话
大理白语	100%				
凤羽白语	91.77%	100%			
剑川白语	88.92%	90.11%	100%		
因远白语	87.99%	89.12%	89.45%	100%	
汉语普通话	83.50%	83.58%	84.25%	86.04%	100%

这组数据显示，大理白语和凤羽白语最相似，与大理、凤羽、剑川以及更多白语地区母语者的经验判断一致；另外，因远白语和剑川白语最相似，也符合因远白语母语者的经验判断。将这四种白语方言和汉语比较，则因远白语和汉语普通话最相似，我在调查中发现因远白语正在和汉语深度接触，支持这一数据。

为了直观地显示上面的比较结果，下面借用生物学计算物种间分化距离的方法，使用MEGA软件把上述关系画成树图。

MEGA软件是计算物种之间的距离的，所以需要先转换上面的语言相似度数据。由于差异和相似是相反的关系，所以可以通过用1减去相似度的方法直接得到差异度数据：

	大理白语	凤羽白语	剑川白语	因远白语	汉语普通话
大理白语	100%				
凤羽白语	8.23%	100%			
剑川白语	11.08%	9.89%	100%		
因远白语	12.01%	10.88%	10.55%	100%	
汉语普通话	16.50%	16.42%	15.75%	13.96%	100%

将此数据输入MEGA软件，自动生成如下聚类：

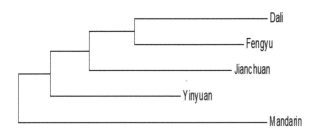

上图显示，四种白语方言之间最相似（距离最近），它们与汉语普通话可以分为两组。其中，大理白语和和凤羽白语最相似，剑川白语与它们最相似，因远白语次之。从汉语普通话的角度来说，与汉语普通话最相似的是因远白语，其次是剑川白语，最后是大理白语和凤羽白语。

这一结论，可以用文字和符号表示如下：

（（（大理白语，凤羽白语）剑川白语）因远白语）汉语普通话

这一结论符合各地白语母语者对几种白语方言之间的关系判断。

从汉语普通话的角度而言，这五种语言或方言之间的相似度，则是：

（（（汉语普通话，因远白语）剑川白语）凤羽白语）大理白语

以上的分析，由于材料可靠，分析过程符合逻辑，而结论又与母语者关于各地白语方言之间像与不像的经验判断一致，因此，这里提出的关于语言相似性的研究方法是成立的。

第五章

总结与讨论

自然语言交流是一种动态的多次复杂博弈,"语言是最包罗万象和组织得最好的形式"(王士元2006b),所以我们相信,除了由重大外部因素(如战争、灾难等造成的移民和接触)引发的调整期间之外,自然语言就是单位和规则之间最为协调的系统。也就是说,在语素音节表已经确定的前提下,音节单位声韵调的数量和它们之间的组合规则就是确定的。

5.1 对研究思路的简要回顾

前面的研究围绕两个问题展开:我们关于一种语言或方言的音系知识从何而来?语言学家说某种语言比另一种语言复杂或简单、某种语言和另一种语言之间像或不像,所谓的"复杂"、"像"的含义是什么?

目前所见的语言研究一般都不讨论所研究语言(或其方言)的音系知识的来源与方法,在语言演化、语言接触、语言类型等研究中都或明或暗地借助了关于所研究语言的很多日常经验判断,其中的一些基本观念和在此基础上所作出的研究都有反省的必要。

因此本书从这两个问题入手,通过重新分析韵书、韵图和赵元任(1930)等汉语语言学传统方法的理论价值,设计出音系调查和描写的音节表方法,以保证所提取的音系单位的充分和完备。

音系调查要求获得一种语言或方言的所有语音单位及其规则,本书基于对汉语语言学传统的分析,设计和使用了语素音节表方法。这种方法具有最少的理论预设,却能够最大限度获取一种语言或方言的所有音系单位。与此相比,常见的词表调查方法难以确定调查多长的词表才能获取所有的音系单位。(按此,根据对于某种语言或方言已有的音系知识设计出最低限度的词表作为音系调查的依据，这种方法就是音节表方法的特例。）

由于音节是最小的自然感知的语言单位，至少在大多数东亚语言中也是最小的语义表达单位，因此一个音节往往就表达一个语素。音节是单位和规则的统一体，音节表包含了一种语言或方言的所有的音节和音节单位及其规则，从音节表出发归纳出来的音系就是最严格的音系。

在此基础上，本书系统地调查了四种白语方言，得到了相对完备和充分的音系数据，为之后的田野调查、语言描写、历时研究等研究提供可检验的音系参照，对于没有文献传统的单音节语言的有关研究尤其具有意义。

更进一步，音节表蕴含着丰富的语言信息和历史文化信息，我们得到了四种白语方言和汉语普通话的音节表，就可以通过观察音节表上的音系单位及其之间的关系，来量化分析所谓的"复杂"与"像"。把音节表上的实际音节之间的相互关系作为比较的对象，避免了特征选择的取舍问题，同时以是与否、真与假这样的最简单的二项对立作判断依据，也避免了确定赋值标准的困难，尽可能地保证了论证和结论的客观性。

5.2 结论

经过上述调查和研究，本书得出以下主要结论。

5.2.1 音系复杂度

音系复杂度（degree of complexity）是一种语言的所有音节显示的音节单位之间的组合规律的程度，它可以化约为一种语言的音节单位按一定的组合规律所形成的实际音节数和理论音节数之间的比值。

语言是一个复杂适应系统，但目前对于语言的复杂性还没有一个普遍认可的定义。由于音节是单位与规则的统一体，音节表包含了所有的音节，并因此还包含了音节及其下各级单位之间的所有规则，本书据此定义了音系复杂度，把一种语言的音节表显示的音系复杂度作为对这种语言的复杂性的度量。

在此基础上，本书比较了四种白语方言以及汉语普通话的音系复杂度，按从高到低的顺序排列，音系复杂度依次是：汉语普通话 > 凤羽白语 > 大理白语 > 剑川白语 > 因远白语，即汉语普通话的规律性最高，因远白语的规律性最低。

5.2.2 音系相似度

音系相似度（degree of similarity）是两种语言中由相同音类（声韵调）组合而成的所有音节在各自的音节表中的分布之间的一致程度。

一种语言的实际音节在音节表上的分布，就是这种语言利用其语音单位的方式，其中蕴含着这种语言的内在规律。

本书通过比较不同语言的音节表上所有音节的分布，呈现了四种白语方言和汉语普通话等五种语言或方言之间的音系相似度，结果符合白语母语者关于几种白语方言之间相似程度的经验判断，即：（（（大理白语，凤羽白语）剑川白语）因远白语）汉语普通话。

此外，从音系相似度看四种白语方言和汉语普通话之间可能的共时关系，结果显示因远白语和汉语普通话最相似。结合关于音系复杂度的考察，进一步的分析表明因远白语正在和汉语深度接触。

5.2.3 音节表调查法

音节表调查法使用最少的理论预设就能获得这种语言的所有音系单位，为寻找语言中的普遍性提供了一个可验证的客观角度。

语素音形具有公共性并因此具有客观性，音节表最大限度地覆盖了一种语言或方言中所有的音节，并因此还包含了其单位（音节、音类、音位、区别性特征）的所有规则（其他规则可据此解释和定义）。

本书在汉语语言学传统的基础上设计了音节表调查法，第一次使用这一方法系统地调查了四种白语方言，获得了比较充分而完备的语料。由语素音节表出发得到的音系因此具有确定性，可作为量化研究的基础。

5.3 讨论

在Jakobson, Fant & Halle（1952）和Chomsky & Halle（1968）之后，音系描写都要做到区别性特征层面。由于辅音的实验语音学分析相对困难，本书最终没有全面展开这项工作。

另一方面，音节表调查如果能够获得一种语言的所有语素，就可以用来讨论语言作为一个复杂适应系统中的涌现问题，因为正是从音节这一级单位到语素这一级单位，语音获得了语义，语义的涌现非常突出地体现了CAS的"整体大于部分之和"的性质。我希望在今后的研究中能够调查更多的语言，获得它们的音节表及其所有的语素，对语言的复杂性开展更为广泛而深入的量化比较研究。

下面根据目前的材料讨论几个尚未完全解决的问题。

5.3.1 《广韵》和两种白语构拟的音系检查

Mathesius (1911) 认为，语言的新现象在任何时刻都可能产生，语言具有供个人表达和创造的潜在性，也具有为交际需要而保留现有形式的潜在性。在一个语言共时系统中，音位、语法、语义都有可以接受的变量同时存在，人们某一阶段的言语习惯在这些方面都存在波动，这种"静态的摆动"（static oscillation）现象不同于跨越时间阶段的历时性变化。雅可布森《语言和文学中的时间因素》认为，不能想象语言变化是一夜完成的，每个变化的开始和结尾都有一个共存的时期，新旧两种形式可能是新老两代人的语言特点，或者两种形式从一开始就属于两种不同的语言文体，属于同一代人的不同子代码，语言社会的所有成员都有感知和选择这两种变体的能力。共存和变化不仅不相互排斥，而且不可分割地联系在一起。（钱军1998:101）

这些思想在后来的研究中得到了证实。Krock (2000) 的"句法二言模式"（Syntactic Diglossia Model）认为一个人的大脑里有两种语法体系，个体在其间有倾向性选择。冯胜利（2012，2014）认为这是语体语法的表现，他把语体分为口头、书面、庄典三种，三种语体可以并存，以交际使用中的频率为转移，口语语体（幼儿习得）和书面正式语体（稍后学到）具有语言学上的不对称性。因此，不同的语法可以在同一个人的（不同语体的）语言中共存，而其使用频率则会有变化。（冯胜利2016:91-93）按此，一个人可以在一个共时层面上同时有多种"句法"，同一个语言社团中不同的人之间也可以有多种"句法"，但是因为这些"句法"之间一致的部分远远多于不同的部分（按照索绪尔的区分，这些共同部分属于"语言"，不同部分则属于"言语"），因此不会产生交流的障碍。

根据上文的讨论，一个音系的复杂度在0和1之间波动，音系复杂度的变化反映了语言的效率的变化：一方面，音系复杂度提高，意味着音节表上的空格减少，也就是这个音系对其音节构成单位的利用效率比较高；另一方面，语言时时处于变动之中，因此，音系复杂度的高低或效率的高低并非固定不变，而应该维持在一个区间之内变化，这个区间应该就是演变的范围与边界。音系复杂度从高往低变化，可能是受到了语言接触的影响，在借用目标语言的音节、音位、区别特征；而从低往高变化期间，则可能是其音系在将借进来的因素整合进自己的系统。

自然语言时时都在变化之中，但是作为复杂适应系统，任何一种语言或方言都是多次复杂博弈而产生的相对平衡，因此又具有相对的稳定性。如果这一认识成立,我们就可以断定,音系复杂度太低的情况,应该是这种语言或方言处于巨大的变化之中的表现。

上述研究思路与结果,提示我们注意一些异常的语言数据。根据赵元任(1955)统计,《广韵》有3,877个音节。按照《广韵》包括36字母、206韵的基础来计算,这个音系在理论上有29,644个音节,因此《广韵》音系的复杂度是0.5228(因为其韵目已分四声,否则,如再分四声则为0.1278),与现代汉语普通话的音系复杂度0.3701相差甚大。造成这一差异的原因,一个可能是《广韵》并非一个方言的、同一个言语社团的音系,它所记录的不是一种自然语言,而是同时包括了不同时代、不同地域的大量语言材料。

《广韵》在宋真宗大中祥符元年(1008)由《切韵》、《唐韵》等韵书修订而成,既增字加注又增订部目,而关于《切韵》音系的性质,学界一直有争论,很多人都认为它是一个综合的音系,例如王力(1958,1985:5),周祖谟(1966:458),张琨(1979),何九盈(1985:114),丁邦新(1995),潘文国(2002),曾晓渝、刘春陶(2010)。曾晓渝、刘春陶(2010)根据现代汉语方言音节数与《切韵》小韵数差异悬殊,认为《切韵》音系的综合性质是显然的,本书对《广韵》的量化分析与其一致,也许可以为覆查汉语音韵学的某些假定提供一个参照。

下面看另一个案例,即汪锋(2006/2012)构拟的早期白语。

p	ph	b	m	f	fh	v	
pf	pfh	bv					
t	th	d	n				l
k	kh	g	ŋ	x		ɣ	
q	qh	ɢ	ɴ	χ		ʁ	
ʔ				h			
ts	tsh	dz		s	sh	z	
tʂ	tʂh			ʂ	ʂh	ʐ	
tɕ	tɕh	dʑ		ɕ	ɕh		

	i	a	o	ɔ	ə	ɛ	e	E	æ	ɯ
		ã					en		æn	ɯ̃
		aŋ	oŋ				eŋ		æŋ	

续表

u	ui	ua			uɛ	ue		uæ
		uan	un			uen		uæn
		uaŋ	uŋ					

*55		*1		*1a		次清
						全清，次浊
				*1b		全浊，次浊
*33		*2				
*31		*3				
*4		*4		*4a		次清，次浊
				*4b		全浊，次浊
		(*5)				

如果这一模式就是（或基本是）白语在某一历史时间上的状态，由此可以得到当时的音节表的规模为 M =（45 + 1）× 27 × 4 = 4,968；而当时（时间不确定）的实际的音节数量，采用孔江平（2019）设定的"音节千三"的标准，即 S = 1,300。于是，其音系复杂度即为

$$C_{\text{Proto-Bai}} = S / M = 1300 / 4968 = 0.2617$$

这一复杂度与上文计算的几种白语方言比较接近，从这个角度而言，汪锋（2006/2012）构拟的早期白语比较接近自然语言。

下面按照同样的标准来看袁明军（2006b）构拟的原始白语。

p	ph	b	mb	m	hm			
pr~pl	phr~phl	br~bl			mhr~mhl			
pj		bj	ʔbj					
	krj	sbr						
kp	kph	gh	km					
t	th	d	n	hn	l	hl	r	hr
tr	thr	dr						
str	sthr	sdr						

续表

ts	tsh	dz	s	z	hs			
tsr	tshr	dzr	sr	zr				
tɕ	tɕh	dʑ	ɕ	ɲ̥	hɲ̥	j		ʔj
k	kh	g	ŋ	hŋ	ɣ			
(kw)	kwh	gw	ŋw	hŋw				
kɦ		mg(w)						
kwr		gwr						
q	qh	G	χ					
qw	qhw	(Gw)						
			mɦG					
ʔ	h	ɦ						
ʔw	hw							

a	o	ɯ	i	e	u
r-a		ɯ		r-e	r-u
rw-a	oN			rw-e	rw-u
aN		ɯN	iN	eN	
r-aN		r-ɯN		r-eN	r-uN
rw-aN				rw-eN	
aS	oS	ɯS	iS	eS	
r-aS		r-ɯS			r-uS

按照这一方案，袁明军（2006b）所构拟原始白语的音节表的规模为 $M = (79 + 1) \times 32 = 2560$，则其音系复杂度为

$$C_{\text{Prim-Bai}} = S / M = 1300 / 2560 = 0.5078$$

袁明军（2006b）没有构拟原始白语的声调，而且对此没做说明，似乎认为原始白语没有声调。由于他的构拟没有解释当代白语方言中同样的声韵组合下的音节之间的不同声调从何而来，但在具体的论述中总以"四声八调"来看白语和汉语的对应关系，因此我们假设他接受原始白语有8个声调。按此，他

的原始白语方案的音系复杂度就是

$$C_{Prim\text{-}Bai} = S / M = 1300 / 20480 = 0.0635$$

这样看来，如果不考虑声调，袁明军（2006b）构拟的原始白语的音系复杂度（0.5078）远高于汉语普通话这样经过长期整合的语言（0.3071）；如果考虑声调，则其音系复杂度（0.0635）又甚至远低于像因远白语这样处于急剧变化中的语言（0.1166）[①]。这些量化关系表明，袁明军（2006b）构拟的原始白语似乎并不可取。

5.3.2 系统演化的空间与策略

雅可布森举例说，在一个语言社会里，不能想象语言变化是一夜之间完成的，而应该是每个变化的开始和结尾都有一个共存的时期，信息就以两种形式表现为两代人的语言特点，或者是存在于两种不同的文体，而每一个社会成员都有感知和选择这两种变体的能力。（钱军1998:101）根据钱军（1998:5–6）的介绍，雅可布森在1926年10月与特鲁别兹科依通信中，强调"语言变化的动力之一是要保持足够的表现手段，以便区分不同的文体（比如区分带有或不带有感情色彩的表现手段）"。在1929年发表的《论俄语音位的发展及其与斯拉夫语言的比较》里，雅可布森根据语言是一个系统的思想，提出语言变化的"疗救性特征"（therapeutic character）理论，认为"语言系统总是在寻找一种平衡，这种平衡常常会在系统内部的某一点遇到危险。为了恢复平衡，就要在系统内部进行变化调整，而这一变化调整在恢复原有平衡的同时，又会在系统内部的另一部分带来问题，因而又需要有疗救性变化，如此往复不断"。（钱军1998:111–112）

关于白语的一些音系学研究，证明了上述理论。根据语音学研究，造成声调对立的策略可以有多种，例如改变基频参数（即调整声带振动的快慢）、改变开商和速度商（即调整声带振动的方式），白语在发一个调时只使用这三项中的一项、两项或三项和另一调形成声调对立。李煊、汪锋（2016）发现大理喜洲美坝村不同的白语母语者采用不同的策略区分声调，龚希劼、汪锋发现丽江九河关上村不同白语发音人的发声类型及松紧调对立的变异情况，都证实了这种策略性[②]。

[①] 袁明军（2006b:10–11）盛赞吴安其（2000）提出的原始白语"二声六调"，按此，如以他认为原始白语有6个声调计算，他所构拟的原始白语的音系复杂度（$C_{Prim\text{-}Bai} = S / M = 1300 / 15360 = 0.0846$）也仍然远低于因远白语（0.1166）。

[②] 龚希劼、汪锋《关上白语发声类型对立的变异分析》，稿本。

第五章　总结与讨论

　　同一语言社团的不同成员之间在区分声调时有不同策略，但是其中有交集，正是这一交集成为索绪尔所说的"语言"，符合语言的社会性，而每个成员的、每一次具体发音时的偏移就成为"言语"。在同一世代的个体之间和/或不同世代的个体之间，同一个声调的不同的发音形成一个交集，这个交集会在世代之间逐渐转移，语言的演化就是在一个又一个的交集形成的系统之间的连续变迁。

　　音质音位也有类似的性质。把大理镇下鸡邑村的四位发音人所发的元音标注在声学元音图上，可以得到下图：

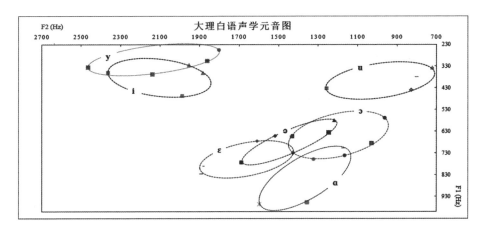

　　图中i和y有交集，ɑ和ɔ有交集，ɔ又和ɛ, ə有交集，只有u和其他元音没有交集。（如果分析更多母语者的发音，u应该也会和其他元音有交集。）然而，只要同一个人所发的不同元音之间能够区别开来，在同一句话甚至同一段话中不会有两个元音的相对位置（即其在舌位图上的上下、左右的关系）发生错乱或重合，同一语言社团的听者就能够正确地理解他的话。语言在地理空间上的差异反映它们的时间发展的序列（徐通锵1991:95–98），语音的特征空间和感知空间则反映了它们变异和演化的边界。

　　根据徐琳、赵衍荪（1984），剑川白语的特色之一是元音有松紧对立。他们的调查是在1950年代进行的，如今60年过去了，剑川金华镇白语中的松紧对立已经消失，但是附近的白族村寨则还有此对立（但似乎不成系统）。那么金华镇白语现在如何区别原来有松紧对立的音节？

　　2018年11月某日，我在剑川金华镇Zhao Yumei家调查。当天有五六位女性在场，年纪最大的老人有八十多岁，其次有七十多岁，年轻的也有五六十岁，她们都是剑川白语母语者。我调查了几个松紧音的发音，结果成长地不是金华镇的人说出几组不同的词，它们两两之间在语音上的最小对立只在于松紧之别，但金华镇的人却认为这几组词的读音分别相同，双方争论了一场，当时差不多要吵起来了。这个小插曲生动地说明金华镇白语没有松紧音的对立，而金华镇以外的剑川白语则有这一对立。

此前戴庆厦主编（2014）报道过与剑川邻近的丽江市玉龙县九河乡关上村的白语有松紧对立，我们因此在2016年7月调查了九河乡的关上、甸头等行政村，在接受我们的调查时，关上、甸头等行政村的白语发音人往往都说当地的白语最接近剑川的白语。那么剑川白语母语者又认为剑川白语和哪里的白语最接近呢？2018年11月在剑川金华镇的调查中，我向金华镇的两位男性Wang Huasheng（63岁）、Duan Jiewu（63岁）询问了这个问题，他们都说金华镇白语和丽江九河白语最接近；我的主要发音人之一Li Shugen出生于剑川县的三河（这里与九河乡甸头村非常近，步行不过90分钟），他也认为这几个地方之间的白语最相近，只是"语气上"有点儿不同。

下面来比较九河白语的松紧音与相应的剑川金华镇白语的读音，其中1950年代的材料来自徐琳、赵衍荪（1984）：

白语的松紧音：丽江九河与剑川金华镇

丽江九河，松音	剑川金华镇		丽江九河，紧音		剑川金华镇	
	2018年	1950s			2018年	1950s
平坝	tɑ³¹	tɑ³¹	tɑ̃³¹	桃子	tɑ̱³¹	tɑ̱²¹	tɑ̱²¹
难(难易)	nɑ³¹	nɑ³¹	nɑ²¹	蓝(蓝色)	nɑ̱³¹	nɑ̱⁵⁵/tɕʻɛ̱⁵⁵	tɕʻɛ̱⁵⁵
满	mɑ³³	mɑ³³	mɑ³³	稻草	mɑ̱³³	mɑ̱⁴⁴	mɑ̱⁴⁴
背(小孩)	mɑ³¹	mɑ³¹	mɑ³¹/vu⁵³/jẽ⁵³	拔	mɑ̱³¹	mɑ̱²¹	mɑ̱²¹
砍(树)	tsou³³	tsou⁴⁴	tso̱⁴⁴	穿(鞋)	tso̱u³³	tsou⁴⁴	(tso̱⁴⁴)
客人	kʰɑ³³	kʻɛ⁴⁴ji²¹	kʻɛ⁴⁴jĩ²¹	渴	kʰɑ̱³³	kʻɑ̱⁴⁴	kʰɑ̱⁴⁴
平	pɑ³¹	pɛ̃²¹	pɛ̃²¹	白	pɑ̱³¹	pɛ̱⁵³	pɛ̱⁵³
肉	kɑ³¹	kɛ²¹	kɛ²¹	剪	kɑ̱³¹	kɛ̱⁵³	kɛ̱⁵³
旧	kə³¹	kɯ³¹	kɯ³¹	救(救命)	kə̱³¹	kɯ̱⁵³	kɯ̱⁵³
寄(信)	pə³¹	pɯ²¹	tɕẽ⁵³	漂浮	pə̱³¹	pɯ̱²¹	pɯ̱⁵³
湖	pə³³	pɯ³³	pɯ³³/ko̱²¹	北	pə̱³³	pɯ̱⁴⁴	pɯ̱⁴⁴
手	sə³³	sɯ³³	sɯ³³	放(盐)	sə̱³³	kou⁴⁴(=脚)	ko̱⁴⁴(=脚)
豆子	tə³¹	tɯ³¹	tɯ³¹	戴(帽子)	tə̱³¹	tɯ̃⁵³	tũ⁵³

第五章　总结与讨论

续表

丽江九河，松音		剑川金华镇		丽江九河，紧音		剑川金华镇	
		2018年	1950s			2018年	1950s
漏(水)	ɣə³¹	ɣɯ³¹	ɣɯ³¹	学	ɣə̱³¹	ɣɯ⁵³	ɣɯ⁵³
树	tsə³¹	tsɯ³¹	tsɯ³¹	贼	tsə̱³¹	tsɯ⁵³	
苍蝇	zə³¹	sɯ̃³¹	sɯ̃²¹	晕(头晕)	zə̱³¹	sɯ̃³¹	
烟(香烟)	ŋĩ³³	jĩ⁴⁴	jĩ⁴⁴	天(一天)	ŋĩ̱³³	jĩ⁴⁴/ɕɛ̃⁴⁴	jĩ⁴⁴/ɕɛ̃⁴⁴
滴(油)	ti³³	tĩ³³		垫	ti̱³³	tiẽ⁴⁴	
指(用指指)	tʂɿ³¹	tsi³¹		捡	tʂɿ̱³¹	tsɛ⁵³	tsɛ⁵³(拾起)
蘑菇	ʂɿ³³	sɛ̃³³		割(草)	ʂɿ̱³³	sɛ⁴⁴	sɛ⁴⁴
说	tɕia³¹	tɕã³¹	sua⁴⁴/tsɔ⁵³	伙伴	tɕia̱³¹	tɕa⁵³(朋友)	tɕɑ̱⁵³
熟(果子)	kuɛ³¹	kuĩ³¹	kuĩ³¹/tsɿɣ⁵³	狡猾	kuɛ̱³¹	kv³³(鬼,精明)	kɣ³³(鬼)
圆	ŋuɛ³¹	uĩ²¹	ŋuĩ̱²¹	磨(面)	ŋuɛ̱³¹	uĩ⁵³	uĩ⁵³
拧(毛巾)	tsuɛ³³	tsue⁴⁴	tsui̱⁴⁴/ji⁵³	醉	tsuɛ̱³³	tɕy⁴⁴	
朵(花)	tɔu³³	tou⁴⁴		摔(下来)	tɔ̱u³³		
反(正反)	fɛ³³			胖	fɛ̱³³	fɛ⁴⁴	fɣ̱²¹
点(火)	kɛ³¹	ki³¹	kẽ³¹	碗	kɛ̱³¹	ki⁵³	ke⁵³
皮	pɛ³¹	pe²¹	pe̱²¹	剥(花生)	pɛ̱³¹	pe²¹	pe̱²¹
懂,明白	sɛ³³	sẽ³³	sẽ³³/sɯ⁴⁴	布	sɛ̱³³	se³³	se̱⁴⁴
回(家)	zɔ³³	ja⁴⁴kʻv³¹	ja⁴⁴kɯ⁵⁵	按	zɔ̱³³	ja⁴⁴	
想(去)	kʰɔ³³	kʻa⁴⁴	mi³³	馋(肉)	kʰɔ̱³³	kʻα⁴⁴	(kʰɑ̱⁴⁴=渴)
缝(衣服)	tsɛi³¹	tsɛ̃²¹/tsɿɛ²¹		断(折断)	tsɛi̱³¹	tsɛ̃⁵³	tse⁵³tsʻɯ⁵⁵
喝	ə³³	ɯ̃⁴⁴	ɯ̃³³	骂	ə̱³³	ɯ⁴⁴	ɯ⁴⁴
举(手)	tɕy³¹	tɕy³¹		亲(小孩)	tɕy̱³¹	tɕy⁴⁴	tɕy²¹
胡子	ɣo³¹	uo²¹	ɣu²¹	下(雨)	ɣo̱³¹	ɣou⁵³	ɣo⁵³
剩(剩下)	zɯ³¹	sɯ̃³¹	tsa³⁵	献(敬献)	zɯ̱³¹	kou³³(=哥哥)	
九	tɕɯ³³	tɕɯ³³	tɕɯ³³	浸入	tɕɯ̱³³	tɕɯ̃³³	tsɯ²¹
挤(牙膏)	tɕe³¹	tsui⁴⁴		追	tɕe̱³¹	tɕi⁵³	tɕi⁵³

147

续表

丽江九河，松音	剑川金华镇		丽江九河，紧音		剑川金华镇	
	2018年	1950s			2018年	1950s
借(钱)	tɕe³³	tɕɛ⁴⁴	tɕɛ⁴⁴	蚂蟥	tɕe³³	tɕi⁴⁴	tɕi⁴⁴
老鹰	ua³¹	ua⁵³	ti⁵⁵lu³³ua̠⁵³	核儿	ua³¹	ua̠⁵³	ua̠⁵³
血	sua³³	sua⁴⁴	sua̠⁴⁴	年	sua³³	sua̠⁴⁴	sua̠⁴⁴
五	ŋv³³	ṽ⁴⁴	ŋv³³	孵	ŋv³³	v̠⁴⁴	vu̠⁴⁴
筷子	tsv³¹	tsṽ³¹	tsy³¹	虫	tsv³¹	tsṽ̠²¹	tsỹ̠²¹
士兵	kv⁵⁵	kṽ⁵⁵	kỹ44	聋	kv⁵⁵	kṽ̠⁵⁵	kṽ̠⁵⁵tɯ̠²¹po̠²¹
草	tsʰv³³	tsʻu⁴⁴	tsʻu³³	春	tsʰv³³	tsʻa̠⁴⁴	
种子	tsv³³	tsṽ³³	tsỹ⁴⁴	竹子	tsv³³	tsv⁴⁴	tsv⁴⁴
他	mɔu³¹	pɔ³¹	mo³¹	细	mɔu³¹	mõ⁵³	mo⁵³
黄瓜	pʰɔu³³	pʻa⁴⁴	pʻo⁴⁴	泡(茶)	pʰɔu³³	pʻa³³	
长	tsɔu³¹	tsõ²¹	tsõ̠²¹	茶	tsɔu³¹	tsou²¹	tso²¹

材料来源：丽江九河=戴庆厦（2014）；2018年=本书的调查；1950s=徐琳、赵衍荪（1984）（有的词项不见于书末附录的词表，而见于之前的正文，不再一一注明）。

由于徐琳、赵衍荪（1984）说剑川金华镇白语有松紧音，而剑川和九河两地的白语母语者都认为自己说的白语和对方一样，因此我们可以假设九河白语大致就是金华镇白语此前的状态。按此，上面的材料就显示出金华镇白语主要使用了区别声调的方式来表达松紧音的对立，具体的策略可以总结如下：

九河	剑川		九河	剑川	
	1950s	2018年		1950s	2018年
松31	31松	31	松33	33松	33
	21紧	21		44紧	44
紧31	53紧	53	紧33	44紧	44
	44紧	31			33
	21紧	21	紧55	55松	55

此外，上面的材料显示，剑川金华镇白语当然也还使用了改变韵母、改变

声母的手段，甚至允许原来有松紧对立的词之间同音，例如其中的这些音节：

tsou⁴⁴"砍（树）"/ tsou⁴⁴"穿（鞋）"
sũ³¹"苍蝇"/ sũ³¹"晕（头晕）"
pe²¹"皮"/ pe²¹"剥（花生）"
ja⁴⁴kʻv³¹"回（家）"/ ja⁴⁴"按"
kʻa⁴⁴"想（去）"/ kʻa⁴⁴"馋（肉）"
ua⁵³"老鹰"/ ua⁵³"核儿"
sua⁴⁴"血"/ sua⁴⁴"年"
kṽ⁵⁵"士兵"/ kṽ⁵⁵"聋"

遗憾的是，我们既没有1950年代剑川金华镇白语的音节表，也没有调查当前九河白语的音节表，否则可以把它们和金华镇白语当前的音系作量化比较，从松紧对立的消失来看语言的复杂性。

不论如何，九河白语只有3种声调，即使区分松紧也只有6种声调，但剑川金华镇白语有7种声调，声调数量的增加应该就是语言作为复杂系统的一种表现，因为九河白语的松紧音之间成系统的对立，而徐琳、赵衍荪（1984）显示，即使是在1950年代，剑川金华镇的白语也没有如此系统的松紧对立。

类似的现象也见于其他方面。徐琳、赵衍荪（1984:120）说："大理方言和碧江方言的舌面鼻音ȵ在剑川方言与j可以自由变读，但剑川方言j声母后面的元音有鼻化现象。"他们举了下面的例子：

	剑川	大理	怒江		剑川	大理	怒江
天、日	ji⁴⁴	ȵi⁴⁴	ȵi⁴⁴	哥哥	jõ⁵⁵	zɣ³⁵	ȵy⁵⁵
个（人）	ji⁴⁴	ȵi²¹	ȵi²¹	咱们	jã⁵⁵	ȵa⁵⁵	ȵo⁵⁵ȵo²¹
船	ji²¹	je²¹	ȵa²¹				

正如徐琳、赵衍荪（1984）所说，剑川金华镇白语的j-声母对应于大理白语的鼻音声母ŋ-与n-，这种对应的音节也就都带有鼻化韵，如：jũ³³"女儿"，jĩ²¹"人"，以及更为典型的niã⁵⁵"量"（丈量，测量），ta³¹ŋa⁵⁵"准备，衡量"，ja⁵³y⁵⁵"马铃薯"。

这个例子也显示出不同的白语方言之间的演化策略差别：由于ȵ-和j-之间的区别是由于是否阻塞而造成鼻音与非鼻音，因此不同的白语方言在处理鼻音化这个特征时可以有不同的方案：将其处理为声母的特征，或者处理为韵母的特征。处理为韵母的特征，则有如下解释：j-后面的元音有鼻化现象，就使整个音节都带上了鼻化的色彩。

从直观上看，本书讨论的大理、凤羽、剑川、因远等四种白语方言的音系复杂度与音系相似度似乎可以为白语次方言分区提供依据，进而言之，如果历史语言学的著名论断"空间差异反映时间序列"（徐通锵1991:95-98）也适用于语言复杂性（complexity），那么本书的音系复杂性研究就为历史语言学提供了一种量化方法。但作出这一假设需要冒着很大的风险，毕竟，语言的宏观演化历史与语言复杂性之间的关系尚未经过系统而又具体的理论论证。

5.3.3 音义匹配问题

Labov (1973) 说，"If linguistics can be said to be any one thing it is the study of categories: that is, the study of how language translates meaning into sound through the categorization of reality into discrete units and sets of units." 世界是一个连续的整体[1]，语音（尤其是其中的元音）也是一个连续的整体，那么如何把世界和语音分别切分为离散的单位，然后再在它们之间建立起音义匹配关系，就是一个重要的问题。

音义关系问题受到关注已经有很长的历史，由于目前我们还无法论证人类语言为单一起源还是多元起源，所以存在这样一种可能：任意性原则只是作为一种工作假设而成立。[2]

汉语有丰富的历史文献，为研究汉语历史上的音义匹配现象提供了大量的材料，孙玉文（1999，2015）、张忠堂（2010）、谢维维（2012）、赵团员（2016）等即据此研究了汉语的音变构词现象。然而，汉语和白语都是单音节语言，从中获得的理论和方法是否具有普遍性，这些研究以及本书的上述研究能否推广到其他语言，尤其是多音节的语言？

布洛赫、特雷杰（1942:80,81,87）给出了美国英语的22个辅音音位、48个位于词首的辅音丛、6个元音音位。虽然这还不是英语的所有音位配列（因为没有给出位于词首的舌尖辅音+/j/ 的组合以及位于词中、词尾的辅音丛），仅以CV模式计算，其音节表的规模是4,200个；如果计算CVC的音节结构模式，

---

[1] 我信奉维特根斯坦（1921）的如下断言："1.1 世界是事实的总和，而非事物的总和。"［这个命题，Ogden (1922) 的英译是 "The world is the totality of facts, not of things."］至少，我们经验的世界是连续的（例如舌位图所标示的三个元音a, i, u之间的关系），虽然普朗克（Planck, M.）《黑体光谱中的能量分布》（1900）断言物质和时间在量子层面上都不是连续的。

[2] Blasi et al. (2016) 分析了4298种语言中的系列词语，认为毫不相关的语言往往把相同的读音用在相同意义的词语中。如果他们的结论是成立的，那么，按照人类生理和心智的一致性，不同语言之间就应该具有系统的音义对应关系。不仅如此，还可以据此作出两个具有递进关系的推论：1. 按照历史比较语言学的通则，（所有的）人类语言都同源；2. 结合人类非洲走出说，现代人类在走出非洲之前就已经有了语言。遗憾的是，除了古DNA研究等领域之外，目前我们似乎还无法对此提供多少有用的意见或信息。

即使音节首、尾的辅音都只以单辅音计算，其音节表的规模就达到了13,400个。与本书研究的五种语言或方言相比，英语的音系复杂度就很低。

然而，英语母语者的负担并未因此增加（并不觉得学会自己的母语是一件困难的事情），英语和汉语的音系复杂度差异就说明它们是两种性质的语言，其中的差别另有规律。由于本书没有使用英语等语言检验自己的方法和结论，不敢对此轻易作出判断，目前我的认识是，存在这样的可能：本书根据汉藏语的单音节性以及声韵调模式所建立的音系复杂度研究，是一种特例，它在何种意义上对于研究其他语系的语言有帮助或有多大帮助，还需要再研究。

这一点并没有削弱本书的结论对于汉藏语研究的价值；相反，由于汉语、白语以及更多的汉藏语言是经过长期的演化形成的自然语言，使用人口的总体数量巨大，因此汉藏语言中的规律可以作为一种参照，以观察可能的语言普遍理论的成立条件与内在性质。

此外还可以有一种相对极端的辩护。科姆里（Comrie, 1981）开篇就详细讨论了研究语言共性的两种主要的方法，即乔姆斯基模式（生成语言学模式）和格林伯格模式（语言类型学模式），他肯定了格林伯格模式，同时并没有完全否定乔姆斯基模式。罗素（1945:234）讲过一个故事，可以用来比喻这两种模式之间的关系："欧几里得几何学是鄙视实用价值的，这一点早就被柏拉图所谆谆教诲过。据说有一个学生听了一段证明之后便问，学几何学能够有什么好处？于是欧几里得就叫进来一个奴隶说：'去拿三分钱给这个青年，因为他一定要从他所学的东西里得到好处。'然而鄙视实用却实用主义地被证明了是有道理的。"

其中的道理并不复杂：如果基于事实而得出的理论是自洽的，这一理论就有自身的价值；如果这一理论的逻辑同时并无错误，那么它就应该是成立的。所以，有人问爱因斯坦，假如爱丁顿等人在1919年的观测结果没有证实相对论的预言，他将如何反应，爱因斯坦的回答是："那我会为亲爱的上帝感到遗憾。理论终究是正确的。"[①]

[①] When asked by his assistant what his reaction would have been if general relativity had not been confirmed by Eddington and Dyson in 1919, Einstein said: "Then I would feel sorry for the dear Lord. The theory is correct anyway." See: Rosenthal-Schneider, Ilse, *Reality and Scientific Truth*. Detroit: Wayne State University Press, 1980:74. (See also Calaprice, Alice: *The New Quotable Einstein*. Princeton: Princeton University Press, 2005: 227.) (https://en.wikipedia.org/wiki/Gravitational_lens.）

致　谢

本书在很大程度上是我多年追随陈保亚教授学习理论语言学的一个结果，尤其是阅读和思考他的代表作的结果。所以我首先要感谢陈保亚教授，作为我的博士导师，他从来都不限制我做什么具体的研究。不过，他提醒我，我的音系研究其实是在用量化标准来回应赵元任（1934）的历史标准，为避免我研究失败而不能按期毕业，他要求我把田野调查做好做透，本书的很多田野调查即得到他主持的几项重大课题的资助。

我和孔江平教授、汪锋教授经常一起喝茶、喝酒，每一杯茶或酒里都有很多语言学。正是从孔江平教授那里，我学会了尽可能把语言学问题转换成语音学问题，然后使用实验方法去论证它。汪锋教授常常使我没有发作民族脾气而把热情投入学术，但当他在我的博士论文预答辩会上建议我改题目时（而陈保亚教授自然同意了），还是吓了我一大跳：从"语言单位与语言规则"改成"音系复杂性"，意味着改变研究方向。不过多年的交往使我信赖他的友谊和眼光，至少目前看来他是正确的（代价是我的右手拇指因劳累过度而一度患上腱鞘炎，严重到无法动弹的地步）。

王士元教授在刚得知我考上北大时就关心我的研究计划，他认可我研究语言单位与语言规则的关系，而建议我放弃历时同一性。他的建议中蕴含的研究视野之广博和学术洞察力之深邃，使我免于深陷在历时同一性之中无法自拔。王洪君教授一直都没有厌烦我不分时间和场合的请教，她肯定了我对赵元任（1934）的音系相对性等问题的思考。端木三教授则以自己的研究经历鼓励我反思赵元任（1934）。他们使我有勇气尝试在这个问题上走得更远。王洪君教授还主动帮我向罗常培先生的女儿询问罗先生在西南联大时调查白语的手稿，李壬癸教授则主动帮我向几位语言学前辈询问李方桂先生调查白语的手稿，虽然结果都是不知下落，他们的情谊仍然让我铭感于心。我每一次去北大中文系都喜欢找邵永海教授抽烟，但是怕遇见郭锐教授：他们的话语都很温和，他们的情谊鞭策我要尽力做好论文，但他们的微笑是巨大的学术压力。

王明珂（1997）认为接触会造成差别，而陈保亚（1996）认为接触会造成

致　谢

一致，这两种相反方向的变化一直让我迷惑。王明珂教授送给我多种他的著作，几次给我解答历史学问题，甚至为我改过论文。他提示我，语言也是文化的一种表征，使我一直都记着种种语言表象的背后还有活生生的人。

本书的很多想法都和我的同学刘文、余德江、余超、鲁方昕、吴南开等多位语言学博士讨论过。刘文总是鼓励和帮助我发展每一个想法，他甚至手把手教会我多种语音分析方法，难以想象没有他的帮助我将会如何毕业。余德江喜欢追溯原创文献，我们讨论过许多语言学和哲学的问题，他和鲁方昕、吴南开以及李子鹤老师阅读了论文初稿。我们一次又一次走过北大的"语言学之路"，我们喝咖啡、散步时的讨论是非常珍贵的研究活动，他们分享的很多外语文献丰富或调整了我的研究。此外，严实博士帮忙分析了几个白语人群的遗传学数据，雷瑭洵博士提供了他对郭锡良（1986/2010）的修订，邵永海老师的硕士王志浩同学翻译了 Dell (1981)，谨此一并致谢。

感谢论文的六位匿名审稿人提出的很多意见，尤其是不足与建议。我也感谢我的论文答辩委员会，五位教授的问难和讨论几乎把紧张的答辩变成了一次自由讨论。

我曾经在云南大学茶马古道文化研究所工作十年，本书的很多文史研究就是当年在木霁弘教授的支持下完成的，我很遗憾如今他因为失语而不能自由讨论问题。杨普法、陈静涛、胡皓明、郭涌麟、郑刘梅、罗洪波、李金胜、曾云等朋友一直以各种形式鼓励和支持我完成这项研究，他们的戏谑、夸奖、激励、帮助，提高了我的研究热情。我的小学同学杨孟松在家乡帮我处理过很多生活事务，我的本科师兄郑艺、同学周友量为本书的一些调查提供了方便。这些情感滋润着我的整个研究过程。

语素音节表调查每一次都让我苦不堪言。每当我绝望地等着发音人搜肠刮肚、冥思苦想某个音类组合有没有意思、有几个意思之时，就禁不住责备自己设计了这种沉重的方法，并思考前人为什么没有采用这种简洁明快的方法（现在仍然不明白）。所以我也要感谢接受我调查的每一位发音人。

我的家人不懂我的工作，但是他们知道我在做有意义的事，所以他们总是尽可能少打扰我。（例如，我的孩子一直都说不想我，但是有一次他为接我回家而在深夜里的机场困得睡着了。）母亲在我读博士期间突然去世，深夜里我们赶回家，我抱起孩子看她最后一眼，孩子伸手摸摸她的脸，可是她再也不会笑了。——我最想感谢的人已经听不到我的感谢，我还能说什么呢？

后 记

据说一篇博士论文最重要的部分是它的"后记",因为别人会先读、认真读这个后记,正文则往往只在此后随便翻翻而已。这种说法未免言过其实,根据我的经验,至少北大不全如此。不过,由于不能免俗,我实际上也多次想过怎么写这个后记:每一次,我都想到第一句话写"感谢陈保亚老师接受我再次跟随他读书",第二句话写"在这四年中我比以往任何时候都更多、更深地体验了'师傅领进门,修行在个人'的古训"。

以上这段话中的自指称性质,反映了我对于这四年的学习过程及其结果(这本论文是其中之一)的想法非常复杂。据说董同龢先生在哈佛访问时把博士学位(Ph. D.)戏称为"屁也吃得",这个玩笑多少能表达一点我的感受,虽然我并不完全认同。

当然,作学生就该有学生的样子,所以这四年里我常常或"战战惶惶,汗出如浆",或"战战栗栗,汗不敢出"。这并非借古人之令誉以自况,表明知耻而已。考虑到"后记"这一"文类"其实并不适合述说什么复杂的想法,所以在如此这般感谢之后,我想这篇后记就可以结束了,因为学术致谢基本上都已经写在论文的"致谢"里了。

不过,又据说我平时说话稍嫌啰嗦,这里就再啰嗦一下:我想解释论文的开头为什么那么写。博士论文的另一个套路(或作为一种文类的格式)是开篇写"综述"介绍别人的研究,然后进入正题,而我的"问题与方法"中其实也有很多内容属于综述。但如果有人跳过本书的"综述",直接从"问题与方法"开始读起,一定能节省他不少时间,就符合我的本意了。所以,我觉得似乎应该感谢这么读这本论文的人。

这一感谢的原因有点复杂。《论语·宪问》说"古之学者为己,今之学者为人",我读书、思考的主要目的,一直都主要是为了解决自己的疑问。——以前有人笑话我是"古人"(因为我不用支付宝),看来她还是有点道理的。至于这个她是谁,就不要问了,因为我这么写的目的就是为了把注意力引向这个疑问，留下一个问题来结束这个"后记"。

——以上是不是用了太多的否定了？嗯，这个有象征意味。

就这样。

附录

大理白语语素音节表

	55	44	33	35	53	42	31	21
i								
pi	pi55ma53 蓖麻	pi44 女阴	pi33 矮	pi35 盐		pi42 变	pi31 蓑衣	pi21 麻(a.)
				pi35 编织			pi31 比较	pi21thv55 芋头
				pi35 遥迢				pi21pu21 蚂蚁
				pi35 左边				pi21kua44 鼻子
phi		phi44 (谷物)不饱满			phi53 慢		phi31 片(c.圆形)	
mi	mi55ua44 月亮	mi44 根	mi33 想	mi35tsɔ53 汤勺	mi53ɕi53 眼泪	mi42 蜂蜜		mi21 篾
fi		mi44tv35 脸孔						
vi								
ti	ti55 第(儿)		ti33 父亲	ti35 (用手指)拔				

续表

附 录 大理白语语素音节表

	55		44		33		35		53		42		31		21	
thi	thi55	提	thi44	锡												
ni	ni55	您	ni44	装进(袋子)											ni21	银
			ni44	天(c.)			ti35zw53	敌人							ni21ka35	人
															ni21	位(c.)
															ni21tshou55	棺材
ki																
khi																
ŋi																
xi																
ɣi																
tɕi	tɕi55	儿	tɕi44	蚂蟥	tɕi33	拉	tɕi35	多			tɕi42	渗透	tɕi31	田	tɕi21	旗
	tɕi55kue55	犁头	tɕi44	(阴茎)勃起	tɕi33	双(c.鞋袜)	tɕi35	关(门)			tɕi42 xə55	生育,下蛋,出生			tɕi21	棋
					tɕi33	姐姐										
tɕhi	tɕhi55	辣	tɕhi44	浅					tɕhi53si35	其实			tɕhi31	刺(n.)	tɕi21	镯子

音系复杂性：以白语的语素音节表为中心

续表

	55		44		33	35		53	42	31		21	
	tchi55	肥料	tchi44	掏									
	tchi55	倒	tchi44	七									
	tchi55tɕia21	亲戚	tchi44	伸（舌头）									
			tchi44	力气									
			tchi44	生气(a.v.)									
			tchi44	汽									
			tchi44	住外									
			tchi44	油漆									
			tchi44	刷油漆									
ȵi	ȵi55	您	ȵi44	天（量词）						tchi31 ta35	剪子	ȵi21	位（量词）
												ȵi21ka35	人
												ȵi21tshou55	棺材
ɕi	ɕi55	细	ɕi44	糊（墙）									
	ɕi55ɕia55	醒	ɕi44	四		ɕi35	柴			ɕi31	死		
	ɕi55miɔ42	石榴	ɕi44	（芋头）粘连		ɕi35	新			pi31ɕi31	鼻涕		
	ɕi55ȵv42	祖先	ɕi44	（味道）麻		ɕi35	吸（烟、气）			ɕi31xua35	喜欢		
						ɕi35	心						

附　录　大理白语语素音节表

续表

		55		44		33		35		53		42		31		21	
ɕi		ɕi55ɕɯ44	细心					ɕi35	中心								
		ɕi55ɕi33	凉快														
ji		ji55si44	意思	ji44		ji33	（刀）锋利	ji35	衣裳								
				ji44sɯ44	医（治疗）			ji35pe42	衣服					ji31	拉（屎）	ji21	找
					医生			ji35kua35	衣裤（衣服）							ji21ta21	大刀
								ji35	一								
								ji35ta35	刀子								
tsi		tsi55	做，作	tsi44	儿子	tsi33	酒	tsi35	真	tsi53	检						
		tsi55	至，到（什么程度）	tsi44pa44	牙齿	tsi33	集市	tsi35	针	tsi53	十						
						tsi33	舔	tsi35	油，脂肪			tsi42	放	tsi31	分娩	tsi21	秧苗
		tsi55fv55	棕树			tsi33	把（c.刀）	tsi35	值 (v.)					tsi31	纸	tsi21	浸泡
tshi		tshi55	丢失	tshi44	尺子									tsi31	过失		
		tshi55	输	tshi44tɕy33	牙齿					tshi53 tɔ55	迟到			tshi31	讨厌，厌恶		
		tshi55	葱											tshi31	种族		
		tshi55	肿											tshi31	恶习		
		tshi55	身体														

续表

	55	44	33	35	53	42	31	21
si	tshi55khv55 吃亏 tshi55 吐 si55 深 si55 四 si55 猴子（属相） si55 甩	si44 稻子		si35 十 si35 书 si35 字		si42 住宿	si31 疼痛 si31 屎 xa55si31 米饭 si31 第二	si21 坛子 si21 影子
zi								
u	u55tɕy44 亲嘴 u55tɕua53 喜鹊 u55lu55 雾 u55 一点（c.液体）	u44 浇（水） u44 舀（汤水）	u33 墙 u33 守护,顶古	u35 弄弯	u53 下（雨雪） u53 容易 u53 下陷		u31 五 u31ku21 葫芦	u21 扶 u21cua35 猴子 u21tɕhou31 玩耍 u21ma35 青蛙
pu		pu44 拍打 pu44 抱(c.)	pu33 饱		pu53 薄		pu31 朴 pu31 鼓胀	pu21 高地
phu	phu55 铺(v.),床铺	phu44 黄瓜		phu35 扑				

附　录　大理白语语素音节表

续表

	55	44	33	35	53	42	31	21
mu		phu44 溢出	mu33 没有	mu35 tsw33 或者、要不		mu42 细、塞	phu31 奉承	mu21 逃
fu							phu31 铺子	
vu		mu44 摸						
tu	tu55kua53 冬瓜	tu44 冷冻(v.)	tu33 男根	tu35 下毒(v.)			tu31 堵	
	tu55pu31 公鸡	tu44 冻(a.)		tu35 毒药(n.)				
				tu35 有毒(a.)				
thu	thu55 讨	thu44 路	thu33 移动		thu53 图		thu31 移动、挪	
	thu55v44 讨媳妇	thu44 泥土					thu31 土气、憨	
nu				lu35 足够	nu53 笨		lu31ma21 鲁莽	nu21 袋子
				lu35 六				nu21 脓
				lu35ku35 玉米				
ku	ku55mu33 姑父	ku44 爱护、照顾		ku35 姑			ku31 (年纪)老	ku21 桥
				ku35 胶			ku31 (植物)老	ku21 瓶子

续表

	55	44	33	35	53	42	31	21
khu	khu55 耪（草）	khu44 苦（味）					khu31 艰苦	ku21tɕy55 (小孩)阴茎
	khu55 摘除（叶子）	khu44 能，擅长，喜欢					khu31 努力	khu21 小洞
	khu55 刻，雕刻							
ŋu								
xu		xu44 炖	xu33 好	xu35 踢	xu53 糊		xu31 烧（猪毛）	
yu				tɕu35tsi44 橘子	xu53 和牌			
tɕu		tɕu44 跳	tɕu33 早	tɕu35 踢			tɕu31 吃（詈语）	
tɕhu	tɕhu55 闻，嗅	tɕhu44 炒		tɕhu35 (某)族			tɕhu31 臭	
	tɕhu55 粗	tɕhu44 草					tɕhu31 搜	
nu	nu55 冲（茶水）							
ɕu	ɕu55 烧	ɕu44 酥(v.)		ɕu35 席			ɕu31 扫	

附　录　大理白语语素音节表

续表

	55	44	33	35	53	42	31	21
ju		ɕu44sɿ35 酥肉						
tsu		ɕu44 塑(像)						
tshu								
su								
zu								
y	y55 玉	y44 遇						
py	y55ti35 蜻蜓							
phy								
my								
fy								
vy								
ty								
thy								

续表

	55	44	33	35	53	42	31	21
ny								
ky								
khy								
ŋy								
xy								
ɣy								
tcy		tcy44 醉	tcy33 嘴	tcy35 掏		tcy42 醉		tcy21 (小孩)规矩、听话
tchy		tchy44 熏 tchy44 烧	tchy33 口 (c.)	tchy35 客气	tchy53 tchy44 蟋蟀		tchy31 一些	
ny								
cy	cy55li55 梨	cy44 塑(像)	cy33 水	cy35 虚,虚弱		cy42 多	cy31 许,许诺	
	(phɯ55) cy55cy55 口哨							

附　录　大理白语语素音节表

续表

	55	44	33	35	53	42	31	21
jy								
tsy								
tshy								
sy								
zy								
a	a55 谁,何	a44 鸭子	a33 看	a35 安放			a31 一	
	a55ku55 外公	a44 安置		a35 撒(尿)			a31lou42 各各(面称)	
	a55pha55 外婆							
	a55mi55 猫			a35khe33 马鞍				
pa	pa55 他们	pa44 倒塌	pa33tsi44 泡沫	pa35 群(c.)	pa53 乳汁	pa42 帮忙	pa31 搅拌	pa21 味道
	pa55 争辩	pa44 大碗		pa35 帮助	pa53 乳房		pa31lia31 (言语纠缠)	pa21 盆
	pa55 办(事)			pa35 八	pa53 包(c.豆角等)			
pha	pha55 钉耙	pha44 扒,耙			pha53 盘(是非)			
	pha55tsha21 牵绊	pha44 菜(vs.汤)						
		pha44 挑(刺)						

音系复杂性：以白语的语素音节表为中心

续表

	55	44	33	35	53	42	31	21
ma		pha44 生气(贬义) ma44 稻草		ma35 推，撑 ma35 揣进(衣服) ma35 怎么(发语词) mɯ35 馒头 thv21 头发 tuu21 ma35	ma53 忙		ma31 满	ma21 毛
fa	fa55tca55 放假 fa55ɕuo35 放学	fa44su55 反正(无论如何)	fa35ce55 发现					
va				va35tsi31 袜子				
ta	ta55kɔ44 大哥 ta55ti33 大伯 ta55mɔ33 伯母 ta55 大姑姐			ta35 肩挑 ta35 (用嘴)叼 ta35 一沓(c.)	ta53 踩	ta42 呕吐	ta31 偷 ta31 平坝 ta31 胆 ta31khv31 胆量	ta21 弹(乐器) ta21 发抖 ta21 桃子
tha	tha55 探，够	tha44 塔 tha44 盖(被子)			tha53 糖		tha21 炭 tha21 (钥匙)根	

续表

	55	44	33	35	53	42	31	21
		柿子						
		tha44tsi33						
na	你们	艰难		翻,揭	拦			难
	na55	la44	la33	la35	la53			na21
		腊（肉）	烂	辣椒				南
		la44(kɛ21)		la35tsi31				na21
		（食物）变质，过期						了（完成体）
		la44(xuo44)						la21
	瘦肉	将（介词）	倾诉	教				（口）含
	ka55pɯ21	ka44	ka33	ka35				ka21
	甘蔗	滚		教养		掸	（成捆的）稻草	刺猬
ka	ka55tsi35	ka44		ka35ja44		ka42	ka31tsi44piɯ21	ka21
	（性格）计较	硌（脚）		高		排（水）		
	ka55kɔ35	ka44		ka35		ka42		
	固执			水桶（大桶）				
	ka55			ka35				
				干				
				ka35				
				肝				
				ka35				
				甜				
				ka35mi44				
		渴			扛		卡住	
kha		kha44			kha53		kha31	
		盖（v.）		粘（v.a.）				汗
ŋa	我们	咬						
	ŋa55	ŋa44		ŋa35				ŋa21

续表

	55	44	33	35	53	42	31	21
xa	xa55 看 xa55 艾草,蒿草	ŋa44 (肚子)疼 xa44 用筷子扒(吃)	xa33 汉	xa35 憨 xa35 缝(被子)				ŋa21 棺材
ɣa								
tɕa	tɕa55 犟,坚持	tɕa44 接 tɕa44 节日	tɕa33 假	tɕa35 夹 tɕa35xɔ35 刚好	tɕa53 朋友 tɕa53 捎带,送		tɕa31 假	tɕa21 次
tɕha	tɕha55 呛	tɕha44 贴					tɕha31 抢	
na	na55 咱们							
ca	ca55 下(v.)	ca44 杀 ca44ka53 虾		ca35 闲 ca35 箱(c.) ca35xu31 吓唬	ca53 裹拢(颗粒等)		ca31 想	
ja		ja44 压 ja44(tu21) 种(蚕豆)	ja33 一些	ja35 请求 ja35(kha44) 央(告)	ja53 洋(a.)	ja42 (往回)	ja31 养	ja21 收割,收回 ja21 快跑(v.)
tsa		tsa44 做(木工活)	tsa33 头发	tsa35 焦	tsa53 煮	tsa42 赈	tsa31 盏(c.灯)	tsa21 蚕

续表

	55	44	33	35	53	42	31	21
tsha		tsa44 胀(v.a.)		tsa35ɕi35 焦心			tsa31 挪,移动	tsa21 剩余物
	tsha55 午饭	tsha44 砸						
	tsha55 错	tsha44 捅		tsha35 搽,擦				
sa	sa55 三(个)	sa44 三(语气词)		sa35 瘦		sa42 伞		sa21 c.(火)
	sa55 互相	sa44 腌制		sa35 鞔(鞋)		sa42 撒		
za			za33 让					
e	e55 二	ə44 二	ə33 下(a.)	ə35 (婴儿)折磨(人)			ə31 否	
	ə55kɔ33 二哥							
	ə55tɕhi55 二气(倔强)							
pa		pa44 拜		pa35 裂开	pa53 白		pa31 木板	pa21 扒,耙
				pa35 白白的(ad.)	pa53 白语,白族		pa31 病(n.v.)	pa21 牌(纸牌,麻将等)
								pa21 平
pha	pha55 软	pha44 割,破						
	pha55 湿							

续表

	55		44		33		35		53		42		31		21	
		明(天,晚)		爬		马		(私自)打算				买				明亮
mə	mə55		mə44		mə33		mə35				mə42				mə21	
																鸣叫
															mə21	
		一丝(c.)		发烧		翻										
fə	fə55		fə44		fə33											
				胖		反										
			fe44		fe33											
				发(家)												
			fe44													
				发酵												
			fe44													
				背(v.)		睄				颗粒						
ev			tə44		tə35				ta53							
						能,可以										
					tə33											
				缺口(v.)				捆						拉稀		
tə			thə44				lə		le53				thə31			
				领				怕,惊						邋遢		
ne			lə44				kə35		ka53				lə31thə31			
		今		捉		铜		移栽		剪		镜子		撬动		肉
ka	kə55		kə44		kə33		kə35		ka53		kə42		ka31		ka21	
				鳞甲				茎,把儿				价钱		块(c.)		
			kə44				kə35				kə42		kə31			
								间(c.房子)				供奉				
								kə35				kə42				

170

续表

	55	44	33	35	53	42	31	21
khɑ	khɑ55 饮(c.)	khɑ44 刺(v., 鱼刺藏人); khɑ44 对(c.); khɑ44 客人		khɑ35 刻	khɑ53tsi44 (拿)架子			
ŋe			ŋe33 te44 tɯ21 额头			ŋe42 硬	ŋe31 芽头; ŋe31 白齿	ŋe21 行,去; ŋe21je31 航行; ŋeɲ21 / tɕɯ31 快
ex	xɑ55 汤; ex55si31 饭	xe44 喝,骂						
eɣ	xɑ55 生(熟); xɑ55 生(死); xɑ55 生长,长相							
tɕɑ		tɕɑ44 借; tɕɑ44 拾		tɕɑ35 钉子; tɕɑ35 经书	tɕɑ53 池塘; tɕɑ53 撒	tɕɑ42 钉(钉子)	tɕɑ31 手持; tɕɑ31 井	tɕhi55 / tɕɑ21 亲戚; tɕɑ21lu33 院子

音系复杂性：以白语的语素音节表为中心

续表

	55	44	33	35	53	42	31	21
tcha	tcha55 听	tcha44 请						
tcha	tcha55 清	tcha44 踢						
tcha	tcha55 洞房	tcha44 绣（花）						
tcha	tcha55xɯ33 青黑							
tcha	tcha55mə21 清楚，明白				tɕə53tɯ35 地基		tcha31 青，绿	
nə		nə44 性交						
ɕə	ɕə55 星	ɕə44 不好的，差的		ɕə35 腥		ɕə42 姓		
ɕə						ɕə42 性格		
jə				jə35 越（表递进）		jə42 背(v.)	jə31 野(a.)	
jə							jə31 瘪袋	
tsə		tsə44 窄		tsə35 tuo35 笨				
tsə				tsɛ35 折，转折				tsɛ21 城
tsə								tsa21 成
tsha	tsha55 轻	tsha44 红	tsha33 扯					
tsha	tsha55 句（c.话）	tsha44 睡						

附　录　大理白语语素音节表

续表

	55	44	33	35	53	42	31	21
sə	sə55 犀牛	tsha44 车子 sə44 割	sə33 菌子 sə33 舍得	sə35 塞 sə35 拌了面的蔬菜				sə21 指使，派遣
	sə55 射							
əz								
e	e55tɕhou31 玩耍	e44 爱，喜欢		e35（答应声）	e53 呕吐			
pe	pe55si53 背时，倒霉	pe44 走	pe33 遮挡	pe35 碑	pe53 捕		pe31 辈（分）	pe21 皮，剥皮
			pe33 晚饭	pe35 那么（发语词）			pe31 摆	
			pe33 晚上 kɛ53	pe35 手足残疾				
phe	phe55 撕				phe53 赔		phe31 度	
me	phe55 陪伴		me33（藤子）爬	me35 松明子				me21 门
			me33 晚	me35 媒人				
			me33 晚上 lɯ44	sɯ35				
			me44 大米					

音系复杂性：以白语的语素音节表为中心

续表

	55	44	33	35	53	42	31	21
fe		fe44 飞（非常）						
ve								
te		te44 招待（客人）	te33 代、辈		te53 猪		te31 代、辈	
		te44 根（土之上）						
		te33 结、关节						
the	the55 大	the44 弟弟					the31 替换	
		the44 铁						
		the44 拆						
ne	le55 诬赖	ne44 奶奶	le33 礼	le35 捏	le53 躺、靠	ke42 碗	le31 劳累	ne21 泥土
		ne44 拿						
ke	ke55jэ33 燕子	ke44 扎、穿、凿（洞）		ke35 鸡		ke42 见到	ke31 改	ke21 爬（上下）
				ke35 牢固		ke42 铺（瓦）	ke31 点（灯）	
				ke35 捆（c. 稻草）				
khe	khe55 牵	khe44si42 开始						
	khe55 分开							

续表

附　录　大理白语语素音节表

	55	44	33	35	53	42	31	21
ŋe		ŋe44 鞋子						ŋe21 鞋子
xe	xe55 天	xe44 害(v.)						
	xi55tɕi31 田地	xe44 不好						
ye								
tɕe		tɕe44 挣扎		tɕe35 金	tɕe53 追赶、驱赶	tɕe42 块(c.田地)	tɕe31 近	tɕe21 赊
				tɕe35 筋	tɕe53 佤子			tɕe21 施(肥)
				tɕe35 斤(量)				
tɕhe	tɕhe55 钱	tɕhe44 先前						
ne		ne44 炙热						
		ne44 上火						
ɕe	ɕe55 线	ɕe44 瓠子		ɕe35 鱼篓(打鱼用)		ɕe42 吃(贬义)		
		ɕe44 先		ɕe35tsi44 弦子				
		ɕe44tɔ21tshu55 现成		ɕe35tɔ31 现成				
je	je55je44 叔叔(面称)	je44 叔叔		je35tsi35 胭脂	je53xɔ21 上梁(盖瓦房)	je42 穿(衣装)	je31 表演	je21 船

175

续表

	55		44		33		35		53		42		31		21	
tse	tse55	为什么（疑问）	je44	烟			je35se35	颜色	je53xa55	添置						缝
			tse44	古			tse35	（用油）煎	tse53	舌头			tse31	蘸	tse21	齐
			tse44	折断			tse35	搅拌	tse53	砍断			tse31	堆（c. 屎）	tse21	（人到）齐
			tse44	节（c. 竹子、甘蔗）					tse53	节（a. 主观）					tse21	
			tse44	再												
tshe	tshe55	（禽）归巢	tshe44	猜					tshe53	财			tshe31	彩色		
			tshe44je21 jou21v21	划船 发羊角疯												
se	se55	比赛	se44	宠爱	se33	洗	se35	庙			se42	下（蛋）	se31	小		
			se44	蛋			se35	西边								
							se35ɲi21	仙人								
ze					ze33	染										
m																
pɯ	pɯ55	他的	pɯ44	笨	pɯ33	水塘	pɯ35	扳			pɯ42	涂抹	pɯ31	寄	pɯ21	池塘
			pɯ44	北	pɯ33	斧头	pɯ35	掰开								

续表

	55	44	33	35	53	42	31	21
phɯ	phɯ55 吹						phɯ31 盖子	
	phɯ55ŋɯ21 吹牛						phɯ31 盖(草屋顶)	
	phɯ55 棺杆						phɯ31 捧(c.)	
	phɯ55 倾、倒、溢出							
	phɯ55 碰							
mɯ	mɯ55 刚才	mɯ44 麦子	mɯ33 换	mɯ35 (无目的地)走	mɯ53 盖住,蒙	mɯ42 梦	mɯ31 斜视,蔑视	
	mɯ55 (表方所)	mɯ44 墨		mɯ35 根(c.)		mɯ42 做梦		
fu								
vɯ							vɯ31 稳	
tɯ		tɯ44 得到		tɯ35 背篓		tɯ42 戴(帽子)	tɯ31 蚕豆	tɯ21 个(c.)
		tɯ44 yɯ53 健壮		tɯ35 灯			tɯ31 等	
		tɯ44 顶(c.帽子)						
		tɯ44 斗笠						
		tɯ44 mɯ31 (小孩)闹、调皮						
thɯ	thɯ55 腾换	thɯ44 闹鬼					thɯ31 熟,成熟	
	thɯ55 下(霜)	thɯ44						

音系复杂性：以白语的语素音节表为中心

续表

	55	44	33	35	53	42	31	21
nɯ	thɯ55(tsou33) 下(v.上)		lɯ33 这		lɯ53 盯		nɯ31 这 lɯ31 悄悄地走	lɯ21 楼
	nɯ55 你的							
kɯ	kɯ55 勾	kɯ44 皮革	kɯ33 厚	kɯ35 舀		kɯ42 救 kɯ42(tɯ21 p o21) 点(头)	kɯ31 给	kɯ21 卖
	kɯ55fa44 更(比较)	kɯ44 (花椒)麻	kɯ33 白	kɯ35 冷			kɯ31 旧	kɯ21 骑
			kɯ33 tsɯ21 韭菜					
khɯ	khɯ55 开(门、灯等)	khɯ44 害、带害					khɯ31 里面	kɯ21 流
	khɯ55 开(花)	khɯ44 起、拨(钉子)						
		khɯ44 起、在上						
ŋɯ	ŋɯ55 我的			ŋɯ35 踢		ŋɯ42 牵绊		ŋɯ21 牛
xɯ	xɯ55(完成体标记)	xɯ44 黑	xɯ33 线				xɯ31 (食物、果实)成熟	ŋɯ21 倔强，犟
			xɯ33 (表疑问)				xɯ31 痊愈	
							xɯ31 擤(鼻涕)	

续表

	55	44	33	35	53	42	31	21
yɯ		yɯ44 骂	yɯ33 喝	yɯ35 称谓,呼唤	yɯ53 学 yɯ53tsi44 雇工		yɯ31 漏(水) yɯ31 后面 yɯ31ni44 后天 yɯ31tsɯ33 娘家人 yɯ31nie44 (天气)热	yɯ21 揉
tɕɯ		tɕɯ44 敬	tɕɯ33 九				tɕɯ31 紧	
tɕhɯ	tɕhɯ55 螺蛳 tɕhɯ55ku21 水蜇 tɕhɯ55miɯ35 清明节 tɕhɯ55tɕa44 亲家				tɕhɯ53 勤快			
nɯ	nɯ55 冰凌		nɯ33 燃烧	nɯ35 揉		nɯ42 (绳,线)条		nɯ21 嫩
ɕɯ	ɕɯ55 运气好	ɕɯ44 时兴		ɕɯ35 习惯(v.肚子) ɕɯ35 折磨		ɕɯ42 祭拜		
jɯ	jɯ55 信件	jɯ44 村庄		jɯ35 来(助词)			jɯ31 招引	jɯ21 油

音系复杂性：以白语的语素音节表为中心

续表

	55	44	33	35	53	42	31	21
		吃 jɯ44		赢 jɯ35				
tsɯ	正（正面） tsɯ55	织布 tsɯ44phic31	有 tsɯ33	在 tsɯ35	啵 tsɯ53	承载 tsɯ42	树 tsɯ31	抽（出来） tsɯ21
tshɯ	短 tshɯ55	调皮 tshɯ44	是，为 tshɯ33	蒸 tshɯ35	乘（除） tshɯ53		站立 tshɯ31	
	趁 tshɯ55	言行没规矩 tshɯ44		争 tshɯ35			菜，蔬菜 tshɯ31	
	堵塞 tshɯ55	不好 tshɯ44						
	夸奖 tshɯ55xɯ35							
sɯ	还 sɯ55	擦拭 sɯ44	守 sɯ33	收 sɯ35	神(a.) sɯ53		座 (c. 桥) sɯ31	苍蝇 sɯ21
	数(v.) sɯ55mɯ44 tsi44	使，让 sɯ44	手 sɯ33		承受 sɯ53		送，给 sɯ31	
	口水 sɯ55yɯ31	放下 sɯ44	手巾 sɯ33tɕe35				出嫁 sɯ31	
zɯ	柳树	认 zɯ44	忍 zɯ33				剩下	
	认真 zɯ55tsɯ44	懂得 zɯ44						
v	雾 v55lv55	泥鳅 v44	姜子 v33	刺(v.) v35	肚子 胃 v53	（烟） 熏 v42	拥(c.) v31	云 v21

附　录　大理白语语素音节表

续表

	55		44		33		35		53		42		31		21	
pv			v44	孵化	v33	捆(c.)			v53	捆绑			v31ɕi31	珍惜	v21	疯
phv			v44	发霉	v33 ɕi44	雨										
mv																
fv	fv55	插(秧)	fv44	笔	fv33 tsh344	锯子	fv35	飞			fv42	份额，(一)份	fv31	屁，放屁	fv21	(粉尘)飞扬
	fv55	蜜蜂	fv44	肚子			fv35	分割，分配					fv31tshe44	锯子		
							fv35ue33	因为								
vv																
tv	tv55ŋu21	挂杖	tv44	挖	tv33	动	tv35	东			tv42	山洞	tv31	动		
			tv44	多事												
thv	thv55	通，桶			thv33	发(芽)							thv31	桶		
													thv31	发(芽)		
													thv31	发(芽)		
nv			lv44	绿	nv33	女儿					nv42	关起来			lv21	龙

音系复杂性：以白语的语素音节表为中心

续表

	55	44	33	35	53	42	31	21
		lv44（身体）缩拢	nv33 女性					
			nv33 背箩					
kv	kv55tshu21 腌菜	kv44 角（边、角）	kv33 皱（衣服等）	kv35 腌	kv53 口 (c.)	kv42 坐	kv31 把 (c.锁、秤)	kv21 荞
	kv55tou31 蝌蚪	kv44 （牛）角	kv33 鬼	kv35 叫		kv42 住，住址	kv33 跪	
		kv44 椽子		kv35 江				
				kv35 弓				
				(ta35) kv35 鞏（当）兵				
khv	khv55 空	khv44 弯曲 (v.a.)	khv33 蛇				khv33 （动物）圈、窝、巢	
	khv55khua44 宽敞	khv44 曲子						
	khv55 筲箕							
ŋv		ŋv44 木料	ŋv33 五	ŋv35 鱼		ŋv42 语，言语		ŋv21 黄
		ŋv44 tɕou53 木匠						
xv		ɕi55ŋv44 祖先						

附　录　大理白语语素音节表

续表

	55	44	33	35	53	42	31	21
ɣv								
tɕv								
tchv								
nv								
ɕv								
jv	住	竹子	种子	钟	熟悉	种(v.)	蛀	
tsv	tsʅ55	tsʅ44	tsʅ33	tsʅ35	tsʅ53	tsʅ42	tsʅ31	
			重	杯子	成熟		筷子	虫
			tsʅ33	tsʅ35	tsʅ53		tsʅ31	tsʅ21
	枪		煮		浑浊			锄头
					tsʅ53			tsʅ21
tshv	tshʅ55						建(房)	
							tshʅ31	
	穿,串				除		触碰	
	tshʅ55fa35				tshʅ53		tshʅ31li31	
	厨房						处理	
	tshʅ55fa35						tshʅ31	
	厨子						相处	
	tshʅ55si44						tshʅ31	
sv	双(a.)			梳子		山	鼠	
	sʅ55			khosʅ35		sʅ42	sʅ31	
							梳头	
							sʅ31	
zv							用	
							zʅ31	

音系复杂性：以白语的语素音节表为中心

续表

	55	44	33	35	53	42	31	21
ɔ	ɔ55lɔ55 贝壳	ɔ44 (生活)煎熬		ɔ35 凶恶				ɔ21 虾
pɔ	pɔ55 抱	ɔ44li44 (叫狗声)		ɔ35 喂(v.)			pɔ31 他	ɔ21tɔ21 核桃
pho		pɔ44 (包牌) pɔ44tsi44 包子		pɔ35 丈夫 pɔ35tha55 褒弹,批评 pɔ35lu35 菠菜 pɔ35 包(v.)			pɔ31 鞍 pɔ31mɔ31tɕi35 鞍箕 pɔ31xɔ31 薄荷	pɔ21 旁边
mɔ	(cɔ42)mɔ55 帽子	phɔ44 困(a.)	mɔ33 母 mɔ33 母亲	mɔ35si35 茅司,厕所 mɔ35 莫			phɔ21 跑 phɔ21 劈开	mɔ21 磨(刀) mɔ21tsou53 磨刀石
fɔ								
cv								
tɔ	tɔ55 倒			tɔ35si35 蜘蛛 tɔ351 tɔ21	tɔ53 (女性)多事 (生活)艰难	tɔ42 鹌(c.)	tɔ31 大	ɔ21tɔ21 核桃
tho	thɔ55lɔ44 tsi44 兔子 thɔ55lɔ55 mia21 毛驴			thɔ53				

184

续表　　　　　　　　　　　　　　　　　　　　　　　　附　录　大理白语语素音节表

	55	44	33	35	53	42	31	21
cu	thɔ55su55 堂屋	nɔ44（表领属）		lɔ35tsi44 骡子	nɔ53 了（完成体）		nɔ31 你	
kɔ	kɔ55le44 蝴蝶	kɔ44 哥哥		kɔ35 糕				lɔ21 虎
	kɔ55 核对（重量）	kɔ44 歌		kɔ35 鱼鹰		kɔ42 抖落	kɔ31 摘	lɔ21 筛
	kɔ55kɔ44 哥哥（面称）			(lu55) kɔ35 （往上）摘				lɔ21 筛子
				kɔ35 耳房				kɔ21 海
				kɔ35 各自				
				kɔ35 鱼鹰				
				kɔ35ŋv35 弓鱼				
khɔ	khɔ55 穿（裤子）	khɔ44 租赁		khɔ35 壳			khɔ31 沟	
	khɔ55se44 围裙						khɔ31 考	
	kɔ55su44 咳嗽							
	kɔ55 靠							

音系复杂性：以白语的语素音节表为中心

续表

	55	44	33	35	53	42	31	21
kɔ	kɔ55 食物过期							
xɔ	xɔ55 嗜好(v.)			xɔ35mi21 棉花 xɔ35 合、对			xɔ31 家 xɔ31 房子 xɔ31 晒	
ŋɔ							ŋɔ31 我	
tcɔ				tcɔ35 交 tcɔ35 觉得			tcɔ31 褯子	
tchɔ	tchɔ5 翘			tchɔ35 哄骗			tchɔ31 巧合	
nɔ				nɔ35 笛子				
cɔ	cɔ55 孝敬			cɔ35 推 cɔ35 需要 cɔ35tha55 学校				
jɔ			jɔ33 脓肿(n.)	jɔ35 邀约	jɔ53 摇	jɔ42 妻子		jɔ21 片(纸等)、件(衣服)

附　录　大理白语语素音节表

续表

	55	44	33	35	53	42	31	21
tsɔ		闹 tsɔ44	是，对 tsɔ33	jɔ35(fv31) 岳（父）	说（转述） tsɔ53	夜 jɔ42		茶 tsɔ21
tshɔ	朝山 tshɔ55se35	浪费 tshɔ44		招（上门女婿） tsɔ35		灶 tsɔ42		汤,汁液 tsɔ21
	朝斗 tshɔ55tou21	骂（操） tshɔ44		引（水） tsɔ35	潮湿 tshɔ53	群(c.) tsɔ42		
cɕ	搔，抓（痒） sɔ55					地方 tsɔ42		
	沙子 sɔ55tsi44			糖 sɔ35tɔ21		算了 sɔ42	笑 sɔ31	
cʑ				饶，原谅 zɔ35			绕 zɔ31	
ou		(给庄稼）浇水 ou44	忧虑 ou33	傻 ou35	容易 ou53			
pou		舀（汤水）ou44						
phou								

续表

	55	44	33	35	53	42	31	21
mou								
fou								
vou								
tou	tou55 凑	tou44 点(c.液体)	tou33 上边	tou35 公的,雄性	tou53 择菜			tou21 话
thou	thou55 浸泡	thou44 择倒		thou35 逗				
nou	lou55kɔ35 耳房	lou44 端				lou42 爷爷 lou42 两(一两)		
kou	kou55 探,够	kou44 下(下锅,下套)	kou33 两(个)	kou35 姜	kou53 熬(浆糊)		kou31 赶紧 sou31 烤	kou21 肥
khou	khou55 铺(床)	khou44 哭					khou31	
ŋou						ŋou42 挨饿		ŋou21 黄
xou	xou55xui21 后悔	xou44 号脉 me42			xou53 得意 xou53 擅长		xou31 吼	ŋou21 炒
you								

续表

	55	44	33	35	53	42	31	21
tɕou	tɕou55 舅					tɕou42 酱		tɕou21 哄骗
tɕhou	tɕhou55 救；tɕhou55 好；tɕhou55 相好	tɕhou44 生气；tɕhou44 撬				tɕhou42 轿子	tɕhou31 玩耍；tɕhou31pa44 赌钱	
nou							nou31 耳朵 tou53；nou31 耳环 ku21 kua33	
ɕou	ɕou55 绣		ɕou33 少	ɕou35 修理；ɕou35 香(a.n.)	ɕou53 盯着			ɕou21 松树
jou	jou55 豌豆粉 jou55fɯ21	jou44 药(n.v.)；jou44sa35 医生；jou44tsi31 样子		jou35 准许	jou53 由(介词)	jou42 样子	jou31 拜	jou21 摇晃(a.)；jou21 羊
tsou		tsou44 砍；tsou44 鸟；tsou44 穹(鞋子)	tsou33 往上；tsou33mu42 上坟	tsou35 带、领；tsou35 看护(孩子)	tsou53 嚼；tsou53khue55 石头；tsou53ŋe21 岩石；tsou53 结(果实)	tsou42 照明	tsou31 相差 tsa31	tsou21 长；tsou21 肠子；tsou21 藏、躲藏

续表

	55	44	33	35	53	42	31	21
tshou	tshou55 撑撂	tshou44 调皮					tshou31 瞅(斜视)	
	tshou55 推						tshou31 (盐)咸	
							tshou31 品尝	
sou	sou55 霜	sou44 绳子	sou33 置办				tshou31 (脾气)不好	
	sou55 凉(v.)							
	sou55 瘦				tsou53 任外冲			
	sou55 骄傲 tshou44				tshou53 愁	sou42 出殡	sou31 送, 给	
zou		zou44 绕	zou33 让					
ia								
pia	pia55 不好	pia44 抱, 端	pia33 那些	pia35 鞭(c.)	pia53 抱紧			
				pia35(ne21) 鞭子	pia53 狗叫			
phia		phia44 到, 达 (介词)						
mia		mia44 湿(v.)						

续表

	55	44	33	35	53	42	31	21
fia								
via		mia44 雨淋						
tia								
thia								
nia		lia44 明亮	lia33	lia35 粘	lia53 凉		lia31 两	
kia			lia33 这么					
khia								
ŋia								
xia								
yia								
tcia								
tchia								
nia								
cia								

附　录　大理白语语素音节表

续表

	55	44	33	35	53	42	31	21
jia								
tsia								
tshia								
sia								
zia								
ie								
pie		pia44 回	pia33 扁	pia35 别的	pia53 (味道)淡			pia21 瓶(量)
phia	phia55 片(c.) phia55 偏 phia55 倾斜			phia35 thuo35 性格外向			phia31la53 茉蓝	
mie				mie35 名字		mie42 命	mie31 昏暗	mie21 鸣叫
eŋ								
vie								
tie	tia55 点儿	tia44 一群,一些(c.)		tia35 碟	tia53 开溜			
thie				thia35 (纸)张				

续表

	55	44	33	35	53	42	31	21
niɯ								
kiɯ								
kʰiɯ								
ɕiɯ								
xiɯ								
ɣiɯ								
tɕiɯ				thiɯ35 补贴,倒贴				
tɕʰiɯ				liɯ35 裂				
liɯ								
eiʃ								
eiɕ								
eiʂ								
tʂʰiɯ								
ɕiɯ								
ziɯ								

续表

	55	44	33	35	53	42	31	21
ie								
pie								
phie	phie55 骗	phie44 su44 偏偏,偏要					phie31 说大话	
mie								
fie								
vie								
tie	tie55 电	tie44 tie44 爹(面称)垫					phie31 聊天	
thie	thie55 添加				thie53 填			
nie					lie53 连		nie31 碾	
kie								
khie								
ɲie								
xie								
ɣie								lie21 这样

194

续表

	55	44	33	35	53	42	31	21
tɕiɯ								
tɕhiɯ								
ɲiɯ								
ɕiɯ								
jiɯ								
tsiɯ								
tshiɯ								
siɯ								
ziɯ								
iɯ								
piɯ	页 (书，c.) phiɯ55	拼合 phiɯ44					饼 (c.) piɯ31	
phiɯ								
miɯ							一把(c.) miɯ31	
fiɯ								
viɯ								
tiɯ	预定 tiɯ55			钉锤 tiɯ35 tɕhuɛ55			顶、撑 tiɯ31	

续表

	55	44	33	35	53	42	31	21
thiɯ	tiɯ55							
niɯ	装订							
kiɯ								
khiɯ								
ɲiɯ								
xiɯ								
yiɯ								
tɕiɯ								
tɕhiɯ								
ȵiɯ								
ɕiɯ								
jiɯ								
tsiɯ								
tshiɯ								
siɯ								

续表

	55	44	33	35	53	42	31	21
ziɯ								
iɔ								
piɔ			piɔ33 不是					
phiɔ	phiɔ55 瓢	phiɔ44 飘					phiɔ31 布	
miɔ				miɔ35 阉（鸡）	miɔ53 孩子不听话	miɔ42 直		
ɕฺi								
ɕia								
tฺi								
thiɔ	thiɔ55 跳						thiɔ31 挑拣	
ni				liɔ35 柔软，嫩 nɯ21		liɔ42 炖	liɔ31 嫩（毛）	
ki								
khiɔ								
ɕiŋ								
ɕix								

续表

	55	44	33	35	53	42	31	21
yiɔ								
tɕiɔ								
tɕhiɔ								
ȵiɯ								
ciɔ								
jiɔ								
tsiɔ								
tshiɔ								
cis								
ciz								
iou								
piou								
phiou	phiou44 鞭打							
miou						miou42 直		
fiou								
viou								

附　录　大理白语语素音节表

续表

	55	44	33	35	53	42	31	21
tiou		tiou44 丢			tiou53 条(c.)			
thiou		thiou44 跳						
niou	liou55ɕua35 动作敏捷	thiou44 ɕuo31 跳蚤	liou33 扭, 犟					
		liou44 魔芋						
		liou44si44 魔芋(菜)						
		liou44 丢				liou42 不要		
		liou44 要						
kiou								
khiou								
ŋiou								
xiou								
ɣiou								
tɕiou								
tɕhiou								
ȵiou								

音系复杂性：以白语的语素音节表为中心

续表

	55	44	33	35	53	42	31	21
ɕiou								
jiou								
tsiou								
tshiou								
siou								
ziou								
ua		ua44 月（份）		ua35 （表扬声）	ua53 挖		ua31 （恶意）模仿	
		ua44 外			ua53 （马）快跑			
pua								
phua								
mua								
fua								
vua								
tua					tua53 掉	tua42（方所）		
thua		thua44 脱						
		thua44						
		tsa44 盖章						

续表

	55	44	33	35	53	42	31	21
nua		thua44tɕue35 脱土基					nua31 腻，油腻	
kua	kua55 个(c.小孩，褒义)	kua44 挂		kua35 官	kua53 棍子	kua42 管理，管束	kua31 睾丸	kua21 (水)冷
		kua44la44 蕨菜		kua35 刮				kua21 口吃
khua	khua55 宽松	kua44 记录，登记		kua35 裤子				
	khua55 轻松，悠闲	khua44 狗			khua53 张狂			
		khua44 摘，剥						
		khua44 宽(窄)						
ŋua								
xua	xua55 画(n.)	xua44 煮		xua35 高兴	xua53 红薯			
		xua44 煮好的		xua35tsa35 慌张	tshŋ53 划算			
		xua44 画(v.)			xua53 划开			
ɣua								
tɕua		tɕua44 皱		tɕua35 假装			tɕua31 蹲	tɕua21 踢

201

续表

	55	44	33	35	53	42	31	21
tchua	tchua55ku35 窗户	tchua44 切		tcua35 桩			tchua31 闯	
nua		tchua44 把(c. 手握)		tcua35 庄稼				
cua	cua55 酸	cua44 说		cua35 旱地,菜地			cua31 蒜	cua21 耍(龙)
jua	cua55 孙子	cua44 血		cua35 加热(汤水)				
tsua				jua35 (婴儿)磨人				
tshua								
sua								
zua								
uo	uo55 很饿(a. 贬义)	uo44 cue31 莴笋					uo31 胜任,完成	
puo								
phuo								

续表

	55	44	33	35	53	42	31	21
muo								
fuo								
vuo								
tuo			tuo33 不能	tuo35 藏		tuo42 刹		
thuo		thuo44 拖	thuo33 掌(c.)	tuo35 多(出来)		tuo42 朵(c.)		
nuo		luo44 摞、叠	luo33 啰嗦	luo35 私吞				
kuo	kuo55 过手		cuo33	kuo35 锅		kuo42 过(日子)	kuo31 裹	kuo21 水稻
khuo	khuo55 高兴	khuo44 颗		kuo35 生长				
ŋuo								
xuo		xuo44 祸		xuo35 花				
yuo				xuo35 红				
tcuo				tcuo35 作怪(多事)		tcuo42 蹲		
				tcuo35 角(c.钱)		tcuo42 座(c.桥)		

音系复杂性：以白语的语素音节表为中心

续表

	55	44	33	35	53	42	31	21
tɕhuo	tɕhuo55 错/挫	tɕhuo44 搓		tɕhuo35 调皮（不分长幼）				tɕhuo21 哄,安抚
ɕuɯ								
ɕuo		ɕuo44 退缩,塌缩		ɕuo35 粉丝 fu31; ɕuo35ɕi35 学习				ɕuo21 锁（v.n.）
juo				juo35 大约				
tsuo								
tshuo								
suo								
zuo								
eŋ			ueŋ33 吵闹（象声词）	ueŋ35 歪	ueŋ53 写	ueŋ42 瓦		
eŋd			ue33 模仿（贬义）					
eŋb								
eŋm								
eŋf								

续表

	55	44	33	35	53	42	31	21
enɑ								
enɪ								
enɨ								
enu								
kue	kue55 个(c.小东西,褒义)		kue33 逛	kue35 ju35 tha55 观音堂(地名); kue35 国	kue53 口(c.饮料)	kue42 严厉		kue21 横(v.)
khue	khue55 斜放						khue31 胯	
enɿ								
enʅ				xue35 tse21 或者				
ʨue		ʨue44 根(c.谷穗,麦穗)		ʨue35 调皮(孩子劣性)				
ʨhue		ʨhue44 漂洗		ʨhue35 缺				
enu		ʨhue44 本(c.书)						

续表

	55	44	33	35	53	42	31	21
			（绳、线等）下垂					
enɜ			ɯeɜ33					
jnj				月				
				jue35				
ensɿ				越（表递进）				
				jue35				
tshue								
ens								
enz			歪					
ue		ue44	眼睛，孔	温暖(a.v.)	佛像，塑像	眍	崴	圆(a.)
			ue33	ue35	ue53	ue42	ue31	ue21
				对（发语词）				甑子
				ue35				ue21
pue								
phue								
mue								
fue								
vue								
tue	对，正确			树立		核对	远	
	tue55			tue35		tue42	tue31	

续表

	55	44	33	35	53	42	31	21
thue	根(c.) thue55		褪毛 thue33					
nue	乱 lue55	热,烫 lue44	亲热,疼爱 lue33	脱(衣服) lue35			垒 lue31	
kue		纽扣 kue44	馅子 kue33 tsi44 phu21			不见 kue42		
khue	个,块(c.) khue55	亏 khue44						
ŋue		吐 khue44						
xue	会议 xue55	炒(回锅肉) xue44		石灰 xue35	反正,横直 xue53tsi35 回族 xue53 tɕu35		火 xue31	
yue		箸帚 tɕue44						
tɕue	最 tɕue55			砖 tɕue35	滑 tɕue53	转,绕 tɕue42 挤(奶)	卷 tɕue31	递 tɕue21
							准 tɕue31	锤子 tɕue21

附加项（对应行42/31/21 的 thue 行上部）：
- 一对(c.) tue42 / 对联 tue42 tsi44

续表

	55	44	33	35	53	42	31	21
tchue	tchue55 称(v.) tchue55 秤				tchue53 pu55 全部		tchue31 喘	
nue								
cue		cue44 雪 cue44 掰开	cue33 计算			cue42 算了(放弃)		cue21 像 cuɛ21 轮流
jue	jue55 愿意	jue44 晕 jue44 埋怨						
ensɿ								
tsue								
sue								
zue								

凤羽白语语素音节表

	55	44	33	35	53	31	21
i							
pi	pi55 关(灯)	pi44 女阴	pi33 矮	pi35 盐 pi35 编织 pi35 通迫 pi35 左 边缘,旁边 pi35pe21 荨麻	pi53 变	pi31 比较	pi21thv55 芋头 pi21 麻(a.) pi21puɑ21 蚂蚁 pi21xɯ33tɯ21 鼻子 pi21kuɑ44 鼻梁
phi		phi44 (籽粒)不饱满			phi53 慢	phi31 片(c.圆形)	
mi		(kuɑ35)mi44 根 mi44 蜂蜜	mi33 想	mi35puɑ44 月亮	mi53 面 mi53 眼泪		mi21 篾
fi							
vi							
ti	ti55 第(几)		ti33 父亲	ti35zɯ53 敌人			
thi	thi55 提	thi44 锡					thi21 替换

续表

	55	44	33	35	53	31	21
ni	ni55 (哪里去了?)	ni44 装进(袋子)			liɯ53li55 伶俐,身手敏捷		ni21 银
ki		ni44 清 ki44 扎,穿(洞)		ki35 鸡	ki53 晚	ki31 点(灯)	ki21 爬(上下)
khi	khi55 牵 khi55 分开	khi44 拿 khi44 癞		ki35 牢固 ki35 捆(c.稻草) ki35 瓣(c.蒜,果子等)	ki53 看见 ki53 铺(瓦)		
ŋi					ŋi53 咽	ŋi31 鞋子	
xi	xi55 天 xi55mo33 天,天气	xi44 不好的 xi44 害(人)				xi31 大的缺口(c.) xi31tha55 海棠(果)	
yi	xi55tɕi31 田地 xi55ɛ44tsi44 燕子 xi55xi55xɑ33xɑ33 嘿嘿哈哈						

附　录　凤羽白语语素音节表

续表

		55		44		33		35		53		31		21	
tɕi				tɕi44	蚂蟥	tɕi33	拉	tɕi35	多	tɕi53	丘（c. 田）	tɕi31	田	tɕi21	旗
		tɕhi55	辣	tɕi44	阴茎勃起	tɕi33	双(c., 鞋袜)	tɕi35	关（门）	tɕi53	侄子			tɕi21	棋
		tɕhi55	肥料			tɕi33	近	tɕi35	金子	tɕi53	追赶、驱赶			tɕi21	赊
		tɕhi55	倒			tɕi33	姐姐	tɕi35	筋					tɕi21	镯子
								tɕi35	斤（量）						
tɕhi		tɕhi55	亲	tɕhi44	浅	tɕhi33vu33	欺负	tɕhi35	七	tɕhi53	齐	tɕhi31	刺 (n.)		
				tɕhi44	掏、起	tɕhi33	力气			tɕhi53si35	其实	tɕhi31ta35	剪子		
				tɕhi44	七							tɕhi31	拔、起（钉子）		
				tɕhi44	伸（舌头）							tɕhi31ka31	当敢		
		tɕhi55tɕe21	亲戚	tɕhi44	油漆							tɕhi31 tshua31	快		
		tɕhi55ku33	水蜚	tɕhi44	刷油漆										
ŋi				ŋi44phi21	太阳									ŋi21kɛ35	人
				ŋi44	天 (c.)									ŋi21	位 (c.)
ɕi		ɕi55	柴	ɕi44	四	ɕi33	死	ɕi35	鱼婆	ɕi53	敬供（鬼神）			(pi21)ɕi21	鼻涕
		ɕi55	心	ɕi44	虱子			ɕi35	吸（烟、气）					ɕi21xua35	喜欢

211

音系复杂性：以白语的语素音节表为中心

续表

	55		44		33		35		53		31		21	
	ɕi55	新	ɕi44	（芋头）麻	ɕi33	县	ɕi35ŋv33	祖先,中堂						
	ɕi55v33	新娘子	ɕi44	（锄棒）欲脱										
	ɕi55siɯ44	细心	(pe44)ɕi44	出去										
	ɕi5ɕi55	凉块												
ji	ji55si44/ji42si42	意思	ji44	医（治疗）			ji35	衣裳	ji53	父亲			ji21	找
			ji44sɯ44	医生			ji35pe31	衣服	(a21)ji53	叔叔亲属			ji21	锋利
			ji44	一			ji35kua35	衣裳（衣服）	ji53	穿（衣服）			ji21	船
			ji44	拉（屎）			ji35ta35	刀子	ji53xau21	上梁			ji21(tɕi44)	鞋子
			ji44si44	拉屎										
tsi	tsi55	做,作	tsi44	儿子	tsi33	酒	tsi35	真	tsi53	盖瓦（房）	tsi31	过失	tsi21	秧苗
	tsi55fv55	棕树	tsi44pha44	牙齿	tsi33	集市	tsi35	针	tsi53	拣,拣			tsi21	浸泡
					tsi33	舔	tsi35	油,脂肪	tsi53(tɕhi44)	十				
					tsi33	把（c.刀）				喘（气）				
tshi	tshi55	输	tshi44	尺子	tshi33	纸			tshi53tɕ55	迟到	tshi31	讨厌,厌恶		

212

附　录　凤羽白语语素音节表

续表

	55		44		33		35		53	31		21	
	tshi55	葱	tshi44tɕi21	牙齿酸									
	tshi55	肿	tshi44	睡觉									
	tshi55khv55	吃亏											
	tshi55to31	口水，睡沫											
si	si55	深	si44	稻子	si33	屎	si35	十		si31	疼痛		
	si55	四	si44	涩	si33	指使，派遣	si35	书					
	si55	猴（属相）	si44	住宿（借住）			si35	字					
	si55	丢（远处）					si35	撒尿					
zi										zi31	第二		
										zi31khue55	饵块		
										xa55zi31	饭		
u	u55	(c.液体)	u44tɕhi44	伤心						u31	五	u21	胡子
	u55tɕy44	亲嘴	u44	气恼								u21	狐狸
	u55sa42	贝壳										u21sua35	猴子
												u21tɕhu31	玩耍
												u21ku21	葫芦

音系复杂性：以白语的语素音节表为中心

续表

	55	44	33	35	53	31	21
pu		pu44 抱(c.) pu44 抱 pu44 饱 pu44 朴(衣裳)				pu31 朴(品) pu31 蘸	
phu				phu35 扑		phu31 (泡沫)溢出 phu31 泡(a.) phu31 鼓起来，肿起来 phu31 铺子	
mu			mu33 没有	mu35tsɯ33 或者；要不			mu21 逃 mu21 磨
fu							
vu							
tu				tu35 毒			
thu		thu44 土			thu53 图	thu31 移动，挪	thu21 土气，憋

附　录　凤羽白语语素音节表

续表

	55	44	33	35	53	31	21
nu							袋子 nu21
							脓 nu21
ku		爱护，照顾 ku44	(把面等)团成圆 ku33	六 lu35			桥 ku21
			(年纪)老 ku33	留 lu35	犁田时叫牛折回 lu53		瓶子 ku21
			(植物)老 ku33	姑 ku35			(小孩的)阴茎 ku21tɕy55
				姑父 ku35mu44	走了 pe33ku53		
				串(c.果子) ku35			
				胶 ku35			
khu	搿(草) khu55		苦 khu33			艰苦 khu31(mɛ35)	
	刻，雕刻 khu55		柳树 khu33u33				
	磕碰 khu55		擅长(能言会道) khu33(tɕa31)				
	缺(牙等) khu55						
ŋu		五 ŋu44	烧(猪) ŋu33	(用器物)量 ŋu35	糊(a.) ŋu53	炒(无油) ŋu31	
xu		爱护，保护 xu44	好 xu33	收租 xu35tsŋ35	红，能干 xu53	威胁，吓唬 xu31thu55	
			不能 xu33	冲(过去) xu35	和睦 xu53	虚张声势 xu31kua44	
						(扒开) xu31	

音系复杂性：以白语的语素音节表为中心

续表

		55		44		33		35		53		31		21	
yu															
teu	teu55	爹爹	teu44ɳue33	脸，嘴脸	teu33	嘴	teu35	朽					teu21	哄骗
	teu55kua55	尖角	teu44kue35	嘴巴			teu35	掏						
	teu55kue55	南瓜	teu44pa53	腮巴			teu35tsi44	（公安）局 橘子						
tchu	tchu55	犁头 冲（水加人粉中）							tchu53	球	tchu31	玩耍		
	tchu55	讨债，求人									tchu31 pia44	赌博		
	tchu55	请求												
ɳu											ɳu31	扭		
eu	eu55li55	秀丽	eu55	少			eu35	修	eu53	盯着			eu21	（叫狗去咬声）
	eu55	锈	eu44	修理			eu35	来（喊人来）						
ju	ju55	胭脂					ju35xu35	打纸弹					ju21teu35	花椒
tsu															

续表

	55		44		33		35		53		31		21
tshu	tshu55	粗,大	tshu44	喘	tshu33	炒(菜)	tshu35	仓促	tshu53	统筹	tshu31	臭	
	tshu55	闻,嗅	tshu44	递(往上)	tshu33	嫂子	tshu35	(某)民族					
	tshu55	醋											
su	su55	烧	su44	(想)离开									
	su55	(嗓子)痒	su44(ue53)	塑(像)									
zu													
y	y55	玉	y44	遇							y31	像	
py													
phy													
my													
fy													
vy													
ty													
thy													
ly													

音系复杂性：以白语的语素音节表为中心

续表

	55	44	33	35	53	31	21
ky							
khy							
ŋy							
xy							
ɣy							
tcy	秤 tcy55	醉 tcy44	嘴(c.) tcy33	客气 tcy35			(小孩)规矩,听话 tcy21
tchy	(用秤)称 tchy55；拳(c.一拳) tchy55；拳头 tchy55thou53	点(烟等) tchy44；烧火 xue44；tcye44		小陶罐 tcy35	握拳头 tchy53	一些,一小把 tchy31；(用水)灭火 tchy31；取 tchy31	
ny							
ey	梨 ey55li55；(吹)口哨 (phɯ55)ey55ey55		水 ey33		还有 ey53	许诺,承诺 ey31	

附　录　凤羽白语语素音节表

续表

	55	44	33	35	53	31	21
jy							
tsy							
tshy							
sy							
zy							
a	ɑ55mi55 猫	ɑ44 鸭子	(ɑ33 看)	ɑ35 撒（尿）	ɑ53 收（回来，从家里）（用双手）启，捧	ɑ31(uo53)（爷爷，面称）	ɑ21 汗
	ɑ55 何，谁			ɑ35si44 尿			
	ɑ55nɑ44 哪里，哪一个			ɑ35 安放			(ɑ21 棺材)
pa	pɑ55 他们	pɑ44 倒塌	pɑ33 泡沫	pɑ35 群 (c.)	pɑ53 乳房，乳汁	pɑ31 搅拌	pɑ21 盆
		pɑ44 大碗		pɑ35 帮补	pɑ53 豹子		pɑ21 味道
		pɑ44 扒；耙		pɑ35 八			
				pɑ35 升子			
pha	phɑ55 钉耙	phɑ44 菜 (vs. 汤)					

219

续表

	55	44	33	35	53	31	21
ma		ma44 稻草	ma33 满	ma35 推，撑			ma21 毛
				ma35thv21 馒头			
fa	fa55tɕa55 放假	fa44tsɯ̠55 反正（无论如何）		fa35 怎么（发语词）			
	fa55eɑɯ35 放学			fa35ee55 发现			
va				vɑ35tsi31 袜子		vɑ31 网	
ta	ta55 姐姐		ta33 胆；胆量	ta35 肩挑	ta53 呕吐	ta31 偷	ta21 桃子
	ta55 大（哥）		ta33 很冷	ta35 （用嘴）叼	ta53 踩	ta31 平坝	ta21 弹（乐器）
				tɑ35si55 丢失	ta53 可以		
					ta53kue31 调皮打滚		
tha	tha55 探，够	tha44 塔			tha53 糖		tha21 炭
		tha44 盖（被子）					tha21 钥匙（c.）根
		tha44tsi33 柿子					
na	na55 你们	la44(kε21) 腊（肉）		la35tsi31 辣椒			na21 难；困难
	na55 烂（人）	la44(xuo44) 变质，过期		la35liw53 （赶牛站起来）			na21 南

附　录　凤羽白语语素音节表

续表

	55	44	33	35	53	31	21
	la55khu44 浪弯县; cjɛ55	la44 骂; la44sɯ44 快					la21 了（完成）
ka	ka55 讽刺	ka44 将（介词）; ka44 舀	ka33 倾诉	ka35 教; ka35 高; ka35 干; ka35 肝; ka35pɯ33 水桶,水缸; ka35tsi35 瘦肉; ka35mi44 甜	ka53 擀; ka53 排（水）	ka31 模仿; ka31(ŋu44tse53) 口吃	ka21 （口）含; ka21 敢; ka21 刺猬; ka21 凉,冷
kha	kha55 （猪狗）吃; kha55 咆哮; kha55 （猪狗）轻吃	kha44 渴; kha44 盖（v.）; kha44 想（想要）; kha44 俯卧; kha44si35 游泳	kha33 磕碰		(kha53 扛)	kha31 卡住; kha31 计划	

续表

	55	44	33	35	53	31	21
ŋa	ŋa55 我们	ŋa44 咬	ŋa33 看	ŋa35 粘 (a.)			
xa	xa55 艾草，蒿草	xa44 （肚子）疼		xa35 粘合			
		xa44 用筷子扒（饭，吃）	xa33 汉	xa35 憨	xa53(ŋv53) 汉（语）		
	xa55 照看	xa44 接近，差不多	xa33 何，什么	xa35 缝（被子）			
ya							
tɕa		tɕa44 冷		tɕa35 夹	tɕa53 朋友	tɕa31 假	tɕa21 次 (c.)
		tɕa44 嫁接		tɕa35xo35 刚好			
		tɕa44 节日					
tɕha	tɕha55 呛	(tɕa44)（接，迎接）					
	tɕha55 赶，驱赶	tɕha44 贴	tɕha33xu31 欺负		tɕha53 强	tɕha31 抢	
	tɕha55(kɛ44) 洞房						
ŋa	ŋa55 咱们						
ɕa		ɕa44 杀		ɕa35 闲	ɕa53（用手）聚拢	ɕa31 想，馋	
		ɕa44 （马）鬃毛		ɕa35 吓，惊			

附　录　凤羽白语语素音节表

续表

	55		44		33		35		53		31		21	
ja			εa44	形象,样子			εa35(khuo33)	箱子						
			εa44	相			εa35	箱(c.)						
			ja44(tɯ21)	压			ja35	请求	ja53	洋(a.)	ja21(kuo21)	收(回来)		
				种(蚕豆)			ja35(khε44)	夹(客)	ja53y55	洋芋				
			ja44	回(家)										
tsa	tsa55kε21(tsi33)	所有	tsa44	砸	tsa33	挪,移动	tsa35	焦	tsa53	煮	tsa31	扶		
			tsa44	胀(v.a.)			tsa35	捆绑	tsa53	账	tsa31	盏(c.灯)		
tsha	tsha55	早饭	tsha44	插			tsha35	搽,擦			tsha31	一大片		
	tsha55	错	tsha44	捅							tsha31	挑拣		
sa	sa55	三(个)	sa44	丢掉	sa33	三	sa35	瘦	sa53	伞	sa21	绣		
	sa55	互相	sa44	撒			sa35	皱(鞋)	sa53	散开				
							(sa35)εe35	sa35 三弦						
za											za31	盏(c.灯)		
ε	ε55kɔ33	二哥	ε44	辣	ε33	(上)下					ε31	杏		
	ε55tɕhi55	二气(倔强)	ε44	腌制	ε33	哑								

蚕

续表

	55	44	33	35	53	31	21
		拜	木板	裂开	白	病	扒;耙
pɛ		pɛ44	pɛ33	pɛ35	pɛ53	pɛ31	pɛ21
			号脉,把脉	白白的(ad.)	白语,白族		牌(纸牌,麻将等)
			pɛ33me44	pɛ35	pɛ53		pɛ21
					白酒醪糟		平
					pɛ53ɣ35		pɛ21
							赔
							pɛ21
	软	割,破开			盘子	臂展	
phɛ	phɛ55	phɛ44			phɛ53tsi44	phɛ31	
	湿						
	phɛ55						
	烂						
	phɛ55						
	明(天)	爬	马	多	买		鸣叫
me	me55	me44	me33	me35	me53		me21
		发烧	翻				
fɛ		fɛ44	fɛ33				
		胖	反				
		fɛ44	fɛ33				
		发(家)					
		fɛ44					
vɛ		发酵					
		fɛ44					
tɛ		打		瞎			
		tɛ44		tɛ35			
	大	破					
thɛ	thɛ55	thɛ44					

附　录　凤羽白语语素音节表

续表

		55	44	33	35	53	31	21
nɛ		赖		领				慢
		lɛ55		nɛ33				lɛ21
		诳告						
		lɛ55						
		(小孩子)不听哄						
		lɛ55(mɛ53)						
kɛ		今(天)	捉,摘	影子	怕	揍	块	肉
		kɛ55(ŋi44)	kɛ44	kɛ33	kɛ35	kɛ53	kɛ31	kɛ21
			掀开,打开	铜	移栽	夹	改	解手
			kɛ44	kɛ33	kɛ35	kɛ53	kɛ31	kɛ21sou21
				走	间(c.房子)	鞋子(草鞋)		
				kɛ33		kɛ53(tɕi33)		
						供奉,敬供		
						kɛ53		
						镜子		
						kɛ53		
khɛ		次(c.摔倒)	刺(v.鱼刺戳人)					
		khɛ55	khɛ44					
		早上	对,副(c.有盖之物)					
		khɛ55tɯ21	khɛ44					
			客人					
			khɛ44					
			(食物)卡脖子					
			khɛ44					
ŋɛ				额头		硬	接,迎接	
				ŋɛ33tɛ44tɯ21		ŋɛ53	ŋɛ31	

续表

	55	44	33	35	53	31	21
xɛ	xɛ55 汤	xɛ44 训斥，喝斥				ŋɛ31 发芽	
	xɛ55 生（熟）	xɛ44 害（人）				ŋɛ31 芽头	
	xɛ55 生（死）	xɛ44 栗树				ŋɛ31 白齿	
	xɛ55 生长，长相					xɛ31 不严实，合缝	
	xɛ55zi31 饭						
yɛ							
tɕɛ	tɕɛ55 一小点	tɕɛ44 借	tɕɛ33 井	tɕɛ35 钉子	tɕɛ53 池塘	tɕɛ31 刺	
		tɕɛ44 抬	tɕɛ33 饱	tɕɛ35 经书	tɕɛ53 撒		
		tɕɛ44 一点	tɕɛ33 梅子		tɕɛ53 院（c.房子）		
			tɕɛ33 面（c.锣钟）		tɕɛ53 钉（钉子）		
tɕhɛ	tɕhɛ55 听	tɕhɛ44 踢	tɕhɛ33 请（客）			tɕhɛ31 青，绿	
	tɕhɛ55 青（蓝天）	tɕhɛ44 （牛）项（v.）					

(tiɯ21ŋɛ53) 力气大

续表

	55		44		33	35		53		31	21	
	tɕhɛ55	轻										
	tɕhɛ55mɛ21	清楚，明白										
	tɕhɛtɕhi31	清净，彻底										
ŋɛ			ŋɛ44	性交								
ɛ	ɛɛ55	星	ɛɛ44	不好的，次等的		ɛɛ35	腥	ɛɛ53	现成			
	ɛɛ55ɛɛ55	醒	ɛɛ44	粘合 (v.)		ɛɛ35(nɛ21)	牌子，牌位，名头，学历，身份					
	ɛɛ55	线	ɛɛ44	粘 (a.)		ɛɛ35(nɛ21)	官职	ɛɛ53	姓			
			ɛɛ44	晚上				ɛɛ53	性格			
			ɛɛ44tɕɑ44	（办完事）聚餐				ɛɛ53khuɛ55	（心中有气）			
			ɛɛ44	先								
			ɛɛ44	瓯子								
jɛ	jɛ55	叔叔（非亲属）	jɛ44	烟（雾）		jɛ35sɛ35	颜色	jɛ53	背 (v.)		jɛ21	野 (a.)
			jɛ44	（抽）烟		jɛ35	十字镐				jɛ21	锋利

音系复杂性：以白语的语素音节表为中心

续表

		55	44	33	35	53	31	21
tsɛ			jɛ44khɔ44 瘿袋					jɛ21 松树
			tsɛ44 窄		tsɛ35 折	tsɛ53 拐弯		tsɛ21 城
			tsɛ44kɛ53 狭窄,厌邋					tsɛ21 成
tshɛ	轻	tshɛ55		tshɛ33 睡				
	句（c.话）	tshɛ55	tshɛ44 红（白米）	tshɛ33 皱				
	（病情）减轻	tshɛ55	tshɛ44 （白米）质量不好				tshɛ31 掺	
sɛ	犀牛	sɛ55	sɛ44 割	sɛ33 菌子			tshɛ31kɑ44 掺在一起	
	猴子	sɛ55		(xɯ44)sɛ33 木耳				
	招手	sɛ55						
zɛ	赛	sɛ55			zɛ35 好		zɛ31 坛子	
e			e44 呕吐		e35 （答应声）			
pe			pe44 走	pe33 遮挡,遮荫	pe35 碑	pe53 插	pe31 摆	pe21 皮
	背时	pe55si53	pe44thɔ44 走路	pe33 晚饭	pe35 那么（发语词）	pe53 辈（分）		pe21 剥皮,壳

附　录　凤羽白语语素音节表

续表

	55		44		33		35		53		31		21	
phe	phe55	撕			pe33ke53	晚上	pe35	手有残疾			phe31	度	pe21	(碗,c.)
me	phe55	陪伴			me44	大米	me35	松明	me53	(藤子)爬			me21	门
					me44	晚	me35zɯ35	媒人						
					me44ke53	晚上								
fe	fe55	废(废物)	fe44	飞(非常)			fe35	好						
ve	ve55pi35	未必							ve53tu35	唯独	ve31	尾随		
	ve55tɯ55	味道							ve53135	唯一				
te			te44	招待(客人)					te53	猪	te31	代,辈		
			te33	结；关节										
			te33	堵塞										
			te33	根(土之上)										
the			the44	弟弟										
			the44	铁										
			the44	拆										

续表

	55	44	33	35	53	31	21
ne		ne44 奶奶		ne35 捏			ne21 (做器物的)泥
ke		ne44 拿					ne21 楼
khe		le44 礼					ne21 (脚)酸,累
ŋe		le44 诬赖					le21 瞪眼
xe							
ye							
tɕe							
tɕhe							
ȵe							
ɛe							
je							
tse	tse55 为什么(疑问词)	tse44 古有	tse33 堆(c.)	tse35 (用油)煎	tse53 节(c.人为)	tse31 块(c.方块)	tse21 缝

230

附　录　凤羽白语语素音节表

续表

	55	44	33	35	53	31	21
tshe		tse44 折断		tse35 搅拌	tse53 砍断	(ua53)tse31 （小孩）同	tse21 齐
		tse44 节(c.竹子)			tse53 （用棒子）打	tse31 又矮又胖	tse21 钱
		tse44 再			tse53 舌头	tse31 （人到）齐	
	tshe55 （家禽）回巢	thse44 撑				tshe31 拉扯	
		tshe44iɔ21 vɜ3 发羊角疯					
se		se44 宠爱，溺爱	se33 洗	se35 庙	se53 蛋	se31 小	
		se44 泼（水）		se35 西边	se53 下（蛋）	se31 舍得	
				se35ȵi21 仙人			
				se35 （花，衣服）鲜艳			
				se35miɔ53(tsi44) （蔬菜）新鲜			
				se35miɔ53(khɯ55) 口水			
ze			ze33 染，涂（彩色）				
ɔ	ɔ55 傲气，骄傲	ɔ44 （给庄稼）浇水，灌溉		ɔ35 石榴	ɔ53 （狗）凶恶		ɔ21 虾
					ɔ53 下（雨）		

续表

	55	44	33	35	53	31	21
		ɔ44li44（叫狗声）		ɔ35 喂(v.)	ɔ53 容易		
		ɔ44u53（叫大狗）			ɔ53（牲畜下息）		
		ɔ44ua53 乌鸦					ɔ21ɔ21 核桃
pɔ		pɔ44 拍	pɔ33 簸	pɔ35 丈夫	pɔ53 薄	pɔ31 他	
				pɔ35niu35 菠菜		pɔ31xɔ31 薄荷	
				pɔ35 包(n.纸钱)			pɔ21 旁边
				pɔ35thɑ55 批评，褒弹			pɔ21
phɔ		phɔ44 黄瓜				phɔ31 跑	
		phɔ44 支(c.手脚)				phɔ31 劈开	
mɔ		mɔ44 摸	mɔ33	mɔ35si35 茅司，厕所	mɔ53 细	phɔ31 破，烂(a.)	
				母；母亲			
	(cɔ53) mɔ55(tɯ53) 帽子				mɔ53 坟墓		
fɔ							
cɔ							

续表

	55		44		33		35		53		31		21	
to	to55	倒	to44	点（c.液体）	to33	上边	to35	捅,戳	to53	挑拣	to31	大	to21	话
tho	tho55lo44	兔子	tho44	路							tho31ua53	痰		
	tho55lo55miɛ21	毛驴	tho44	端										
	tho55uo55	堂屋	tho44	拖										
no	(so55)lo55	冰块	no44	（食物吃多）腻了							no31	你		
						二（两个）	lo35tsi44	骡子		两(100g)			lo21	虎
						供奉	lo35kuo35	公牛	lo53	各各			lo21	筛
						歌	lo35dzi33	护田埂					lo21	筛子
													lo21se21tse21	高利贷
													lo21dzi21tɕihue33	日晕
													lo21xuo21	㸌火
ko	ko55	哥哥	ko44	脚	ko33		ko35	糕	ko53	抖	ko31	烙（饼）	ko21	海
	ko55lɛ44	蝴蝶	ko44	撒（种）	ko33		ko35	傻	ko53	（飞行物）停落	ko31	烤（火）	ko21	圆圈,套
			ko44	告（状）	ko33		(lu55)ko35	耳房	ko53	山谷	ko31	搞	ko21	套(v.)
			ko44	下（放置）			ko35	各自,分别	ko53	彩虹			ko21	肥,油腻

音系复杂性：以白语的语素音节表为中心

续表

	55	44	33	35	53	31	21
khɔ	khɔ55 水沟	khɔ44 哭	khɔ33 租借	kɔ35 鱼鹰	kɔ53 熬(酒,胶)	khɔ31 沟	
	khɔ55 靠			kɔ35xɔ21 (为长辈)做寿材	kɔ53 炼(油)	khɔ31 烤	
	khɔ55sɯ44 穿(裤带)			kɔ35 姜		khɔ31nɔ21 可恶,可恼	
	khɔ55 咳嗽			khɔ35 完子			
	khɔ55 件(c.衣裳)						
	khɔ55(tɯ44) 食物过期味道						
	khɔ55(khv31) 依靠,倚赖,铺(床)						
ŋɔ	ŋɔ55 傲气			ŋɔ35sou31 握手		ŋɔ31 我	
xɔ		xɔ44 嗜好(v.)	xɔ33 房子,家	xɔ35mi21 棉花		xɔ31 房子,家	
		xɔ44 挂		xɔ35 合,对		xɔ31 晒	

续表

	55	44	33	35	53	31	21
ɣɔ		xɔ44mɛ33 号脉					
tɕɔ	tɕɔ55 好	tɕɔ44 轿子		tɕɔ35 交	tɕɔ53 逗（小孩）	tɕɔ31 裤子	
	tɕɔ55 相好			tɕɔ35 觉得	tɕɔ53 酱		
	tɕɔ55 撬			tɕɔ35 角(c.钱)			
tɕhɔ	tɕhɔ55 好	tɕhɔ44 铲					
		tɕhɔ44 铲子、锨					
		tɕhɔ44 阉割					
		tɕhɔ44 翘					
ɕɔ							
ɔ	ɔ55 少	ɔ44 (刀)削	ɔ33(pɑ21)（肉）有臭味	ɔ35 笛子、箫	ɔ53 烂、坏	ɔ31 流畅，畅通	
		ɔ44 孝敬		ɔ35 香(a.)			
		ɔ44 (戴的)孝		ɔ35 香(n.)			
				ɔ35 推			
				(pu21)ɔ35 (不)需要			
				ɔ35thɑ55 学校			

续表

		55		44		33		35		53		31		21	
jo				jo44	药 (n.v.)	jo33	脓肿 (n.)	jo35fv55	岳父	jo53	摇			jo21	羊
				jo44sɛ35	医生	jo33	痒	jo35mu42	岳母	jo53(kho55)	妻子				
										jo53	夜				
										jo53	样子				
tso		tso55	浪费（钱财）	tso44	鸟	tso33	早	tso35	招（上门女婿）	tso53	说			tso21	茶
				tso44	欣	tso33	住上	tso35	放置，放	tso53	嚼			tso21	汤，汁液
				tso44	犁（地）					tso53khue55	石头			tso21	长
					(日,月)照					tso53	射（箭）			tso21	肠子
tsho		tsho55	糠	tsho44	草	tsho33	搓			tso53	灶				藏
		tsho55	糙（米质量不好）			tsho33	挫				照，点（灯）(灯)				
		tsho55	骂（粜）							tso53	结(果子)				
										tsho53	潮湿	tsho31	咸		

236

续表

	55		44		33		35		53		31		21	
sɔ	tshɔ55tshɔ55	棺材												
	sɔ55	沙子	sɔ44	绳子	sɔ33	扫	sɔ35tɔ21	糖	sɔ53	送葬	sɔ31	笑		
	sɔ55	挠（痒）	sɔ44	杉树	sɔ33	送，给			sɔ53	庭				
	sɔ55	凉(v.)			sɔ33	送别								
	sɔ55tsɔ53	桑树												
zɔ			zɔ44	绕			zɔ35	饶,原谅			zɔ31	回避,避让,让开		
											zɔ31			
ɯ			ɯ44	骂	ɯ33	后,后面	ɯ35	喊（人）	ɯ53	学			ɯ21	热
					ɯ33ɲi44	后天								
pɯ	pɯ55	他的	pɯ44	笨	pɯ33	水塘	pɯ35	扳	pɯ53	涂抹	pɯ31	寄	pɯ21	浮
			pɯ44	北	pɯ33	斧头	pɯ35	掰开					pɯ21tsi44kua44	本钱
phɯ	phɯ55	吹									phɯ31	盖子		
	phɯ55nɯ21khe55v21	吹牛									phɯ31	盖(屋顶)(c.)		
	phɯ55	倾,倒									phɯ31	捧		
mɯ	mɯ55	（"位置"后缀）	mɯ44	麦子	mɯ33	换	mɯ35	矛	mɯ53	梦	mɯ31	斜视,睃视	mɯ21	模糊不清

音系复杂性：以白语的语素音节表为中心

续表

	55	44	33	35	53	31	21
fɯ		mɯ44 墨		mɯ35 (c.钉子)	mɯ53 (无目的地走)	mɯ31	
vɯ							
tɯ		tɯ44 得到	tɯ33	tɯ35 箩筐	tɯ53 戴（帽子）	tɯ31 蚕豆	tɯ21 个(c.)
		tɯ44tɯ53 健壮			tɯ53 灯 (c.帽子顶)		
thɯ	thɯ55 腾换						
	thɯ55 下（霜）						
	thɯ55(tsɔ44) 下(v.,上)						
nɯ	nɯ55 你的			nɯ35 砍		nɯ31 这	
	nɯ55 (小孩子不听话)						
	nɯ55 耍赖，不讲道理						
kɯ	kɯ55 更（比较）	kɯ44 皮革	kɯ33 曰	kɯ35 舀	kɯ53 救	kɯ31 旧	kɯ21 卖

续表

	55	44	33	35	53	31	21
							骑
	kɯ55fa44 更发	kɯ44 （人）干劲大	kɯ33tsɯ21 韭菜	kɯ35 冷	kɯ53 一头（的头发）	kɯ31 把（c. 锁，秤）	kɯ21
							流
	kɯ55kɯ44 更加	kɯ44 （花椒）麻	kɯ33 厚	kɯ35 勾	kɯ53 (tɯ21pɔ21) 点（头）	kɯ21
		kɯ44 齐心协力	kɯ33 （打）更	kɯ35lɯ35 钩子			
khɯ	khɯ55 开（门等）	khɯ44 害，坑害				khɯ31 里面	
	khɯ55 开（花）	khɯ44 惹人发火				khɯ31 肯	
	khɯ55 开（车）	(khɯ44)					
	khɯ55 开（荒）						
	khɯ55 颗 (c. 小颗，圆形)	(khɯ44 走)					
ŋu	ŋu55 我的				ŋu53 根 (c. 绳子)		牛
					ŋu53 牵绊		ŋu21
xɯ		xɯ44 黑	xɯ33 线	xɯ35 眼馋，想		xɯ31 躲开，不理睬	
		xɯ44iɔ53 pɑ53 黑夜	xɯ33 （饭菜）熟了	xɯ35 踮（脚尖）		xɯ31 狠	

续表

声母		55	44	33	35	53	31	21
yɯ	乌鸦		xɯ44ɲv35					
	骂		yɯ44					
	着(表进行)			xɯ33				
	擤(鼻涕)			xɯ33				
	后面			yɯ33				
	称谓,叫(v.)				yɯ35			
	呼唤,叫				yɯ35			
	学					yɯ53		
	雇佣(n.)					yɯ53		
	后天,改天						yɯ31ɲi4	
	揉							yɯ21
	漏(水)							yɯ21
	(天气)热							yɯ21ɲi44
tɕɯ	尊敬		tɕɯ44					
	九			tɕɯ33				
	厉害				tɕɯ35			
	精明		tɕhɯ44					
	野鸡			tɕɯ33				
tɕhɯ	倾,低头,弯腰	tɕhɯ55, tɕhɯ55(khɯ55)						
	螺蛳	tɕhɯ55mɯ35						
	清明节	tɕhɯ55tɕɑ44						
	亲家(肚子)胀	(jv44)tɕhɯ55						
	清(账,还完了)		tɕhɯ44					
	勤快					tɕhɯ53		
	抓,擒					tɕhɯ53		
	紧						tɕɯ31	
	忙						tɕɯ31	
ɲɯ	嫩							ɲɯ21
ɕɯ	运气好,顺手	ɕɯ55						
	习惯(v.)				ɕɯ35			
	痣					ɕɯ53		

续表

	55		44		33		35		53		31		21	
jɯ	ɯ55	信件					ɯ35	泻(v.肚子)	ɯ53thɯ55	样样				
	jɯ55fv42	豌豆粉	jɯ44	村庄			ɯ35044	泻药						
			jɯ44	吃			jɯ35	来(助词)	jɯ53tsi44	纽扣			jɯ21	油
tsɯ			tsɯ44	记(住)	tsɯ33	在	jɯ35	赢						
			tsɯ44	挣扎	tsɯ33	有	tsɯ35	蒸	tsɯ53	胺	tsɯ31	树		
			tsɯ44	考,让(人)猜	tsɯ33	柱子	tsɯ35	竞争,争	tsɯ53	承载	tsɯ31	站立		
			tsɯ44phiɔ21	织布										
tshɯ	tshɯ55	短	tshɯ44	言行无状										
	tshɯ55	堵塞	tshɯ44	不好					tshɯ53	乘		菜,蔬菜		
	tshɯ55	趁	tshɯ44	批评,责备										
sɯ	sɯ55	夸奖,称赞	sɯ44	擦拭	sɯ33	座(c.桥)	sɯ35	收	sɯ53	神(a.)			sɯ21	节约
	sɯ55	还(v.)	sɯ44	使,让	sɯ33	守							sɯ21tɕɛ44	节约
	sɯ55	数(v.)			sɯ33	手								

音系复杂性：以白语的语素音节表为中心

续表

	55		44		33		35		53		31		21	
zɯ	zɯ55sɯ44	认真			sɯ33tɕi35	手巾								
					zɯ33	认得					zɯ31	苍蝇		
					zɯ33	有					zɯ31	送，施舍		
											zɯ31	忍		
											zɯ31	剩下		
v			v44	泥鳅	v33	妻子			v53	胃			v21	云
			v44	孵化	v33	捆(c.)			v53	捆绑			v21	疯
			v44	发霉	v33tɕi44	雨			v53	麂子			v21zi21	服务（外人）
			v44tɕi31	物件，东西	v33tɕi44 tɕhue33	月晕								
pv														
phv														
mv														
fv	fv55	插(秧)	fv44	笔			fv35	飞	fv53	份额，（一）份	fv31	屁；放屁	fv21	（粉尘）弥漫
	fv55	蜜蜂	fv44	肚子			fv35	分割，分配			fv31(tʂhɛ34)	锯子		
tv			tv44	挖			tv35	东			tv31	动		

附　录　凤羽白语语素音节表

续表

	55	44	33	35	53	31	21
thv	thv55 通; thv55 捅	tv44 冻(v.a.)		tv35se35 ɔ21mɔ33 蜘蛛		thv31 桶; thv31 发(芽)	
nv		lv44 绿; lv44 (身体)缩拢	nv33 背箩		nv53 关起来		nv21 龙
kv	kv55tɯ33 蝌蚪; kv55keʂ53 (开门响声); kv55kv44 天鹅	kv44 角(边,角落); kv44 (牛)角; kv44 橡子	kv33 皱(衣服等); kv33 鬼	kv35 (东西)耐用; kv35 叫; kv35 江; (tɑ35)kv35 (当)兵; (nɯ33pi21)kv35 聋; kv35 弓; kv35 腌; kv35tshɯ21 腌菜	kv53 住,住址; kv53 坐; kv53 口(c.饮食); kv53 句(c.念书)	kv31 柜子; kv31 脆; kv31 告诉	kv21 苯; kv21 垄(c.田地)

续表

	55	44	33	35	53	31	21
khv	khv55 空,空白 khv55 筲箕 khv55 磨待 khv55khua44 宽敞	khv44 弯曲(v.a.) khv44 曲子	khv33 蛇		khv53thv53 抽泣 khv53thv53	khv31 床铺 khv31 (动物的)圈,窝,巢 khv31 弯曲(用膝,肘) khv31tɕ31 / khue55 驼背	
ŋv	ŋv55(a55ne21) 说(什么)	ŋv44 木料 ŋv44tɕo53 木匠		ŋv35 鱼 ŋv35 (用刀)捅 ŋv35 抓土(埋根) ŋv35 (动物)听话,乖	ŋv53 熏 ŋv53 饿 ŋv53 淹		ŋv21 黄
xv		xv44 吸(鼻涕) xv44 吸 xv44 喝(稀饭)			xv53thv53 语言 xv53thv53 抽噎	xv31(ka31) 呼噜	
tɕv							
tɕhv							

附　录　凤羽白语语素音节表

续表

	55	44	33	35	53	31	21
ŋv			ŋu33 女儿				
			ŋu33 女性	ŋu35 从容不迫			
			ŋu33pi21 耳朵	ŋu35 柔软，柔韧			
			ŋu33ko21 耳环				
ev							
jv							
tsv		tsu44 竹子	tsu33 种子	tsu35 钟	tsu53 成熟	tsu31 蛙	tsu21 虫
		tsu44ci44 臭虫	tsu33 重	tsu35 杯子	tsu53 种(v.)	tsu31 筷子	tsu21 锄头
			tsu33 煮		tsu53 浑浊		
tshv	tshu55 枪				tshu53 除	tshu31 建(房)	
	tshu55 (v.穿串)					tshu31 触碰	
	tshu55tsi44 厨子					tshu31 相处	
sv	su55 双(c.筷子)		su33 鼠	su35 梳子	su53 山		
zv						zu31 用	

245

音系复杂性：以白语的语素音节表为中心

续表

	55	44	33	35	53	31	21
ou		ou44tchi44 怄气					
pou							
phou							
mou		mou44 没有					mou21 逃
fou							
vou							
tou		tou44 拼,凑	tou33 男生殖器				
thou		tou44 捧闷					
nou							
kou							
khou							
ŋou							
xou	xou55xue31 后悔				xou53 能干	xou31 吼,骂	
you							
ŋoɯ							

续表

	55	44	33	35	53	31	21
tɕhou							
ŋou						ŋou31 扭	
ɕou							
tsou				tsou35 (用拳头)打		tsou31(tsɑ31) 不同，差异	
tshou			tshou33 水草				
sou							
zou							
ia							
pia	pia55 不好	pia44 端		pia35 躲	pia53 抱紧		
				pia35(ne21) 鞭子	pia53 拔		
				pia35 鞭(c.)	pia53 (田)烂		
					pia53 狗叫		
phia		phia44 到达(介词)					
mia		mia44 湿(v.)					
		mia44 雨淋					
fia							

续表

	55	44	33	35	53	31	21
via							
tia							
thia							
nia	咱们 nia55	明亮 nia44	嬢，姑姑 nia33	丈量 nia35		这 nia31	
		粘 (v.) nia44					
kia							
khia							
ɲia							
xia							
yia							
tɕia							
tɕhia							
njia							
ɕia							
jia							
tsia							

续表

	55	44		33	35		53		31		21	
tshiɑ												
siɑ												
ziɑ												
iɛ												
piɛ		piɛ44	问	piɛ33 扁	piɛ35	别的	piɛ53	(味道)浓			piɛ21	瓶(量)
phiɛ	phiɛ55	piɛ44vɿ33	讨媳妇									
		phiɛ44	恶心						phiɛ31	说大话		
	片(c.)	phiɛ44sɯ44	偏偏，偏要						phiɛ31	聊天		
		phiɛ44(ɛɯ35)	溢出来									
miɛ					miɛ35	名字	miɛ53	命	miɛ31	昏暗		
					miɛ35	阉(鸡)						
fiɛ												
viɛ												
tiɛ		tiɛ44	垫		tiɛ35	碟(小碟子)	tiɛ53	开溜				
thiɛ	tiɛ55 电											
niɛ		niɛ44	性交								niɛ21(mɛ44)	碾(米)

续表

	kiɛ	khiɛ	ŋiɛ	xiɛ	tɕiɛ	tɕhiɛ	ɲiɛ	ɕiɛ	jiɛ	tɕiɛ	tɕhiɛ	ɲiɛ	ɕiɛ	jiɛ	tsiɛ	tshiɛ	siɛ
55																	
44																	
33																	
35																	
53																	
31																	
21																	

续表

	55	44	33	35	53	31	21
ziɛ							
iɯ							
piɯ							
phiɯ	phiɯ55 页(书, 纸,c.)	phiɯ44 拼合					
miɯ						miɯ31 糊(墙)	
fiɯ							
viɯ							
tiɯ	tiɯ55 预定	tiɯ44 (c.纸, 钱等一沓)		tiɯ35 (叫鸡声)		tiɯ31 顶,撑	
niɯ	tiɯ55 装订		niɯ33 燃烧		niɯ53 根(c.绳子) niɯ53xuo35 灵活		niɯ21 嫩
kiɯ							
khiɯ							
ɲiɯ							
xiɯ							

续表

	55	44	33	35	53	31	21
yiɯ							
tɕhiɯ							
tɕhiɯ							
ŋiɯ							
ɕiɯ							
jiɯ							
tsiɯ							
tshiɯ							
siɯ							
ziɯ							
iɔ			不是				
piɔ			piɔ33		瓢 piɔ53	表 piɔ31	
phiɔ					票 phiɔ53	裱 phiɔ31	
miɔ				描 miɔ35	直 miɔ53	布 phiɔ31	瞄准 miɔ21

续表

	55	44		35	53		31		21	
			吊			根(c,棍子等)		挑选		瞄(直)
fio										
vio										mio21
tio		tio44			tio53					
thio		thio44	跳					thio31		
nio		nio44	魔芋		nio53	炖				
nio		nio44	要							
kio										
khio										
ŋio										
xio										
ɣio										
tɕio										
tɕhio										
ɲio										
ɕio										

续表

	55	44	33	35	53	31	21
ji							
tsi							
tshi							
si							
zi							
ua	ua55ua33 贝壳				ua53 挖; ua53tse31 野蛮,作怪,调皮		ua21 洗(衣服)
pua		(mi33pu55)tua44 想念					
phua							
mua							
fua							
vua							
tua					tua53 不可以	tua31 钝	
						tua31 (孵小鸡的蛋坏了)	
thua		thua44 解,脱					

续表

	55	44	33	35	53	31	21
nua		thua44sa44 盖章 thua44tsue35 脱土基					
kua	kua55 裙子	kua44 挂	kua33 个(c.小动物)	kua35 管	kua53 棍子		
		kua44 记录，登记	kua33 睾丸	kua35 刮	kua53 管教		
		kua44(na44) 蕨菜		kua35 裤子	kua53(khuo44) 茶壶（烧水用）		
					kua53 管，理睬		
khua	khua55 轻松，悠闲	khua44 摘下（果子，颗粒）（衣服等）宽松	khua33 狗		khua53 张狂	khua31 (用身体)撞	
	khua55(ei55) 宽心，慢慢的	khua44 宽（窄）				khua31 (猪)拱	
		kua44 画(v.)				khua31 老地方	
		khua44 khi55 张开大腿					
ŋua							
xua	xua55 画(n.)	xua44	xua33 浪费	xua35 高兴	xua53 划算	xua31 晃点（拿人寻开心）	

255

续表

	55	44	33	35	53	31	21
	话	化缘	不专注,花心	慌张	划开	恍惚	
		煮(汤)			红薯	(用线如流水)	
		煮好的			黄鼠狼		
		(肚子)饿					
yua	xua55	xua44(kuo33tɕ35) / xua44 / xua44 / xua44	xua33	xua35tsa35	xua53 / xua53tshŋ53 / xua31tshŋ211a53	xua31xua35 / xua31sua44	
tɕua							
tɕhua							
ŋua							
eua							
jua							
tsua		撞 / 瓶子,坛子等 / 皱	踤	蹲	桩		
tsua		tsua44 / tsua44,khua44 / tsua44	tsua33	tsua35			
tshua	跨,踊	抓		假装		冋	
tshua	tshua55	tshua44		tshua35		tshua31	
tshua	窗户	把(c.单手抓)				冋祸	
	tshua55(tsi44)	tshua44				tshua31 / xuo44	

续表

	55	44	33	35	53	31	21
sua		tshua44（刀）切				tshua31 小孩子踩水玩	
	sua55 酸					tshua31 乱走,乱晃	
	sua55 孙子	sua44 血		sua35(kɛ35) 地（菜园子）		sua31 蒜	
		sua44 （斜坡）滑(v.a.)		sua35 tɕhuɛ55 （父母）双全（健在）	sua53mie53 算命	sua31 哄（孩子）	
		(sua44说)		sua35 烧（水）		sua31sua31 sua44 （很快）	
				(u21)sua35 猴子			
zua						zua31 头晕	
						zua31 转动	
uo		uo44suɛ31 莴笋			uo53 各各		
					uo53 结束		
					uo53xa44 快完了		
puo							
phuo							
muo							

续表

	55	44	33	35	53	31	21
fuo							
vuo							
tuo	tuo55(ŋue44) 洞	tuo44 朵 (c.)		tuo35 多(出来)	tuo53 剁		
thuo						thuo31 拃	
nuo			luo33suo33 啰嗦	luo35 私吞(钱财)	luo53xa44 结束	thuo31ua53 疲	nuo21 舂
kuo		kuo44 (xu44) 悬搁	kuo33 囊	kuo35 锅	kuo53 快完了		kuo21 水稻
				kuo35 长(大)	kuo53 过(完成)		
				kuo35tsu31 拓荒			
				老实,本份			
khuo	khuo55 高兴	khuo44 颗					
	(ts53)khuo55 座(c.)						
ŋuo							
xuo		xuo44 祸(n.)	xuo33tsa55 火葬	xuo35 花	xuo53 红		
		xuo44 货物	xuo33 燎,烧	xuo35 红			

附　录　凤羽白语语素音节表

续表

	55	44	33	35	53	31	21
you				xuo35 活的			
tɕuo							
tɕhuo				tɕhuo35 (po35) 可笑 (a.)			
				tɕhuo35si35 确实			
ɕuɪ							
euo				euo35 (ɕie53) 小气			
juo				juo35 邀约			
tsuo			tsuo33 群（母带群子）	tsuo35 带，领		tsuo31 串 (c. 果子)	
tshuo	tshuo55 扔，掷			tshuo35 撑接，总惠，撮合			
				tɕhi33 出去			
suo			suo33 (kɯ31) 锁	suo35fɯ21 粉丝			
				suo35 退缩			
zuo							
ue			ue33 吵闹（象声词）	ue35 弯 (a.)	ue53 写		ue21 担忧，着急

续表

	55	44	33	35	53	31	21
puɛ							
phuɛ							
muɛ							
fuɛ							
vuɛ							
tuɛ							
thuɛ							
luɛ	乱 nuɛ55						
nuɛ	热闹 nuɛ55						
kuɛ	怪 kuɛ55	打(谷子),摜 kuɛ44 (kuo21)	逛 kuɛ33	挂,勾(v.) kuɛ35(tɯ44)	严肃,死板,发怒,生气 kuɛ53		横(v.) kuɛ21
	捧跤 (sɑ55)kuɛ55		串(c. 果子) kuɛ33	国 kuɛ35(tɯ44)	危险 uɛ53ɕiɛ31		ue21
khuɛ	灌 kuɛ55			(吹)牛角 (phɯ55) kuɛ35	kuɛ53	胯(髀) khuɛ31 (pi35)	
ŋuɛ	斜放 khuɛ55				瓦 ŋuɛ53		

附　录　凤羽白语语素音节表

续表

	55	44	33	35	53	31	21
xuɛ		xuɛ44 混（日子）	xuɛ33 （头）昏	xuɛ35sɛ21 或者			
		xuɛ44 缺口（身体破了，出血）					
yuɛ		tɕhuɛ44 劝					
tɕuɛ							
tɕhuɛ		tɕhuɛ44 漂洗					
		tɕhuɛ44 本（c. 书）					
ȵuɛ							
ɕuɛ	ɕuɛ55lɛ55 铃铛			ɕuɛ35 投（梭镖）	ɕuɛ53 跷（二郎腿）		ɕuɛ21 癣
	ɕuɛ55ŋɛ55 训练			ɕuɛ35 打（錾子）(tsɑ31tsi44)	ɕuɛ53 轮流		ɕuɛ21 选
	ɕuɛ55 训（斥）						
juɛ	juɛ55mu55 玉米		juɛ33 月份	juɛ35 越			
tsuɛ			tsuɛ33 穗（稻麦）			tsuɛ31 卷	tsuɛ21 准
						tsuɛ31 把(c. 火把, 尾巴)	tsuɛ21pi55 准备

261

续表

	55	44	33	35	53	31	21
tshue		tshue44 漂洗	tshue33 (书)本,册			tshue31 下大雨了 tshue31 路不好走	
sue			sue33 算(账) sue33lɑ53 算了! sue33 (说话)算数 sue33 勉强承认(算)			sɯ33 甩 suɛ31	
zue							
ue				ue35 暖和	ue53 佛像;塑像	ue31 圆(a.) ue31 圆圈	
pue							
phue							
mue							
fue							
vue							
tue			tue33 远	tue35 树立	tue53 一对 tue53tsi44 对联		

续表

附 录 凤羽白语语素音节表

		55	44	33	35	53	31	21
thue		thue55 刨	thue44 推			tue53 碓	thue31 褪毛	
		thue55tua21 推刨（棍子）						
		thue55 根（子）						
		thue55 退						
lue			lue44 热，烫	lue33 垒	lue35 脱（衣服）		lue31 铝	
			lue44（生意）亏本					
			lue44kua44（生意）亏本					
kue				kue33 螃蟹	kue35 归还	kue53 坏了（用不成了）	kue31 （谷粒）饱满	kue21sue55 鬼鬼祟祟
					kue35 整理（东西）	kue53 不见了	kue31 滚	
						kue53 （青糊）粘粘乎乎		
khue		khue55 个，块(c.)	khue44 亏	khue33 吐				
ŋue			ŋue44 眼睛		ŋue35 暖和，热	ŋue53 磨	ŋue31 甑子	
			ŋue44 眼(c.)		ŋue35 热一热	ŋue53 喂（动物）		

263

续表

	55	44	33	35	53	31	21
xue	xue55 会议	xue44	xue33 炒（油水）	xue35 石灰	ŋue53 喂养		
			xue33 上火	xue35 后退	xue53tshu35 回族		
yue			xue33 火把 tsue31				
tcue							
tchue							
ŋue							
cue							
jue							
tsue	tsue55 最	tsue44 挤（奶，牙膏）		tsue35 砖头	tsue53 转		tsue21 递
tshue	tshue55（用秤）称重	tshue44 不牢	tshue33 吹（牛）		tsue53(ŋi44) 滑	tshue31 根（c. 火把，尾巴）	
	tshue55 催	tshue44 发誓（缘?）	tshue33（腹）泻				
	tshue55 脆						

附　录　凤羽白语语素音节表

续表

	55	44	33	35	53	31	21
sue	tshue55(tchi55) 干净利落,爽快						
	sue55 扒						
		sue44 雪					
		sue44 计较,算;小气		sue53(no31) 随便(你)	(nɑ55)sue31 (那)些	
					sue53(tchi33) (糊状物)漫出来		
		sue44 掰开(饼干等)		sue53 跟随		
		sue44 碎(v.a.)				
zue							

剑川白语语素音节表

		55	44	33	35	53	31	21
i	pi	pi55 逼迫	pi44 女生殖器	pi33 低（矮）			pi31se33 蓑衣	pi21ci53 鼻涕
		pi55fv44 左边					pi31 比	pi35tsi31ti44ne21 鼻子
		pi55si55tis44 臭虫						pi21pou21tsi33 蚂蚁
		pi55li55sɯ44 松鼠						
		pi55sɯ33pi55kou44 笨拙						
		pi55li55sɯ33 黄鼠狼						
	phi	phi55 片，切（一块肉）	phi44 秕（谷粒不饱满）				phi31 片（圆形薄片）	
		phi55si53 便宜	phi44(pɛ̃21 thɯ55) 按顺序放到					
		phi55tchi44 脾气						
		phi55 匹（布）						
		phi55 慢						
	mi	mi55yua44 月亮	mi44 蜜	mi33 想		mi53 面粉	mi31 粉副（墙）	mi21 篾

续表

	55		44		33		35	53		31		21	
	mi55xua55	棉花			mi33khɯ44	想起		mi53su55	米粉				
	mi55tsou53	勺子						mi53ɕi53	眼泪				
fi	fi55fa55	英俊（非凡？）											
	(sæ44)fi55	非（是非）											
vi								vi53	佛；菩萨				
ti	ti55	提（起）			ti33	父亲		ti53ti53	长不高的样子	ti31i44	第一		
	ti55ɕō44tsi31	花生								ti31ne44	第二		
		喇叭（唢呐）								ti31khɯ44	碰撞		
	ti55ta44	碟子											
	ti55tsi33									ti31ta53	只好、只能		
thi	thi55tsi33	蹄	thi44	弟弟									
	thi55tsi33	梯子	(jō55)thi44	弟弟，兄弟				thi53	包（量词，纸十卷）	thi31	替换		
	thi55	提（酒提子）											
ni	mi55	捏	ni44	腻（油腻）	li33	礼，礼物				mi31	碾		
	ni55ku55	尼姑	li44	滤	li33	里（路）				ni31ɕi31	二十	ni21ue55	泥巴，土块

续表

		55		44		33		35	53		31	21
ki		li55(tɯ21)	种马	li44la44	灵活	li33tɯ44/thɯ44tɯ44	传染					
		li55tsi33	驴			li33xɛ44	厉害					
		ki55	鸡	ki44	抠				ki53	碗		
		ki55	酉(鸡)	ki44	酱				ki53	碗(饭)		
		ki55pɯ55	公鸡	ki44uẽ44/ta44uẽ44	穿孔(用针)				ki53	淬火		
		ki55mu44	母鸡									
		ki55tsi33	雏鸡									
		ki55pi21(khou55)	鸡冠									
		ki55u31	鸡圈									
		ki55	筐(菜)									
		ki55	捆(麦子)									
		ki55	捆(布)									
		khi55	开(花)									
		ki55ju33	疮									
		ki55ku44	布谷鸟									
khi		khi55	牵(牛)		跛子							

续表

	55		44		33		35		53		31		21	
ŋi														
xi														
yi														
tɕi	tɕi55	多	tɕi44	蚂蟥	tɕi33	拉,拖	tɕi35tɕi35	积极	tɕi53	侄子	tɕi31	田	tɕi21	棋
	tɕi55sɯ33 tou55kou44	多事	tɕi44ɕy33	忌(嘴)	tɕi33	拖(木头)	tɕi35 tshu35	杰出	tɕi53	追	tɕi31pɛ21	块(地)	tɕi21	旗
	tɕi55ɕi55ɯ53	话多			tɕi33tsõ31	抻长			tɕi53sq53 khuã44	猎狗	tɕi31jɯ31	土地	tɕi21	手镯
	tɕi55ɕi55ɯ53 tshe55	捎个口信			tɕi33kɛ53	拥挤			tɕi53	驱逐	tɕi31tso31	地震	tɕi21kɛ55 tsq21	除夕
	tɕi55	楔子			tɕi33	姐姐			tɕi53xɛ̃55 (ɛ̃44)	(跑得)快	tɕi31tsou44	快	tɕi21kɛ55 khɛ44	蚯蚓
	tɕi55kɯ55/ pe53ɛ44 phu31tsi33/ kɯ31tu55tu33	斑鸠			tɕi33xo33	记号			tɕi53xɛ̃55	生(孩子)	tɕi31sɯ44	是,对	tɕi21uɛ55	连枷
	tɕi55kua55	南瓜			tɕi33	(鞋)底			tɕi53si55	生日	tɕi31	拐杖	tɕi21tɕi21	垃圾
	tɕi55kha44	饿							tɕi53mĩ53 ɛi55	忌日	tɕi31tã55	系(腰带)	tɕi21pa21 thɯ55	蜻蜓
	tɕi55kɯ31	犁头								面前		剪子	tɕi21ɛ̃ɛ̃44	填(坑)
													tɕi21ɛ̃ɛ̃44pɛ33 kɛ53	昨天
														昨晚

269

续表

声母	调	55		44		33		35		53	31		21
tɕhi		tɕhi55	肥料	tɕhi44 (xɛ̃55)	力气						tɕhi31	刺儿	
		tɕhi55su55	草木灰	tɕhi44	蒸汽						tɕhi31tã44	捶打	
		tɕhi55	倒掉（水）	tɕhi44	七						tɕhi31tsɛ53	七十	
		tɕhi55	泼（水）	(tɯ31) tɕhi44	（头）七（丧礼）						tɕhi31si55	其实	
		tɕhi55i53	板栗	tsɛ53/tɕhi31tsɛ53	漆								
				tɕhi44									
				tɕi44	掏（出）								
ɕi		ɕi55	吸（气）	ɕi44	四	ɕi33	死	ɕi35kuã55	习惯		ɕi31xuã55	爱（吃）	
		ɕi55	吮	ɕi44kv44/fã44	方	ɕi33	西				ɕi31tsɛ53	四十	
		ɕi55ou53	谚语	ɕi44	虱子						ɕi31	味道（嘴里的）	
		ɕi55ou53	信息	ɕi44tsɛ44	细致，精致								
		ɕi55ou53tɕi55	话多										
		ɕi55ṽ44tsɛ44	口水										
		ɕi55ṽ44pɛ21	祖先牌位										

附　录　剑川白语语素音节表

续表

	55		44	33		35	53		31		21	
	ɕi55	串（珠子）										
	ɕi55	锡										
	ɕi55	角（钱）										
ji	ji55	衣裳	ji44	ji33	医（治疗）		ji53	穿（衣）	ji31	（刀）锋利		
	ji55pe53/ji55pe53tɯ31se44	衣服				ji35pe35liɯ53i35	一百零一	ji53vɛ53tɕ44	肚脐	ji31tɕi44mɯ44kã53	腋	ji21ɕiõ55	麝香
	ji55ji31tɯ21	衣袖					—	ji53ti44	姨父	ji31	尖		
	ji55tɕɛ55ji31	背带（背小孩子用）								ji31tɕɛ53	野猪		
	ji55kua44tsɿ	腰								ji31	味道（吃）		
									ji31ji31	一辈子		
tsi	tsi55	脂肪（板油）		tsi33	儿子					ji31tsa35tsi31(tsɯ31)/tsɯ31(tsɯ31)	一生		
	tsi55sɿ55	脂肪		tsi33ji21	男人					tsi31kã44	树		
										tsi31kã44	树干		

续表

	55	44	33	35	53	31	21
	tsi55tsi33 桌子		tsi33v33 媳妇			tsi31tɕe55 树枝	
	tsi55uã44 一月，正月		tsi33jĩɿ33khv31 胎盘			tsi31 指(v)	
	tsi55 织		tsi33pa44 牙齿				
	tsi55ɕẽ44 纺纱		tsi33 舔				
			tsi33 街				
			tsi33/tsɯ33 有（人、钱）				
			tsi33 纸				
			tsi33ɕẽ44 把（刀）				
						tshɯ31 蔬菜	
tshi	tshi55 败	tshi44 尺子					
	tshi55 输	tshi44 尺					
	tshi55(tou31) 吐（痰）						
si	si55(khou) 猴子	si44 麻（绳）	si33 屎			si31 （第）二	
	si55 撒（尿）	si44tsɿ44 tsi33 麻子，麻（植物）	si33tsjhuẽ55 thou55 拳			si31uã44 二月	
	si55khv 撒尿					si31/sõ31 给	
	si55/sɯ55/tsa44 数（数目）					si31 喂(v.)	

续表

	55	44	33	35	53	31	21
	si55sɛ44/ sɯ55sɛ44 收割, 收拾(他)						
	si55/phe55 撕						
	si55li31tɕi31 掺子						
e		e44khv31 拉屎	e33 蠢	e35 (答应声)	e53 吞		
		e44 爱, 喜欢	e33nv21 傻子				
			e33pou55 哑巴				
pe	pe55 石碑	pe44 走			pe53 捅(刀捅)	pe31 倍	pe21 皮
		pe44tɕhi44 出去			pe53 披(衣)	pe31 摆(整齐)	pe21 皮肤
		pe44 过(桥)				pe31 树皮	pe21 树皮
							pe21 剥(花生)
							pe21 剥(牛皮)
							pe21 只(碗)
phe	phe55/si55 撕						
me	me55 闭(口)		me33 米		me53 缠绕		me21 门
	me55 抵着(嘴)		me33 迟;晚了		me53 煤		me21a33tsu44 门槛

续表

	55	44	33	35	53	31	21
	me55 松明						
	me55tsi55 松香						
	me55sou31 大麦						
fe							
ve		(tsɯ31)te44 根					
te		te44mɛ55fv55 麻风病			me53tsi33 藤子		
					fe53tsɔ55/tshou31 piɔ44khou44 肥皂		
					te53 猪		
					te53 亥（猪）		
					te53cɛ̃55 野猪		
					te53pɔ55 公猪		
					te53mɔ44 母猪		
					te53kou44 tɕy31 猪爪子		
					te53u31 猪圈		
					te53tsa44 猪食		
					te53si33 猪粪		
					te53tã55ji31 单独		

附　录　剑川白语语素音节表

续表

	55	44		33	35	53		31	21	
the		the44	铁							
		the44tɕõ53	铁匠							
		the44ɔ~55 ni55tɯ31	圈套（捕兽）							
		the44	拆（衣服）							
		the44	拆（房子）							
		the44	解开							
ne						ne53tɕi31 pɛ31	烧山		ne21xou55	莲花
ke										
khe										
ɲe										
xe										
ɣe										
tɕe										
tɕhe										
ɕe										
je										

续表

声母\声调	55	44	33	35	53	31	21	
tse		tse44 摘(花)			tse53 舌头		tse21	钱
					tse53 断(线)		tse21	全(了)
					tse53 弄断(线)		tse21tso53	整齐
					tse53 断(棍子)		tse21tsa53	整齐
					tse53 弄断(棍子)		tse21tsa53	完美
tshe	tshe55 钱							
se		(tsɯ31)se44 叶子	se33 片(树叶)			se31 小		
		se44 布	se33 洗			se31 年轻		
			se33pe21 游水			se31ɕi55 小心		
						se31ɕiphia44 小心		
						se31me33tsi33 小米		
						se31te53tsi33 猪息		
						se31tshã55phi31 炒菜锅		
						sɛ31 试		

续表

	55		44		33		35	53		31		21	
ε	ε55xu53	胡琴	ε44/tɕhĩ55	辣；腌制	ε33tɕe33	额头							
	ε55	二	ε44	哑巴									
	ε55ti55tɯe53	小指											
pε	pε55tɕa44tsi31	败家子	pε44	百				pε53	白	pε31	背（书）	pε21	赔偿
			pε44ε̃53	百姓				pε53ṽ31tsi33/pε53 ŋv31ti44	白族			pε21ei33tɯ21	口弦
			pε44ṽ53	百万									
								pε53	他的				
								pε53lou31tsi33	白鹤				
								pε53io44kkɯ44	懒				
								pε53	拜（菩萨）				
phε	phε55	软	phε44	破（篾）				phε53	排（队）	phε31	膝		
	phε55ṽ53	粥（稀饭）	phε44/phou31							phε31mε31	灵魂		
	phε55u44	膀胱	phε44mĩ53 ei55tshɯ55	忘记									
mε			mε44	手脉	mε33	马		mε53	买				
			mε44	爬	mε33	午（马）							

续表

	55	44		33		35	53	31	21
		mɛ44	爬（人）	mɛ33kɯ55	公马				
		mɛ44	爬（虫子）	mɛ33mu44	母马				
		mɛ44	爬（树）	mɛ33si33	马粪				
		mɛ44	爬（树）	mɛ33tshu33	马料				
				mɛ33u31	马圈				
				mɛ33tɕy55fv33	马笼头				
				mɛ33tshou33pɛ53	马嚼子				
				mɛ33tũ44	马蹬子				
				mɛ33pa31	马掌				
				mɛ33tɕa33tsi31	驮架				
				mɛ33ji21kõ53	满贤林（地名）				
	fɛ	fɛ44	胖	fɛ44kɛ21	肥肉				
		fɛ44	肥（猪）						
		fɛ44	发酵						
		fɛ44jiɛ44	发烧						

续表

	55		44		33	35		53		31	21	
vɛ			fɛ44ɣe21/ tshṳ44ye21	发芽								
			fɛ44	罚（处罚）				vɛ53	写			
tɕ			tɕ44fɛ44 jĩ44/ ɣɯu55v44	结婚							tɕ21	头（动物）
			tɕ44	代（一代人）							tɕ21pou55	和尚
thɛ			thɛ44	缺（个口）								
			thɛ44	破（衣服破了）								
			thɛ44	破（房子破了）								
nɛ						nɛ53su44 thuu55	丢失					
kɛ	kɛ55	把儿	kɛ44	捉				kɛ53tou31	贵（价钱贵）		kɛ21	肉
	kɛ55	把儿 （茶缸）	kɛ44	隔（河）				kɛ53 (mi53tɕi53)	流涕（鼻水，口水，眼泪）		kɛ21	肌肉
	kɛ55/tɕi55	受惊		客人							kɛ21	蜘蛛
khɛ	khɛ55v44	屁股	khɛ44									

续表

	55	44	33	35	53	31	21
ŋɛ	khɛ55fv31 肛门 kua31ŋue33 开（车） khɛ55(tshɛ55) 开（车）	khɛ44tsɯ33 主人 khɛ44si31 开始 khɛ44 xuã44 开荒			ŋɛ53(kɛ44) 硬		ŋɛ21 行走
xɛ	xɛ55si31 饭						
ɣɛ			ɣɛ33 下 ɣɛ33 下方（地势；河流） ɣɛ33 底下（天底下） ɣɛ33/ɣɯ33 （上）下 以下	ɣɛ35 来	ɣɛ53 行（麦子）	ɣɛ31 否	ɣɛ21 鞋
tɕɛ		tɕɛ44 借（工具） tɕɛ44 借（钱）			tɕɛ53tɯ55 khou55 地基		
tɕhɛ		tɕhɛ44 绣 tɕhɛ44 刺(v) tɕhɛ44 踢					

续表

	55	44	33	35	53	31	21
ŋɛ		tɕhɛ44 呕吐					
ɛ̃							
jɛ							
tsɛ		tsɛ44 窄			tsɛ53 十		tsɛ21tsɛ21 时间,时刻
		tsɛ44kɛ53 狭窄			tsɛ53i33 十一		
					tsɛ53nɛ33 十二		
					tsɛ53ŋv̩33/tsɛ53v̩33 十五		
					tsɛ53v̩53 十万		
					tsɛ53 捡		
					tsɛ53 挑,捡		
tɕhɛ	tɕhẽ55khɯ33 身体	tɕhɛ44 红	tɕhɛ33thɯ55 躺				
	tɕhẽ55no44ɛ̃55 怀孕						
	tɕhẽ55tɕhi44 声音						
	tɕhẽ55 句(语)						
	tɕhẽ55 首(歌)						

音系复杂性：以白语的语素音节表为中心

续表

	55		44		33		35	53	31		21
sɛ	tshɛ̃55	轻									
	tshɯ55	（鸟）栖息									
	sɛ55	赔（木）	sɛ44	割（肉）	sɛ33	蘑菇			sɛ31v33	事情	
	sɛ55	狮子	sɛ44	割（绳子）	sɛ33	使			sɛ31iɔ53	巫婆	
			sɛ44tsɛ53	割断					sɛ31pou55	巫师	
			sɛ44tshu44	割（草）							
			sɛ44	锯							
a	a55ta33	这里	a44	鸭子	a33	一			a31ne44	奶奶	
	a55ta33	这边							a31po35	叔叔	
	a55na44	哪里							a31sɯ31/ ɕe55sɯ31	婶母	
	a55pa33	婴儿							a31i55	姨母	
	a55ie53	爷爷							a31ku55	姑母	
									a31po21	一半	
									a31kɛ31 kɛ31	一会儿	
									a31kyu44	乱	
									a31piɔ44	错	

附　录　剑川白语语素音节表

续表

	55		44		33		35		53		31		21	
pa	pa55	他们	pa44/ ko55te44 suã31te44	疤	pa33	（推）倒（墙）			pa53	乳房	a31mia44	不要	pa21	味道（闻）
			pa44	堤					pa53	奶汁	pa31	搅拌[饭]		
			pa44tɕɔ44	芭蕉					pa53tɯ31tsi33	黄豆	pa31sa55tɕi31	混合		
									pa53tɯ55	凳子				
pha	pha55	钉耙	pha44	渣滓					pha53tsi33	木筏				
			pha44 (tsou21)	泡（茶）										
ma	ma55	他们	ma44	稻草					ma53	（魔芋，花椒）麻	ma31lu55	鹿	ma21	毛
	ma55	推											ma21	羽毛
	ma55pa44	推倒											ma21	拔（草）
fa														
va	va55tsi33	袜子												
ta	ta55ta55	伯父	ta44uɛ44/ki44uɛ44	穿孔（用针）			ta35ta44tɕa44v55	那（远指）	ta53	踩，踏	ta31li55	打猎	ta21	桃子
	ta55mo33	伯母							ta53kou44	跳舞	ta31liã55	准备，衡量	ta21	点（火）

续表

	55	44	33	35	53	31	21
	ta55ji44 答应				ta53thi55 台阶	ta31tu31 打赌	
					ta53tɯ33（进正房的）台阶	ta31pi31 如果	
					ta53pi55 扁担		
					tã53 帮助		
					ta53 会，能够(v+~)		
tha		tha44tsi31 柿子					
		tha44 盖（被）					
		tha44 塔					
		la44ka44 秃子；癞痢					
na	na55 你们				na53 掉（下）		
	na55ia31 那些			la35ti44 辣椒	na53su44 thɯ55 失落		
	na55ɯ55xɯ31 那边						
	na55ia31 那样						
	na55la33/na55 tca44tsi33v55 那里						
	la55 揭（软盖子）						

续表

	55	44	33	35	53	31	21	
ka	ka55pu33tsi33 瘦肉	ka44tɕẽ44 接近（隔近）			ka53thɯ55 下垂		ka21 含	
	ka55 缸	ka44 界隔(n)			ka53jõ21ɣɯ44 垂杨柳		ka21 叮	
		ka44 大箱子（装粮食）			ka53thɯ55 低（头）		ka21 寒	
							ka21 刺猬	
kha		kha44 渴						
		kha44 馋（嘴）						
		kha44 罩						
		kha44 合上（书本）						
		kha44 卡住						
		kha44/cã31 想（去）						
ŋa								
xa						xa31tsi33 ɕa44tsi33 每天		
ɣa					ɣa53khɛ44 盒子		ɣa21khua31(ŋuɛ33) 岩石	
							ɣa21 山洞	
							ɣa21 芽儿	

续表

	55		44		33	35		53		31		21	
tɕa	tɕa55	增加	tɕa44	节日		tɕa35tsi33	发夹	tɕa53/phõ55jo31	朋友			ya21pɛ21	魂魄
	tɕa55si33	工具	tɕa44	连接				tɕa53	折（起）	tɕa31	假	tɕa21ko21	收合子
			tɕa44(fv55tɕa53)	交（朋友）								tɕa21tɯ31	收豆子
tɕha			tɕha44	水獭									
			tɕha44	贴									
			tɕha44	蜇（马蜂）									
			tɕha44 pia44	欺负									
ŋa			ɛa44	杀									
ɛa			ɛa44	马鬃									
			ɛa44	灭（火）									
ja	ja55pa55ku55	下巴	ja44(khv31)	回（家）		ja35	不						
	ja55	我们（包括）	ja44kɯ55	回来，回去									
			ja44	压									
tsa			sɯ55	数（数目）						tsa31sa31	打伞		

续表

	55		44		33		35		53		31		21	
tsha			tsa44	计算										
	tsha55	错（了）	tsa44	舂										
	tsha55tshu55	错误，过失	tsha44	插（牌子）										
sa			tsha44jiũ31	瘦							sa31	伞	sa21	坛子
			sa44/phu55(tsɿ33)	撒（种）							sa31phu31	房檐	(lṽ21)phu55sɿ55	闪电（龙喷珠）
o														
po								a31bo35	叔叔		(m)po31	他		
pho	pho55	群（羊子）												
mo					mo33	母亲					mo31	他		
					mo33mi53	面粉					mo53ẽ53	毁灭（折磨光）		
fo														
vo									to53pe53tɕi55	背(n.)				
to	to55	匹（布）	to44	朵（花）			to35/tɕhã31	争夺			to31	揉藏	tu21po21	头

287

续表

	55	44	33	35	53	31	21	
tho								
no						no31/nou 你		
ko						(sq53)ko31 如果		
kho	kho55 方（布）	kho44 粒（米）						
kho	kho55 元（钱）	kho44 块（石头）						
ŋo								
xo						xo31tse53/jã53xu31tshe53 火柴		
yo				yo35 凶恶	yo53 落（太阳）	yo31 我	yo21 搂（抱）	
							yo21 扶（双手握住）	
							yo21 捂（嘴）	
							(mu44)yo21 麦芒	
tɕo								
tɕho								
ɕo								
jo								

附　录　剑川白语语素音节表

续表

	55	44	33	35	53	31	21
tso							
tsho							
so							
ɔ							
pɔ	pɔ55 包（东西）						
phɔ	phɔ55/phɯ31 包（药）	phɔ44 群（羊子）	pɔ33mɔ33tɕi55 簸箕			pɔ31tɛ21 肩膀 pɔ31khou44 宝贝	
		phɔ44tsou21 泡（茶）					
		mɔ44tsi33tɯ̃53 帽子					
mɔ					mɔ53ni53 呢子		mɔ21 磨（刀） mɔ21 逃跑
fɔ							
vɔ							
tɔ							(sou55)tɔ21 糖 ɔ21tɔ21 核桃
thɔ		thɔ44 套（衣服）					

289

续表

	55	44	33	35	53	31	21
cu							
kɔ							
khɔ		kho44 靠					
ɳɔ							
cx							
cɣ							
tɕɔ	tɕɔ55 交付						
tɕhɔ							
ɕɳ							
ɕɔ	ɕɔ55 箫 ɕɔ55tshɯ55 消(肿)					ɕɔ31xɯ31 ts31 小伙子	
jɔ	jɔ55tɕi55 跃进 jɔ55tsi33 肾					jɔ31xɯ31 夜里	
tsɔ							
tshɔ						tshɔ31 pio44 肥皂	
sɔ		sɔ44 缠(线)				sɔ31tsi33 嫂子	

续表

	55	44	33	35	53	31	21
u		u44kue44 乌龟					u21 胡子 u21tɕu55 连鬓胡
pu			pu33 饱			pu31 步	
phu	phu55 铺 phu55thɔ55 葡萄		pu33 抱			phu31se33 席子（蒲席）	
			pu33 补(衣服)				
mu			pu33 补(锅)				
fu							
vu							
tu		tu44 叠	tu33 男生殖器				
		mã31 摞	tu33tsuã33 杜撰				
thu		thu44 路					
		thu44(si44) 土					

音系复杂性：以白语的语素音节表为中心

续表

		55		44		33		35		53		31		21	
nu		lu55	够	lu44	绿										
		lu55thu55	沉	lu44xɛ̃55tsi33	牛犊										
		lu55thu55tuɯ21	骆驼												
ku		ku55	胶			ku33	年老					ku31	把（扫帚）	ku21	瓶子
		ku55	稠（粥）			ku33	老（植物）					ku31	估计	ku21	瓶（一瓶酒）
		ku55mu44	姑父			ku33tsua44khuɯ44	皱，皱纹					ku31/tã55	拾	ku21(tɕo53)	桥
		ku55tou31/ku55tɕhuẽ55	箍儿			ku33pou55	老头儿					ku31tsõ55	藏族	ku21ɣɯ33	乔后（地名）
						ku33iõ53	老太太					ku31xua44	故事	ku21pu55tsi33khou44	喉结
						ku33jĩ31xou33su33xuɯ31	古时候							ku21tsi33tɕe44	脖子
						ku33(tɕe33)	鼓								
						ku31	搬（凳子）								
khu		khu55	刻	khu44	苦										
		khu55	清除（杂草）												
ŋu		ŋu55	我的												
xu		xu55khuɯ44	保护			xu33	好			xu53li55	狐狸	xu31khuɯ44	生气		

续表

	55		44		33		35	53	31		21
	xu55tɯ44	着（火）									
	xu55tɕi31pɛ31	烧地，烧荒									
yu											
tɕu	tɕu55/ɕo53	（木质）朽,腐烂			tɕu33	九					
tɕhu	tɕu55tsi33	桔子			tɕu33tsɛ53	九十					
									ɛu31	好	
ɛu	ɛu55iɯ44/jũ44	村子	ɛu44	锈					ɛu31/kou53ɛu31	富	
			ɛu44	少					ju31	动	
ju									ju31	发抖	
									ju31	摇晃	
									iu31	震动	
tsu	tsu55	做			tsu33	早					
	tsu55tsi33	赶集									
	tsu55tsou53sɯ44	干活									

续表

	55	44	33	35	53	31	21
	tsu55i55tv44 作揖						
	tsu55su55i44 做生意						
	tsu55ji21xã55 农民						
	tsu55su55ua44i44 做生意						
tshu	tshu55 粗	tshu44 草				tshu31 臭	
	tshu55 闻	tshu44 炒				tshu31 搜索（目标）	
	tshu55 粗糙						
su	su55 花椒	su44i44 酥油（黄油）					
y		y44 遇	y33mɯ55 玉米				
		y44tou55/tou55 遇见					
py							
phy							
my							
fy							
vy							
ty							

续表

	55	44	33	35	53	31	21
thy							
ny							
ky							
khy							
ŋy							
xy							
yy							
tɕy	tɕy55tsi55 客气,拘束	tɕy44 醉	tɕy33 口			tɕy31 举(手)	tɕy21(tɕy44) 亲(嘴)
	tɕy55ku31 (马)笼头		tɕy33kɛ55 嘴				tɕy21 亲(小孩)
			tɕy33pe21 嘴唇				tɕy31khou44 锤子
			tɕy33pa53 嘴唇				
			tɕy33ɲue33sɯ44 脸				
tɕhy		tɕhy44(烫) 热				tɕhy31 取(钱)	
ɕy	ɕy55li55 梨		ɕy33 水			ɕy31 许诺	
	ɕy55li55ta31sa44xu44 水果		ɕy33thã55/pũ44 池塘				
	ɕy55tshõ33 笛子		ɕy33ũ21 水牛				

295

续表

	55	44	33	35	53	31	21
jy							
tsy							
tshy							
sy							
ɯ	ɯ55(khv44)/tshã55 唱	ɯ44 吵	mɯ44ɕy33 学问				
		ɯ44 骂					
pɯ		pɯ44 北	pɯ33tshɯ31 斧头			pɯ31 寄（信）	pɯ21 利息
phɯ	phɯ55 吹（喇叭）	phɯ44 吹				phɯ31 盖子	pɯ21 漂浮
	phɯ55 吹（灰）	phɯ44 溢出				phɯ31 盖（土）	
	phɯ55(ɕy33) 洒（水）						
mɯ	mɯ55 他的	mɯ44 小麦				mɯ31 坟	
		mɯ44kua44 麦秸				mɯ31 下（猪崽）	
		mɯ44pe31 麦麸				mɯ31 梦	
		mɯ44mõ55tsi33 麦芒				mɯ31 做（梦）	

续表

	55		44		33		35	53		31		21	
fɯ			mɯ44 mou~55 tsi33	麦芒									
			mɯ44	墨									
			mɯ44tɯ33 tɯ31	墨斗									
vɯ			mɯ44	闷									
tɯ	tɯ55	背篓	tɯ44	赢	tɯ33	斗		tɯ53	草鸟	tɯ31	豆	tɯ21pɔ21	头
	tɯ55	毒	tɯ44	得到	tɯ33	等待				tɯ31/ fv55a31 tɯ31	蚕豆	tɯ21ma55	头发
			tɯ44	获得						tɯ31si53 tsi33	豌豆	tɯ21ma55pi55	辫子
			tɯ44yɯ53	得力,壮实						tɯ31si31 v31	豆腐	tɯ21	头（动物）
										tɯ31si31 v31xɛ̃55	豆花	tɯ21	上（墙上）
										tɯ31si44 mɯ44	婆婆	tɯ21/tõ33	以上
										tsɯ31si44 pɯ44/tɯ31 si44ti33	公公	tɯ21	以前,前头

297

音系复杂性：以白语的语素音节表为中心

续表

	55		44		33		35	53		31		21	
tɯ											tɯ21fv44	前边
											tɯ21cɛ̃44	前天
											tɯ21sua44	去年
											tɯ21pou55	和尚
thɯ	thɯ55	下（楼）							thɯ31	成熟		
	thɯ55	腾，倒							thɯ31	（饭）熟		
									thɯ31kiss55 ju44	生拖		
nɯ	nɯ55	你的			nɯ33/pa44	倒（墙）			lɯ31tsɛ21 ka33	现在	lɯ21ko31 (tɕou53)	楼梯
									lɯ31mɔ33 xɯ31/ lɯ31kɯ55 thã55	近来	lɯ21kou21 tɕo53	楼梯
									lɯ31ia31	这些	lɯ21tei31 pɛ31	楼板
									lɯ31ia31	这样	lɯ21tou33	楼上
											lɯ21ye33	楼下
kɯ	kɯ55/ka21	冷	kɯ44	皮革	kɯ33	旧		kɯ53	数	kɯ31tshɯ	韭菜	kɯ21	流水
	kɯ55	盛（饭）	kɯ44sou44	牛皮绳	kɯ33	臼		kɯ53	点（头）			kɯ21	卖
	kɯ55	舀（水）			kɯ33	污垢		kɯ53/tsu53	根			kɯ21	骑

续表

	55		44		33		35	53		31		21	
	kɯ55	钩											
	kɯ55tɯ44	着凉						kɯ53tse53	结巴				
	(te21)kɯ55(thã55)	从前											
khɯ	khɯ55	开(门)	khɯ44sue44	结冰						khɯ31fv44	里边		
	khɯ55	刻	khɯ44	起来									
			khɯ44the44si44	生锈									
ŋɯ	ŋɯ55	我的											
xɯ	xɯ55yɯ31	猫头鹰	xɯ44	黑	xɯ33	人家							
			xɯ44sɛ33	木耳	xɯ33	线							
			xɯ44v55	乌鸦									
yɯ	yɯ55	喊(人)开会叫(名字)			yɯ33fv44	后边		yɯ53	读	yɯ31	漏(水)	yɯ21	研(药)
	yɯ55	结婚			yɯ33sua44	明年		yɯ53	学	yɯ31	后	yɯ21	牛
	yɯ55v44/tɛ44fɛ44jŋ44				yɯ33ti33	继父		yɯ53kõ55	雇工(n)	yɯ31mo33xɯ31	将来	yɯ21	丑(牛)
					yɯ33mo33	继母				yɯ31kɯ55thã55	将来	yɯ21u31	牛圈
												yɯ21pou55	公牛
												yɯ21mɔ44	母牛

299

	55		44		33		35	53		31		21	
tɕɯ												yɯ21si33	牛粪
tɕhɯ													
ɕɯ													
jɯ													
tsɯ			tsɯ44tɯ44	记得	tsɯ33	柱子		tsɯ53	贼	tsɯ31	站		
			tsɯ44/nã21xã55	丑	tsɯ33	挂		tsɯ53	强盗	tsɯ31	树	tsɯ21	层（楼）
					tsɯ33/tsi33	在（屋里）		tsɯ53tɯ44	凝固	tsɯ31v44	森林	tsɯ21thi55	梯子（可移动）
									结实，牢固	tsɯ31	棵（树）		
										tsɯ31	根（草）		
										tshɯ31	浸泡		
tshɯ	tshɯ55	短	tshɯ44	捆，绑，勒							菜，蔬菜		
	tshɯ55	堵塞											
sɯ	sɯ55	偿还	sɯ44tɕi55pɯ44	头帕	sɯ33khɯ44	守卫							
	sɯ55	还（帐）	sɯ44	放（置）	sɯ33	手							

续表

	55		44		33		35	53		31		21	
	sɯ55	还(钢笔)											
	sɯ55tu44	收到											
	sɯ55sa44	收拾			sɯ33tshue44	手腕							
	sɯ55/si55	数(数目)			sɯ33tɯ31ka44	指甲							
	sɯ55/si55/mie55	阉(鸡)			sɯ44sɿ55	双手							
					sɯ33tɯ31tsi33	手指							
					sɯ33tɯ21mo33	拇指							
					sɯ33tɯ21t̯33	食指							
v	v55	刺	v44	泥鳅	v33	妻子		v53	胃				
	v55pe31	芝麻	v44jo31	黄鳝	v33ji21	妻子		v53	魔子			v21tsi44	疯子
			v44	敷	v33	雨		v53tsi33	獐子	v31	捞	v21tɕi31	芫荽
			v44	孵	v33ɕy33	雨		v53tsi33	锥子			v21nv55v44	胡萝卜
			v44	蒸饭(用甑子外器物)	v33ta53	货物							
			v44	起霉	v33ta53	东西							
			v44tɕhi44	水蒸汽	v33	青(c.)							
					v33	背(柴)							
					v33	堆(草)							

续表

音系复杂性：以白语的语素音节表为中心

	55	44	33	35	53	31	21
pv							
phv							
mv							
fv	fv55 飞	fv44 肚子	fv33 笔		fv53 捆绑	fv31 放屁	
	fv55 捅（秧）	fv44tsā44 积食			fv53 拴（牛）	fv31 屁 (khou44)	
	fv55thɯ55/ lu55thɯ55 降落	fv44 六			fv53tɕi31/ tshɯu44tɕi31 勒		
	fv55tɕa53 老友 （白族风俗）	fv44tse53 六十			fv53tshe44 锯子		
vv							
tv		tv44 啄				tv31 渡（河）	
thv		tv44 锄（地）					
nv			nv33khv31 脑髓		nv53/kua55 关（羊）		

	55	44	33	35	53	31	21
			v33 堆（粪）				
			v33 欠（钱）				
			v33tā53 东西				

续表

	55		44		33		53		31		21	
	kv55	腌(腌菜)	kv44	(牛)角	kv33		kv53	坐	kv31kε55	柜子	kv21	荞麦
kv	kv55tshɯ31	腌菜	kv44(tsa21)	角			kv53	居住	kv31	脆		
	kv55tɯ44	蝌蚪	kv44	角儿			kv53mi53tsŋ44	脖子				
	kv55tɯ44tsi33	茨菇	kv44tsi33	橡子								
khv			khv44	蛇					khv31	床铺		
			khv44	巳(蛇)								
			khv44	歌								
			khv44	弯								
			khv44	酒曲								
ŋv	ŋv55/v̊55	鱼			ngv33/v̊33	五	ŋv53/v̊53	万	ŋv31	份儿		
	ŋv55ka44tsi33	鳞										
xv												
ɣv												
tɕv												
tɕhv												

续表

	55	44	33	35	53	31	21
ɕv							
jv							
tsv		竹子 tsɿ44; 竹筒 tsɿ44tʰɯ55ne31; 条（河流）tsɿ44	煮 tsɿ33; 早晨（日出之前）tsɿ33kʰe55 tsi55tɯ31		浑浊 tsɿ53; 熟（果子）tsɿ53		
tshv		出（太阳）tshɿ44; 出来 tshɿ44; 出产 tɕhi44; 发生 tshɿ44; 蹲 tshɿ44(tʰɯ55); 蜷缩 tshɿ44				好处 eou31 tshɿ31	
sv	字 sɿ55; 书本 sɿ55tshue44; 小孩儿 sɿ55tsɿ33jɿ33; 梳子 sɿ55phiɛ̃31	谷粒 sɿ44; 木头 sɿ44lɿ44	糯米 sɿ33me33; 老鼠 sɿ33; 子（鼠）sɿ33; 老鼠洞 sɿ33kʰuã31		山 sɿ53; 山坡 sɿ53p21ta44; 山谷 sɿ53kõ53; 泉水 sɿ53ey33		

续表

	55	44	33	35	53	31	21
iɛ							
piɛ		piɛ44 问					
phiɛ						phiɛ31 聊天	
miɛ	miɛ55/sɯ55 庵（鸡）				sɿ53(tshɯ55) 凋谢		
	miɛ55ki55 庵鸡(n)						
fiɛ							
viɛ							
tiɛ							
thiɛ							
niɛ							
kiɛ							
khiɛ							
ŋiɛ							
xiɛ							
ɣiɛ							
tɕiɛ							

续表

	55	44	33	35	53	31	21
tɕhiɛ							
ɕiɛ							
jiɛ							
tsiɛ							
tshiɛ							
siɛ							
ia							
pia		pia44 排（房子）	pia33 瘦		pia53 叫（狗）		
		pia44 八					
		pia44tsɛ53 八十					
		pia44/sua53/õ55 鴬（花）		pia53/ma21 拔（棍子）			
		pia44 （木）墙					
phia		phia44 肺					
		phia44 到达					
mia	mia55 染	mia44 淋					
fia							

	55	44	33	35	53	31	21
via							
tia							
thia							
nia							
kia							
khia							
ŋia							
xia							
yia							
tɕia							
tɕhia							
ɕia							
jia							
tsia							
tshia							
sia							
ue	ue55ẽ31 危险						

音系复杂性：以白语的语素音节表为中心

续表

	55	44	33	35	53	31	21
pue							
phue							
mue							
fue							
vue							
tue					tue53 对（兔子） tue53 队（人马），对（对联） tue53 碓（水碓）		
thue	thue55tɛ31 刨子 thue55 刨 thue55ma55 推托						
nue	lue55 脱（衣服）					lue31 铝	
kue	kue55tɤy31 客气 kue55 刮（毛）		kue33 蜘蛛 kue33lou53mo44 寡妇		kue53 坏		

附　录　剑川白语语素音节表

续表

	55	44	33	35	53	31	21
khue	khue55 个（鸡蛋）		kue33lou53 pɯ55 鳏夫 kue33tsi33 孤儿			khue31pi55 大腿 khue31 tsi31te44 膝盖	
ŋue			ŋue33me55 眉毛 ŋue33 眼睛 ŋue33 洞				ŋue21 甑子
xue	xue55tsã31 反刍	xue44 灰（的） xue44tɕɔ44 撑跤	xue33 火 xue33iɔ44 火药 xue33tsou53 火石 xue33tsou53se44 火绒 xue33tsou53khou53 灶 xue33tshã55phi31 铁锅 xue33tɕi33 sɿ55(pɛ53) 火钳 xue33tshõ33 吹火筒				

309

续表

	55	44	33	35	53	31	21
yue			(me55)xue31tsue31 火把				
teue			xue33su55 尘土				
tchue			xue33li31su55 尘土				
eue							
jue							
tsue		挤(牙膏) tsue44	扫帚 tsue33		滑(路) tsue53 光滑 tsue53ua53 绞猪(滑泥鳅) tsue53v44		
		挤(奶) tsue44					
		拧(毛巾) tsue44					
tshue		脆 tshue44					
		催 tshue55					
		本(书) tshue44					
		漂洗 tshue44 se33					
sue		雪 sue44					

附　录　剑川白语语素音节表

	55	44	33	35	53	31	21
ua		sue44ua53ti44 雹子 sue44 碎（米粒碎了）					
pua					ua53 核儿		
phua					ua53/to53 tɕa44tsi55 老鹰		
mua					ua53 掘；挖		
fua					ua53 锄		
vua					ua53kou53 埋		
tua					ua53sɛ̃31 玩耍	tua31 钝	
thua		thua44 脱（白）					

续表

	55	44	33	35	53	31	21
nua		lua44 乱（了）					
		lua44 蜕（蛇蜕皮）					
kua	kua55 瓜	kua44 蕨菜			kua53 棍子	kua31 瘦（地）	
		kua44tɛ31 骨头					
		kua44pi55 肋骨					
		kua44 根（木棍）					
		kua44 挂					
khua		kua44 瓜					
ŋua							
xua		xua44 开（水）					
		xua44ɕy33 开水					
		xua44 划					
		xua44 画					
		xua44 画（画儿）					
yua							

附　录　剑川白语语素音节表

续表

	55	44	33	35	53	31	21
tɕua							
tɕhua							
ɕua							
jua							
tsua		tsua44fɛ44 跌倒，摔（下来） (ei31) tsua44/sɛ33tsua44 涩 tsua44 抓 tsua44 眨（眼） tsua44 皱				tsua31tsi33 爪子	
tshua		tshua44 把（菜） tshua44 把（米）					
sua		sua44 血 sua44 说 sua44 年				sua31 哄	

313

音系复杂性：以白语的语素音节表为中心

续表

	55	44	33	35	53	31	21
		岁					
		sua44					
ou	喂(v.)	(给庄稼)浇水					
	ou55	ou44					
		浇(水)					
		ou44ɕy33					
		悲伤、发愁					
		ou44					
		凶恶					
		ou44/ɣo35					
		(烤饼时的上层火炉)					
		ou44tɕ31					
pou	丈夫	拍(桌子)			薄	劈(柴)	
	pou55ji21	pou44			pou53	phou31	
	蝙蝠	只(鞋)			稀(头发)	破(碗破了)	
	pou55pou33tsi33				pou53	phou31	
phou		phou44					
mou		摸	mou33		细		
		mou44			mou53		
		面粉	母亲		钉子		
		mou44mi53	(a35)mou33		tɕẽ55mou53		
fou			没有				
			tɕi53mou33				
			箭				

附　录　剑川白语语素音节表

续表

	55		44		33	35	53		31		21	
vou												话
tou	tou55sou31	笑话	tou44tɯ21pou21	磕头			tou53	大	tou31si44 pɯ44	岳父	tou21/tou21sou55	
	tou55/ɣ44tou55	遇见	tou44	朵（花）			tou53kua44ey33	脊椎骨	tou31si44 mou_44	岳母		
	tou55tey33	多嘴					tou53ji21	成年人				
	tou55si44	讨厌					tou53kã53me21	大门				
	ɣ44tou55	相遇					(ɣɯ33) tou53pe53	背(n.)				
thou	thou55lou44tsi33	兔子							thou31	大拇指到中指		
	thou55lou33	卯（兔）										
nou	lou55thã31	栗炭					nou53	两	lou31ta53ɣɯ44	退（后退）	nou21	袋（米）
	lou55tsi33	骡子									lou21	老虎
											lou21	寅（虎）
											lou21	筛子
kou	kou55	和	kou44	哥哥			kou53	熬			lou31	筛（米）
	kou55li33tsi33	蝴蝶	kou44	亩（一亩）			kou53pi33	仆人，丫头			kou21	湖
											kou21	海

音系复杂性：以白语的语素音节表为中心

续表

	55		44		33	35	53		31	21	
	kou55tsi33	鸽子	kou44	脚			kou53	过（了两年）		kou21	水稻
	kou55(tou53)	生长	kou44tɕa44	脚踝			kou53tsi55Yuã44	过年		kou21/ei31xuã55	爱
	kou55ɛ44	痴呆	kou44	脚（踢一脚）			kou53tɕi21tsou~55	席子（草席）		kou21	爱护，关心
	kou55xousɯ44	做棺材	kou44	下（山下）			kou53tɕa44	过节			
			kou44tsuã33	告状			kou53iõ21	山羊			
			kã55kou44	彩虹							
khou	khou55sũ53	咳嗽	khou44	哭							
	khou55tsi31	毡子	khou44	相扣							
	khou55	方（布）	khou44	粒（米）							
	khou55	元（钱）	khou44	块（石头）							
			tɯ31khou44	豆子							
			kv31khou44	柜子							
			ã44tɛ44khou44	下巴							
			ei55khou44	心							

续表

	55	44	33	35	53	31	21
ŋou		fv44khou44 肚子 v53khou44 胃					
xou	xou55 花（朵） xou55nv33tsi33 蓓蕾 xou55 合适					xou31（kɛ̃55）房子 xou31te31pou31 房顶 xou31suɑ44 椽材 xou31 人家 xou31 晒（衣服） xou31 晒（太阳） xou31khɯ44 晒起 xou31khɯ44 晾在一边	
you			you33 墙		you53 下陷 (v33)you53 下（雨） you53thɯ55 消失	you31 揉（面）	you21tsi33 虾 you21suã 猴子 you21suã55 申（猴）

续表

	55	44	33	35	53	31	21
tɕou	tɕou55 舅父；tɕou55mu44 舅母				you53 容易；you53khe31 鹤庆（地名）；tɕou53 座（桥）		you21sua55 ji44phi31 夕阳返照（像猴子尾股一样只有一点点）；tɕou21pa53 小腿
tɕhou		tɕhou44 翘（尾巴）；tɕhou44 撬					
ɕou	ɕou55 闩（门）	ɕou44 削			ɕou53/tɕou53 朽；ɕou53 腐烂（木头糟烂）	ɕou31 tshɿ31 好处	
jou		jou44/yu44jou44 药；jou44sɛ55 医生					
tsou		tsou44 鸟	tsou33 上（楼）		tsou53 结（果子）		tsou21 茶

续表

	55		44		33		35		53		31		21	
			tsou44tsi33	麻雀					tsou53	嚼			tsou21v53 ka53	壶
			tsou44 khɯ31	鸟窝					tsou53 khue55	石头				
			tsou44 (tɕi31)	砍（树）					tou53pɛ53	锁（n）				
			tsou44 (tɕi31)	耕					tou53kɯ55	钥匙				
			tsou44 tɕi31	犁田					tsou53ne21	礄子				
			tsou44	是					tsou53pu31 te21	灶台				
			tsou44 sou31piɔ31	穿（鞋）					tsou53fã55	厨房				
			tsou44 (tɕi21)	戴手表										
			tsou44 sou31	戴（手镯）										
tshou	tshou55xu55	称赞	tshou44 khou31	戴手铐	tshou33pɛ53	刮（风）			tshou53tsi33	绸子				
	tshou55	抽（出）	(pi55) tshou44											
sou	sou55	挠（痒）	tshou44	扫	sou33	锉								
	sou55tə21	糖	sou44	绳子							sou31	笑		
											sou31	尿		

续表

	55		44	33	35	53	31		21
	55	沙子					sou31piɔ31	手表	
	sou55tsi33	辛苦					sou31ku55	戒指	
	sou55khu44	累,困(倦)							
	sou55khu44	冰							
	sou55lou44 phie55								
iou									
piou			piou44/ a31piou44	不是					
phiou	phiou55	瓢							
miou									
fiou									
viou									
tiou	tiou55	聪明	tiou44	吊					
			tiou44	钓					
thiou			thiou44	跳(远)					
			thiou44	跳(脉)					
niou									
liou	liou55 (mɯ55tsv̩44)	留(神)							

续表

	55	44	33	35	53	31	21
kiou							
khiou							
ȵiou							
xiou							
ɣiou							
tɕiou							
tɕhiou							
ɕiou							
jiou							
tsiou							
tshiou							
siou							
ĩ							
pĩ	pĩ55 盐						pĩ21 麻木
	pĩ55 边儿						
	pĩ55no33 旁边						

音系复杂性：以白语的语素音节表为中心

续表

	55	44	33	35	53	31	21
ph̃	pĩ55tɕhuẽ55 周围 pĩ55 编（辫子） pĩ55 编（篮子） pĩ55kã55 鞭子 phĩ55 页						
m̃			mĩ33fa55 想法				
f̃							
ṽ							
t̃					tĩ53khɯ44 撑住 tĩ53khɯ44 顶起，承担		
th̃							
ñ						nĩ31tsi33 扣子	
l̃							
k̃	kĩ55kẽ44/ ŋɛ53kɛ44 结实，牢固				kĩ53 看见 kĩ53kuã55 告状	kĩ31 点（灯）	
kh̃							

附　录　剑川白语语素音节表

续表

		55		44		33		35	53		31		21
ŋĩ													
xĩ	xĩ55	天											
	xĩ55tɕi31	天气											
	xĩ55v55	天阴											
	xĩ55tɕi31xɯ33	天晴											
	xĩ55miɛ53	天黑											
	xĩ55miɛ53	晚上											
	xĩ55mɛ̃21	打雷											
	xĩ55tɕi31	水田											
	xĩ55ou21	大雁											
	xĩ55ŋɛ44si33	燕子											
yĩ													
tɕĩ	tɕĩ55(tɕa44)	金子	tɕĩ44xɯ31	北京	tɕĩ33	双(鞋子)							
	tɕĩ55tɕi55ji21u53	金玉良言											
	tɕĩ55(tɛ31)	熊						tɕi53	浸人	tɕi31	紧		
	tɕĩ55(me31)	关(门)						tɕi53	渗(人)	tɕi31	忙		
								tɕi53mou53	箭				
								tɕi53tshuɛ̃55	剑川(地名)				

323

续表

	55	44	33	35	53	31	21
	筋 tɕi55mɛ44				前面 tɕi53mi55ɕi55		
	斤 tɕi55				把倾斜的房子扶正 tɕi53		
	尖儿 tɕi55				寄存 tɕi53		
	粘 tɕi55						
	犁(犁头) tɕi55ku55						
	咨啬 tɕi55						
	受惊 tɕi55/kẽ55						
	病 tɕi55tuã53/pɛ44/sṽ31						
	粘(信) tɕi55						
	跃进 io55tɕi55						
	干 tɕhi55	浅 tɕhĩ44					
tɕhĩ	辣 tɕhi55/ɛ44						
	凉快 tɕhi55ɕou44						
	清秀 tɕhi55ɕou44						
	亲 tɕhi55						

续表

	55		44		33		35	53		31		21	
	tɕhĩ55tɕɛ21	亲戚											
cĩ	cĩ55	心脏			cĩ33/ko44/cẽ55	献		cĩ53	痣				
	cĩ55tsɛ̃55	老实											
	cĩ55xɯ31/v55 ti55cĩ55mi53	中间											
	cĩ55	柴											
	cĩ55	新											
	cĩ55tsi55uã44	新年											
	cĩ55	信											
	cĩ55tsi33/sã55ɕi55	弦子											
	cĩ55(ki55)	阉（鸡）											
jĩ	jĩ55tã55	刀	jĩ44phi31	太阳	jĩ33	胀（肚子胀）		jĩ53	条（绳子）			jĩ21	人
	jĩ55tã55	柴刀	jĩ44sua44	年纪				jĩ53	潮湿	jĩ31khɯ33	燃烧	jĩ21kɛ55	人
	jĩ55tã55tɕa33	刀鞘	jĩ44ɕɛ44	日子								jĩ21	个（人）
	jĩ55sɛ55	染料	jĩ44ɕɛ33	生活								jĩ21xɛ̃55	人生
	jĩ55sɛ55	颜色	jĩ44xɯ31/pɛ53 tɕi31ljẽ44	白天								jĩ21	船

续表

	55	44	33	35	53	31	21
tsĩ	jĩ55tã55 高兴 jĩ55ku31 穷 jĩ55 您	jĩ44tɯ31tsɛ31xe33 中午 jĩ44phi31ou53 日落 jĩ44tɯ31kuã55 耳朵 jĩ44kou21tsã21 耳环 jĩ44kv55 翅膀 jĩ44 (na55v55) 加入（你们） jĩ44ue55 因为					jĩ21pi55kou55 船夫 jĩ21 银 jĩ21 镰刀 jĩ21xɛ55 庄稼 jĩ21 嫩（植物）
tshĩ							
sĩ							
ẽ		ẽ44 牛轭	ẽ33 喝 ẽ33(jiẽ44) 抽（烟）			ẽ31jẽ44 天热	
pẽ	pẽ55tã55 监狱 pẽ55 裂开	pẽ44 握（笔） pẽ44 晚饭	pẽ33 木板 pẽ33me33 号脉			pẽ31/sɿ31/tci55tuã53 病	pẽ21 耙 pẽ21tã31 平坝

	55		44		33		35	53	31	21	
	pẽ55khi55si55	裂缝	pẽ44ke53	晚上	pẽ33	遮挡（光线，视线）				pẽ21	平
	pẽ55	掰开									
phẽ	pẽ55uã55	弄弯									
mẽ	mẽ55eẽ44	明天								mẽ21	亮
	mẽ55eẽ44 pũ33ke53	明晚								mẽ21pe53	天亮
										mẽ21pe53	明白
										mẽ21pe53	清楚
										mẽ31	响
										mẽ21	叫（公鸡）
fẽ					fẽ33	反					
					fẽ33tshɯ55	倒（过来）					
vẽ			tẽ44	打（人）							
tẽ	tẽ55	瞎	tẽ44tshõ44	打枪						tẽ21kɯ55 thã55	从前

续表

	55		44		33		35	53		31	21
			tẽ44tɯ44	打中							
			tẽ44tsã44	打仗							
			tẽ44tɕa44	打架							
thẽ			tẽ44khi55	打散（队伍）							
nẽ											
kẽ	kẽ55	间（房）	kẽ44	捉	kẽ33(tshe55)	影子		kẽ53	夹（菜）		
	kẽ55	栋（房子）						kẽ53	拥挤，夹脚		
	kẽ55	怕						kẽ53	剪		
	kẽ55	惊吓（被动）						kẽ53tẽ53miẽ55	阉猪		
	kẽ55eẽ-44	今天						kẽ53	裁		
	kẽ55eẽ44puã33ke53	今晚						kẽ53mi53	镜子		
	kẽ55tsi55sua44	今年						kẽ53	滴漏		
								kẽ53	草席		
khẽ								kẽ53	草鞋		

续表

	55		44		33		35	53		31		21
ŋẽ								ŋẽ53kẽ44/kĩ55kẽ44	结实，牢固			
xẽ	xẽ55	汤										
	xẽ55	生（的）										
	xẽ55	活的										
	xẽ55tɕhou55/xu44	美										
	xẽ55xou55	符合（条件）										
ɣẽ												
tɕẽ	tɕẽ55	钉子	tɕẽ44	卑贱	tɕẽ33	井		tɕẽ53	钉（钉子）	tɕẽ31	剃（头）	
					tɕẽ33	近				tɕẽ31tɯ31p21	理发	
					tɕẽ33shŋ31	附近						
tɕhẽ	tɕhẽ55	清（的）	tɕhẽ44	请						tsjhẽ31	青菜	
	tɕhẽ55pe55v53	稀（粥）	tɕhẽ44ɣɯ53	雇						tshɯ31		
	tɕhẽ55	稀饭										
	tɕhẽ55	听										
	tɕhẽ55tɯ44	听见										

音系复杂性：以白语的语素音节表为中心

续表

		55	44	33	35	53	31	21
cẽ	好听	tchẽ55ɕou31						
	乖（听话）	tchẽ55tɯu31						
	蓝	tchẽ55/lã53						
	千万	tchẽ55v̩53						
	腥	cẽ55						
	醒	cẽ55cẽ55						
	姓					cẽ53		
	性格、脾气					cẽ53		
	相信							cẽ21
jẽ	星星	cẽ55						
	天（一天路）		cẽ44/jĩ44					
	烟（香烟）		jĩ44（kou55）					
	枕头			tsẽ33tɯu31（khou33）				
	摇头（否定）							jẽ21tɯu21po21
tsẽ	真	tsẽ55						
	绵羊	tsẽ55iõ21						
	针	tsẽ55						
	正	tsẽ55						
	右边					tsẽ53fv44		
	秋							tsẽ21tsi33
	城							tsẽ21
	成丁							tsẽ21
	缝							tsẽ21
tshẽ	肿	tshẽ55						
	睡		tshẽ44					
	掺（水）	tshẽ55						
	睡着		tshẽ44sue44					

续表

		55		44		33		35	53		31		21	
sẽ		tshẽ55	声 (c.f.)											
		sẽ55	深	sẽ44tɯ44	认得				sẽ53	蛋			sẽ21tsi44 phiɯu44	打雷
		sẽ55	山	sẽ44	知道				sẽ53	下（蛋）				
		sẽ55ji21	神仙	sẽ44(sq55)	认（字）				sẽ53	丝				
		sẽ55	挥动	sẽ44sq55 ka21mɯ44	知书识礼，通情达理									
		sẽ55	打手势	sẽ44/phe44	派（人）									
		sẽ55	西											
		sẽ55	新鲜											
		sẽ55	庙											
ã		ã55/tsuã55	安装	ã44	叮（蚊子）	ã33/xã55	看						ã21	汗
		ã55khɛ33	马鞍	ã44	咬	ã33tɯ44	找到						ã21	岩石
		ã55ni55	猫			ã33pɛ̃31	看病						ã21	去
pã		pã55/sɯ55	升（量具）						pã53	豹子	pã31thue31	裹腿	pã21	盆
		pã55	搬（家）								pã31iɔ31 sã55kɛ̃55	半夜	pã21tsi33	盘子
		pã55khi55	张（嘴）								pã31tsi33	胳膊		

续表

	55	44	33	35	53	31	21
phã							
mã	mã55 擦(桌子)						
	mã53tsi33 野蛮		mã33 满		mã53/pĩ21 麻木	mã31 背(v.)	
fã	fã55tsi33 办法	fã44 翻过来	fã33 涨(水)			fã31tue55 反对	
		fã44/ɕi44kv44 翻身 方					
vã						vã31 网	
tã	tã55pu55(ɕi55ŋv44) 祖先(牌位)	tã44phou31 打破(碗)	tã33 胆		tã53/tɕhe44 呕吐	tã31 挡(风)	
	tã55u44 耽误	tã44(u44) 砌			tã53 回(奶)	tã31 偷	
	tã55lĩ44 回答	tã44thɯ55 收(伞)				tã31 田坝	
	tã55lĩ33 允许	tã44the44 打铁					
	tã55(ta53) 挑(担)						
	tã55/ku31 拾						
	tã55 带(钱)						

续表

	55		44		33		35		53		31		21	
thã	thã55	(一)坛									thã31	炭		
	thã55	滩(泥)												
nã									nã53	狼			nã21	南
									lã53/tɕhɛ̃55	蓝			nã21	难
													nã21xã55/tsu44	丑
kã	kã55	高	kã44	铬(脚)	kã33	减	kã35tɕi53	干净	kã53	敲	kã31	告诉	kã21	冷(寒冷)
	kã55	干	kã44mi44	回忆							kã31	敢	kã21	含
	kã55	教	kã44	捧(水)									kã21	刺猬
	kã55/tsõ55	引(路)												
	kã55	面(旗子)												
	kã55	肝												
	kã55kou44	虹												
	kã55si55	甘蔗												
	kã55v44	甜												
khã									khã53	扛				

续表

	55	44	33	35	53	31	21
ŋã	ŋã55 我们						
xã	xã55 看						
xã	xã55 看（给别人看）						
xã	xã55muu55 phio55 依靠他						
xã	xã55ke53 看见						
xã	xã55pɛ̃31 看病						
xã	xã55sɿ55 看书						
xã	xã55sɿ55/xa55ni31ɕi44 害羞						
xã	xã55tɕɛ53 好看						
xã		xã44 焊					
xã					xã53tɯ44 着凉		
yã	yã55 放牧						
yã	yã55 养（鸡）						
yã							yã21 汗
tɕã						tɕã31(ku31 xua33) 讲（故事）	
tʃã						tʃã31/to35 争夺	
nã	nã55 我们（排除）						

续表

	55		44	33	35	53		31		21	
cã	cã55khou33	箱子									
	cã55yẽ55	香橼									
	cã55	休息									
	cã55	空闲									
	cã55/tsɛ31xa44	空闲									
	cã55tsã55	吓唬									
jã	ja~55	咱们				jã53y55	马铃薯				
tsã	tsã55	焦(烧)						tsã31	扶		
	tsã55tou31	多话						tsã31	搀扶		
								tsã31kue55	商人(掌柜)		
tshã	tshã55ne21	脏(不干净)				sã53	溶化(了)	sã31	扔		
sã	sã55	三				sã53	散开(鞋带散)	sã31	散(会散了)	tsã21	蚕
	sã55tsɛ53	三十									
	sã55ɕi55/ɕi55tsi33	弦子									
	sã55ku55tɛ31	三脚架									

续表

	意义	55	44	33	35	53	31	21
	拥抱	sã55ɣo21						
	相约,约定	sã55ɔ55						
	熟悉	sã55su44						
	象(动词)	suã55ɕi21/cã55ɕy31						
	合适	sã55xo55/xɛ55xou55						
	换	sã55xuã44						
	伤(了手)	sã55						
õ	莺(花)	õ55/pia44						
	云雾	(mɯ21kou53)õ55						
	鹅							õ21
	青蛙							õ21mɛ55
põ	波浪	põ55lõ21						
phõ	跑		phõ44					
mõ	蚊子		mõ44tsi33					
	瞎							mõ21
fõ								
võ								
tõ	锣	tõ55tshua31						
	上(桌子上)			tõ33				
	上(天上)			tõ33				
	剁肉					tõ53		
	砍(骨头)					tõ53		

附　录　剑川白语语素音节表

续表

	55	44	33	35	53	31	21
thõ			tõ33 上方（地势、河流）				
			tõ33 顶上（房顶上）				
			tõ33/tɯ31 以上				
nõ						nõ31 两（一两）	
kõ	kõ55 姜	kõ44/ɡĩ44 献，供奉	kõ33 二		kõ53 山沟	kõ31 烘	
	kõ55tsõ55 弓				kõ53iõ21 山羊	kõ31 烤（火）	
					kõ53 露水	kõ31tõ31 驼子	
khõ	khõ55 件（衣服）						
ŋõ							
xõ							
ɣõ							
tɕõ					tɕõ53 匠		
					tɕõ53 酱		
tɕhõ							

音系复杂性：以白语的语素音节表为中心

续表

	55	44	33	35	53	31	21
ŋõ							
cõ	cõ55 香(烧香)		cõ33 青稞			cõ31 象	cõ21 松树
	cõ55/(ɕõ31)tɕhou55 香(气味)						
	cõ55pe44 柏树						
	cõ55pu55tsi33 胸						
	cõ55tsi33 三弦						
jõ	jõ55/kou44 哥哥	jõ44 要	jõ33 样		jõ53ne21 样品	(phou31)jõ31 (跑)勇,踊跃	jõ21 羊
	jõ55thi44 兄弟	jõ44 讨(饭)			jõ53ne31 样子		jõ21 未(羊)
	jõ55xu33 拥护	jõ44tshã55pe33ĩ21 乞丐			jõ53 用		jõ21u31 羊圈
	jõ55ne53 和气	jõ44 药			jõ53ɕi55 努力		jõ21ma21 羊毛
		jõ44sɛ55 医生					jõ21si33 羊粪
		jõ44 魔芋					jõ21kou55tsi33 绵羊羔
							jõ21si55tshõ55 放风筝
							jõ21tɕ̮õ53 扬场
							jõ21ɣɯ44 柳树

续表

	55		44	33	35	53	31	21	
tsõ	tsõ55	放(盐)						tsõ21	长
	tsõ55khɯ44/tshũ55khɯ44	羡慕		tsõ33tɯ31 sua44	前年		tsõ53tɕẽ53	射(箭)		tsõ21	藏(vt.)
	tsõ55ɕi55	烧柴火		tsõ33tɯ31 ɕɛ44	大前天		tsõ53tɯ44	射中		tsõ21khɯ44	装(进)
	tsõ55ɕi55	引(路)						tsõ21pe44	隐瞒
	tsõ55/kã55	带(孩子)						tsõ21	肠子
	tsõ55(xu55)	张(纸张)						tsõ21	尝
	tsõ55	鞭						tsõ21tsõ55	床(床板)
tshõ	tshõ55pe31	骄傲	tshõ44nɯ55yɯ33 拥护	tshõ33me31	枪			tshõ31	咸	
	(kã55)tshõ55	冲(用水冲)							
	tshõ55								
sõ	sõ55	松(紧)						sõ31(thu44) 让(路)	
	sõ55/cã55	闲,清闲							
	sõ55	晾(衣)							
	sõ55	霜							
m̃									

附　录　剑川白语语素音节表

339

音系复杂性：以白语的语素音节表为中心

续表

	55		44		33		35	53		31		21
pũ	pũ55	次	pũ44	笨拙	pũ33/ey44thɑ55	池塘				pũ31tshe55	本钱	
phũ			phũ44	笨						pũ31tsi33/ku55si55	故事	
mũ												
fũ												
vũ												
tũ	tũ55	灯	thũ44	传染，闹鬼				tũ53	戴（帽子）			
thũ	tũ55	蹬	lũ44(tshũ55)	倒（墙）（自然）				tũ53	戴（包头）			
nũ			kũ44	厚								
kũ	kũ55	跟（后面）	kũ44	密（布）								
khũ												
ŋũ			xũ44	熟								
xũ					xũ33	痊愈（病）						

340

附　录　剑川白语语素音节表

	55		44		33	35	53		31		21	
yũ			xũ44	（饭）熟								
tsũ			xũ44	撑								
tɕhũ												
ɕũ												
jũ	jũ55kou44	鹦鹉	jũ44	吃					tsha44jũ31	瘦	jũ21	清油
			jũ44ɕu31	好吃								
			jũ44(ɯ31)/ɕu55jɯ44	村子								
tsũ	tsũ55ŋu55	黄牛					tsũ53	猜(谜)				
	tsã55	蒸					tsũ53tsua33	猜谜				
							tsũ53si33	谜语				
							tsũ53	驮(v)				
							tsũ53	驮(c)				
tshũ	tshũ55khɯ44/tsã55khɯ44	撑伞										
	tshũ55	伸										

341

音系复杂性：以白语的语素音节表为中心

续表

	55	44	33	35	53	31	21
sũ	tshũ55 挺（胸） tshũ55 蹭（痒）					sũ31 剩 sũ31khɯ44 剩下 sũ31thɯ55 忍耐	sũ21 苍蝇（头晕） sũ21 晕（头晕）
ṽ	ṽ55 鱼 ṽ55tsou44 鸟 ṽ55tɕa53 喜鹊 ṽ55kṽ55 蜈蚣	ṽ44tɕe53 木匠	ṽ33 五 ṽ33tsɛ53 五十 ṽ3tṽ55 尾巴		ṽ53 大罐 ṽ53 熏 ṽ53/ŋv53 万		ṽ21 云 ṽ21(kou~53) 云 ṽ21tɕe53pou55 皇帝 ṽ21tɕe53pou55 国王
pṽ	fṽ55						
phṽ	fṽ55						
mṽ	fṽ55						
fv	fṽ55 蜜蜂	fṽ44/phiẽ44 溢（出来）					
fv	fṽ55 封（信）						
fv	fṽ55 分						

附　录　剑川白语语素音节表

续表

	55		44		33	35	53	31		21	
	fṽ55(ṽ44taɕ53)	分（东西）									
	fṽ55(tɕa55)	分家									
	fṽ55khi55	分开									
ṽ											
tṽ	tṽ55fṽ44	东	tṽ44	冻（手）						tṽ21	铜
	tṽ55ua44	冬天	tṽ44	冻（肉冻）							
thṽ	thṽ55	通						thṽ31	桶（水）		
	thṽ55	穿孔（胃）						thṽ31	水桶		
	thṽ55	戳									
	thṽ55	扎（刺）									
	thṽ55tha44	戳破									
	thṽ55sv31thɯ55	刺痛									
nṽ										nṽ21	脓
										nṽ21	龙
										nṽ21	辰（龙）

343

续表

	55	44	33	35	53	31	21
kṽ	河 kṽ55						龙王 nṽ21ua551ɔ31i55
	聋 kṽ55						
	聋子 kṽ55tɯ21po21						
	士兵 kṽ55ji21						
	嚷叫 kṽ55/xã44						
	嚷 kṽ55xɛ̃44						
khṽ	空 khṽ55						
	空隙 khṽ55						
	宽敞 khṽ55khuã44						
ŋṽ							
xṽ							
ɣṽ							
tɕṽ							
tɕhṽ							
ʌ̃							

续表

	55		44		33		35	53		31		21	
jṽ			jṽ44	女儿									
			jṽ44na53tsi33	姑娘									
			jṽ44sou53	女婿									
			jṽ44ji21	妇女									
			jṽ44sua55	孙女									
			jṽ44hi44	妹妹									
tsṽ	tsṽ55(tɕɛ33)	钟			tsṽ33	种子		tsṽ53	种(儿)	tsṽ31	筷子		
					tsṽ33	酒		tsṽ53	栽(树)				
					tsṽ33	重		tsṽ53thu55	属相				
								tsṽ53	释放				
									放(火)				
tshṽ	tshṽ55	穿(针)											
	tshṽ55	葱											
sṽ	sṽ55	双(筷子)								sṽ31	梳		
										sṽ31	痛(头痛)	tsų̃21	虫
										sṽ31/tɕi55tuã53/pɛ̃31	病	tsų̃21	蛆
												tsų̃21	锄头

续表

	55	44	33	35	53	31	21
iẽ						sṳ31nɯ44 ji21 病人	
piẽ	piẽ55 甩				piẽ53 变化		
					piẽ53 改变		
					(ɕ31)piẽ53 淡（盐）		
					piẽ53 扁		
phiẽ	phiẽ55 偏	phiẽ44/ɕ44 溢（出米）				phiẽ31 个（圆形薄片）	
	phiẽ55 歪	phiẽ44 欺骗				phiẽ31 个（汤匙）	
	phiẽ55 陡峭					phiẽ31 让开，躲开	
miẽ	miẽ55 名字				miẽ53 生命		
					miẽ53 寿命		
					miẽ53 运气		
					miẽ53 暗		
fiẽ							
viẽ							

续表

	55	44	33	35	53	31	21
tiẽ		tiẽ44 垫	tiẽ33 滴（油）				
thiẽ							
niẽ							
kiẽ							
khiẽ							
ŋiẽ							
xiẽ							
yiẽ							
tɕiẽ							
tɕhiẽ							
ɕiẽ							
jiẽ							
tsiẽ							
tshiẽ							
siẽ							
uẽ	uẽ55 热（饭）	uẽ44 眼睛			uẽ53 磨（石磨）	uẽ31 甑子	uẽ21 圆

续表

	55	44	33	35	53	31	21
							横
	uẽ55(温)	uẽ33miɛ53 瞎子				uẽ31 蒸笼	
	温（水）						
	uẽ55v44 暖和	uẽ44 坑，洞					
puẽ		ũɛ44 斜，倾斜					
phuẽ							
muẽ							
fuẽ							
vuẽ			远				
tuẽ	tuẽ55 竖	tuẽ44 顿	tuẽ33				
	tuẽ55 直						
thuẽ	tuẽ55/phi44 匹（布）						
	thuẽ55/tse44 节（竹子）						
nuẽ	thuẽ55 段（路）						
kuẽ	luẽ55tsi33 轮子				luẽ53 轮流	kuẽ31 滚	kuẽ21
khuẽ							

续表

	55	44	33	35	53	31	21
ŋuẽ							
xuẽ							
yuẽ							
tcuẽ					tsuẽ53tsi31 卷（布）	tsuẽ31 卷（布）	
tchuẽ	tchuẽ55 称（粮食）					tchuẽ31 寸	
	tchuẽ55ku31 秤						
cuẽ	cuẽ55 揭（被子）					cuẽ31 癣	cuẽ21 轮到
	cuẽ55lɛ55 铃，铃铛						
juẽ							
tsuẽ	tsuẽ55 砖		tsuẽ33 穗		tsuẽ53ta53 回头（看） yɯ44 转（身）	tsuẽ31 准（不准）	tsuẽ21 传（给下代）
					tsuẽ53 转弯		
					tsuẽ53uẽ55 转动（了）		
					tsuẽ53 钻（用钻子钻）		

续表

	55	44	33	35	53	31	21
tshuẽ	tshuẽ55 秤						
suẽ					(fv44)suẽ53 泻		
uã	uã55/khv44 弯	uã44 月			uã53 瓦		uã21 梁
	uã55 (姓)王	uã44tɯ31 月初					
		uã44ɕi55 xɯ31 月中					
		uã44ŋv44 月底					
		uã44mo44 月末					
		uã44xã55 i44 初一					
		uã44xã55 ne44 初二					
		uã44fv44 外边					
		uã44ɛ̃44 大后天					
puã							
phuã							
muã							
fuã							
vuã							

续表

	55	44	33	35	53	31	21
tuã							
thuã							
nuã							
kuã	kuã55 裤子	kuã44 光	kuã33 睾丸		kuã53 枝(笔)		
	kuã55v53 (ji53/tsv44) 腰带		kuã33 灌(水)		kuã53 管		
	kuã55ji21 官		kuã33tsʅ33 灌酒				
khuã	khuã55 慢	khuã44 狗	khuã33 宽				
		khuã44 戌(狗)					
		khuã44ɕi44tsi33 跳蚤					
ŋuã							
xuã							
yuã							
tɕuã							
tɕhuã							
ɕuã							
juã							

续表

		55	44	33	35	53	31	21
tsuã	装(进)	tsuã55	tsuã44/ã55 安装					
tshuã	窗子	tshuã55tsi33	tsuã44 钻(洞)					
suã	孙子	suã55	tshuã44 切(菜)	suã33 涮(一下)			suã31 蒜	suã21mo21ki55 蝗虫(蚂蚱)
	园子	suã55						
	酸	suã55						

352

因远白语语素音节表

		55	44		53		31		21		213	
i	pi		pi44	背 v.	pi53	笔	pi31	不	pi21puɯ213	蚂蚁	pi213	胖,肥
			pi44	背(柴)	pi53	背诵	pi31ji31	钝			pi213	通迫
			pi44khu55	背板			pi31	比				
			pi44	低(矮)			pi31muu213	没有				
							pi31tɯ213	鼻子				
							pi31	(谷粒)不饱满				
							pi31	那				
							pi31	那(远指)				
							pi31tsho44	古时候				
							pi31kɔ31	那些				
							pi31khɔ55	那里				
							pi31piɔ44	那边				
							pi31tɕɔ55	那样				
phi		phi55	phi44	瘦	phi53tɕ55	腰带	phi31	屁			phi213	慢
		女阴	phi44	扁			phi31tɕhi55/phi31tɕhi213	习惯(脾气)				

音系复杂性：以白语的语素音节表为中心

续表

	55	44	53	31	21	213
mi				mi31zi31 眼泪		
fi		phi44 瞎 phi44ɲue44 瞎子				
vi						
ti	ti55 多 ti55ji213 第一 ti55yə55 第二	ti44 底部		ti31 地(田地) ti31mɑ55si55 土地 ti31tõ55 地方 ti31mɑ55si55 地基 ti213juɯ31 地震	ti213 手镯	
thi		thi44 抽(出)				
ni	ni55 和	ni44 进(介词)				ni213 银子 ni21phu31 席子
li	li55 滤 li55ei213 利息 li55he55 厉害			li31 里(路)	li21thã55 栗炭	
ki						
khi						

附　录　因远白语语素音节表

续表

	55		44		53	31		21		213	
ŋi											
xi			xi44	海							
			xi44	湖							
yi	tɕi55pi55sə44	棕绳	tɕi44ka44/tɕi44ka44pi44	腮,脸		tɕi31	磨(面)	tɕi213xɔ213	记号		
						tɕi31	挤				
						tɕi31ɕə44	昨天				
						tɕi31ɕə44khuɿ31	昨晚				
						tɕi31tsua31	快(动作,速度)				
tɕi						tɕhi31pi31	勤快				
						tɕhi31	蓑衣				
tɕhi	tɕhi55	肥料	tɕhi44	气						tɕhi213	棋
	tɕhi55su55	垃圾	tɕhi44	力气							
	tɕhi55	密	tɕhi44	生气							
			tɕhi44	欺负							
			tɕhi44	蒸汽							

续表

	55	44	53	31	21	213
ŋi		tɕhi?44 七				
		ŋi44 太阳				
		ŋi44tsɔ44 天晴				
		ŋi44ɕɔ44 日子				
		ŋi44ɕɔ44 时间				
		ŋi44xɔ55mɔ44 妇女				
		ŋi44khɯ31 白天				
		ŋi44khɯ31ɕi55 中午				
		ŋi44ɕɔ44 生活				
		ŋi44ɕɔ44 年纪				
		ŋi44xõ55 妻子				
						ŋi213 个(c,人)
ɕi				ɕi31fã55 喜欢		
ji	ji55 衣裳	ji44 一		ji31tsɯ213 穿(衣裳)		ji213 遇
	ji55tɕɯ31 衣袖	ji44ʂi44 拉屎		ji31tʂɔ̃213 裤子		ji213 玉
	ji55tã55 刀	ji44sẽ44 医生		ji31tsɯ21s44 裹腿		
	ji55tã55tsha31 刀鞘			ji31tsɯ21y31/kho55y31 腰带		
	ji55pe44 被子			ji31xɯ55 将来		

续表

		55		44		53		31		21	213	
tɕi		ji55pe44	背带(背小孩)									
		(a55)ji55	姨母（母妹）									
		ji55mu44	继母			ji31ɕõ55	麝香	ji31tsõ44mɔ44	杵杖(注thõ44)			
		ji55puɯ44/ji55tie55	继父			ji31	锋利	(pe55)ji31	味道			
		ji55kua44ko m213/kom21tɔ31pe31	驼子									
		ji55ju44ja31ju44	(野果)									
		ji55ti213	玉镯子									
				tɕi44	街	tɕi53	挑选	tɕi31	故事		tɕi213	秧
				tɕi44	纸	tɕi53	捡	tɕi31	谜语		tɕi213	浸泡
				tɕi44	舔	tɕi53	十	tɕi31	指		tɕi213	泡(茶)
				tɕi44	汁	tɕi53ji44	十一				tɕi21tsɔ213	泡茶
				tɕi44	条(河,绳)	tɕi53nɛ44	十二				tɕi21tsɔ55 tɔ213	泡糖水
						tɕi53sã55	十三					
tʂhi		tʂhi55(tiɯ44)	休妻	tʂhi44pa31	牙齿							
		tʂhi55sɯ44	(休)妻	tʂhi44	刀口							

续表

	55	44	53	31	21	213
	tʂhi55(mo31) 捣(碎)	(pa31)tʂhi44 (耙)钉				
	tʂhi55tiə44 (某野果)	tʂhi44 发生				
		tʂhi44 出(太阳)				
		tʂhi44 (日月)升起				
		tʂhi44 出产				
		tʂhi44 出去				
		tʂhi44 出来				
		tʂhi44 取出				
ʂi				ʂi31xɯ55 运气		
				ʂi31u44 事情		
				ʂi31ŋi213/ʂi31tɕhə̃31 几个(人,问题)		
				ʂi31kho44 几个(物)		
				ʂi31ɕə44/a31ɕə44 每天		
				ʂi31(ŋi213) 每天(人,天)		

续表

	55		44		53		31		21		213
tsi	tsi55tsi44	桌子	tsi44	儿子			si31tṣu31	多少			
	tsi55	芽(侧生)	tsi44ȵi213	男人							
tshi			tsi44	把(刀)							
si	si55	撕	tshi44	尺子							
u	u55	消(肿)			u31tu31lu31	得瘟病的样子,刚醒时的懵懂					
	u55tɕa44mi53	鸢(花),枯萎(一种寄生植物)									
pu	pu55	飞	pu44	媳妇			pu31	步			
	pu55ʂu44	蝙蝠	pu44	抱							
			pu44	搂(在怀里)					pu21tɕ31	蚯蚓	
			pu44kua44tɯ213	肩膀							

359

续表

	55		44		53		31		21	213	
phu			pu44tɔ44	肚子							
			pu44tɔ44tɕ̃5 5	怀孕(乳腹鼓起来)							
	phu55	肾									
	phu55	膀胱									
	phu55ju31	朋友，伙伴									
	phu55miɛ̃55	青苔									
mu			mu44	捂(嘴)			mu31	坟		mu213	捂(嘴)
			mu44tɕõ31	木匠							
fu			fu44	吸(气)			fu31phi31/fu31phi 31	竹鼠			
			fu44	吸食							
			fu44	六							
			fu44(ʐ̩213)	拔(火罐)							
			xu44(ʐ̩213)								
vu							vu31	鹿子		vu213	疯
										vu213mi55	疯疯癫癫
										nu213	癫

续表

	55		44		53		31		21	213	
tu	tu55p55/tu55jɔ31	祖宗	tu31	男根						tu213	毒
			tu44	刨(土)							
			tu44	挖							
			tu44tɕa31	遇见							
			tu44	啄							
thu	thu55	要	thu44	矮							
	thu55	讨(饭)	thu44	秃							
nu	lu55	够(足够)	nu44	发怒							
	lu55	全(足够)	lu44	绿							
			lu44	卷v.							
			lu44	拢				lu31	笛子,箫			
ku	ku55	挤(脚)	ku44	角	ku53	居住	ku31tɯ55/ku31mo44	凳子		ku213	荞麦
	ku55lə44pɔ55	簦	ku44	口(一口)	ˈku53	在(屋里)	ku31	把(扫帚)			
	ku55lə44	簦	ku44	老(植物)	ku53	坐	ku31ku31tɔ55tɔ55	粗糙			
	ku55ku/ku55ku44ti55ti44	布谷鸟	ku44	年老			ku31pa44	土碗			
	ku55ɯ55	骂	ku44xɔ44	老人			ku31	不听话			

续表

	55	44	53	31	21	213
khu		ku44tsi44 橡子				
		khu44 句(话)				
		khu44 歌(山歌,民歌,情歌)				
		khu44 弯				
ŋu		khu44 蜷缩				
xu						
yu		tɕu44 煮				
tɕu		tɕu44 竹子				
		tɕu44pha213 竹筏				
		tɕu44 筷子				
tɕhu	tɕhu55 擦					
eu	tɕhu55tɕhi44pa44 刷牙					

续表

	55		44		53		31		21		213	
ju	ju55	条(裤子)	ju44	种类								
tsu			tsu44	煮								
tʂhu			tʂhu44	擦								
ʂu	ʂu55	梳子	ʂu44	老鼠			ʂu31	梳			(a55)ʂu213	叔叔
			ʂu44tom31	老鼠洞	ʂu31me44			糯米				
			ʂu44	输								
			ʂu44kɔ31	三脚架								
ʐu												
tsu	tsu55	做	tsu44	租	tsu53	熟(的)			tsu213			
	tsu55tsɔ53ʂu44	干活	tsu44	蹲	熟tsu53	熟(果子)					握(笔)	
	tsu55kɯ21mə31	做生意	tsu44	煮	tsu53	浊						
	tsu55kheə44khe44	结婚(不说tcheə44khe44)										
	tsu55kheə44	做客										
	tsu55juɜ53ti31	租田吃										
	tsu31pɔ55	曾祖父										

续表

		55	44	53	31	21	213
tshu	tsu31io31	曾祖母					
	tshu55jɔ44	旱烟(含纸烟)	乱箅				
	tshu44		(碓)杵				
su	su55	书					
	su55	字					
	su55thu44	尘土					
	su55thu44	尘土					
	su55thu44	垃圾					
y			y44 雨		y31 胃		
			y44 孵				
			y44 梧(酱,豆豉,豆芽)				
py							
phy							
my							

续表

	55	44	53	31	21	213
fy						
vy						
ty		ty44 掺水),兑				
thy		thy44 退(后退)				
ny		ly44 累				
		ly44 困(倦)				
ky						
khy						
ŋy						
xy						
yy						
tcy	tcy55 尖a.	tcy44 鬼		tcy31 举(手)		
		tcy44õ213 鬼怪,魔王		tcy31 跪		
		tcy44si44 狡猾(鬼子,鬼祟)				
		tcy44tã55tsõ44 螳螂(鬼扁担)				
		tcy44õ55 麦穗鱼				

续表

	55	44	53	31	21	213
tɕhy		tɕy44 醉				
		tɕy44ʂɛ̃44 毒菌				
		tɕhy44 蛇		tɕhy31 床		
				tɕhy31 刺		
ɕy		ɕy44 水				
		ɕy44tɕɛ44 井				
		ɕy44ti31 水田				
		ɕy44thã55 池塘,水库				
		ɕy44ŋɯ213 水牛				
		ɕy44ke55 秧鸡				
		ɕy44tʂõ44tsi44 小孩儿				
		(pə31)ɕy44phiɔ44 波浪				
jy						
tʂy						
tʂhy						
ʂy						

附　录　因远白语语素音节表

续表

	55		44		53		31		21	213
tɕy										
tsy										
tshy										
sy	sy55li55/ey55li55	梨								
a	a55ji31	饭	a44				a31	一		
	a55ji31ve213	甑子	a44si44tshɯ31	车前草	a31po213	一半	a31pɔ44	一百		
	a55ni55ŋua44	月亮					a31kha44kha	多多的		
	a55ta55	姐姐					a31kɯ55tsɔ44	现在		
	a55jɛ213	爷爷								
	a55tsõ55	松鼠								
	a55ni55	猫								
	a55ni55mẽ213	野猫								
	a55tsõ55	松鼠								
	a55nõ31	猴子								
	a44mə55tɕi55	蜻蜓								

续表

初声	55	44	53	31	21	213
	a55mə55 青蛙					
	a55ma55tʂo̠53 蝗虫(蚂蚱)					
	a55nõ55 布娃娃					
	a55ni44 什么					
	a55luɯ31tshə44 几时					
	a55ɔ213 虾					
pa	pa55 他们	pa44 碗	pa53tɕu55 碗(饭)	pa31 镜像		
	pa55ɕa44 明天	pa44 疤	pa53tɕi?44 疤	pa31 不要(做)		
	pa55ɕa44khɯ31 明晚	(a55)pa44 粗,渣	pa53 包(豆角)	pa31sua44 保密(不要说)		
pha		pha44 稻草	pha31 乳房	pha213 解开(绳结)	木筏	
				pha31ʑi31 半生不熟的饭		
ma		ma44		ma31 麻	ma21ɕẽ55sə44 麻绳	ma213 毛
		ma44sə44 草绳				
fa		fa44/xua44 (水)涨	fa53/fɤ44 罚(处罚)			
va						

附　录　因远白语语素音节表

续表

	55		44		53		31		21		213	
ta			ta44(kɯ213)	搭(桥)	ta53	踩	ta31	偷			ta213	桃子
			ta44	搭(台)	ta53	踏	ta31mɯ213	逃跑			ta213iã35	梁
tha			tha44	塔								
na	na55	你们	na44	可口,好吃,下(饭)	na31fu31	胡琴	na21kɔ53/tshɯ213	发愁	na213	难		
	la55	揭(盖子)	la44	脱(衣服)								
			la44	蜕(蛇蜕皮)								
			la44	锡								
ka	ka55	肝	ka44	小容器			ka31	讲	ka21tɕhi31	刺猬		
							ka31tʂi31	讲故事				
kha			kha44pɛ44	背篓(背米)								
ŋa	ŋa55	我们	ŋa44	咬								
	ŋa55toɱ55	我家	ŋa44	啃								
			ŋa44	疼(内部疼)								
xa							xa31ti44	后边				
ɣa							ɣa31	扣(纽子)			ɣa213	合适

续表

	55	44	53	31	21	213	
		接受,迎接,衔接		盒子			tɕa
		tɕa44		ya31			
		节日					
		tɕa44					
		弩	通迫				tɕha
		tɕha44	tɕhã53phã53				
							ŋa
	榨(油)	杀					ca
	tʂa55	ca44				ca213tɕhi21 下棋(围棋等)	
	新年	压		哑	ja21kɔ44 牙膏		ja
	tʂa55ŋuã44	ja44		ja31			
	一月	回(新派)	转动	哑巴	ja21		
	tʂa55ŋuã44	ja44xuã53	ja31	ja31pa44	ʂua213 牙刷		
		烟(统称)		转陀螺			
				ja31pe31 le31			
	一切	tʂa53	煮	掌(c.)			tʂa
	tʂa55kɔ31		tʂa53a55ji31			tʂa213 迸(炸)	
			煮(饭,玉米)				
			tʂa31				
	差欠	叉					tʂha
	tʂha55	tʂha44					
		挖子					ʂa
		ʂa44tsi31					

370

附　录　因远白语语素音节表

续表

	55		44		53		31		21		213	
ʐa												
tsa	tsa55	杂	tsa44	座(桥)								
	tsa55tɕɛ44	大家	tsa44(石头)	投掷；扔								
tsha												
sa			sa44	撒(种)								
ɛ					ɛ53	吐(痰)			ɛ21	呕吐		
					ɛ53tʂhi44 lɯ44	吐出来						
pɛ	pɛ55	拜	pɛ44(kɔ44)	跛							pɛ213	皮
											pɛ213/55	拜菩萨)
											pɛ213	剥(花生)
											pɛ213	剥(牛皮)
											pɛ213	瓢
phɛ	phɛ55	派(人)	phɛ44 mɯ213	忘记	pɛ53	披(衣)	phɛ31	度			phɛ213(赔)	偿还
											phɛ213	赔偿
											phɛ213	排(队)

371

续表

	55	44	53	31	21	213	
mɛ				mɛ31lo55 铓锣	mɛ21si55 ã44 门槛	mɛ213	门
						mɛ213	煤
fɛ							
vɛ						vɛ213	圆
						vɛ213	打秋千
tɕ			tɕ53			tɕ213	教小儿走路
		tɕ44 带(寄钱,寄信)	tɕ53to55 公猪				
		tɕ44 佩带	tɕ55mo44 母猪				
			tɕ53tsi44 猪崽				
			tɕ53ɕi44 猪粪				
			tɕ53a55ji31 猪食				
			tɕ53vu31 猪圈				
tʰɛ		tʰɛ44 拆(衣服)				tʰɛ213	台子
		tʰɛ44 拆(房子)				tʰɛ213	抬
		tʰɛ44 铁				tʰɛ213	端

续表

	55		44		53		31		21		213	
nɛ			thɛ44tɕõ31	铁匠								
			thɛ44kɔ55	铁锅								
			thɛ44	拆								
	lɛ55tɕã44pɔ55	秃子;癞痢	nɛ44min31	字(名字)			nɛ31tɕi55	去年	nɛ21tɕuẽ55	砖(土坯)	nɛ213	土
			nɛ44	捏(捏拢)					nɛ21tɕhi55	泥巴		
kɛ	kɛ55	盖子	kɛ44fã44	开荒	kɛ53	杯子	kɛ31sã213	打散(队伍)			kɛ213/55	盖(土)
	kɛ55	盖v.										
	kɛ55mɛ213	屁股										
	kɛ55mɛ213	肛门										
khɛ			khɛ44	拿,取								
			khɛ44	带(钱)								
			khɛ44khu44	收(伞)								
			khɛ44huã44	开荒,烧荒								
ɛ̃												
xɛ					yuɛ31	喂(奶)						
yɛ			yɛ44	爱							yɛ213	鞋

音系复杂性：以白语的语素音节表为中心

续表

	55	44	53	31	21	213
tsɛ		ɣɛ44 爱(吃)				
tɕhɛ						
ɜɛ						
jɛ						jɛ213 船
tʂɛ			tsɛ53 舌头	sɛ53 扇子		
tʂhɛ			tsɛ53 节(竹子)c.	sɛ53 扇(门)c.		
sɛ				sɛ53tɔ044 世界		
sɛ				sɛ53 一世		
sɛ				sɛ53 时兴,流行		
ʑɛ		sɜ44 叶子				
tsɛ		tsɛ44 段(路)	tsɛ53 剪	tsɛ31tɑ55 剪子	tsɛ21lɔ53 完美,齐备	tsɛ213 齐,全
tsɛ		tsɛ44 断(线,棍子)		tsɛ21a55 完美,齐备	tsɛ213 缝	

附　录　因远白语语素音节表

续表

	55		44		53		31		21		213
tshɛ	tshɛ55	猜(谜)	tsɛ44	弄断(棍子)							
	tshɛ55	猜(中)	tsɛ44xɔ55	摘花							
	tsɛ55tɕi31	猜谜语	tsɛ44a31tsɛ53	砍一节							
			tshɛ44	马鹿	tshɛ53	裁			tshɛ21 ɣɛ213	草鞋	
sɛ	sɛ55	比赛	sɛ44	吻亲(小孩)	sɛ53	蛋	sɛ53	丝线			
	sɛ55mɯ213	赛跑	sɛ44	叶子	sɛ53	下(蛋)					
			sɛ44	往外撒水							
			sɛ44ju55	打(饱嗝)							
e											
pe	pe55	他的					pe31sɛ31	鼻涕			
phe	phe55	掰开(桃子)									
me	me55	松明子	me44	米							
	me55tɕi55	松香	me44	迟到							

续表

	55		44		53	31	21	213
fe			me44	低头				
			fe44/xue	火				
			fe44tɕuẽ31	火把				
			fɛ44	火				
ve						ve31pia44 簦笆		
te	ne55	接近(副词)	te44	接近(副词)				
the	ne55	挤(牙膏)	the44	弟弟				
ne	ne55	挤(奶)	ne44	奶奶		ne21ji31 二十	
	ne55	你的	le44	礼(礼节,礼物)				
ke	ke55	鸡						
	ke55tsi44	雏鸡						
	ke55pi213	鸡冠						
	ke55tʂo53	鸡汤						
	ke55tʂo53	应该						
khe								

附　录　因远白语语素音节表

续表

	55		44		53	31		21		213
ŋe	ŋe55(ɕi31)	我的								
xe			xe44	海						
ye			xe44	湖				ye21le55pɔ55	哈尼族	
tɕe										
tɕhe										
ɕe										
je										
tʂe										
tʂhe										
ʂe			ʂe44	试						
			ʂe44	尿						
ʐe										
tse			tse44	挡						
tshe										
se			se44	四		se31	死			

续表

	55	44	53	31	21	213
ə	ə55tɕi55 很生气	se44kɔ44tɕhy44 四脚蛇		se31 灭(火)		
		se44 涩				
		ə44 辛辣				
		ə44 消毒				
		ə44 凉拌,腌制				
		ə44 笨				
		ə44tɯ31 笨,傻		ə31ə55tsi44 小公鸡(一个小型的品种)		
pə		pə44 张开	pə53 白			pə213 扒
		pə44 百	pə53ti31si55 鹭鸶			
			pə53jɔ44 懒			
			pə53jɔ44sɯ31 懒相,懒样	pə31ji44pə55 傣族		
phə	phə55 软	phə44 剖开(水果等)				phə213 耙v.
	phə55zu31 稀饭	phə44 盖土(撒种后盖土)				phə213 耙(田)
						phə213 芝麻

附　录　因远白语语素音节表

续表

	55	44	53	31	21	213
	软弱，弱点					
	phə55jõ53					
mə		mə44 马	mə53 买			
		mə44lɔ55 ca44 马鬃				
		mə44iõ31th ɯ213 马笼头				
fə		fə44 分发				
		fə44 发育				
		fə44 发烧				
ve		fə44 打摆子				
		fə44 办法				
tə		tə44 打	tə53 做			
		tə44xɯ44 搓线(把儿根线搓成一根)	tə53phi55 性交			
thə		thə44 打雷				
nə						
kə	kə55 把儿	kə44 捉	kə53 捆绑,拴(牛)		kə21 涧(泪)	kə213 肉
	kə55 芦苇	kə44pu31 捆绑,拴(牛)	(pe55)kə53 价格			

续表

	55		44		53		31	21	213	
	kə55piə44	篱笆	kə44	鳞	kə53	值得,合适				
	kə55kã31	界线	kə44	分裂；隔开	kə53tə31	贵(价钱贵)				
	kə55tsõ213	吹火筒	kə44	块(水果一丫)	kə53tʂhã55	便宜				
			kə44	间(房子)						
khə			khə44	客人						
			khə44	缺口						
			khə44	剥落						
			khə44	块(方形,地)漂亮,美丽						
ŋə			ŋə44/ŋə44	下边						
xə	xə44si55su55	紫米	xə44	大声责骂						
ɣə					ɣə53	饿			ŋə213	芽(总称)
					ɣə53	剥皮			ɣə31/tɕã55	饿
tɕə			tɕə44	借						
tɕhə			tɕhə44	踢						

附　录　因远白语语素音节表

续表

	55		44		53		31		21		213	
ŋə			tɕhə44	(刺)藏							ŋə213	走,去
			tɕhə44	蜇(马蜂)							ŋə213	芽
			ŋə44	下(面)							ŋə213	腹泻
eə												
je												
tʂ	tʂə55	斋饭										
tʂhə			tʂhə44	窄								
eʐ			sə44	割								
eʑ												
tsə												
tʂhə			tʂhə44	红色								
se												
ɔ	ɔ55lɔ44	富	ɔ44	倒掉(水)	ɔ53	下(雨)	ɔ31ŋua44	青黄不接的时候(七八月)	ɔ21kɯ55	熬胶	ɔ213	熬
	ɔ55	(用容器)称量	ɔ44suẽ31	莴笋			ɔ31ʐ213	萤火虫	ɔ21lã213fu44	熬牛肉汤	ɔ213	凶恶

音系复杂性：以白语的语素音节表为中心

续表

	55	44	53	31	21	213
pɔ	pɔ55 他们					
	pɔ55kɔ31 他们	pɔ44 包(v.c.)				
	pɔ55ɕi31 他们的	pɔ44 拍打				
	pɔ55 包(药)					
	pɔ55 包(东西)		pɔ53 薄	pɔ31 他 (pe55ɕi32他的)		
	pɔ55thã55 批评			ɔ31khuã44 恶狗(会咬人)	ɔ21tɕhi44tɕã55 熬酱油	
					ɔ21jɔ53 守岁,守灵	
					ɔ21jɔ53 熬夜	
phɔ	phɔ55pom213 苗(移栽后)	phɔ44 黄瓜				phɔ31pɔ44 婆婆
		phɔ44 个(一个碗)				
		phɔ44 只(锤)				
		phɔ44 (方所)				
mɔ		mɔ44 母亲		mɔ31 细		mɔ213 磨(刀)
		mɔ44 摸				mɔ213 磨(小儿)磨人

续表

	55		44		53		31		21		213	
ɔ			mɔ44	蚊子								
vɔ												
tɔ	tɔ55lɔ31tɕa44	陷阱(下虎的架架)	tɔ44(lɔ31)	得(了),可以(了)	tɔ53y31	(一种野果)	tɔ31	大	tɔ21pɔ213	头	tɔ213	头
	tɔ55	戳	thɔ44	拖延	tɔ53	剁肉	tɔ31	粗	tɔ21mã55	头发	tɔ213	(女人)性格疯癫
	tɔ55thom55	戳破	tɔ44tʂɯ44	倒,靠			tɔ31	长(大)	tɔ21pɔ213xuẽ44	头疼		
			tɔ44(thɯ55)	掉(下)			tɔ31khɯ44	生长		头晕		
							tɔ31khua31	大腿				
							tɔ31xo44	成年人				
							tɔ31tsɯ53	强盗				
							tɔ31ku55	老鹰				
							tɔ31mɔ31	帽子(斗笠)				
							tɔ31tɕhi55	肥料				
							tɔ31tɕi55	簸箕				
							tɔ31ji55tã55	柴刀				

续表

		55	44	53	31	21	213
thɔ	兔子	thɔ55lɔ44					
	套(衣服)		thɔ44		tɔ31pɛ31 背n.		
	掏		thɔ44		tɔ31pɛ31 背(后背)		
	拖延		thɔ44		tɔ31y31 板栗		
					thɔ31 唾沫		
					thɔ31pu44 痰		
nɔ	你们	nɔ55	nɔ44 脑髓	lɔ53si31 老实	nɔ31 你	lɔ21ttɕi55 筛子	lɔ213 虎
	你们	nɔ55kɔ31	nɔ44ɕy44 思想(脑水)	(nɛ55ɕi31 你的)		lɔz1kɔ31khu55 大眼筛子	lɔ213 筛子
	你们的	nɔ55ɕi31			lɔ31 捞		lɔ213 筛(v.)
	摞	lɔ55			lɔ31si44kuɛ31 脚踝		lɔ213 隆落
	挪	lɔ55			lɔ31ti55sɔ44 花生		lɔ213 捞
	埋	lɔ55kɔ31					
	小偷,贼	lɔ55pi31			lɔ31ka44 缸		
	骡子	lɔ55tsi44			lɔ31(a55) (表完成)		
	麻雀	lɔ55li31tsɔ44					

续表

	55		44		53	31		21	213
kɔ	lɔ55tɕa31	耙				lɔ31lɔ44	彝族		
	lɔ55	扒							
			kɔ44	脚		kɔ31	(复数标志)		
			kɔ44ʂu44tɕi31tsua31	勤快(手脚快)					
			kɔ44tʂuã44	告状					
			kɔ44	哥哥					
			kɔ44	歌					
			kɔ44lɔ44	各自,其他					
khɔ	khɔ55	依靠	khɔ44	哭		khɔ31	沟		
			khɔ44	个(鸡蛋)					
			khɔ44	粒(米),颗(水果)					
			khɔ44	块(石头)					
ŋɔ	ŋɔ55	我们				ŋɔ31	我		
	ŋɔ55kɔ31	我们							
	ŋɔ55ɕi31	我们的							

续表

		55	44	53	31	21	213
		ŋɔ55ji44 初一					
		ŋɔ55nɛ44 初二					
xɔ		xɔ55 花(花哨)	xɔ44 人群	xɔ31pu44ti44 口腔	xɔ211om31 合上(书本)	xɔ213 角(一角钱)	
		xɔ55phiɔ31 花布	xɔ44 祸				
			xɔ44 货物				
ɣɔ					ɣɔ31 夏天	ɣɔ21 下(雨)	ɣɔ213 熬(熬胶、熬夜)
					ɣɔ31ŋuã44 夏天	ɣɔ21 有眼的背篓	ɣɔ213 凶恶
						ɣɔ21khuã44 恶狗	
						Ɣɔ21iɔ53 熬夜	
tɕ			tɕɔ44 薄(土地肥力不够)				
			(ma53ɔ55)tɕɔ44 (命苦,薄)				
tɕh			tɕhɔ44 撬				
			tɕhɔ44l213 (一种梨,山梨)				
ŋ		ŋɔ55 咱们					
		ŋɔ55kɔ31 咱们					

续表

	55		44		53		31		21	213	
ɛɔ	ɛɔ55	门栓	ɛɔ44	孝(布)						ɛɔ213	笑话
										xua213	
jɔ	jɔ55(lɛ31)	鹞子	ɛɔ44	削							
	jɔ55	(花椒)麻	jɔ44	药			jɔ31	晚上		jɔ213	邀约
			jɔ44kɔpi213	耳朵						jɔ213	片(树叶)
			jɔ44kuɛ213	妖精							
			jɔ44	瘦							
			jɔ44kɔ44pi21	耳朵							
tʂɔ			tʂɔ44	穷(鞋子)	tʂɔ53	锁	tʂɔ31ku44pia44	悬崖			
			tʂɔ44	戴(手镯)	tʂɔ53ku44	石头	tʂɔ31ku44pi31	岩石			
			tʂɔ44	砍(树)			tʂɔ31pɔ31	匾子			
			tʂɔ44	砍(骨头)			tʂɔ31kɯ55	钥匙		tʂɔ213	茶
			tʂɔ44	打(柴)							
			tʂɔ44kɛ53	找							
			tʂɔ44tɛ53	找到							
tʂhɔ	tʂhɔ55	车子	tʂhɔ44	野猪			tʂhɔ31	炒(湿炒)			
				戳							

续表

	55		44		53		31		21	213	
ʂ	tʂhɔ55pɛ44	轮子	tʂhɔ44	(毛毛虫)叮							
			tʂhɔ44	扫							
ʂɿ	ʂɔ55	尿			ʂɔ53	浇(花,地)	ʂɔ31	浇(水)			
	ʂɔ55tɔ213	糖									
	ʂɔ55khɯ44	辛苦									
tsɿ			zɿ44/nĩ44	缠绕(线)							
tsɿ			tsɔ44	鸟	tsɔ53	凿子	tsɔ31pu31tɯ213	灶			
			tsɔ44tɯ55	鸟窝	tsɔ53	嚼					
			tsɔ44kɔ44	爪子	tsɔ53	嚼(牛)					
			tsɔ44tsi44	爪子	tsɔ53	凿					
			tsɔ44	穿(鞋)	tsɔ53	锁(门)					
			tsɔ44	槽(烂)		锁 n.					
tʂh	tʂhɔ55	抄写	tʂhɔ44	错			tʂhɔ31mɔ21xuɛ44	草木灰		tʂhɔ213	潮湿
			tʂhɔ44	搓(绳)			tʂhɔ31piɔ44	肥皂			
			tʂhɔ44	挫							
			tʂhɔ44ẽ55	大蚂蚁							

附　录　因远白语语素音节表

续表

	55	44	53	31	21	213
cɯ	sɯ55tsi44 沙子	sɯ44 沙子				
	sɯ55 风骚	sɯ44 滑(滑梯)				
m						
pɯ		pɯ44 补(衣服)	pɯ53 擦(药)	pɯ31 寄		pɯ213 漂浮
		pɯ44 父亲(他人之父)	pɯ53 (猪)拱			
		pɯ44 饱				
		pɯ44 鞍				
		pɯ44 (用棍子敲打)				
phɯ	phɯ55 吹			phɯ31 帆		
	(pi55)phɯ55 刮风			phɯ31(xo31) 盖(草房顶)		
	phɯ55lu31 吹笛子			phɯ31 (馒头)鼓胀		
mɯ		mɯ44 交换		mɯ31 席子		
		mɯ44 墨		mɯ31 梦v.		
				mɯ31 梦n.		
				mɯ31mɯ31 做梦		
fɯ						

续表

	55	44	53	31	21	213
vɯ						
tɯ	箩筐 tɯ55					
tɯ	斗c. tɯ55					
tɯ	十斤 tɯ55					
tɯ			戴(帽子) tɯ53			
tɯ						只,头(动物) tɯ213
thɯ	下(楼) thɯ55					
thɯ		路 thɯ44				
thɯ				甩 thɯ31		
thɯ				抖掉,发抖 thɯ31		
nɯ		花骨朵 nɯ44				
nɯ		勒,捆 lɯ44				
nɯ				足够 nɯ31		
nɯ				这 nɯ31		
nɯ				这里 nɯ31kho55		
nɯ				这边 nɯ31pio44		
nɯ				这样 nɯ31tɕo55		
nɯ				赶 lɯ31		
nɯ				打猎 lɯ31jɯ44sẽ55		
nɯ						脓 nɯ213
kɯ	叫 kɯ55					
kɯ	称呼 kɯ55					
kɯ	胶 kɯ55					
kɯ		厚 kɯ44				
kɯ		钩子 kɯ44				
kɯ		勾 kɯ44				
kɯ			救 kɯ53			
kɯ				旧 kɯ31		
kɯ				正月初一 kɯ31tsa55 ŋua44		
kɯ						桥 kɯ213
kɯ						卖 kɯ213
kɯ						骑 kɯ213

续表

	55		44		53		31	21		213	
		盛(饭菜), 舀(水)	kɯ44	皮革							
	kɯ55		kɯ44	(打)鼓							
			kɯ44	白							
khɯ	khɯ55	咳	khɯ44	(味道)苦				khɯ31	口	khɯ213	(猎人)扣子
	khɯ55	打开	khɯ44	上,起				khɯ31	里(方所)	khɯ213tsi31	(猎人)扣子
	khɯ55	开车	khɯ44	抠						ŋɯ213	牛
ŋɯ			ŋɯ44	五						ŋɯ213 (tsom31)	生(锈)
										ŋɯ213	凝固
xɯ			xɯ44	好							
			xɯ44	(伤口)好							
ɣɯ			ɣɯ44	抠	ɣɯ53	学					
			ɣɯ44	剜	ɣɯ53	雇				ɣɯ213	米
tɕɯ	tɕɯ55kɯ55	斑鸠	tɕɯ44	九							
	tɕɯ55kɯe55le55	蝴蝶	tɕɯ44tsi53	九十							
tɕhɯ			tɕhɯ44	在坟地掬置稻木,择日安葬							
			tɕhɯ44	秋							

续表

	55		44		53	31		21	213	
ŋu			ŋu44ɕuã55	外孙						
eu			eu44	少		eu31	绣			
ju	ju55khu44	唱歌(民歌等)	ju44	村子		ju31	油		ju213	摇晃
			ju31kã31	村子		ju31kɛ53	灯盏(油灯)			
			ju44	顿						
			ju44	吃						
			ju44hu44	好吃						
			ju44kɯ213	吃坏了肚子						
			ju44	回(老派)						
			ju44kɯ55	回来						
			ju44khu31	回去						
			ju44ko44	鹦鹉						
			ju44	翅膀						
			ju44tɕe55pɔ55	和尚						
			ju44tɕe55jɔ53	尼姑						
tʂu	tʂu55	珠子	tʂu44tu44	记得		tʂu31	树			
			tʂu44xu44	纺纱		tʂu31	棵(树)			

续表

声母	55	44	53	31	21	213
tʂʉ		tʂʉ44phiɔ31 织布		tʂʉ31si55 树干		
		tʂʉ44phiɔ31tɕ44 织布机		tʂʉ31ŋe213 树枝		
		tʂʉ44phiɔ31tɕa44 织布机		tʂʉ44kua44 柱子		
		tʂʉ44 主人		tʂʉ31pe213 树皮		
		tʂʉ44 遮蔽		tʂʉ31ti55 树顶		
				tʂʉ31kɔ21 森林		
		tʂʉ44 坏		tʂʉ31 二十五斤		tʂʉ213 稠(粥)
ʂʉ		ʂʉ44 手				
		ʂʉ44 收拾(东西)				
		ʂʉ44 搜				
		ʂʉ44 幢(房)				
ʐʉ			ʐʉ53 驮			
			ʐʉ53 陂			
tsʉ		tsʉ44 有		tsʉ31 给		
tʂʰʉ	tʂʰʉ55 堵塞	tʂʰʉ44 草		tʂʰʉ31 菜		
	tʂʰʉ55 短	(a55)tʂʰʉ44 嫂子				

续表

	55	44		53		31		21	213
			认得				颜色(样子)		
sɯ		sɯ44				sɯ31			
ia									
pia		pia44	拾起,拔起	pia53	拔(草)				
		pia44lu55	江鳅						
phia		phia44	到,至(介词)						
mia		mia44	受潮,使潮湿						
fia									
via									
tia									
thia									
nia									
kia									
khia									
ŋia									

续表

	55	44	53	31	21	213
xia						
yia						
tɕia						
tɕhia						
ɕia						
jia						
tʂia						
tʂhia						
ʂia						
ʑia						
tsia						
tshia						
sia						
ie		pie44 回				
pie		pia44 娶(妻)				

音系复杂性：以白语的语素音节表为中心

续表

	55	44	53	31	21	213
phiə		piə44 蓝色				
		phiə44 撒(水)				
		(ta53)phiə44 (踩)滑				
miə						
fiə						
viə						
tiə						
thiə						
ɛiu						
kiə						
khiə						
ɕiɥ						
ɛiʏ						
yiʏ						
tɕiə						
tɕhiə						
ɛiə						

续表

	55	44	53	31	21	213
jie						
tɕie						
tɕhie						
ɕie						
ʑie						
tsie						
tshie						
sie						
io						
pio		pio44 方向				
		pio44 边缘				
phio				phio31 布		
mio		mio44 庙				
fio						
vio						
tio		tio44 吊				tio213 钓

397

续表

	55	44		53	31	21	213
thio		tio44thɯ55	下垂				
		thio44	跳(远)				
		thio44	跳(脉)				
		thio44	跳舞				
		thio44	(脚)动				
		thio44a31tɕ53	(脚)动(一动)				
nio		nio44	魔芋				
		nio44	耍(某物)				
		nio44xɯ44ni ɔ44xɯ44	黄昏(要黑要黑)				
		nio44	(人)闪动(床,座等)				
		lio44	撩,甩				
kio							
khio							
ɕjo							
ɕix							

续表

	55	44	53	31	21	213
ɣiɔ						
tɕiɔ						
tɕhiɔ						
ɕiɯ						
ɕiə						
ji						
cɿʂ						
chɿʂ						
cɿʐ						
cɿz						
cɿsɿ						
tshiɯ						
siɔ						
ɯ						
piɯ						
phiɯ		phiɯ44 消失				

续表

	55		44		53	31		21		213
miɯ			phiɯ44	(烟雾)消散						
fiɯ			phiɯ44	绝户						
viɯ										
tiɯ	tiɯ55	丢	tiɯ44	投掷；扔						
			tiɯ44tɯ44 ɯ55	丢掉						
thiɯ										
niɯ	niɯ55	揉	niɯ44	绕(线团)		niɯ31	根(草,c.)	niɯ213	嫩(植物)	
						niɯ31tsi44 (kɔ213)	扣子			
						liɯ31xuã213	硫磺			
kiɯ										
khiɯ										
ɲiɯ										
xiɯ										
yiɯ										

续表

	55	44	53	31	21	213
tɕiu						
tɕhiu						
ȵiu						
ɕiu						
jiu						
tʂiu						
tʂhiu						
ʂuɤ̃						
ʐiɤ̃						
tsiu						
tshiu						
siu						
ua						
pua						
phua						
mua						

续表

	55	44		53	31	21	213
fua							
vua							
tua							
thua							
nua							
kua		kua44	蕨菜				
		kua44	(鸡)扒				
		kua44tu213	骨头				
khua		khua44	摘下				
		khua44	解开(扣子)				
		khua44	宽敞				
ŋua		(a55ŋi55)ŋua44	月亮				
		ŋua44	月份				
xua		xua44	煮				
		xua44	(开水)涨				
		xua44	融化				
		xua44	画(v.)				

附　录　因远白语语素音节表

续表

	55	44		53	31	21	213	
ɣua								
tɕua								
tɕhua								
ɕua								
jua								
tʂua								
tʂhua								
ʂua		ʂua44	说					
		ʂua44ti55	约定					
		ʂua44tsu31	告诉					
		ʂua	拐					
ʐua		tsua44tsi31	爪子	tsua53	抢		ʐua213	(用手撒盐)
tsua		tshua44	把(c.)					
tshua		sua44	血					
sua		sua44	年					

403

续表

	55	44	53	31	21	213
ue						uɛ213 圆
puɛ		sua44 岁				uɛ213 煨
phuɛ					uɛ21tɕhɯ31 玩耍	uɛ213 玩耍
muɛ						uɛ213 炒米粉
fuɛ						
vuɛ						
tuɛ						
thuɛ	thuɛ55 推(刨)					
nuɛ		luɛ44 穿孔(木板)(用针)	luɛ31 铝		luɛ213 落(太阳)	
kuɛ		luɛ44 戳(对硬物打孔)	kuɛ53 坏	kuɛ31 准备		

附　录　因远白语语素音节表

续表

	55	44		53		31	21	213	
khue		khue44tsõ213	可怜						
ŋue		ŋue44	眼睛						
		ŋue44tsuẽ53	打瞌睡						
xue		xue44	火	xue44tɕuẽ31	火把				
		xue44ɕi55	烟						
		xue44tɕuẽ31	火把						
		xue44tsɔ53ku44	灶台						
		xue44tsɔ53ku44	厨房						
		xue44tɕɛ213	火钳						
		xue44	灰(的)						
yue									
tɕue									
tɕhue								tɕhuɛ213	群
ɛue								tʂhuɛ213	捶打
jue									

音系复杂性：以白语的语素音节表为中心

续表

	55	44	53	31	21	213
tsuɛ		tsuɛ44 拧(毛巾,脓)	tsuɛ53 光滑			
tʂhuɛ		tsuɛ44 嘴	tsuɛ53 嘴唇			
suɛ		tsuɛ44pɛ213 下巴	tsuɛ53(ni44) 转(圈)			
zuɛ		tsuɛ44kuɛ55				
tsuɛ		tʂhuɛ44 余音,回响	tʂhuɛ213 睡着	tsuɛ31 串(c.花,果等)		
tʂhuɛ		tʂhuɛ44 (食物)脆				
suɛ		suɛ44 雪				
		suɛ44 掐(用指节)				
		suɛ44 断碎(用双手)				
en	uɛ55 歪	uɛ44suɛ44 小蚌壳				

续表

	55	44	53	31	21	213
eŋp						
eŋph						
eŋm						
eŋj						
eŋʌ						
eŋɯ						
eŋu		lue44 踩				
eŋkɯ	kue55 螺蛳			kenɣ31 横		
eŋkhɯ	khue55 倾斜(v.)			kue31 蚕横		
	khua55 歪			khua31 大腿		
eŋɕi						
eŋx						
eŋɣ						
eŋɤ						

407

续表

	55	44	53	31	21	213
tɕɯ̃						
ɯ̃						
ɯ̃f						
ɯ̃ʂ						
ɯ̃ɥ̃ʂ						
ɯ̃ɛ̃						
ɥ̃ʐ		tshɯe44 漱(口)				
ɯ̃ɥ̃ɕ		tshua44 冲(用水冲)				
ɯ̃ʂ		tshua44 (书)册(c.)				
ɯ̃						
ĩ	pĩ55 风					pĩ213 (鸡)冠
pĩ	pĩ55 盐					
	pĩ55pã55 盐巴					
	pĩ55tɕhu44tɯ213 杵					

附　录　因远白语语素音节表

续表

		55	44	53	31	21	213
phĩ		pĩ55 编(箩筐)					
		pĩ55 辫(头发)					
		pĩ55 分(开)					
		pĩ55 分(东西)					
		pĩ55khu55 分家					
		pĩ55khu55 分离					
		phĩ55 陡,斜(山,楼梯)					
		phĩ55 偏					
mĩ		mĩ55tʂɔ31 勺子					
		mĩ55tʂɔ31tsi44 匙(调羹)					
		mĩ55 闭(眼)					
		mĩ55 尾巴					
fĩ							
vĩ							
tĩ		tĩ55lĩ5 铃(摇着响)			tĩ31ʂẽ44 顶针		tĩ213 木浆子
		tĩ55 芽儿(顶生)					

409

续表

		55	44	53	31	21	213
tĩ	顶部	tĩ55					
ni							镍
kĩ	冷	kĩ55					ni213
	今天	ki55ɕe53					
	今后今天以后	ki55ɕe53xa31 ti44					
	感冒(冷着受寒)	ki55tɕo53					
khĩ							
ŋĩ							
xĩ	天	xi55	xĩ44				
	天气	xi55tɕhi44					
	雷	xi55mə213/xi55thə44	xĩ44				
	打雷	xi55thə44					
	打霹雳(闪电)	xi55tɕʂhia44ŋue44					
	闪电	xi55tɕha44ŋue44	擞(鼻涕)				
	闪电	xi55tɕhə44ŋue44	线				

附　录　因远白语语素音节表

续表

		55	44	53	31	21	213
	xĩ55kɔ31m44ɕy44	虹(天鹅喝水)					
	xĩ55vɯ55	壁虎					
	xĩ55	根					
	xĩ55	牙齿酸疼					
	xĩ55	踮脚尖(跂)					
yĩ							
tɕĩ	tɕĩ55	金子	tɕĩ44tʂ31pa44 瓷碗				
	tɕĩ55	筋			tɕĩ31ta̰55 自己		
	tɕĩ55	纯净			tɕĩ31 紧		tɕĩ213 沉
	tɕĩ5555kɯ55	斑鸠					
tɕhĩ	tɕhĩ55	亲(生)					
	tɕhĩ55khɔ31	亲戚					
	tɕhĩ55	辣					
	tɕhĩ55khɔ44	辣椒					
ɕĩ	ɕĩ55	心					
	ɕĩ55phia44	良心					

续表

		55	44	53	31	21	213
ɕi		ɕi55 中间					
		ɕi55 新					
		ɕi55tʂa55ŋua44 新年					
		ɕi55pu44 新娘					
		ɕi55ʂẽ55ɲi44 新人；新娘					
		ɕi55m31tɕẽ31 新东西					
		ɕi55 柴					
		ɕi55mi31tʂi44 口水					
ji			ji44ue55 因为			ji21tɕã44 元江(地名)	
tʂi		tʂi55 针					ji213 赢
		tʂi55pi213 针眼					ji213 头昏，头晕
		tʂi55 真					
		tʂi55 蒸					
		tʂi55kɯ55 黄牛					
tʂhi							

附　录　因远白语语素音节表

续表

	55	44	53	31	21	213
sĩ	sĩ55ŋi44 人					
z̃				z̃31 忍耐		z̃213/ʂɛ31 苍蝇
				z̃31kɛ44 涵养(忍得)		z̃213 (腌菜)罐子
				z̃31kɛ213 剩		z̃44ʂi55 挑剔(认真)
				z̃31ŋua44 二月		z̃213 匀净
tsĩ						
tshĩ	tshi55kɯ31 身体					
sĩ				si31 信件		
ã	ã55 鞍			ã31 紧	a21(xã55) 估量,估计	a213 按
	ã55 安装(工具)			ã31tshu31 宽菜		a213 (木头)柜子
						a213 汗
pã	(pi55)pã55 白	pã44fã213 监狱		pã31si44 豹子		pã213 盆
	pã55tɕɔ31 搅拌,混合	pã44tsu55 帮助		pã31jɔ31 捆绑		pã213si31u44 办事
	pã55 撤断			pã31thɯ44 半夜		
				pã31thɯ44 半路		

续表

	55	44	53	31	21	213
phã	pã55jõ55pa31 掰包谷 pã55khu44 弄弯 pã55 风筝				phã21tsi31 盘子	phã213 翻(大石头)
mã		mã44 满 mã44 满(了)		mã31fã213 麻烦		
fã		fã44fã44tshɛ44tshɛ44 急急忙忙 fã44 方 fã44 (心)慌 fã44 慌张		fã31tue55/53 反对		
vã			vã53 数量众多			
tã	tã55 挑(担) tã55tsõ44 扁担 tã55 扛 tã55(抬伞) 撑伞	tã44 胆		tã31 平坝 tã31mi44tsõ213 躲藏 tã31mi44tsõ213 藏(东西) tã31pẽ55khu44 藏(东西)		tã213 穿山甲

附 录 因远白语语素音节表

续表

	55		44		53	31		21	213	
	tã55(拾)	举(手)								
	tã55	一百斤								
	tã55lĩ31	答应								
	tã55lĩ31	回答								
	tã55lĩ31	允许(答应)								
	tã55lĩ31	承认(答应)								
	tã55ko213	眈误								
	tã55phuu31/tha44	盖(被子)								
	tã55(拾)	翘(尾巴)								
	tã55	当(上当)								
thã	thã55	探,够	thã44	烫(手)		thã31	炭			
	thã55	够(够得着)								
nã	(om55)thã55	水潭,鱼塘	lã44	(花开败了)		lã31	烂		lã213	拦
									lã213	遮蔽

415

续表

		55		44		53	31		21	213	
					脸上的斑			放(水)			筐(箩)
kã		kã55tɕa55	打架	kã44			kã31			lã213	
		kã55	教				kã31tʂi44	赶集			
		kã55	甜				kã31	敢			
		kã55	面(旗子)								
		kã55	干(水干了)								
		kã55	缸								
		kã55tsê55	今年								
khã							khã31	估计(想)			
							khã31	回忆			
							khã31fə44	想法			
ŋã					憨包						
xã		xã55	守卫	xã44po44						xã213	焊
		xã55na21se44	害羞	xã44	傻,憨						
		xã55	放牧								
yã				yã44tʂuã44	安装					yã213	按

续表

	55	44	53	31	21	213	
tcã		tcã44 犁					
tchã		tchã44 呛	tchã53phã53 通迫,强迫			yã213 柜子	
ŋã						yã213 汗	
cã	cã55xom31 哄(欺骗) cã55 闲;空闲						
jã				jã31sã31 伞 jã31tʂhe213 火柴 jã31y55 土豆 jã31tchə31tsi31 洋丝瓜 jã31tchi31ku44 芭蕉芋 jã31ko44 铝锅(缅甸产) jã31ci55 留声机 jã31jɛ44 鸦片		jã213 捶跤 jã213zɿ213 洋人	
				tʂã31 五十斤			
tʂã	tʂã55 占据 tʂã55pe44 楼上	tʂã44 章,印章 tʂã44 账					

音系复杂性：以白语的语素音节表为中心

续表

		55		44		53	31	21	213	
tʂã		(a55)tʂã55ʐɛ̃31	岳父	tʂã44	(肚子)胀					
		(a55)tʂã55mu31	岳母							
		tʂã55	馋(想吃)					tʂã21khuã44	贪吃(馋狗)	tʂã213	馋(嘴)
sã		sã55	伤害(身体)							
		sã55	刺激(自尊心)							
		sã55tɕi213	帮助							
		sã55tɕi31	相济							
		sã55ɕi213	上席							
ʐã				tsã44	脏					
tsã				tsã44pa44la44ɕi44	很脏					
				tsã44	脏					
tshã		tshã55	早饭(早点)				tshã31je31/tshi55mɔ44	桑树			
sã		sã55xu44	亲热	sã44lia44kɔ31	山楂		sã31	解散(队伍)		sã213	散(会散了)
		sã55tɕa53	接近	sã44lia44kɔ213	山楂		sã31	散开(辫子)		sã213	失散
		sã55xɔ55	仇视,相恨							

418

附 录 因远白语语素音节表

	55		53	44		31		21	213	
	sã55piẽ213	逼迫								
	sã55tsõ44	相像								
	sã44tɕõ55	"三甲"								
	sã55	三								
	sã55ŋua44	三月								
ẽ	ẽ55(phə31mə31)	叫(魂)		ẽ44kɛ53	看见					
pẽ	pẽ55	留(种)		pẽ44	遮蔽	pẽ31	本(书)		pẽ213	笨,蠢
				pẽ44	晚饭					
				pẽ44	翻过来					
				pẽ44	翻(身,书)					
				pẽ44	翻(找)					
				pẽ44(tsom55)	倒(过来,倒(放)					
phẽ				phẽ44	喷					
mẽ	mẽ55	闷(气,闷)								
fẽ	fẽ55	混(日子)		fẽ44	分(元角分)					
vẽ										

音系复杂性：以白语的语素音节表为中心

续表

	55	44	53	31	21	213
tẽ	tẽ55phu55 灯笼	(sã55)ɲẽ44 挨近				
thẽ		thẽ44 颠簸				
nẽ						
kẽ	kẽ55 牢,坚固		kẽ53 坑			
khẽ	khẽ55 拉,牵引	khẽ44		khẽ31 肯		
ŋẽ	混(日子)					
xẽ	xẽ55					
yẽ						
tɕẽ		tɕẽ44tsi31 梅子	tɕẽ53 浅	tɕẽ31 碱		
tɕhẽ	tɕhẽ55 钱	tɕhẽ44		tɕhẽ31 减		
		tɕẽ44 近				
		tɕẽ44 双(鞋)				
		tɕẽ44 渗(人)	tɕẽ53 块(田)c.			
ŋẽ						
cẽ	cẽ55 闲			cẽ31 癣		
jẽ						jẽ213 镰刀

续表

	55		44		53		31		21	213	
tʂẽ	tʂẽ55	搅拌	tʂẽ44tɯ213	枕头						jẽ213	船
	tʂẽ55jẽ21pɔ55	船夫									
	tʂẽ55si44tsõ44	搅屎棍,岔巴									
	tʂẽ55	毡子									
tʂhẽ	tʂhẽ55	肿	tʂhẽ44	支撑							
ʂẽ	ʂẽ55	山	ʂẽ44	菌子	ʂẽ53	神经	ʂẽ31kẽ_213	笨蛋			
	ʂẽ55piɔ44	山坡	ʂẽ44	升起(旗帜等)							
	ʂẽ55tʂõ213	山谷									
	ʂẽ55tɯ213	山顶									
	ʂẽ55tom31	山洞									
	ʂẽ55tsõ21ɕy44	泉水									
	ʂẽ55ni213	仙人									
	ʂẽ55jõ213	山羊									
	ʂẽ55khuã44	豹									
	ʂẽ55kẽ55	野鸡									

续表

	55	44	53	31	21	213
	şẽ55kuã55 蜗牛					
	şẽ55a55tsi44 旱蚂蟥					
	şẽ55 挥动					
	şẽ55 甩					
	şẽ55(suɯ44) 打手势					
	şẽ55tɕõ213 关(门)					
	şẽ55 伸长					
		深				
zẽ		zẽ44 染				
tsẽ	tsẽ55 煎					
	tsẽ55kua44 脊椎					
	tsẽ55kua44xɔ31 胸					
tshẽ						
sẽ						
ɔ̃		ɔ̃44pa31 瘪袋				

续表

	55		44		53		31		21		213	
pã	pã55	裂开	pã44	木板			pã31	病			pã213	平
phã	pã55	裂缝	pã44	撑扶								
mẽ	mẽ55	骂	mẽ44	爬(在地上)	mẽ53	买					mã213	响
fõ			fõ44	翻,倒							mã213	(禽兽)叫
ẽ			tã44	升(斗,量具)								
tã			thẽ44niẽ44	路下(因远村)								
thẽ			lã44	领,受								
nẽ			lã44	酸疼								
			lã44sõ31	酸麻,酸疼(劳累造成)								
kã	kã55	怕	kã44	铜	kã53	供,敬						
	kã55	惊动			kã53	镜子						
	kã55tã55	吓唬										
	kã55tṣo53	受惊										

续表

		55	44	53	31	21	213
khã	更(半夜三更)	kã55					
ŋə					硬 ŋə31		芽 ŋə213
xẽ	汤	xẽ55					
	嫁	xẽ55					
	丈夫	xẽ55xõ55					
	生的,活的	xẽ55					
	生(育)	xẽ55					
	生,长	xẽ55					
	嫁人(嫁给你)	xẽ55ɲi55mu55					
	秃子;癞痢	xẽ55tʂhõ55					
	吃小孩灵魂的人	xẽ55lo21phie44					
	生(的)	xẽ55					
	蚕豆	xẽ55tɯ31					
	诅咒	xẽ55					

续表

	55		44		53		31	21	213	
yẽ	xẽ55tshu31	咒骂								
tcẽ	tcẽ55	钉子	tcẽ44	井	tcẽ53	钉 v.				
	tcẽ55	操心								
tchẽ	tchẽ55	黑色	tchẽ44	清						
	tchẽ55	清								
	tchẽ55	听								
	tchẽ55pi31mi213	听不见								
	tchẽ55tõ213	乖(听话)								
ẽ										
cẽ	cẽ55	星星	cẽ44	(猪的)脖子肉	cẽ53	性格				
	cẽ55	腥	(zi31)cẽ44	罐子边沿	cẽ53	姓名				
jẽ					jẽ53	斜跨				
tşə	(sã)tşə55	吵架	tşə44	纺(线)				tşə213	结(果子)	
	tcə55so31	逗人笑	tşə44ɯ44	纺线					tşə213	完成,成功
tşhẽ	tşhẽ55	轻								

音系复杂性：以白语的语素音节表为中心

续表

	55	44	53	31	21	213
sə						
zə̃						zə̣213 刮(表面)
tsə̃						
tshə̃	tshõ55kɯ31/ tshi55kɯ31 身体					
sə̃						
õ	õ55 傻					õ213 鹅
põ						
phõ						
mõ						
fõ						
võ						
tõ						
thõ		nõ44 腻				
nõ				(mẽ31)kõ31 雾		
kõ						lõ213 涮

426

附　录　因远白语语素音节表

	55		44		53		31		21	213
khõ							khõ31	晒(向大阳)		
ŋõ										
xõ					x õ53ɕy44	放(水,人)				
yõ										
tɕõ	tɕõ55	疮			tɕõ53	酱	tɕõ31	大象		
tɕhõ	tɕhõ55	香								
ŋõ	ɕõ53	痣					ɕõ31	痣		
ɕõ	ɕõ55	俺割								
jõ			jõ44	拜			jõ31	模样,样子	jõ213	羊
			jõ44pa31	玉米					jõ213	样子
tʂõ			tʂõ44	很好(中意)					jõ31	图像
tʂhõ							tshõ31	唱(现代歌)		
ʂ̃										

音系复杂性：以白语的语素音节表为中心

续表

	55	44	53	31	21	213
zõ						
tsõ						tsõ213 长(短)
tshõ						
sõ		sõ44 送 sõ44 养育(有)				
iẽ						
piẽ		piẽ44 编造	piẽ53 回(一回) piẽ53 变化			
phiẽ	phiẽ55 偏 phiẽ55 陡峭 phiẽ55 烘 phiẽ55 熏,煸(风点火)	phiẽ44 欺骗				
miẽ						
fiẽ						
viẽ						

续表

	55	44	53	31		21	213	
tiẽ				tiẽ31to31po213	点(头)			
				tiẽ44xue44	放火			
				tiẽ31(hue44)	点(火)			
				tiẽ44	点(灯)			
thiẽ	tiẽ55		垫					
niẽ							niẽ213	读
kiẽ								
khiẽ								
njẽ								
xiẽ								
yiẽ								
tɕiẽ								
tɕhiẽ								
ɕiẽ								
tʂiẽ								
tʂhiẽ								

续表

	55	44	53	31	21	213
siẽ						
z̩ẽ						
tsiẽ						
tshiẽ						
siẽ						
iẽ						
piẽ	piã55 片(钱,一元)		piã53 抬			
phiẽ	phiã55 扁,薄					
phiẽ	phiã55 能力差					
miẽ	miã55 名字		miã53 生命			
fiẽ						
viẽ		tiã44 红鹇(一种鸟)				
tiẽ						
thiẽ						
eiũ						

续表

	55	44	53	31	21	213
kiə̃						
khiə̃						
ei͂						
xiə̃						
ɣiə̃						
tɕiə̃						
tɕhiə̃						
eiə̃						
eiʝ						
eiʂʅ						
eɲʐʅ						
eiʂ						
eɲʐ						
eitsʅ						
eɲtʂʅ						
eis						
uã					uã31tue53 po55 皇帝,国王	uã21 (thõ55) 木头疙瘩	uã213 木头(柱子)

431

续表

	55	44	53	31	21	213
puã						
phuã						
muã						
fuã						
tuã						
thuã						
nuã						
kuã	kuã55 官	kuã44ɯ213 骨头 kuã44tɕə31 骨节 kuã44 根(木棍)	kuã53 摔倒	uã31 网	uã21pha213 木筏	
khuã	khuã55 宽	khuã44 狗		kuã31 枝(笔)		
ŋuã						
xuã						
yuã						
tɕuã						
tɕhuã	tɕhuã					

续表

	55	44	53	31	21	213
cuã						
juã						
tṣuã						
tṣhuã	tṣhuã44fõ44 窗子					
ṣuã						
ʐuã						
tsuã	tsuã55 钻,穿(洞)	tsuã44 钻(洞)				tsuã213 钻子
tshuã	tshuã				tshuã21zã31 传染	
suã	suã55 酸	suã44 笋			suã31 蒜	
	suã55 园子					
	suã55 孙子					
	(a55)suã55 孙子					
	suã55 晾					
	suã55 霜					
	suã55phiɛ55 冰					
uẽ							tsi31

续表

	55	44	53	31	21	213
puẽ						
phuẽ						
muẽ						
fuẽ						
vuẽ						
tuẽ	tuẽ55					
thuẽ	直					
nuẽ						
kuẽ				滚动 kuẽ31		
khuẽ				捆 khuẽ31		
ŋuẽ						
xuẽ						
yuẽ						
tɕuẽ						
tɕhuẽ	tɕhuẽ			勤/快 tɕhuẽ31 khuɛ213		
cuẽ						

附　录　因远白语语素音节表

续表

	55	44	53	31	21	213
juẽ					juẽ21ka31la213 松球	juẽ213 松树
						juẽ213 云
tʂuẽ	tʂuẽ55 砖头	tʂuẽ44 准(打得准)				juẽ213 头晕
tʂhuẽ		tʂuẽ44 远				
suẽ		tʂhuẽ44 用锄头铲除				suẽ213 纯净,纯粹
zuẽ						suẽ213 把人拴起来
tsuẽ						
tshuẽ	tshuẽ					
suẽ						
ẽnd						
p̃huẽ						
ẽnɯ						

续表

	55	44	53	31	21	213
fuẽ						
ṽnɯ						
ẽnɯ						
ẽnʮ						
kuẽ	相关牵连 (sã55)kuã55	闲逛 kuã44				
khuẽ						
ɕnɯ̃						
ẽnx						
ẽnʎ						
tɕnʮ̃	tɕnʮẽ					
ẽnɜ						
ẽnʃ	穿(孔)	穂(n.c.) ẽnʃ44				
tʂnʮ̃	tʂnʮẽ55					

附　录　因远白语语素音节表

	55		44		53	31	21		213	
ẽsã	tṣhuẽ55	春季								
ẽz̧	tṣhuẽ55	香椿								
tṣhuẽ										
ẽs										
om	om55/m55	鱼	om44/m44/um44	抽(烟)			om21 tcẽ31	物件,东西		
	om55jẽ31tã31/ m55jẽ31tã31	因远坝（地名）	om44/m44 jã44xuã31	抽烟						
	om55ɔ44pɔ55	泥鳅	om44/m44ɛɣ44	喝水						
	om55tɯ213	茨菇	om44/m44tsõ44	喝酒						
pom	pom55	倒塌(朋)							pom213	朵(c., 菌子)
	pom55	锌								
phom	phom55	蜜蜂								

音系复杂性：以白语的语素音节表为中心

续表

	55	44	53	31	21	213
mom	phom55mi44 蜂蜜					
fom						
vom						
tom	tom55 (肉,汤)冻 n.; tom55 冬季; tom55tɕi31 冬至	tom44 东		tom31 洞; tom31 坑		tom213 冻v.; tom213tɕhi21 下棋(棋盘已有子)
thom	thom55 (物体)通的; thom55 破(房子破)	thom44tɕi44 通知				
nom	(a55)nom55 布玩偶(苹?)		nom31suã55 属猴	(a55)nom31 猴子		
lom				lom21uã213 龙王	lom213 龙; lom31 两	
kom	kom55 河	kom44 河		(mu21)kom31 雾; kom31 关(羊)	kom21 ka21 肥肉	kom213 肥(肉)

附　录　因远白语语素音节表

续表

	55		44		53	31		21	213	
khom	kom55tsue31	堤岸(河边)	kom44kom44	公公(夫父)		kom31y44	露水			
	kom55tshom31	拦河坝				kom31lom31	喉结			
	kom55lom55	铃铛(球形)				kom31	凸			
	khom55	空				khom31 pom44 yom213	猫头鹰			
	khom55	控,倒(水)				khom31 tcho31	孔雀			
	khom55	件(衣服)								
	khom55	铺								
	khom55(thuɯ55)	下陷(凹下去)								
ŋom										
xom									yom213	炒(干炒)
yom									yom213	黄
tcom									yom213	王,首领

439

续表

声母	55	44	53	31	21	213
tshom						
eom	eom55 聪明,乖(听话)					
jom	jom55 兄长(非血缘)					
	jom55the44 兄弟					
	jom55ji44 容易			jom31tchu31 用处		
tşom	tsom55 痕迹,印子(踪)	tsom44 重		tsom31 锈	tsom21 筒	tsom213 肠子
		tsom44the44 兄弟姊妹(非血缘)		tsom31 种(树)	tsom21pho44 lo55 水槽	tsom213ta44 朽(虫吃)
tşhom		tsom44 酒				
şom		tsom44 水果酒丁				
zom		tshom44 流(冲?)				
tshom	tshom55 闻(嗅)	tshom44				
	tshom55mi31 聪明					
		火铳				

附　录　因远白语语素音节表

续表

	55		44		53	31		21	213
	tsom55tɕhi44	努力(争气)	tshom44jo44	火药					
	tshom55	葱	tshom44ŋu44	孩子,后代					
	som55	松(紧)	tshom44com55	骄傲		som31	疼		
som	som55tsom44ŋu44	幼儿							

汉语普通话语素音节表

	55	35	214	51	0
a	阿啊呵腌	呵啊	呵啊	呵啊	阿啊
pa	八巴扒叭芭吧疤捌爸粑	拔跋	把靶	坝把爸吧罢霸	吧罢
pha	趴啪葩扒	爬耙琶	帕怕	帕怕	
ma	妈抹	麻	蚂摩吗马玛码	骂	么吗嘛
fa	发	乏伐阀筏罚	法砝	发珐	（口阀）
ta	耷搭答	达答	打	大	瘩
tha	他她它趿踏塌		塔獭	拓沓榻踏	
na	那南	拿	哪	那哪呐纳衲捺	呐哪
la	拉	见拉剌	拉唰	辣落腊蜡	啦
ka	夹旮咖胳夏嘎	嘎嘎	尕嘎	尬	
kha	咔咖喀	虾蛤	卡咯	哈	
xa	哈	夹戛颊	哈	价驾架嫁稼	
tca	加伽嘉夹佳家	扑	甲钾贾假	洽恰	
tcha	掐	侠峡狭瑕遐暇瘕辖黠	卡	下吓夏厦	
ea	呷虾瞎匣狎	牙芽崖涯衙	雅哑	轧亚娅讶迓砑	呀
ja	压鸦押鸭丫				

续表

	55	35	214	51	0
tṣa	扎吧咋查喳渣楂	扎扎轧闸炸铡	拃眨	乍诈栅栅榨	馇
tṣha	叉杈差捅喳	茬茶查搽楂碴槎	叉	叉岔刹叙诧姹	
ṣa	杀刹沙莎砂裟鲨纱铩煞	哈	傻	厦霎煞	
ẓa					
tsa	扎匝咂拶臜	杂咱啊	咋		
tsha	擦嚓		礤		
sa	仁撒洒		洒撒	卅飒萨挲	
uo	拉莴窝蜗倭		我	沃卧握	
puo	拨波玻钵剥剥菠播	4伯钹帛泊勃脖博薄	跛簸	擘簸	卜啵
phuo	陂坡颇泊波	婆鄱	叵	迫珀粕魄破	桲
muo	摸	馍摹模膜嫫摩磨摩魔	抹	末沫茉殁没陌脉莫漠寞默	
fuo		佛			
tuo	多掇	夺度铎跺	朵垛躲	驮剁舵陀堕跺	
thuo	托拖脱	驮陀佗沱驼鸵	妥庹椭	拓柝唾箨	
nuo	挪娜	挪娜傩		诺喏糯	
luo	捋啰落	罗萝逻箩锣螺	倮裸蠃	荦咯洛骆络珞罗摞	啰

443

音系复杂性：以白语的语素音节表为中心

续表

	55	35	214	51	0
kuo	郭蜾蜩	国啯虢	果裹	过	
khuo				扩括阔廓	
xuo	豁	和活	火伙夥	或和货获祸惑霍豁	
tɕuo					
tɕhuo					
ɕuo					
juo					
tʂuo	拙捉桌	浊著啄着琢濯镯		啜绰辍龊	
tʂhuo	戳			烁朔硕蒴数	
ʂuo	说	授		若偌弱	
zuo		昨笮琢	左佐撮	作坐座做	
tshuo	搓磋撮蹉	嵯矬痤瘥	脞	挫措锉错	
suo	莎唆梭蓑缩		所素琐锁		
e	阿屙	讹俄哦鹅额	恶	恶厄扼饿鄂遏噩	
ed					呃
phe					

附录　汉语普通话语素音节表

续表

	55	35	214	51	0
mɤ		得德			么末嚒
fɤ					
tɤ	嘚	哪		忒特慝	地的底得肕
thɤ					肕
nɤ				讷	呐呢
lɤ	扐嘞			助勒乐	了
kɤ	戈搁哥歌鸽割	革阁格格膈	葛	个各	
khɤ	苛柯科棵稞颗瞌	壳	可渴	克刻格客课	
xɤ	呵喝	禾和合何河核阖阁络		吓贺荷褐赫鹤壑	价家
tɕɤ	阶皆结秸接揭街	节劫杰桀拮洁捷睫竭截	姐解	介芥界戒诫尬借	
tɕhɤ	切	伽茄		窃卻妾法挈锲怯祖愫	
ɕɤ	些楔歇蝎	协胁邪挟斜偕谐携鞋	日	泄写卸屑械亵谢解懈邂瀣蟹	
jɤ	噎掖	邪爷耶	也冶野	业叶页曳夜液腋炸谒	
tʂɤ	折蜇遮螯	哲辄蛰谪	者锗褚褶	这浙蔗	著着
tʂhɤ	车		尺扯	彻掣撤	
ʂɤ	奢赊畬	舌折余蛇	舍	设社射麝涉赦摄歙	
ʐɤ			若喏惹	热	

445

续表

	55	35	214	51	0
tɕ		则责啧咋择泽		仄昃	
tɕʰ				册厕测侧策	
sɕ				色涩瑟塞	
i					
pi		鼻	比彼笔鄙	币必毕闭庀毙敝婢辟薛擗躄壁臂璧	
pʰi	丕邳坯批毗砒披	皮陂疲枇貔琵鼙郫聘啤脾	匹否痞	劈噼霹䴙䴙屁媲嘭睥辟癖	
mi	咪眯	弥迷谜醚靡	米醾	觅泌秘密蜜	
ɲ					
ti	低堤滴	笛的狄涤	抵抵底氐	地弟递第帝缔弟蒂	
tʰi	踢梯锑	提绲题嚏踏	体	剔屉剃涕倜惕替	
ni	妮	尼泥倪霓	拟你	昵逆匿腻溺	
li	哩	厘离漓篱梨犁黎	蠡礼李里理鲤	丽力荔历沥厉立岦粒笠吏利莉例唳隶栗	哩
ki					
kʰi					
xi					
tɕi	几讥机肌击支鸡奇畸积姬基箕犄跻激	及汲级极吉即亟急疾棘嫉集辑瘠藉籍	已挤济给脊载鲫	计记纪伎妓系际悸悸剂迹既暨继寄祭寂绩樱冀	

附　录　汉语普通话语素音节表

续表

	55	35	214	51	0
tɕhi	七柒沏妻妻栖戚嘁吸柒栖硒郗嘶嘁奚溪悉惜锡熙嬉嘻熹憙熺蹊膝曦譆	齐脐祁祈芪祇岐歧其奇棋骐麒奇崎骑鳍鬐睢	乙岂杞企启绮稽	气汽讫迄弃妻泣呕契砌器憩芊	
ɕi	夕汐矽西茜栖硒吸嘁嘁奚溪悉惜锡熙嘻嘻熹憙熺蹊膝曦譆	习席徒螅螇	洗玺徙屣喜禧	戏系细腺	
ji	一衣依铱医揖咿	仪夷姨胰沂治恰恰贻遗宜移颐遗疑彝	椅乙已以迤矣饲蚁舣	乞忆义议艺亿亦弈奕抑邑悒侠铁役疫毅译晹易昜诣溢缢谊逸意臆	
tsi	之芝支枝肢祇只织職汁知脂	执紥直值殖植侄职跖	止址芷社趾枳咫旨指酯	至郅致釜蛭陟挚絷擲智滞湛置稚	
tʂhi	吃痴	池驰迟持		斥赤翅	
si	尸失卯虱氙浥诗湿	十什石时实拾食蚀	是尺齿耻	士仕氏舐示世市柿式试势事侍峙恃饰视适至逝誓释溢	
tʂi				日	
tsi	玫瓠咨姿兹孳滋淄缁	词祠雌瓷慈磁辞	子仔籽秭姊紫姿梓滓	自字恣渍	崽殖
tshi	刺呲差疵		此	刺次伺赐	
si	私司丝咝思斯撕嘶	无毋吾吴	死	巳祀四泗驷似饲伺诶语悟晤婿鹜	
u	乌钨污污巫诬屋		五伍午忤武侮梧捂舞	恶勿务雾误悟晤婿鹜	
pu	逋	酺	卜朴捕哺堡	不布步柿部埠簿	
phu	仆扑铺噗	匍莆脯蒲普谱濮朴	圃圃浦普谱濮堡	瀑曝	
mu	模	模	母姆牡苗	木沐目牧墓幕纂蓦睦穆	
fu	夫肤麸孵敷	扶芙拂伏扶袂浮符服幅辐福	斧釜抚捕俯府腑腐	父赴付附妇复腹覆副富赋缚绳	

续表

	55	35	214	51	0
tu	都督	毒独读渎	肚堵赌睹	杜妒度渡镀	
thu	凸秃突	图荼涂涂徒屠	土吐	吐兔菟	
nu		奴	弩努努弩	怒	
lu	撸	卢颅芦庐炉	卤房掳鲁	陆录绿禄碌赂鹿麓路鹭露	橹
ku	估沽姑辜孤箍	狐弧胡湖壶	古谷股鼓	故固顾雇骨	
khu	枯骷哭窟		苦	库裤酷	
xu	乎呼忽糊		虎唬琥浒	互户护沪	
tɕu					
tɕhu					
tʂu	朱侏诛茱株蛛猪诸	木竹竺逐烛触	主拄煮楮属嘱曙	伫苎贮助住注驻柱杼祝著箸铸筑	
tʂhu	出初	雏除厨锄	处储楚	处畜触	
ʂu	书抒纾枢叔叔淑姝殊梳疏疏输枢	孰塾熟赎	署薯薯黍属蜀鼠数	术述戌束树竖腧恕墅漱澍数	
ʑu		如茹儒濡蠕孺	汝乳辱	人孺	
tsu	租	足卒族	诅阻组俎		
tshu	粗	徂徂		猝促醋簇	

续表

	55	35	214	51	0
su	苏酥	俗		夙诉肃素嗉速宿缩粟塑溯塑蔌欶	
y	迂纡淤瘀	于盂竽予好笋余馀臾谀鱼渔 禹偶愚娱渝俞逾揄愉榆娱舆	屿伛宇羽雨禹语	玉钰驭芋峪浴欲裕郁狱域 预豫谕蔚鬻遇寓御誉鹬毓	
py					
phy					
my					
fy					
ty					
thy					
ny			女	恧衄	
ly		驴	吕侣铝旅偻屡缕履	律虑滤率绿	
ky	车拘驹居	局菊掬橘	矩咀举	据锯巨拒炬距句具俱惧剧聚	
khy	区曲佉驱屈袪驱趋	劬渠璩瞿	曲取娶龋	去觑	戍
xy	圩盱戌须胥虚需胸嘘	徐	许栩	旭序叙恤畜蓄酗绪续絮婿	煦

续表

	55	35	214	51	0
tʂy	哎哀挨唉	挨（捶）癌咍			
tʂhy		掰	百佰柏摆伯		
sy		拍	排徘牌		
zy					
tsy		埋	买		
tʂhy					
sy					
ai			矮蔼霭嗳艾毐	艾妥嫒嗳隘碍嗌唉	
pai	掰	白	百佰柏摆伯	呗败拜牌	
phai	拍	排徘牌	迫排	哌派湃	
mai		埋	买	迈麦卖脉	
fai					
tai	呆待		歹逮傣	代待贷袋殆怠带戴	
thai	苔胎	台抬跆	呔	太汰态胈钛泰	
nai			乃奶	奈萘耐	
lai	来莱			睐赖癞	唻

续表

	55	35	214	51	0
kai	该		改	丐钙盖溉概	
khai	开揩		凯铠慨楷	忾	
xai	哈咳嗨	还孩骸	海	亥害	
tcai					
tchai					
eai					
jai					
tsai	斋摘侧	宅择翟	窄	债寨	
tshai	拆钗差	侪柴豺	茝	差瘥	
sai	筛晒		色	晒	
zai					
tsai	灾甾栽	才材财栽	仔载宰崽	再在载	
tshai	猜		采彩睬踩	菜蔡	
sai	腮鳃			塞赛	
ei					
pei	杯卑背悲碑		北	贝备背倍被辈焙	呗臂
phei	呸胚	陪培赔锫裴		沛霈帔佩配	

451

续表

	55	35	214	51	0
mei		没玫枚眉莓酶霉媒煤	每美镁	妹咪寐魅袂媚	
fei	飞妃菲	肥	匪诽翡	肺沸费废菲	
tei	嘚		得		
thei					
nei			哪馁	内那	嘞
lei	勒	累畣擂	垒累磊	肋泪类	
kei			给		
khei	尅				
xei	黑				
tɕei					
tɕhei					
ɕei					
jei					
tsei				这	
tshei		谁			
sei					
zei					

附　录　汉语普通话语素音节表

	55	35	214	51	0
tsei	凹敖	鏖熬嗷鏊翱嗷	拗袄媪	傲奥澳骜懊坳	
tshei		跛		(罴)	
sei					
au	包苞孢胞剥煲堡褒	雹薄	饱宝保鸨葆堡裸	报刨抱豹鲍暴曝爆	
pau	抛泡	刨咆袍炮匏	跑	泡炮	
phau	猫	毛髦矛茅锚	卯铆	瞀茂冒帽贸貌	
mau					
fau	刀	叨捯	倒导岛捣梼蹈	到盗悼道稻	
tau	涛绦掏淘滔韬	逃桃陶萄淘	讨	套	
thau	孬	1 挠铙蛲	恼脑瑙	闹淖	
nau	捞	劳痨牢醪	老佬姥	络胳落涝	
lau	皋高膏篙羔糕睾		搞搞稿	告诰锆	
kau	尻	号蚝嚎豪壕嚎	考拷烤	犒靠铐	
khau	蒿		好郝	耗浩皓	
xau	交郊茭狡胶浇跤娇教椒焦蕉礁	嚼	角侥狡绞铰矫脚搅缴 剿	叫轿觉较酵窖	
tɕau					

续表

	55	35	214	51	0
tchau	悄哓䫏劁藃檄	乔伟荞忬樵樵樵	巧悄雀愀	壳肖诮夯翘橇鞘	
cau	肖削逍消宵硝霄枭骁萧潇萧嚣	淆崤	小晓	孝哮笑校效啸	
jau	幺夭妖幺要腰邀	文肴尧姚窑谣徭瑶遥遥	杳咬舀纺	药钥曜耀	
tʂau	钊招昭着朝	着	爪找沼	召沼照兆赵欣棹草肇	
tʂhau	抄钞超	朝嘲潮	吵炒	抄	
ʂau	捎烧稍稍筲鞘	勺芍苕韶	少	部劭绍哨	
ʐau		饶烧	扰	绕	
tsau	遭糟	凿	早枣蚤澡藻	皂皂灶造噪噪	
tshau	操糙	曹嘈漕	草噪	扫噪	
sau	搔骚缫		扫嫂	噢	
ne	讴沤欧殴鸥	（嗯）	呕偶藕	沤怄	
peu					
pheu	抔衾衾	抔捊衾	掊		
meu	哞	牟眸谋缪	某		
fou			缶否		
tou	都兜		斗抖蚪陡	豆逗痘	
theu	偷	头投骰	斜敨	透	

附　录　汉语普通话语素音节表

	55	35	214	51	0
nou					
lou	搂䁖	娄楼䁖	髅篓	陋瘘漏露	喽
kou	勾沟钩佝		枸簝苟狗	构购垢够	
khou	抠		口	叩扣蔻寇	
xou	齁	侯喉猴	吼	后厚候	
tcou	纠赳究阄揪		九久玖灸韭酒	旧臼舅咎救就	
tchou	丘邱蚯秋	囚泅求俅逑球酋	糗	宿秀绣袖嗅溴	
cou	休修羞馐		朽	又右幼柚釉鼬诱	
jou	优忧攸悠幽	尤扰抚鱿由邮油柚铀猷游	友有酉莠	纣绉皱宙胄昼瘦	
tʂou	舟州洲诌周粥	妯轴	肘帚	寿受授绶狩售兽瘦	
tʂhou	抽搊	仇筹酬愁	丑瞅	臭	
ʂou	收	熟	手守首		
zou		柔揉蹂糅	走	肉	
tsou	邹驺诹			奏揍	
tshou				凑腠腠	
sou	搜艘溲馊飕叟嗾		叟嗾擞	嗽擞	
ie					

续表

	55	35	214	51	0
pia	瘪憋鳖	别糙	瘪	别	
phia	撇瞥		苤撇	瞥	
mie	咩			灭蔑篾	
fie					
tie	爹跌	谍喋碟蝶叠		贴簪	
thie	帖贴䓖		铁贴		
nie	捏	苶		裹喂锓踅臬镍孽蘗	
lie	咧		咧裂	列劣烈猎	
kie					
khie					
eix					
tɕie					
eiȿ					咧
eʂ					
ehiʂ					
eiȿ					

附 录 汉语普通话语素音节表

续表

	55	35	214	51	0
ʑie					
tsiɔ					
tshiɔ					
siɔ					
ua	凹挖洼蛙娲	娃	瓦佤	瓦袜	哇
pua					
phua					
mua					
fua					
tua					
thua					
nua					
lua					
kua	瓜呱刮		呱剐寡	刮挂褂	
khua	夸		垮	挎胯跨	
xua	化花哗	划华哗滑		化刘华画话桦	
tɕua					

457

续表

	55	35	214	51	0
tɕhua					
ɕua					
jua					
tʂua	抓挝鬃		爪		
tʂhua	欶				
sua	刷刷		刷		
ʐua		挼			
tsua					
tshua					
sua					
en					
end					
enɖ					
enɯ					
enȷ					
enɿ					

续表

	55	35	214	51	0
thyɛ					
nyɛ					
lyɛ					
kyɛ					
khyɛ					
ɕyɛ	撅噘	决诀抉角觉绝倔掘厥镢	蹶	倔	
tɕhyɛ	缺阙	瘸		鹊怯却确雀阙榷	
ɕyɛ	削靴薛	穴学噱	雪鳕	血谑	
jyɛ	曰约		哕	乐岳阅悦越跃粤月钥	
enʂ					
enʐ̥					
enz̥					
enʐ					
entʂ					
ens					

续表

	55	35	214	51	0
ye					
pye					
phye					
mye					
fye					
tye					
thye					
nye			疟瘧		
lye			掠略		
kye					
khye					
xye					
ɕye					
tɕhye					
ʑye					
jye					
ʑye					

续表

	55	35	214	51	0
tʂhʅ					
ʂʅ					
ʐʅ					
tsʅ					
tshʅ					
sʅ					
iau					
piau	标彪膘飚镖		表婊裱	摽鳔	
phiau	飘漂瓢飘	朴嫖瓢莩	莩漂瞟	票嘌漂	
miau	喵	苗描瞄	秒渺缈藐	妙庙	
fiau					
tiau	刁叼凋貂碉雕	条苕迢笤调	鸟屌	吊钓调掉	
thiau	佻挑		挑	眺跳粜	
niau			鸟袅嬲	尿溺	
liau	撩	辽疗聊僚潦寥缭獠	了	料撂镣	
kiau					
khiau					

461

音系复杂性：以白语的语素音节表为中心

续表

55	35	214	51	0
xiau				
tɕiau				
tɕhiau				
ɕiau				
jiau				
tʂiau				
tʂhiau				
ʂiau				
ʐiau				
tsiau				
tshiau				
siau				
iou				
nei̯d				
phiou				
neɯ				

续表

	55	35	214	51	0
mieu				谬	
feu					
tieu	丢				
thieu					
nieu		牛	妞	拗	
lieu	溜熘	刘留瘤流	柳	六遛	
kieu					
khieu					
nex					
tɕieɪ					
tɕhieɪ					
neɪ					
neiɟ					
neiʂ					
neiʂh					
neiʂ					
neiz					

扭忸纽钮 (nieu 214)

续表

	55	35	214	51	0
tsiəu					
tshiəu					
siəu					
uai	歪		崴	外	
puai					
phuai					
muai					
fuai					
tuai					
thuai					
nuai					
luai					
kuai	乖捰		拐	怪	
khuai			蒯	会脍块快筷	
xuai		怀淮魄		坏	
tɕuai					
tɕhuai					

续表

	55	35	214	51	0
euai					
juai					
tʂuai	拽		转㗇	拽	
tʂhuai	搋揣	膪	揣	踹	
ʂuai	衰摔		甩	帅率	
tsuai					
tshuai					
suai					
uei	危委逶魏威偎微微	韦违围帏为圩帷唯唯维维潍	伟苇纬玮炜伪尾娓诿萎 委猥	卫未味位畏喂胃谓渭猬慰蔚慰魏	
puei					
phuei					
muei					
fuei					
tuei	堆			队对兑碓	
thuei	忒推	隤颓	腿	退煺褪蜕	
nuei					

音系复杂性：以白语的语素音节表为中心

续表

	55	35	214	51	0
luei	归圭闺硅龟规瑰		轨诡鬼癸	柜刽贵桂脆	
kuei	亏盔窥	奎逵馗魁葵睽	傀	匮馈溃愧	
khuei	灰恢挥晖辉徽	回	悔毁	4并汇会荟绘讳晦贿彗慧秽惠	
xuei					
tcuei					
cuei					
juei	椎锥追	垂捶锤槌		坠缀瑞缩赘	
tshuei	吹炊				
suei		谁	水	说税睡	
zuei		蕤	蕊	芮锐瑞睿	
tsuei	朘		咀嘴	最醉罪	
tshuei	崔催摧		璀	脆萃淬粹翠	
suei	尿虽佳	绥隋随遂	髓	岁遂碎祟隧燧穗	
an	安鞍庵谙鹌氨铵厂广		俺埯揞	岸按案暗黯	
pan	扳班般颁斑搬瘢		板版坂阪	办半扮拌伴绊瓣	

附　录　汉语普通话语素音节表

续表

	55	35	214	51	0
phan	番潘攀	盘磐蟠		胖判叛盼畔	
man	颟顸	蛮馒瞒	满	曼慢嫚漫慢蔓	
fan	帆番翻	凡矾烦繁	反返	犯范饭氾贩泛	
tan	丹单眈耽		疣胆瞋	旦但诞弹氢弹蛋	
than	坍贪摊滩瘫	坛昙谈痰弹罩潭潭	坦袒毯	叹炭碳探	
nan		男南难楠	赧腩	难蝻	
lan		兰拦栏岚婪阑蓝篮	览揽缆懒	烂滥	
kan	干杆肝矸竿甘泔柑秆		赶擀敢感	干赣	
khan	刊勘堪		坎欣侃	看瞰	
xan	鼾酣憨	汗含函涵韩寒	罕喊	汉旱悍捍焊撼憾翰瀚	
tcan	戋浅笺溅尖奸歼坚奸间艰监兼营渐煎缄	黔前虔钱钳拑犄乾潜	拣柬俭检检减碱剪简	见舰件涧饯贱健建毽荐剑鉴箭	
tchan	千仟阡扦迁轩签牵掐谦悭	闲娴咸胺贤衔研咸延衔嫌	浅谴谴	欠芡嵌纤芜茜倩堑慊歉	
can	仙秈先纤锨铩鲜	闲娴闲贤弦涎涎衔嫌	洗显险蚬藓	苋现县限线宪陷馅羡腺献	
jan	咽胭姻恹殷嫣焉淹腌湮淫燕	延蜒筵同壳严言岩研岩炎沿盐闾颜檐	龟掩奄严衍琰剡郾偃眼演	厌砚咽彦谚艳宴曷堰验赝腺醒	
tsan	占沾毡粘沾谵瞻		斩盏展搌辗	战站栈绽湛蘸	
tshan	掺搀	单馋禅缠潺蟾巉	产铲谌逸馋喘魃	忏颤	

续表

	55	35	214	51	0
san	山舢杉衫删姗珊苫煽膻		闪陕	汕汕疝单骟善莟缮膳擅嬗赡嶦	
zan		然髯燃	冉染		
tsan	簪	咱	拶昝攒瓒	暂錾攒赞	咱
tshan	参餐	残蚕惭	惨	灿粲	
san	三叁		伞散修	散	
an	恩			摁	
pan	奔	盆	本苯	笨笨	
phan	喷	门		喷	
man	闷			闷焖懑	们
fan	分芬纷氛	坟汾焚	粉	份忿奋愤粪	
tan				扽	
than					
nan				恁嫩	
lan			艮	亘艮	
kan	根跟	哏	肯啃垦恳		
khan				啃精	
xan		痕	很狠	恨	

附　录　汉语普通话语素音节表

续表

	55	35	214	51	0
tɕən	巾斤今津筋禁襟		紧谨锦仅	尽进近劲妗晋噤浸	
tɕʰən	钦侵亲	芹芩琴秦茶擒檎勤	寝	沁	
ɕən	心芯辛锌新薪昕忻欣歆鑫	覃	伈	囟信鲜	
jən	因茵姻阴音喑殷	吟垠银龈淫寅	郢尹引吲蚓饮隐瘾瘾	印荫胤窨	
tʂən	贞侦帧桢针珍胗畛真砧榛榛臻甄箴		诊疹枕缜	阵栫振赈震朕镇	
tʂʰən	抻琛	臣辰晨尘沉陈	碜踸	衬称趁	
ʂən	申伸呻绅身参糁莘娠深	神	沈审婶	甚肾葚渗慎	佗
ʐən		人壬任仁	忍荏稔	刃仞韧切认任纴妊衽	
tsən		岑涔	怎	潛	
tsʰən	参				
sən	森				
iən					
piən	宾彬斌滨缤濒	贫频嫔	品	摈殡髌鬓	
pʰiən	拚拼姘			牝聘	
miən		民	岷皿闵悯悯抿泯敏		
fiən					

续表

	55	35	214	51	0
tiɛn					
thiɛn					
niɛn	拎	您			
liɛn		邻林琳霖来临邻磷鳞麟	凛懔		
kiɛn					
khiɛn					
ɕiɛn					
tɕiɛn					
tɕhiɛn					
ciɛn					
jiɛn					
tʂiɛn					
tʂhiɛn					
ɕiɛn̄				吝蔺躏	
ueʐ̩					
tsiɛn					
tshiɛn					

附　录　汉语普通话语素音节表

续表

	55	35	214	51	0
sian					
ian					
pian	边编鞭		贬扁匾	变便遍辨辩瓣辫	
phian	扁偏篇翩	便胼	谝	片骗	
mian		眠绵棉	免勉娩冕缅腼	面䬴	
fian					
tian	掂颠	田佃恬甜填	典碘点	跕电佃店坫垫奠殿	
thian	天添		忝舔腆觍	掭瑱	
nian	拈鲇	年粘黏鲶	捻辇撵碾	廿念	
lian		连莲涟怜邻联帘廉镰	敛脸	练炼恋链	
kian					
khian					
xian					
tcian					
tchian					

续表

	55	35	214	51	0
ɕian					
jian					
tɕian					
tɕhian					
ʂian					
ʐian					
tsian					
tshian					
sian					
uan	弯弯剜	丸纨完玩顽烷	宛碗魂芫院晚晚绾	万腕	
puan					
phuan					
muan					
fuan					
tuan	端		短	段断缎煅锻断	
thuan	湍	团抟瞳	瞳	豢	

附　录　汉语普通话语素音节表

续表

	55	35	214	51	0
nuan			暖		
luan	峦孪挛鸾銮		卵	乱	
kuan	宽观官倌棺冠髋		莞馆管	贯惯灌罐	
khuan	宽		髋款		
xuan	欢獾	还环寰	缓	幻换唤浣唤宦浣患	
tcuan	捐涓娟鹃圈		卷	卷倦眷绢	
tchuan	權圈	权全辁醛泉拳蜷	犬绻	劝券	
cuan	轩宣萱喧喧	玄悬旋漩	选癣	炫眩绚谊楦	
juan	鸳鸯冤渊	元完园沅袁垣妥援嫒袁猿辕原源缘橼圜	远	苑怨院院嫒愿	
tşuan	专砖颛	传船	转	传赚撰馔篆	
tşhuan	川穿		喘	串钏	
şuan	闩拴栓		阮软	涮	
zuan					
tsuan	钻	攒	缵纂	钻赚纂	
tshuan	余撺蹿			窜篡	
suan	酸狻			蒜算	
uan	温瘟	文纹蚊雯闻	刎吻紊稳	问汶纹	

473

音系复杂性：以白语的语素音节表为中心

续表

	55	35	214	51	0
puan					
phuan					
muan					
fuan					
tuan	吨敦墩蹲	屯囤钝豚臀	肫冠	炖钝顿盾遁囤	
thuan	吞焊墩	臀	余	褪	
nuan					
luan	抡	仑伦沦轮	滚滚辊	抡	
kuan	坤昆		捆	困	
khuan	昏婚荤	浑魂		混	
xuan	军均钧君	裙群		菌俊峻竣郡	
tɕuan	逡	旬询佝寻巡循训驯	允陨殒	讯汛迅徇殉逡訔	
ɕuan	勖薰醺	云芸纭耘匀员	准	孕运蕴郓愠蕴韵慰	
juan	晕				
tsuan	肫淳	纯唇淳莼醇	蠢		
uentʂ	春				

续表

	55	35	214	51	0
suən		睃		顺舜瞬	
zuən	尊遵樽撙		吮	闰润	
tsuen	村	存蹲	忖噂	按	
tshuen	孙荪飧		损笋榫	寸	
suan	肮	昂卬			
aŋ	邦帮梆	滂彷庞旁膀耪胖	绑榜膀	蚌棒傍谤膀镑	
paŋ	乇	芒忙盲氓茫	蟒	胖	
phaŋ	忙	防妨房	仿访纺	放	
maŋ	方坊芳	肠唐塘搪糖堂棠樘膛	挡党	当档荡	
faŋ	当裆		倘躺淌躺	趟烫	
taŋ	汤趟	囊瓤	囊	齉	
thaŋ	囊嚷	郎廊狼浪	朗	浪	
naŋ	啷		岗港	杠	
laŋ	冈刚岗纲肛缸罡	扛		亢抗炕坑	
kaŋ	康慷糠	行杭航		沉巷	
khaŋ	夯				

续表

		55	35	214	51	0
tcaŋ		江将浆姜畺疆		讲奖蒋		匠酱犟犟
tchaŋ		枪戗羌腔锵	强墙	抢强		呛炝跄
caŋ		乡相湘箱香襄禳	详祥烽翔	享响饷想		向项巷象像橡
jaŋ		央决映㚁秧鞅	扬羊阳杨场佯佯洋	仰养氧烊		怏样恙洋漾
tsaŋ		张章彰漳嶂幛嶂	长场肠尝常偿	长涨掌		丈仗帐胀障嶂幛
tshaŋ		昌倡猖娼		厂场敞		怅畅倡唱
ʂaŋ		伤殇商墒熵裳		上垧赏	裳	上尚
zaŋ		嚷	穰瓤	壤攘嚷		让
tsaŋ		脏脏赃髒		俎		奘葬藏
tshaŋ		仓苍沧舱	藏	嗓		𢆡
saŋ		丧桑				
ɐŋ		韒				
peŋ		崩绷	澎朋棚鹏彭膨蓬篷	绷		泵迸蚌绷蹦
pheŋ		抨砰苹烹嘭		捧		碰
meŋ		蒙	蒙萌盟檬朦	猛锰蠓		孟梦
feŋ		丰风疯丰峰峰峰峰	逢缝	讽		风奉俸
taŋ		灯登		等		邓凳澄瞪

续表

	55	35	214	51	0
thəŋ	烃	疼腾誊滕藤			
nəŋ		能			
ləŋ	棱	塄棱	冷	愣	
kəŋ	更庚耕羹		埂哽梗耿	更	
khəŋ	坑铿				
xəŋ	哼	恒横衡		横	
tɕəŋ	茎经京荆精睛菁旌晶兢		井阱颈景儆警	劲径经净竞境靖敬	
tɕhəŋ	青蜻清轻氢倾卿	情晴擎	顷请	磬庆亲箐磬	
ɕəŋ	兴星惺猩	刑形型行硎陉荥	省醒擤	杏幸悻性姓	
jəŋ	应英瑛婴樱缨莺鹦鹰膺鹰	迎荧荥莹萤营萦楹蝇赢瀛	颖影	映硬	
tʂəŋ	正征症峥挣睁铮筝蒸丁	成诚城丞呈程承乘征澄	拯整	证政郑净	
tʂhəŋ	称铛撑	绳	逞	秤称	
ʂəŋ	升生笙甥牲声	仍	省	圣胜晟盛剩嵊	
zəŋ	扔				
tsəŋ	曾增憎	层曾		憎锃赠甑	
tshəŋ	噌			蹭	
səŋ	僧				

续表

	55	35	214	51	0
ieŋ	冰兵梹				
pieŋ		平评怦苹凭屏瓶	丙秉柄饼炳屏稟	并病拼	
phieŋ	乒娉				
mieŋ		名铭明鸣冥瞑	酩	命	
tieŋ	丁盯钉		顶鼎	订定锭	
thieŋ	厅汀听桯	廷迋庭艇霆亭停婷	挺铤脡	梃	
nieŋ		宁拧咛柠	拧	泞佞	
lieŋ		伶玲铃翎聆零龄灵棂凌陵菱绫	令岭领	另令	
tɕieŋ					
tɕhieŋ					
ɕieŋ					
ʃieŋ					
tʃieʃ					
sieʃ					
ʃeʐ					
tsisl					
tʃhisl					

续表

	55	35	214	51	0
ʨieŋ	翁嗡		蓊	瓮	
ʨeŋ					
ʨeŋd					
phueŋd					
ʨeŋu					
ʨeŋy					
theŋ	东冬	全同侗桐铜佟彤童僮曈	董懂	动冻栋洞	
thueŋ	通		筒统捅桶	同彻通痛	
leŋu		农侬哝浓脓		弄	
lueŋ	隆	龙茏茸笼隆	陇拢垄	弄	
kueŋ	工功攻弓躬公供宫恭	弘红虹鸿宏洪	巩拱	共贡供	
khueŋ	空		孔恐	控	
ɕueŋx	吽哄烘		哄	讧哄	
teŋu	匈	穷穹琼			
tɕhueŋ		雄熊			
ɕieŋ	凶匈汹胸兄兇		迥窘	词复	

479

续表

	55	35	214	51	0
juaŋ	佣拥痈邕庸雍埇雝	喁颙	永咏泳甬俑勇涌恿蛹踊	用佣	
tsuaŋ	中忠盅钟衷终	虫重崈	肿种冢瘇	仲众重	
tshuaŋ	冲充舂		宠	冲统	
ɕuaŋ̀		戎绒茸荣嵘榕蓉镕榕熔融	冗		
zuaŋ̀	宗综棕踪鬃		总偬	纵粽	
tsuaŋ	葱聪	（愯）			
tshuaŋ	松淞凇嵩		怂耸悚	讼颂宋送诵	
suaŋ					
iaŋ					
piaŋ					
phiaŋ					
miaŋ					
fiaŋ					
tiaŋ					
thiaŋ					
niaŋ		娘			酿

续表

	55	35	214	51	0
liaŋ		良粮凉梁量	两	亮谅晾跟辆靓	
kiaŋ					
khiaŋ					
xiaŋ					
tɕiaŋ					
tɕhiaŋ					
ɕiaŋ					
jiaŋ					
tʂiaŋ					
tʂhiaŋ					
ʂiaŋ					
ʐiaŋ					
tsiaŋ					
tshiaŋ					
siaŋ		亡王	网罔辋魍枉往	旺望妄忘	
uaŋ	汪				

续表

	55	35	214	51	0
puaŋ					
phuaŋ					
muaŋ					
fuaŋ					
tuaŋ					
thuaŋ					
nuaŋ					
luaŋ					
kuaŋ	光		广犷	逛	
khuaŋ	匡诓筐	狂诳	夼	旷圹况框眶	
xuaŋ	荒慌	皇凰遑煌惶黄潢	恍晃幌谎	晃	
kuaŋ					
khuaŋ					
xuaŋ					
tɕuaŋ					
tɕhuaŋ					
ɕuaŋ					

附　录　汉语普通话语素音节表

续表

	55	35	214	51	0
juaŋ	妆庄桩装				
tsuaŋ	创疮窗	床幢		奘壮状僮撞幢戆	
tʂhuaŋ	双霜孀		闯	创怆	
ʂuaŋ			爽		
ʐuaŋ					
tsuaŋ					
tʂhuaŋ					
suaŋ					
ɚ		儿而	尔迩耳饵	二贰	
pɚ					
phɚ					
mɚ					
fɚ					
tɚ					
thɚ					
nɚ					
lɚ					

音系复杂性：以白语的语素音节表为中心

续表

	55	35	214	51	0
kər					
khər					
xər					
kɚ					
khɚ					
xɚ					
tʂər					
tʂhər					
sə̃					
zə̃					
tsɿ					
tshər					
sər					
ê	欸=ei55	欸=ei35	欸=ei214	欸=ai55/ai214	
o	喔	喔	嘬	喔	
io	育哟哟				哟
yo	哟				哟

续表

	55	35	214	51	0
lo					咯
m	姆	呒(嚜)呣	呣	呣	
n		唔嗯	嗯	嗯	
ŋ		唔嗯	嗯	嗯	
xm					噷
xŋ					哼

参考文献

安德森（Anderson, S.），曲长亮译，《二十世纪音系学》，北京：商务印书馆2015年。

艾杰瑞、艾思麟、李绍尼、吉米·哈里森、拉玛兹偓，《论彝语、白语的音质和勺会厌肌带的关系——喉镜案例研究》，《民族语文》2000年第6期，47–53。

艾磊（Allen, B.）张霞译，《白语方言研究》，昆明：云南民族出版社2004年。

艾磊、苏玮雅、尹曼芬译，《白语喜洲镇话声调的测试分析》，《大理学院学报》1997年第2期，54–58。

Atkinson, Q. 2011. Phonemic diversity supports a serial founder effect model of language expansion from Africa. *Science*, 332(2011): 346–349.

白碧波主编，2010，《元江县因远镇语言使用现状及其演变》，北京：商务印书馆。

Barth, F. 1967. Introduction. In Barth, F. ed., *Ethnic Groups and Boundaries: The Social Organization of Culture Difference*. London: Allen and Unwin, 9–38.

本尼迪克特（Benedict, P.K.），罗美珍译，《台语、加岱语和印度尼西亚语——东南亚的一个新联盟》，中国社会科学院民族语言研究室等编《汉藏语系语言学论文选译》，中国社科院民族所语言研究室，1980年，45–70。（Benedict, P.K. 1942. Thai, Kadai and Indonesian: a new alignment in Southeastern Asia. *American Anthropologist*, 44: 576–601.）

本尼迪克特（Benedict, P.K.），龙耀宏译，《澳斯特罗-泰语》，《贵州民族研究》1991年第4期，148–161。

Blasi, D.E., Wichmann, S., Hammarström, H., Stadler, P.F., & Christiansen, M.H. 2016. Sound–meaning association biases evidenced across thousands of languages. Proceedings of the National Academy of Science of the United States of America, 113(39): 10818–10823.

玻尔（Bohr, N.），戈革译，《尼耳斯·玻尔哲学文选》，北京：商务印书馆1999年。

伯希和（Pelliot, P.），冯承钧译，《郑和下西洋考、交广印度两道考》，北京：中华书局2003年。

Bright, W. 1980. American linguistics: a western view. In Davis, B.H. and O'Cain, R. (eds.) *First Person Singular: Papers from the Conference on An Oral Archive for the History of American*

Linguistics (Charlotte, N. C., 9–10 March 1979), Amsterdam: John Benjamins, 123–130.

布洛赫、特雷杰（Bloch, B. & Trager, G.L.），赵世开译，《语言分析纲要》，北京：商务印书馆2016年。

布龙菲尔德（Bloomfield, L.），袁家骅等译，《语言论》，北京：商务印书馆1997年。

曹晖、于洪志、祁坤钰，2013，《藏文词汇计量统计研究》，北京：人民出版社。

Chao, Yuen Ren. 1954. "Preliminaries to Speech Analysis: The Distinctive Features and Their Correlates", by Roman Jakobson, C. Gunnar M. Fant, and Morris Halle. *Romance Philology*. Berkeley, 8: 40–46.

Chao, Yuen Ren. 1955. Meaning in language and how it is acquired. Foerster, H. et al. (ed.) *Cybernetics, Transactions of the Tenth Conference*. New York, 49–83.（赵元任《语言的意义及其获取》，李芸、王强军译，《语言文字应用》2001年第4期，59–69。）

Chase, W. & Simon, H. 1973. Perception in chess. *Cognitive Psychology*, 4:55–81.

陈保亚，1988，《语言演变的结构基础》，严家炎、袁行霈主编《缀玉集：北京大学中文系研究生论文选编》第一集，北京：北京大学出版社1990年，441–478。

陈保亚，1989a，《音变原因、音变方向和音系协和》，《西南师范大学学报》1989年第3期，41–45。

陈保亚，1989b，《系统演变的目的性》，《哲学研究》1989年第9期，58–64。

陈保亚，1996，《论语言接触与语言联盟——汉越（侗台）语言关系的解释》，北京：语文出版社。

陈保亚，1999，《20世纪中国语言学方法论：1898-1998》，济南：山东教育出版社。

陈保亚，2002，《论禅船崇母的分化规律——兼说"有音变条件"和"音变规律"》，编辑委员会编《纪念王力先生百年诞辰学术论文集》，北京：商务印书馆，58–69。

陈保亚，2007，《语素音形：提取核心语音单位的起点》，《语言研究》2007年第2期，10–15。

陈保亚，2009，《当代语言学》，北京：高等教育出版社。

陈保亚，2015，《20世纪中国语言学方法论研究》，北京：商务印书馆。

陈衡等，2018，《汉语词长分布计量考察》，刘海涛主编（2018:26–70）。

陈满华，2013，《惠特尼和叶斯柏森的语言经济思想——兼谈语言经济原则的产生及其发展》，《中国人民大学学报》2013年第4期，113–121。

陈寅恪，1943，《唐代政治史述论稿》，北京：三联书店2001年。

陈寅恪，1944，《隋唐制度渊源略论稿》，北京：三联书店2001年。

陈寅恪，1950，《元白诗笺证稿》，北京：三联书店2001年。

Chomsky, N. & Halle, M. 1968. *The Sound Pattern of English*：*Studies in Language*. New York: Harper & Row.

Clements, G. 2003a. Feature economy as a phonological universal. In Sole, M. J., Recasens, D. & Romero, J. (eds.) *Proceedings of the 15th International Congress of Phonetic Sciences*. Adelaide: Causal Productions, 371–374.

Clements, G. 2003b. Feature Economy in Sound Systems. *Phonology*, 20(3): 287–333.

Comire, B. 2005. Creoles and complexity. In Minett, J.W. & Wang, W.S-Y. (eds.) (2005), 495–526.

Dabl, Ö. 2009. Testing the assumption of complexity invariance: The case of Elfdalian and Swedish. In Sampson, G., Gil, D. & Trudgill, P. (eds.) *Language Complexity as an Evolving Variable*. New York: Oxford University Press, 50–63.

大理州地方志编纂委员会，2000，《大理白族自治州志》卷7"方言志"，昆明：云南人民出版社。

大理市文化丛书编委会，1996，《大理市古碑存文录》，昆明：云南民族出版社。

戴庆厦，1958，《谈谈松紧元音》，中国语文杂志社主编《少数民族语文论文集》第2集，北京：中华书局，35–48。

戴庆厦，1979，《我国藏缅语族松紧元音来源初探》，《民族语文》1979年第1期，31–39。

戴庆厦主编，2014，《云南玉龙县九河白族乡少数民族的语言生活》，北京：商务印书馆。

戴庆厦、刘菊黄、傅爱兰，1989，《关于我国藏缅语族系属分类问题》，《云南民族大学学报》1989年第3期，82–92。

戴维斯（台维斯，Davies, H.），张君劢译，《云南各夷族及其语言研究》，长沙：商务印书馆1941年。

Davies, H. 1909. *Yun-nan: The Link between India and the Yang-tze*. Cambridge: Cambridge University Press.（戴维斯《云南：联结云南和扬子江的锁链——19世纪一个英国人眼中的云南社会状况及民族风情》，李安泰等译，昆明：云南教育出版社1999年。）

De Groot, A. 1956. *Thought and Choice in Chess*. The Hague: Mouton.

De Groot, A. 1965. Perception and memory versus thought: Some old ideas and recent findings. In Kleinmuntz, B. (ed.) *Problem Solving: Research, Method and Theory*. New York: Wiley, 19–51.

Dell, F. 1981. *La Langue Bai: Phonologie et Lexique*. Paris: Éditions de l'École des Hautes Études en Sciences Sociates.（戴尔《白语的语音和词汇》，王小米译，徐琳主编2008:345–408。）

邓晓华、王士元，2003，《藏缅语族语言的数理分类及其形成过程的分析》，《民族语文》2003年第4期，8–18。

迪克森（Dixon, R.），朱晓农等译，《语言兴衰论》，北京：北京大学出版社2010年。

丁邦新，1995，《重建中古音系的一些想法》，《中国语文》1995年第6期，414–419。

丁邦新，2002，《上古汉语的构词问题——评Laurent Sagart: The Roots of Old Chinese》，《语言学论丛》第26辑，北京：商务印书馆，1–11。

Dirac, P.A.M. 1963. The evolution of the physicist's picture of nature. *Scientific American*, 208 (5):45–53.

段炳昌，1997，《缅语词"乌底巴"udi-bhva的白语训读》，《民族语文》1997年第4期，36–38。

段炳昌，2001，《白族尚白探源》，《云南日报》2001年7月24日，C03版。

段伶，2000，《白语》，大理州地方志编纂委员会编《大理白族自治州志》卷7"方言志"，昆明：云南人民出版社，369–424。

段伶、张杏莲，2008，《云南、贵州、湖南白族七个语言点调查资料》，徐琳主编（2008:2902–3076）。

Duanmu, S. 2008. *Syllable Structure: The Limits of Variation*. Oxford University Press, 2010.

Duanmu, S. 2000. *The Phonology of Standard Chinese*. New York: Oxford University Press, 2007.

Duanmu, S. 2011. The CVX theory of syllable structure. In Cairns, C. & Raimy, E. (eds.) *Handbook of the Syllable*. Leiden and Boston: Brill, 99–127.

Duanmu, S. 2016. *A Theory of Phonological Features*. Lundon: Oxford University Press.

Duanmu, S. 2017. From non-uniqueness to the best solution in phonemic analysis: Evidence from Chengdu Chinese. *Lingua Sinica*, 3:15, DOI 10.1186/s40655-017-0030-7.（端木三《音位分析的"多解论"和最佳答案》，《语言科学》2019年第3期，113–131。）

端木三，2015，《"中国音系数据库"的构建及用途》，《南方语言学》第8辑，1–15。

端木三，2017，《从音系研究看语言的共性与任意性》，冯胜利等主编《甲子学者治学谈》，北京：北京语言大学出版社，3–27。

端木三，2021，《英汉音节分析及数量对比》，《语言科学》第20卷第5期，561–588。

Edmondson, J. & Shaoni, L. 1994. Voice quality and voice quality change in the Bai language of Yunnan Province. *Linguistics of the Tibeto-Burman Area*. 17(2): 49–68.

Edmondson, J., Esling, J., Harris, J., Shaoni, L. & Ziwo, L. 2001. The aryepiglottic folds and voice quality in the Yi and Bai languages: Laryngoscopic case studies. *Monkhmer Studies*, 83–100.

Esling, J. & Edmondson, J. 2002. The laryngeal sphincter as an articulator: Tenseness, tongue root and phonation in Yi and Bai. In Masthoff, A. (eds.), *Phonetics and its Applications: Festschrift for Jens-Peter Koster on the Occasion of his 60th Birthday*. Stuttgart: Franz Steiner Verlag, 38–51.

范继淹，1964，《汉语语法结构的层次分析问题》，吕叔湘、朱德熙等《语法研究和探索》（一），北京：北京大学出版社1983年，157–184。

方国瑜，1984，《云南史料目录概说》，北京：中华书局。

方国瑜，1987，《中国西南历史地理考释》，北京：中华书局。

方国瑜主编，1999，《云南史料丛刊》，昆明：云南大学出版社。

冯胜利，2012，《语体语法："形式-功能对应律"的语言探索》，《当代修辞学》2012年第6期，3–12。

冯胜利，2014，《语体俗、正、典三分的历史见证：风、雅、颂》，《语文研究》2014年第2期，1–10。

冯胜利，2016，《汉语历史句法学论稿》，上海：上海教育出版社。

冯志伟，2011，《计算语言学的历史回顾和现状分析》，《外国语》2011年第1期，9–17。

Fitzgerald, C. 1941. *The Tower of Five Glories: A Study of the Min Chia of Ta Li, Yunnan*. London: The Creset Press. (Republished by Caravan Press Limited, Hong Kong, 2005.)

傅京起，2008，《从白语里三个汉语句式看汉语对白语句法上的影响》，《东方语言学》2008年第1期，90–101。

傅京起、徐琳，2001，《〈蛮书〉的十七个白蛮语词》，赵嘉文等主编《汉藏语言研究：第三十四届国际汉藏语言暨语言学会议论文集》，北京：民族出版社2006年，155–162。

弗雷格（Frege, G.），王路译，《算术基础——对于数这个概念的一种逻辑数学的研究》，北京：商务印书馆1998/2001年。

傅懋勣，1956，《音位的基本理论和实际问题》，中国语文杂志社编《语言调查常识》，北京：中华书局，46–69。

傅懋勣，1998，《论民族语言调查研究》，北京：语文出版社。

高本汉（Karlgren, B.），赵元任、罗常培、李方桂译，《中国音韵学研究》，北京：商务印书馆1940/2003年。

高本汉（Karlgren, B.），赵元任译，《上古中国音当中的几个问题》，《中央研究院历史语言研究所集刊》第一本第三分。（赵元任2002:298–358）

高本汉（Karlgren, B.），张世禄译，《汉语词类》，上海：商务印书馆1937年。

高光宇，1957，《论白语的语言系属问题》，杨堃等（1957:93–100）。

Gell-Mann, M. 1994. *The Quark and the Jaguar: Adventures in the Simple and the Complex*. New York: W.H. Freeman and Company, 2002.（盖尔曼《夸克与美洲豹——简单性和复杂性的奇遇》，李建邺等译，长沙：湖南科学技术出版社2002年。）

Gell-Mann, M. 2005. Language and complexity. In Minett, J.W. & Wang, W.S-Y. (eds.) 2005: 389–409.

Gell-Mann, M. & Lloyd, S. 2003. Effective Complexity. In Gell-Mann, M. & Tsallis, C. (eds.) *Nonextensive Entropy – Interdisciplinary Applications*, Oxford: Oxford University Press, 387–398.

Gierut, J. 2007. Phonological complexity and language learnability. *Am J Speech Lang Pathol*, 16(1): 6–17.

Greenberg, J. 1959. A method of measuring functional yield as applied to tone in African languages. *Georgetown University Monograph Series on Language and Linguistics*, 12: 7–16.

Gong, T. & Coupé, C. 2011. A Report on the Workshop on Complexity in Language: Developmental and Evolutionary Perspectives. *Biolinguistics*, 5(4): 370–380.

龚希劼、李煊、汪锋，2017，《龙凤村白语概况》，《汉藏语学报》第10辑，69–97。

龚小庆、王展，2008，《关于Zipf律的一点注记》，《复杂系统与复杂性科学》第5卷第3期，73–78。

Greenberg, J.H. 1959. A method of measuring functional yield as applied to tone in African languages. *Georgetown University Monograph Series on Language and Linguistics,* 12: 7–16.

郭锡良，1986/2010，《汉字古音手册》，北京：北京大学出版社。

海森堡（Heisenberg, W.），范岱年译，《物理学和哲学》，北京：商务印书馆1981年。

Hauser, M.D., Chomsky, N. & Fitch, W.T. 2002. The faculty of language: What is it, who has it, and how did it evolve? *Science*, 298: 1569–1579.

贺登崧（Grootaers, W.A.），1948，《中国语言学及民俗学之地理的研究》，《燕京学报》第35期，1–27.

贺登崧（Grootaers, W.A.），石汝杰、岩田礼译，《汉语方言地理学》，上海：上海教育出版社2003年。

和即仁，1991，《谈谈白语的系属问题》，国际彝缅语学术会议论文编委会编《彝缅语研究》，成都：四川民族出版社1992年，559–573。

何九盈，1985，《中国古代语言学史》，郑州：河南人民出版社。

何稳菊，2015，《喜洲白语单字调试验研究》，云南大学硕士论文。

Hockett, C. 1955. A manual of phonology. *International journal of American linguistics*, Part I. Memoir 11: International Journal of American Linguistics, Indiana University Publications in Anthropology and Linguistics, 21(4). Baltimore: Waverly Press, Inc.

Hockett, C. 1961. The quantificantion of functional load. *Santa Monica: Rand Report*, 3–4.

Hockett, C. 1967. The quantification of functional load. *Word*, 23: 1–3.

Holland, J.H. 2005. Language acquisition as a complex adaptive system. In Minett, J.W. & Wang, W.S-Y. (eds.) 2005: 411–435.

Holland, J.H. 2006. Studying complex adaptive systems. *Journal of Systems Science and Complexity*, 19(1):1–8.（《复杂自适应系统研究》，韩靖译，郭雷主编《系统科学进展》（第1卷），北京：科学出版社2017年，14–25。）

Holland, J.H. & Reitman, J.S. 1978. Cognitive systems based on adaptive algorithms. https://doi.org/10.1016/B978-0-12-737550-2.50020-8.

Hoenigswald, H.M. 1960. Language change and linguistic reconstruction. Chicago: University of Chicago Press.

洪堡特（Humbold, W.），姚小平译，《论人类语言结构的差异及其对人类精神发展的影响》，北京：商务印书馆1999年。

胡坦、戴庆厦，1964，《哈尼语元音的松紧》，《中国语文》1964年第1期，76–87。

黄布凡主编，1992，《藏缅语族语言词汇》，北京：中央民族学院出版社。

黄冬琴，2013，《诺邓白语语音研究》，云南师范大学硕士论文。

黄笑山，2002，《中古二等韵介音和〈切韵〉元音数量》，《浙江大学学报》第32卷第1期，31–38。

霍金（Hawking, S.）、蒙洛迪诺（Mlodinow, L.），2010，《大设计》，史忠超译，长沙：湖南科技出版社2011年。

霍凯特（Hockett, C.），索振羽、叶蜚声译，《现代语言学教程》，北京：北京大学出版社2002年。

霍凯特（Hockett, C.），范继淹译，《语言的各种单位及其关系》，《语言学资料》1964年第1期，7–20。（Hockett, C. 1961. Linguistic elements and their relations. *Language*, 37(1): 29–53.）

霍兰（Holland, J.H.），周晓牧等译，《隐秩序——适应性造就复杂性》，上海：上海科技教育出版社2000年。

霍兰（Holland, J.H.），陈禹等译，《涌现：从混沌到有序》，上海：上海科学技术出版社2006年。

Ingram, D. 1989. *First language acquisition: method, description and explanation.* Cambridge, UK: Cambridge University Press, 203–204.

Jakobson, R. 1941. *Child Language, Aphasia and Phonological Universals.* New York: Havard University & MIT, 1980.

Jakobson, R. 1956. *Fundamentals of Language.* 'S-Gravenhage: Mouton & Co.

Jakobson, R. 1962. *Roman Jakobson Selected Writings, I: Phonological Studies.* Hague: Mouton & Co.

Jakobson, R. 1971. *Roman Jakobson Selected Writings, II: Word and Language.* Gague: Mouton & Co.

Jakobson, R. 1978. *Six Lectures on Sound and Meaning.* Cambridge: The MIT Press.

Jakobson, R. 顾明华译，《从语言学看失语症障碍》，《国外语言学》1986年第4期，145–150。

Jakobson, R. 1994. *Life, Language, Art*. New York: Routledge, 2005.

Jakobson, R., Fant, F. & Halle, M. 王力译,《语音分析初探——区别性特征及其相互关系》,《国外语言学》1981年第3期,1–11;第4期,1–22。

Jakobson, R. & Halle, M. 王力译,《紧和松》,《国外语言学》1982年第3期,8–11。

Jakobson, R. & Waugh, L.R. 1979. *The Sound Shape of Language*. New York: Mouton de Gruyter, 2002.

金观涛,1985,《逻辑悖论和自组织系统》,《自然辩证法通讯》1985年第2期,7–15。

Juola, P. 2008. Accessing linguistic complexity. In Karlsson, F., Miestamo, M. & Sinnemaki, K. (eds.) *Language Complexity: Typology, Contact, Change*. Amsterdam: Benjamins, 89–108.

Karlgren, B. 1954. *Compendium of Phonetics in Ancient and Archaic Chinese*. BMFEA.

Karlsson, F., Miestamo, M. & Sinnemaki, K. 2008. Introduction: The problem of language complexity. In Karlsson, F., Miestamo, M. & Sinnemäki, K. (ed.) *Language Complexity: Typology, Contact, Change*. Amsterdam: Benjamins, vii-xiv.

Ke, J. & Holland, J.H. 2006. Language origin from an emergentist perspective. Doi:10.1093/applin/am1033.

科姆里(Comrie, B.),沈家煊译,《语言共性与语言类型》,北京:华夏出版社1989年。

克拉默(Cramer, F.),柯志阳等译,《混沌与秩序——生物系统的复杂结构》,上海:上海世纪出版集团2010年。

Kennedy, G.A. 1951. The Monosyllabic Myth. *Journal of the American Oriental Society*, 71(3): 161–166.

King, R. 1965. Functional load: its measure and its role in sound change. University of Wisconsin PHD dissertation, 23–27.

King, R. 1967a. Functional Load and Change. *Language*, 17–19.

King, R. 1967b. A Measure for Functional Load. Ioannis: Studia Linguisticam, 21: 20–21.

孔江平,2001,《论语言发声》,北京:中央民族大学出版社。

孔江平,2007,《语音学田野调查的一些基础理论问题》,《语言学论丛》第36辑,北京:商务印书馆,66–73.

孔江平,2010,《古藏语音位系统的结构和分布》,潘悟云、沈钟伟主编《研究之乐:庆祝王士元先生七十五寿辰学术论文》,上海:上海教育出版社,123–142。

孔江平,2011,《基于藏缅语音位负担的语言信息结构和演化研究》,第二届语言进化与遗传进化国际会议(2011年9月,上海),会议论文。

孔江平,2013,《音位负担量计量研究——以藏缅语为例》,石锋、彭刚主编《大江东去:王士元教授八十贺寿文集》,香港:香港城市大学出版社,121–134。

孔江平,2019,《认知音位学的理论与方法》,《中国语音学报》第十辑,北京:中国社会科学出版社,44–56。

孔江平、李永宏, 2016,《基于语言结构功能的音位负担计算方法》,《方言》2016年第1期, 1–12。

蒯因（Quine, W.O.）, 江天骥等译,《从逻辑的观点看》, 上海译文出版社1987年。

Kusters, W. 2003. Linguistic Complexity: The Influence of Social Change on Verbal Inflection. PhD Dissertation, University of Leiden. Utrecht: LOT.

Labov, W. 1966. *The social stratification of English in New York City.* Cambridge: Cambridge University Press, 2006.

Labov, W. 1973. The boundaries of word and their meanings. citeseer.uark.edu: 8080.

Labov, W. 刘重德节译,《语言的分化问题》,《国外语言学》1980年第4期, 13–15+45。

Labov, W. 郭健生节译,《在语言的社会环境中研究语言》,《国外语言学》1984年第4期, 27–34+26。

Lacouperie, T. 1885. The cradle of the Shan race. In Colquhoun, A.R., *Amongst the Shans*. London: Field & Tuer.

Lacouperie, T. 1887. *The languages of China before the Chinese*. London: David Nute, 270, strand.

LaPolla, R.J. 2005. Typology and Complexity. In Minett, J.W. & Wang, W.S-Y. (ed.) (2005), 465–493.

拉普拉斯（Laplace, P.）, 龚光鲁等译,《关于概率的哲学随笔》, 北京：高等教育出版社2013年。

Lee, Yeon-Ju & Sagart, L. 1998. The strata of Bai. Paper presented at the 31st International conference on Sino-Tibetan Languages and Linguistics, Sep 1998, University of Lund, Sweden.

Lee, Yeon-Ju & Sagart, L. 2008. No limits to borrowing: The case of Bai and Chinese. *Diachronica, John Benjamins*, 25 (3): 357–385.（李妍周、沙加尔《从白语中的汉语词汇看借词的无限制性》, 徐世璇译, 向柏霖、蓝庆元主编《中国少数民族语言汉语借词的历史层次》, 北京：商务印书馆2013年, 1–33。）

李葆嘉, 2005,《从同源性到亲缘度：历史比较语言学的重大转折——〈汉语的祖先〉译序》, 王士元主编《汉语的祖先》, 北京：中华书局, 1–102。

Li, Fang-Kuei. 1937. Languages and dialects. In *The Chinese Year Book*, Shanghai.

Li, Fang-Kuei. 1951. Review of nationalism and language reform in China. *International Journal of American Linguistics*, 17(4): 255–257.

李方桂, 1968,《上古音研究》, 北京：商务印书馆1980年。

Li, Fang-Kuei. 1973. Languages and dialects. *Journal of Chinese Linguistics*, 1973(1): 1–13.（李方桂《中国的语言和方言》, 梁敏译,《民族译丛》1980年第1期, 1–7。）

李娟, 2013,《白语凤羽话语音研究》, 云南师范大学硕士论文。

李荣, 1965,《语音演变规律的例外》,《中国语文》1965年第2期, 116–125。

李荣, 1957,《汉语方言调查手册》, 北京：科学出版社。

李绍尼，1992a，《论白语的"声门混合挤擦音"》，《民族语文》1992年第4期，68–72。

李绍尼，1992b，《白语基数词与汉语、藏缅语关系初探》，《中央民族学院学报》1992年第1期，81–86。

李绍尼，2002，《白语——汉语、藏缅语混合型语言概述》，赵寅松主编《白族文化研究》（2001），北京：民族出版社，674–679。

李绍尼、艾杰瑞，1990，《云南剑川白语音质和音调类型——电脑语音实验报告》，《中央民族大学学报》1990年第5期，70–74。

李绍山，2001，《语言研究中的统计学》，西安：西安交通大学出版社。

李贤王，2013，《槽涧白语研究》，广西民族大学硕士论文。

李煊、汪锋，2016，《美坝白语声调的发声变异初探》，《语言学论丛》第54辑，北京：商务印书馆，179–196。

李雪巧，2015，《白语中唇齿音v的特征和历史发展》，《中央民族大学学报》第42卷2015年增刊，138–144。

李永宏，2016，《北京话音位结构负担研究》，《语言学论丛》54辑，北京：商务印书馆，117–132。

李藻，1916，《方言》，周宗麟纂《大理县志稿》卷六"社交部"，20–23。

李中清（Lee, James Z.）、林文勋、秦树才译，《中国西南边疆的社会经济：1250–1850》，北京：人民出版社2012年。

Lin, C.C. & Ahrens, K. 2005. How many meanings does a word have? Meaning estimation in Chinese and English. In Minett, J.W. & Wang, W.S-Y. (eds.) 2005: 437–464.

凌纯声，1938，《唐代云南的乌蛮与白蛮考》，《人类学集刊》第一卷第一辑。（凌纯声《中国边疆民族与环太平洋文化》，台北：联经出版社业公司1979年，213–242。）

刘海涛主编，2018，《计量语言学研究进展》，杭州：浙江大学出版社。

刘菊黄、吕克农、张伯江，1985，《〈现代汉语词典〉单音节同音词统计》，《文字改革》1985年第2期，55–57。

刘文、汪锋，2018，《北五里桥白语初探》，《汉藏语学报》第11期，114–144。

刘文、汪锋、孔江平，2019，《北五里桥白语声调的发声及变异研究》，《当代语言学》2019年第1期，119–138。

卢偓，2001，《现代汉语音节的数量与构成分布》，《语言教学与研究》2001年第6期，28–34。

陆致极，1992，《汉语方言数量研究探索》，北京：语文出版社。

罗宾斯（Robins, R.H.），许德宝等译，《简明语言学史》，北京：中国社会科学出版社1997年。

罗常培，1931，《厦门音系》，北京：科学出版社1956年。

罗常培，1943，《语言学在云南》，《边政公论》第9、10期合刊，重庆。（罗常培1949:162–176）

罗常培，1944，《云南之语言》，《云南史地辑要》第五篇，昆明：云南省立昆华民众教育馆。（罗常培《云南之语言》，群一整理，《玉溪师专学报》1986年第4期，38–57；1986年第5期，41–54；1987年第1期，65–72。）

罗常培，1947，《苍洱之间》，沈阳：辽宁教育出版社1996年。

罗常培，1949，《语言与文化》，北京：语文出版社1989年。

罗常培，1951，《国内少数民族的语言系属和文字情况》，《科学通报》1951年第2卷第5期，491–495。

罗常培、傅懋勣，1953，《国内少数民族语言文字的概况》，《中国语文》1953年第3期。（罗常培等《国内少数民族语言文字的概况》，北京：中华书局1954年，29–45。）

罗杰瑞（Noman, J.），2007，《汉语方言田野调查与音韵学》，《北京大学学报》第44卷第2期，91–94。

罗素（Russell, B.），晏成书译，《数理哲学导论》，北京：商务印书馆1982年。

罗素（Russell, B.），何兆武、李约瑟译，《西方哲学史》，北京：商务印书馆1963/1982年。

骆晓平，1990，《魏晋六朝汉语词汇双音倾向三题》，《古汉语研究》1990年第4期，1–7。

马长寿，1961，《南诏国内的部族组成和奴隶制度》，上海：上海人民出版社，133–145。

Maddieson, I. 1984. *Patterns of Sounds*. Cambridge: Cambridge University Press, 2009.

Maddieson, I. 2005. Correlating phonological complexity: data and validation. *UC Berkeley Phonology Lab Annual Report*, https://escholarship.org/uc/item/95m171v6.

Maddieson, I. 2005a. Issues of phonological complexity: Statistical analysis of the relationship between syllable structures, segment inventories and tone contrasts. *UC Berkeley Phonology Lab Annual Report,* https://escholarship.org/uc/item/3cm3w6ck.

Maddieson, I. 2009. Calculating phonological complexity. In Pellegrino, F., et al. (eds), *Approaches to Phonological Complexity*. Berlin: Mouton de Gruyter, 83–110.

Maddieson, I. 2011. Phonological complexity in linguistic patterning. Conference: 17th International Congress of the Phonetic Sciences, Hong Kong.

Maddieson, I., Bhattachaarya, T., Smith, D.E., Croft, W. 2011. Geographical distribution of phonological complexity. *Linguistic Typology*, 15: 267–279.

Maddieson, I. & Ladefoged, P. 1985. 'Tense' and 'lax' in four minority languages of China. *Journal of Phonetics*, 13: 433–454.

马丁内（Martinet, A.），罗慎仪等译，《普通语言学纲要》，北京：国际文化出版公司1988年。

马丁内（Martinet, A.），马新民译，《语言学中的功能和结构》，《法国研究》1984年第2期，45–50+52。

Martinet, A. 1949. *Phonology as functional phonetics*. London: Oxford University Press.

Martinet, A. 1952. Function, Structure, and Sound Change. *Word,* 8(1): 1–32.

Martinet, A. 1960. Elements of a Functional Syntax. *Word,* 16(1): 1–10.

Mathesius, V. 1911. On the Potentiality of the Phenomena of Language. Tr. By Vachek, J. and reprinted in Vachek, J. (ed.), *A Prague School Reader in Linguistics*. Bloomington: Indiana University Press, 1964: 1–32.

Matisoff, A. 2001. On the genetic position of Bai within Tibeto-Burman. Paper presented at the 34th International Conference on Sino-Tibetan languages and linguistics, Kunming.

马学良、朱崇先，1990，《从语言论证商诏王室的族属问题》，《云南民族学院学报》1990年第一期，24–31。

McWhorter, J.H. 2001. The world's simplest grammars are creole grammars. *Linguistic Typology*, 6: 125–166.

孟子厚等，2016，《汉语语音区别特征分析》，北京：国防工业出版社。

Minett, J. W. & Wang, W. S-Y. (eds.) 2005. *Language Acquisition, Change and Emergence: Essays in Evolutionary Linguistics*. Hong Kong: City University of Hong KongP ress.

米歇尔（Mitchell, M.），唐璐译，《复杂：诞生于秩序与混沌边缘的科学的描述》，长沙：湖南科学技术出版社2011年。

木芹，1990，《南诏野史会证》，昆明：云南人民出版社。

木芹，1995，《云南志补注》，昆明：云南人民出版社。

牧野巽（Makino Tatsumi），叶正渤摘译，《南诏大理民家的语言》，《云南民族语文》1990年第2期。（徐琳主编2008:608–616）

牧野巽（Makino Tatsumi），叶正渤摘译，《民家语的系统》，《大理学院学报》1992年Z1期，173–176。

Nichols, J. 2001. *Linguistic Diversity in Space and Time*. Chicago: University of Chicago Press.

Ohala, J.J. 1980. Chairman's introduction to symposium on phonetic universals in phonological systems and their explanation. *Proceedings of the 9th International Congress of Phonetic Sciences,* 1979, 184–185.

潘文国，2002，《汉语音韵研究中难以回避的争论——再论高本汉体系及〈切韵〉性质诸问题》，《古汉语研究》2002年第5期，2–12。

Parkcall, M. 2008. The simplicity of creoles in a cross-linguistic perspective. In Karlsson, F., Miestamo, M. & Sinnemaki, K., (eds.) *Language Complexity: Typology, Contact, Change.* Amsterdam: John Benjamins, 265–286.

皮克林（Pickering, W.A.），王仁强等译，《作为复杂适应系统的自然语言》，董洪川主编《英语研究——文字与文化研究》第七辑，上海：上海交通大学出版社2018年，133–142。

Price, D.J. 1976. A general theory of bibliometric and other cumulative advantage processes. *Journal of the American Society for Information Science*, 27: 292–306.

普里戈金（Prigogine, I.）、斯唐热（Strengers, I.），曾庆宏等译，《从混沌到有序：人与自然的新对话》，上海：上海译文出版社1987年。

齐佩瑢，1943，《训诂学概论》，北京：中华书局2004年。

钱军，1998，《结构功能语言学——布拉格学派》，大连：吉林教育出版社。

乔姆斯基（Chomsky, N.），张和友译，《语言描写的三个模型》，萧国政主编《现代语言学名著导读》，北京：北京大学出版社2009年，215–240。

乔姆斯基（Chomsky, N.），邢公畹等译，《句法结构》，北京：中国社会科学出版社1979年。

秦凤翔，1957a，《略论白语的系属问题及白族的形成和发展》，杨堃等（1957:18–22）。

秦凤翔，1957b，《再论白语的系属问题及白族的形成和发展》，杨堃等（1957:87–92）。

秦绿叶、邵慧君，2016，《语音计量与汉语方言研究》，《学术研究》2016年第3期，172–176。

秦佩珩，1981，《南诏史中语言及宗教问题的探索》，《郑州大学学报》1981年第1期，19–24。

邱文军，2012，《白语的类型学描写》，南昌大学硕士论文。

曲长亮，2015，《雅柯布森音系学理论研究——对立、区别特征与音形》，北京：世界图书出版公司。

Robins, R.H. 林书武等译，《语言分类史》，《国外语言学》1983年第1期，26–36；第2期，11–23+57。

芮逸夫，1943，《西南民族的语言问题》，《民族学研究集刊》第三辑，重庆：商务印书馆，44–54。

Sagart, L. & Xu, S. 2001. History through loanwords: The loan correspondences between Hani and Chinese. *Cahiers de linguistique – Asie orientale*, 30(1): 3–54. （沙加尔、徐世璇《哈尼语中汉语借词的历史层次》，《中国语文》2002年第1期，55–65。）

萨丕尔（Sapir, E.），陆卓元译，《语言论：言语研究导论》，北京：商务印书馆1985/2002年。

沈静芳，1989，《从语言学角度论南诏不是泰族建立的国家》，《东南亚南亚研究》1989年第3期，12–22。

山石、邱红，2008，《长尾分布、幂律的产生机制和西蒙模型》，第六届中国管理科学与工程论坛（2008年5月，上海财经大学）论文，220–230。

石钟健，1942，《大理喜州访碑记》，云南省立龙渊中学印（云南省立龙渊中学中国边疆问题研究会专利）。（石钟健《石钟健民族研究文集》，北京：民族出版社1996年，4–6。）

石钟健，1957，《论白族的"白文"》，中央民族研究部编《中国民族问题研究集刊》1957年第6辑，125–144。

Simon, H.A. 1955. On a class of skew distribution functions. *Biometrika*, 42: 425–440.

Simon, H.A. & Barenfeld, M. 1969. Information-processing analysis of perceptual processes in problem solving. *Psychological Review*, 76: 473–483.

Simon, H.A. & Chase, W. 1973. Skill in Chess. *American Scientists*, 4: 394–403.

斯托加茨（Strogatz, S.），张弈译，2003，《同步：秩序如何从混动中涌现》，成都：四川人民出版社2018年。

So, L. & Dodd, B. 1995. The acquisition of phonology by Cantonese-speaking children. *Journal of Child Language*, 22(3): 473–495.

Starostin, S.A. 1994. The historical position of Bai. Paper presented at the 27th Sino-Tibetan Languages and Linguistics, Paris, Oct. (*Moskovskij Lingvisticheskij Zhurnal,* 1(1995):174–190.)

Starostin, S.A. 1995. A comments from Starostin. In Wang, W. S.-Y., (ed.) *The Ancestry of the Chinese Lnguage. Journal of Chinese Linguistics* Monograph Series. 8: 393–404.

孙宏开，1995，《关于汉藏语分类研究中的一些问题》，《国外语言学》1995年第3期，43–47。

孙宏开，2011，《汉藏语系历史类型学研究中的一些问题》，《语言研究》2011年第1期，113–120。

孙宏开、江荻，2000，《汉藏语言系属分类之争及其源流》，《当代语言学》1999年第2期，17–32。

孙宏开、刘璐，1986，《怒族语言简志》，北京：民族出版社。

孙景涛，2005，《论"一音一义"》，《语言学论丛》31辑，北京：商务印书馆，48–71。

孙玉文，1999，《汉语变调构词研究》（增订本），北京：商务印书馆2007年。

孙玉文，2015，《汉语变调构词考辨》，北京：商务印书馆。

索绪尔（Saussure, F.），高名凯译，《普通语言学教程》，北京：商务印书馆1980年。

Surendran, D. & Levow, G. 2004. The functional load of tone in Mandarin is as high as that of vowels. In *Proceedings of the International Conference on Speech Prosody* 2004, Nara, Japan, 99–102.

Surendran, D. & Niyogi, P. 2003. Measuring the usefulness (functional load) of phonological contrasts. *Technical Report*, 12: 73–78.

Surendran, D. & Niyogi, P. 2008. Quantifying the functional load of phonemic oppositions, distinctive features, and suprasegmentals. http://people.cs.uchicago.edu/~niyogi/papersps/SurNiyfloadbook.pdf.

Swadesh, M. 1952. Lexico-statistic dating of prehistoric ethnic contacts. *Proceedings of the American philosophical society*, 96(4): 452–463.

Swadesh, M. 1955. Towards greater accuracy in lexicostatistic dating. *International Journal of American Linguistics*, 21(2): 121–137.

陶云逵，1948，《碧罗雪山之栗粟族》，《中央研究院历史语言研究所集刊》第十七本，327–408。

特鲁别茨科依（Trubetzkoy, N.），雷明译，《有关印欧语问题的一些看法》，《国外语言学》1982年第4期，19–28。

特鲁别兹科依（Trubetzkoy, N.），杨衍春译，《音位学原理》，桂林：广西师范大学出版社2015年。

瓦海克（Vachek, J.），1966，《布拉格学派》，北京：世界图书出版公司北京公司2016年。

Wang, Feng. 2005. On the genetic position of the Bai language. *Cahiers de Linguistique – Asie Orientale*. Paris, 34(1): 101–127.

Wang, Feng. 2006. *Comparison of Languages in Contact: The Distillation Method and the Case of Bai*. Language and Linguistics Monograph Series B: Frontiers in Linguistics III. Taipei: Institute of Linguistics, Academia Sinica.（汪锋《语言接触与语言比较——以白语为例》，北京：商务印书馆2012年。）

Wang, Feng. 2015. Variations of laryngeal features in Jianchuan Bai. *Journal of Chinese Linguistics*, 43(1): 434–452.

Wang, W.S-Y. 1967. The measurement of functional load. *J. Phonetica*, 16: 36–54.

汪锋，2006a，《白语送气擦音的来源》，《民族语文》2006年第2期，19–23。

汪锋，2006b，《白语方言的分区——兼论亲缘分类的原则及计量表述》，《语言学论丛》第32辑，北京：商务印书馆，14–31。

汪锋，2006c，《从白语的比较研究看历史语言学中的纵横结合》，《北京大学学报》2006年第2期，38–42。

汪锋，2007，《白语方言中特殊发声类型的来源与演变》，戴庆厦主编《汉藏语学报》2007年 第1期，北京：商务印书馆，162–170。

汪锋，2011，《白语与白族的流变：多角度结合的视野》，石锋、彭刚主编《大江东去：王士元教授八十岁贺寿文集》，香港：香港城市大学出版社2013年，407–428。

汪锋，2013，《汉藏语言比较的方法与实践——汉、白、彝语比较研究》，北京：北京大学出版社。

汪锋、龚希劼，2016，《白语方言中否定变韵的性质和来源》，《民族语文》2016年第5期，39–46。

汪锋、孔江平，2009，《武定彝语松紧音研究》，《中国语言学》（第二辑），济南：山东教育出版社，98–118。

汪锋、杨海潮，2004，《〈蛮书〉所记白蛮语的源流》，云南省社科院历史研究所编《中国西南文化研究》，昆明：云南民族出版社，1–15。

王锋，2001，《西山白语概况》，《民族语文》2001年第5期，70–80。

王锋，2011，《从乾隆〈普安州志〉所载"僰语"看贵州白族的语言》，《百色学院学报》第24卷第5期，44–49。

王锋，2012，《昆明西山沙朗白语研究》，北京：中国社会科学出版社。

王锋，2013a，《白语南部方言中来母的读音》，《民族语文》2013年第3期，56–62。

王锋，2013b，《论白语大理方言卷舌元音的来源》，王锋、王双成主编《白语研究文集》，上海：中西书局，179–190。

王洪君，1994，《汉语常用的两种语音构词法——从平定儿化和太原嵌l词谈起》，《语言研究》1994年第1期，65–78。

王洪君，1999，《汉语非线性音系学：汉语的音系格局与单字音》（增订版），北京：北京大学出版社2008年。

王洪君，2011，《基于单字的现代汉语词法研究》，北京：商务印书馆。

王洪君，2014，《历史语言学方法论与汉语方言音韵史个案研究》，北京：商务印书馆。

王洪君，2015，《著名中年语言学家自选集·王洪君卷》，上海：上海教育出版社。

王敬骝，1993，《南诏骠信与清平官赵叔达星回节唱和诗考释》，《云南民族语文》1993年第3期、第4期。

王均等，1984，《壮侗语族语言简志》，北京：民族出版社。

王力，1958，《汉语史稿》，北京：商务印刷馆1980年。

王力，1985，《汉语语音史》，北京：中国社会科学出版社。

王明珂，1997，《华夏边缘：历史记忆与族群认同》，台北：允晨文化实业股份有限公司2005年。

王士元，1967，《声调的音系性质》，刘汉城等译，《国外语言学》1987年第1期，1–11。

王士元，1985，《语言关系综述》，《中南民族学院学报》1985年第3期，106–112。

王士元，2000，《语言的探索：王士元语言学论文选译》，石锋等译，北京：北京语言文化大学出版社。

王士元，2002，《王士元语言学论文集》，北京：商务印书馆。

王士元，2006a，《语言是一个复杂适应系统》，《清华大学学报》2006年第6期，5–13。

王士元，2006b，《语言演化的探索》，钟荣富等编《门内日与月：郑锦全先生七秩寿庆论文集》(《语言暨语言学》专刊外篇之七），台北："中央"研究院语言学研究所，10–32。

王士元，2013，《演化语言学论集》，北京：商务印书馆。

王士元、沈钟伟，1992，《方言关系的计量表述》，《中国语文》1992年第2期。（王士元《王士元语言学论文集》，北京：商务印书馆2002年，240–261。）

王汐、杨炳钧，2013，《语言复杂性研究述评》，《西安外国语大学学报》第21卷第1期，22–26。

王尧、陈践译注，1980，《敦煌本吐蕃历史文书》，北京：民族出版社1992年。

Weinreich, U. 1953. *Language in Contact*. Mouton, The Hague.

Weinreich, U., Labov, W. & Hezog, M. 1968.《语言演变的经验基础》，王洪君译述，《国外语言学》1988年第4期，152–155；1989年第1期，12–23。

维特根斯坦（Wittgenstein, L.），陈启伟译，《逻辑哲学论》，涂纪亮主编《维特根斯坦全集》第一卷，石家庄：河北教育出版社2002年。(Wittgenstein, L., *Tractatus Logico-Philosophicus*, trans. by Ogden, C.K. Kegan P., Trench, Trubner & Co. ltd., 1922.)

维特根斯坦（Wittgenstein, L.），张金言译，《论确实性》，桂林：广西师范大学出版社和2001年。

闻宥，1940，《民家语中同义字之研究》，华西协和大学《中国文化研究所集刊》第一卷第一辑，67–84。

闻宥，1944，《民家地名的初步分析》，《民族学研究集刊》第4期，30–34。

韦斯特（West, G.），张培译，《规模》，北京：中信出版社2018年。

Wiersma, G. (韦倩文) 1990. A study of the Bai (Minjia) language along historical lines. Ph.D. dissertation, University of California, Berkeley.

Wiersma, G. (韦倩文) 2003. Yunnan Bai. In LaPolla R. & Thurgood, G. (ed.) *The Sino-Tibetan languages*. London & New York: Routledge, 651–673.

沃尔德罗普（Waldrop, M.），陈玲译，《复杂：诞生于秩序与混沌边缘的科学》，北京：三联书店1997年。

Woods, A., Fletcher, P. & Hughes, A. 陈小荷等编译，《语言研究中的统计方法》，北京：北京语言文化大学出版社2000年。

吴安其，2000，《藏缅语的分类和白语的归属》，《民族语文》2000年第1期，1–12。

吴安其，2009，《白语的语音和归属》，《民族语文》2009年第4期，3–22。

吴积才主编，1989，《云南省志》卷58"汉语方言志"，昆明：云南人民出版社。

奚寿鼎，2001，《白语南部方言中的32调》，《云南民族语文》2001年1、2期。（徐琳主编2008:324–327）

奚兴灿、李绍尼，1997，《鹤庆白语的送气擦音》，《中央民族大学学报》1997年第2期，102–106。

向达，1962，《蛮书校注》，北京：中华书局。

谢飞（Shafer, R.），高尔锵译，《汉藏语系语言的分类》，中国社会科学院民族语言研究室等编《汉藏语系语言学论文选译》，中国社科院民族所语言研究室，28–44。

谢维维，2012，《汉语音变构词研究》，浙江大学博士论文。

邢公畹，1982，《汉语方言调查基础知识》，武汉：华中工学院出版社1982年。

邢公畹，1995，《汉苗语语义学比较法试探研究》，《民族语文》1995年第6期，11–18。

徐承俊，1957，《试论白语的系属及其他》，杨堃等（1957:60–61）。

徐嘉瑞，1949，《大理古代文化史稿》，香港：三联书店1979年。

徐琳，1984，《明代白文〈故善士杨宗墓志〉译释》，傅懋勣等主编《罗常培先生纪念文集》，北京：商务印书馆，362–378。

徐琳，1986，《点苍山洱海考释》，《民族语文》1986年第6期，30–33+24。

徐琳，1995，《南诏七个山川土地名量词考释》，《民族语文》1995年第6期，93–98。

徐琳，1996，《南诏、大理国"骠信"、"摩诃罗嵯"名号探源》，《民族语文》1996年第5期，38–47。

徐琳，2000，《古今三篇白文汉字的释读》，赵丽明、黄国营编《汉字的应用与传播——'99汉字应用与传播国际学术研讨会论文集》，北京：华语教学出版社。（徐琳主编2008:1072–1080）

徐琳，2002，《明代<处士杨公同室李氏寿藏>碑阴<山花一韵>解释和再释》，张政烺先生九十华诞纪念文集编委会编《揖芬集——张政烺先生九十华诞纪念文集》，北京：社会科学文献出版社，591–598。

徐琳主编，2008，《大理丛书·白语篇》，昆明：云南民族出版社。

徐琳、傅京起，2004，《古白语贝币名和量词的遗存》，《民族语文》2004年第6期，9–15。

徐琳、赵衍荪，1964，《白语概况》，《中国语文》1964年第4期，321–335+320。

徐琳、赵衍荪，1980，《白文<山花碑>释读》，《民族语文》1980年第3期，50–56+81。

徐琳、赵衍荪，1984，《白语简志》，北京：民族出版社。

徐通锵，1991，《历史语言学》，北京：商务印书馆。

徐通锵，1991a，《句法语义刍议》，《语言教学与研究》1991年第3期，38–62。

徐通锵，1999，《"字"和汉语的语义句法》，马庆株编《语法研究入门》，北京：商务印书馆。

徐通锵，2001，《编码机制的调整和汉语语汇系统的发展》，《语言研究》2001年第1期，35–45。

徐通锵，2008，《汉语字本位语法导论》，济南：山东教育出版社。

许迎军，2012，《语言研究统计方法》，北京：国防工业出版社。

薛凤生，1986，《北京音系解析》，北京：北京语言学院出版社。

雅可布逊（Jaboson, R.），曹今予译，《类型学研究及其对历史比较语言学的贡献》，《语言学资料》第10期，7–10。

雅可布森（Jakobson, R.），钱军等译，《雅可布森文集》，长沙：湖南教育出版社，2001年。

Yang, Haichao. 2019. Language, gene and ethnos: The case of Yunnan. *Journal of Chinese Linguistics*, Monograph Series 29: 242–263.

杨海潮，2010，《南诏王号的语源和语义》，纳张元主编《大理民族文化研究论丛》（第四辑），北京：民族出版社，86–120。

杨海潮，2012，《彝族史中的佛教问题》，王士元等主编《茶马古道研究集刊》第二辑，昆明：云南大学出版社，82–98。

杨海潮，2013，《唐代白蛮语的辅音韵尾及相关问题》，王锋、王双成主编《白语研究文集》，上海：中西书局，253–268。

杨海潮，2014，《从茶马古道看昆明古城的功能、选址与社会》，王士元等主编《茶马古道研究集刊》第四辑，昆明：云南大学出版社，1–17。

杨海潮，2021，《张海秋的白语研究》，《西南林业大学学报》2021年第6期，12–19。

杨海潮、刘文，2022，《大理白语31调趋平现象的实验语音学研究》，《民族语文》第十五届学术研讨会（昆明，2022年9月24–25日）论文。

杨堃等，1957，《云南白族的起源和形成文集》，昆明：云南人民出版社。

杨耐思，1981，《中原音韵音系》，北京：中国社会科学出版社。

杨品亮，1989，《关于白语系属的探讨》，《中央民族大学学报》1989年第6期，80–83。

杨时逢，1969a，《南昌音系》，《中央研究院历史语言研究所集刊》第三十九本上册，125–204。

杨时逢，1969b，《云南方言调查报告》，台北："中央"研究院历史语言研究所。

杨文辉，2009，《白语与白族历史文化研究》，昆明：云南大学出版。

杨晓霞，2007，《白语送气擦音研究》，云南师范大学硕士论文。

杨晓霞，2013，《白语送气擦音特点浅析》，王锋、王双成主编《白语研究文集》，上海：中西书局，278–284。

杨晓霞、高天俊，2016，《从发声态看白语的紧音》，《民族语文》2016年第6期，90–95。

杨衍春，2010，《博杜恩-德-库尔德内语言学理论研究》，上海：复旦大学出版社。

杨应新，1992，《〈白语本祖祭文〉释读》，《民族语文》1992年第6期，72–74。

叶蜚声、徐通锵，2010，《语言学纲要》（修订版），王洪君、李娟修订，北京：北京大学出版社。

Yi, L. & Duanmu, S. 2017. Phonemes, features, and syllables: Converting onset and rime inventories to consonants and vowels. *Language and Linguistics*, 16(6): 819–842.

尹斌庸，1984，《汉语语素的定量研究》，《中国语文》1984年第5期，338–347。

尹斌庸，1986，《汉语词类的定量研究》，《中国语文》1986年第6期，428–436。

殷凯编，1928，《北京俚曲》下册，上海：太平洋书店。

Youn, H. et al. 2016. On the universal structure of human lexical semantics. *Proceedings of the National Academy of Sciences*, 113(7): 1766–1771.

俞敏，1984，《等韵溯源》，中国音韵学研究会编《音韵学研究》（第一辑），北京：中华书局。（《俞敏语言学论文集》，北京：商务印书馆1999年，261–279。）

于水源等，2018，《齐普夫定律的语言学解释》，刘海涛主编（2018:1–25）。

袁明军，2004，《白语和藏缅语、汉语的语义深层对应关系》，《南开语言学刊》2004年第2期，73–82。

袁明军，2006a，《白语系属研究献疑》，《南开语言学刊》2006年第1期，136–142。

袁明军，2006b，《汉白语言调查研究》，北京：中国文史出版社。

曾晓渝、刘春陶，2010，《〈切韵〉音系的综合性质再探讨》，《古汉语研究》2010年第1期，2–8。

张博，2003，《汉语同族词的系统性与验证方法》，北京：商务印书馆。

张福延，1937，《剑属语音在吾国语音学上之地位》，《南强月刊》第一卷四、五期合刊，6–10。

张海秋、秦凤翔，1954，《就剑川方言初步推断民家语的系属》，方国瑜《民族史讲义》（下册），昆明：云南人民出版社2018年，602–608。

张化鹏、杨应新、李绍尼，1998，《白语》，云南省地方志编纂委员会《云南省志》卷59"少数民族语言文字志"，昆明：云南人民出版社，69–96。

张鸿魁，2005，《明清山东韵书研究》，济南：齐鲁书社。

张琨，张贤豹译，《切韵的综合性质》，张琨《汉语音韵史论文集》，台北：联经出版事业公司1988年，25–34。

张清常，1946，《大理民家情歌里面所见民家话词汇与汉语的关系》，《边疆人文》第四卷合刊，46–53。

张清常，1993，《赵元任先生所指引的》，《语言教学与研究》1993年第1期，79–85。

张锡禄，1991，《南诏与白族文化》，北京：华夏出版社。

张旭，1990，《大理白族史探索》，昆明：云南人民出版社。

张忠堂，2010，《汉语变声构词研究》，北京：中国书籍出版社2013年。

赵金灿，2011，《云南鹤庆白语研究》，北京：民族出版社。

赵式铭，1949，《白文考》，《新纂云南通志》卷68"方言考"，昆明：云南省通志馆，2–31。

赵团员，2016，《上古汉语变韵构词研究》，北京大学博士论文。

赵衍荪，1982a，《白语的系属问题》，民族语文编辑组《民族语文研究文集》，西宁：青海民族出版社，150–188。

赵衍荪、徐琳，1996，《白汉词典》，成都：四川民族出版社。

赵燕珍，2006，《白语γ声母的来源及其发展趋势》，赵怀仁主编《大理民族文化研究论丛》第二辑，北京：民族出版社，398–410。

赵燕珍，2012，《赵庄白语参考语法》，北京：中国社会科学出版社。

赵荫棠，1941，《等韵源流》，上海：商务印书馆1957年。

赵元任，1927，《"两""仨""四呃""八阿"》，《东方杂志》第24卷第12号。（赵元任2002:240–246）

赵元任，1928，《现代吴语的研究》，北京：科学出版社1956年。

赵元任，1929，《南京音系》，《科学》第13卷第8期。（赵元任2002:273–297）

赵元任，1930，《方音调查表格》，北京：中央研究院历史语言研究所编印。

赵元任，1931，《反切语八种》，《中央研究院历史语言研究所集刊》第二本第三分。（赵元任2002:362–404）。

赵元任，1934，《音位标音法的多能性》（The non-uniqueness of phonemic solutions of phonetic systems），《中央研究院历史语言研究所集刊》第四本第四分，363–398。（《音位标音法的多能性》，叶蜚声译，赵元任2002:750–795。）

赵元任，1951，《台山语料序论》，《"中央"研究院历史语言研究所傅所长纪念特刊》，台北。（赵元任2002:495–501）

赵元任，李芸等译，《语言的意义及其获取》，《语言文字应用》2001年第4期，60–69。

赵元任，1959，《语言问题》，北京：商务印书馆1980年。

赵元任，1968，《汉语口语语法》，吕叔湘译，北京：商务印书馆1979年。

赵元任，1975，《汉语词的概念及其结构和节奏》，《考古人类学学刊》第37、38期合刊。（赵元任2002:890–908）。

赵元任，2002，《赵元任语言学论文集》，北京：商务印书馆2007年。

赵元任、丁声树、杨时逢、吴宗济、董同龢，1948，《湖北方言调查报告》，上海：商务印书馆。

郑锦全，1994，《汉语方言沟通度的计算》，《中国语文》1994年第1期，387–397。

郑锦全，1998，《从计量理解语言认知》，邹嘉彦等编《汉语计量与计算研究》，香港：香港城市大学，15–30。

郑张尚芳，1995，《汉语和亲属语同源根词及附缀成分比较上的择对问题》，《中国语言学报》（JCL）单刊8号，269–282。

郑张尚芳，1999，《白语是汉白语族的一支独立的语言》，石锋、潘悟云编《中国语言学的新拓展》，香港：香港城市大学出版社，19–73。

郑张尚芳，2010，《蔡家话白语关系及词汇比较》，潘悟云等主编《语言的演变与变异：首届历史语言学国际学术研讨会议论文集》，上海：中西书局2013年。（潘悟云等主编《研究之乐——庆祝王士元先生七十五寿辰学术论文集》，上海：上海教育出版社2010年，389–400。）

中国科学院少数民族研究所，1959，《布依语调查报告》，北京：社会科学出版社。

中国社科院语言研究所编，1957，《方言调查字表》，北京：商务印书馆1983年。

中国社科院语言研究所词典编辑室编，1978，《现代汉语词典》（第6版），北京：商务印书馆2012/2015年。

周榕主编，2015，《语言研究统计学实验教程》，广州：暨南大学出版社。

周耀文，1957，《对亲属语言划分的意见》，杨堃等（1957:101–105）。

周耀文，1978，《略论白语的系属问题》，《思想战线》1978年第3期，52–57。

周祖谟，1966，《问学集》，北京：中华书局。

周祖谟编，1983，《唐五代韵书辑存》，北京：中华书局。

Zipf, G. 1935. *The Psycho-Biology of Language: An Introduction to Dynamic Philology*. Boston: Houghton Mifflin.

Zipf, G. 1949. *Human Behavior and the Principle of Least Effort: An Introduction to Human Ecology*. Cambridge: Addison-Wesly Press.（齐夫《最省力原则：人类行为生态学导论》，薛朝凤译，上海：上海人民出版社2016年。）

朱文旭，2001，《唐代〈蛮书〉中乌蛮彝语考证》，戴庆厦主编《中国民族语言文学研究论集》（第一集），北京：民族出版社，38–51。